SCHLESIENS STÄDTE

Ortschaften, Burgen, Schlösser, Klöster

KLAUS ULLMANN

Schlesien

LEXIKON

In dem Maße, in dem ein Mensch geschichtslos wird,

wird er auch unmenschlich und orientierungslos.

Karl Rahner

KLAUS ULLMANN

Schlesien

LEXIKON

GEOGRAFIE · GESCHICHTE · KULTUR

318 Abbildungen
darunter 59 Zeichnungen von
Elisabeth Kobbe-von Kennel

BECHTERMÜNZ VERLAG

Genehmigte Lizenzausgabe für
Bechtermünz Verlag im
Weltbild Verlag GmbH, Augsburg 1996

Umschlaggestaltung: Peter Engel, München
Umschlagbild: Breslau: Marktplatz mit Rathaus
(aus ‚Land im Osten / H. Schreiber')
Schmuckabbildung aus Originalband, Frauenhaube aus Jauer
Gesamtherstellung: Graphischer Großbetrieb Pößneck GmbH
Ein Mohndruck-Betrieb
Printed in Germany
ISBN 3-86047-184-8

VORWORT

Dieses Buch ist ein Buch der Liebe zu dem Lande und des Landes zu seinen Menschen. Liebe ist etwas Unvollkommenes. Unvollkommen muß deshalb auch dieses Buch bleiben. Vielleicht ist dennoch aus diesem Gefühl heraus etwas entstanden, was anderen Menschen diese Liebe weitergeben kann.
Schlesien ist in seiner Begrenztheit zwischen der östlichen Ebene und Böhmen eine Welt für sich, die man nur unvollständig in diesem Rahmen erfassen kann. Der Schlesier, unruhig und in die Weite strebend, bleibt seinem Lande verbunden wie kaum ein zweiter Volksstamm Deutschlands. In aller Welt, bis nach Amerika und Israel, lebt die Sehnsucht nach dem leisen Rauschen der Oder, nach den hohen Bergwäldern und den stimmungsvollen Straßen der alten Städte. Viele Schlesier sind deshalb im Alter wieder zurückgekehrt wie Eichendorff oder Holtei, andere sind in der Fremde an ihrer Sehnsucht gestorben wie Max Herrmann-Neisse.
Der Leser möge dieses kleine Lexikon als eine Anregung empfinden, sich mit Schlesien zu befassen, mit seinen Menschen, seinen Kunstdenkmälern, seinen Naturschönheiten. Sofern er selbst Schlesier ist, wird ihn das Studium vielleicht ein wenig mit Stolz erfüllen und ihm Mut geben, sich zu diesem Lande zu bekennen. Denn vieles ist bereits verlorengegangen, ein wenig aus Bequemlichkeit oder auch nur aus Not der Zeit nach dem Kriege, mehr vielleicht aus nichterkanntem politischem Opportunismus.
Früher gab es im deutschen Reichstag über alle Parteien hinweg eine Fraktion der Schlesier. Fern ist diese Zeit. Und doch scheint es geboten, daß die Schlesier wieder enger zusammenfinden, sowohl die in Westdeutschland als auch jene aus Mitteldeutschland und nicht zuletzt die vielen, die in der alten Heimat weiterleben; sie haben es am schwersten.
Den Leser, der etwas für ihn Wesentliches vermißt, bitte ich um Verständnis. Das Büchlein konnte nicht alles bringen. Zeit und Aufwand mußten in einem für den Verlag tragbaren Verhältnis gehalten werden.
Allen, die durch tatkräftige Mithilfe zu der Entstehung und Gestaltung dieses Lexikons beigetragen haben, sei sehr herzlich gedankt.

Dr. Klaus Ullmann

VORWORT ZUR ZWEITEN AUFLAGE

Noch ist kein halbes Jahr seit dem Erscheinen dieses Lexikons vergangen, und schon wird eine zweite Auflage notwendig. Es fehlen mir die Worte, um die lebhafte Resonanz wiederzugeben, die mein kleines Werk bei Schlesiern und Nichtschlesiern hervorgerufen hat. Zahlreiche Hinweise haben mir Korrekturen ermöglicht. Die vielen Helfer müssen aus Raumgründen ungenannt bleiben; gleichwohl gilt ihnen allen mein besonderer Dank. Stellvertretend für alle möchte ich den Namen von Monsignore Dr. Gottschalk hervorheben.
Schlesien bleibt eine der großen geistigen Landschaften Deutschlands. Vielleicht kann dieses Buch die Erinnerung daran wachhalten.

Der Verfasser

Heem will ihch, suste
weiter nischt,
ack heem!

KARL v. HOLTEI

Wer hat dich, du schöner Wald

Weise und Satz: Walther Hensel

2. Tief die Welt verworren schallt,
oben einsam Rehe grasen,
und wir ziehen fort und blasen,
daß es tausendfach verhallt:
Lebe wohl, lebe wohl, du schöner Wald.

3. Banner, das so kühle wallt!
Unter deinen grünen Wogen
hast du treu uns auferzogen,
frommer Sagen Aufenthalt!
Lebe wohl, lebe wohl du schöner Wald!

4. Was wir still gelobt im Wald,
wollens draußen ehrlich halten,
ewig bleiben treu die Alten:
Deutsch Panier, das rauschend wallt,
lebe wohl, schirm dich Gott, du schöner Wald!

Joseph von Eichendorff

Heimweh

mündlich

2. Was wisset ihr, dunkle Wipfel
von der alten schönen Zeit!
Ach, die Heimat hinter den Gipfeln
wie liegt sie von hier so weit!

3. Am liebsten betracht ich die Sterne,
die schienen, wie ich ging zu ihr.
Die Nachtigall hör ich so gerne,
die sang vor der Liebsten Tür.

4. Der Morgen, das ist meine Freude!
Da steig ich in stiller Stund
auf den höchsten Berg in die Weite,
grüß dich, Deutschland, aus Herzensgrund!

Joseph von Eichendorff

GESCHICHTLICHER ÜBERBLICK

4000 v. Chr.	*Bereits in der älteren und mittleren Steinzeit war Schlesien von Jägervölkern besiedelt. Gegen Mitte des 4. Jahrtausends war das bäuerliche Element in der Kulturentwicklung des schlesischen Raumes maßgebend.*
3000–2000 v. Chr.	*Bäuerliche Siedlungen finden sich in den Löß- und Schwarzerdegebieten des südlichen und mittleren Schlesiens. Bandkeramische Kulturen und Trichterbecher-Kulturen an der Wende zum 3. Jahrtausend.* *In der auslaufenden jüngeren Steinzeit finden wir eine Streitaxt-Kultur mit Hügelgräbern. Allmählich schließt sich die Bevölkerung aller schlesischen Siedlungsgebiete zusammen.* *Jordansmühler Kultur. Schwarzbraune Keramiken mit Verzierungen und Schmuck (Jordansmühler Widder).*
1500 v. Chr.	*Übergang zu Bronzewerkzeugen. Umgestaltung des kulturellen Bildes, ausgehend von den aufblühenden Bronzemetallwerkstätten im ungarischen Raum.*
um 1300 v. Chr.	*Grundlegende Veränderung, indem die Feuerbestattung üblich wird. Neue Ziermuster, fortschrittliche Metallgegenstände wie Schwerter mit geschweifter Klinge, Tüllenbeile und Fibeln.*
900 v. Chr.	*Bis zum Ende des 9. Jh. wächst die Bevölkerungszahl stetig. Aus diesem Jh. kennen wir eine ganze Anzahl von Ringwällen, die auch heute noch als „Schweden"- oder „Heiden"-Schanzen bekannt sind.*
700 v. Chr.	*In der frühen Eisenzeit, ab 700, entwickelt sich die Hallstatt-Kultur. Sie ist bis in das 5. Jh. v. Chr. hinein in ganz Mitteleuropa herrschend. In der Ober- und Niederlausitz bildet sich als Sonderform die „Lausitzer Kultur".* *Die Hallstatt-Vase wird ein begehrtes Handelsobjekt. In Mittelschlesien wird eine besondere Werkstatt gegründet, die ihre bemalten Gefäße bis ins nördliche Posen ausführt. In dieser Zeit wächst die Bevölkerung stark an. Das wesentliche Element für die Entwicklung in allen schlesischen Ländern dieser Zeit stellt die Gewinnung und Verarbeitung von Eisen dar. Die volkstumsmäßige Zugehörigkeit dieser frühen Bewohner Schlesiens ist umstritten. Wahrscheinlich handelt es sich um Kelten.*
500 v. Chr.	*Es kommt zu einem Einbruch der Skythen in Schlesien, die alle befestigten Plätze vernichten, dann jedoch umkehren. Erheblicher Bevölkerungsrück-*

gang. Gleichzeitig erscheinen Mitglieder einer neuen Kulturgemeinschaft, der sogenannten „Gesichtsurnen-Kultur", die jedoch bald wieder abziehen.

400 v. Chr. — *Beginn der germanischen Einwanderung. Von Süden wandern Kelten über die Sudetenpässe. Sie überschreiten auch die Oder und wehren im 2. Jh. v. Chr. den Ansturm der von Norden eindringenden Cimbern, Teutonen und Ambronen ab.*

100 v. Chr. — *Um diese Zeit erfolgt ein größerer Schub germanischer Einwanderer. Es handelt sich um Wandalen (Lugier) mit verschiedenen Untergruppen. Eine von ihnen, die Silinger, besiedeln Mittelschlesien um den Zobten. Sie geben dem ganzen Land ihren Namen. Das Land wird verhältnismäßig rasch dicht besiedelt. Die Germanen entwickeln eine reiche handwerkliche Tätigkeit und nehmen am Handel mit den römischen Donauländern teil. Die Sakrauer Gräber sind Zeugnisse dieser Epoche. Die silingische Königsherrschaft überdauert bis in den Anfang des 6. Jh. n. Chr., obwohl Teile der germanischen Bevölkerung 406 n. Chr. unter Führung eines Königs durch Süddeutschland nach Westen weiterziehen. Was aus der silingischen Herrschaft geworden ist, ist unbekannt. Sie dürfte wohl nicht plötzlich verschwunden sein.*

um 600 n. Chr. — *Der Einzug der Slawen in Schlesien erstreckt sich vermutlich über eine längere Zeit. Von der Mitte des 6. Jh. sickern sie allmählich ins Land ein. Auf der Regensburger Völkertafel zwischen 866 und 890 erscheinen 4 schlesische Gaue, der Dedosize (NW), Slensane (Mittelschlesien), Opolane (Osten), Golensize (im Süden), später noch Boborane und Trebowane. Im übrigen wissen wir wenig von den organisatorischen Grundlagen dieser Gaustämme. Hauptburgen waren in Glogau, Oppeln, Grätz (Grodzisko), Bunzlau und Liegnitz.*

um 900 n. Chr. — *Schlesien gerät in den böhmischen Machtbereich. Wratislaus I., tschechisch Vratislav (894-921), gründet wahrscheinlich die Feste Wratislawia an der Oder als Grenzbefestigung gegen Polen: Breslau. Damit rückt Schlesien in den Blickpunkt der Geschichte. Ausbau von Henicis = Nimptsch zum Vorort der böhmischen Besitzungen in Schlesien. Der Ortsname Nimptsch = Nemci weist darauf hin, daß hier deutsche Ansiedler gewohnt haben. Boleslaus (Boleslav) I. von Böhmen (935–972) gründet Bunzlau = Boleslawia. Verstärkung des böhmischen Kultureinflusses. Christianisierung von Prag aus.*

um 960 n. Chr. — *bildet sich im Raum Posen-Gnesen ein polnischer Staat. Mieszko I. (Misika) erobert Mittel- und Niederschlesien. Mieszko war auch unter dem germanischen Namen Dago bekannt, wahrscheinlich entstammte er einer normannischen Familie. Er ist der erste, geschichtlich bekannte Piast. Nach dem Siege des Markgrafen Gero (963) wird er dem deutschen Reiche tribut- und später*

	lehnspflichtig. Er nimmt 966 das Christentum für sich und sein Land an. Mit Unterstützung der Deutschen dehnt Mieszko seine Herrschaft über Schlesien bis zu den Sudeten und im Westen bis zur Queis-Bober-Oder-Linie aus.
	Der Glatzer Kessel bleibt böhmisch. Mieszkos Sohn und Nachfolger Boleslaus I. (Boleslaw Chrobry, 992–1025) setzt das Werk seines Vaters fort und erobert die beiden oberschlesischen Gaue.
um 1000 n. Chr.	*Nach dem Tode Boleslaus II. von Böhmen (972–999) wird Oberschlesien mit dem Krakauer Land durch Polen wirklich erobert. Im Jahre 1000 gründet Kaiser Otto III. in Gnesen, im Einverständnis mit Papst Sylvester II., das Erzbistum Gnesen. Suffragan-Bistümer von Gnesen werden Breslau, Krakau und Kolberg, das Bistum Posen besteht bereits seit 968. Boleslaus I. von Polen versucht, weiter nach Westen vorzudringen. 1025 läßt er sich zum König krönen. Nach seinem Tode im gleichen Jahr zerfällt sein Reich. Mieszko II. (1025–1034) huldigt im Jahre 1032 Konrad II. Nach Mieszkos Tode (1034) Aufstand gegen Dynastie und Christentum, welcher die Organisation der christlichen Kirche in Schlesien fast völlig vernichtet. In Breslau muß der Bischof fliehen.*
1017	*Kaiser Heinrich II. dringt bis Glogau und Nimptsch vor.*
1038–1039	*Einfall des böhmischen Herzogs Břetislav I. (1034–1055) in Schlesien und Polen. Der deutsche Kaiser Heinrich III. (1039–1056) vermittelt zwischen Kasimir von Polen und dem Böhmenherzog. Im Quedlinburger Vertrag von 1054 muß der Böhmenherzog Schlesien an Kasimir gegen Zahlung eines jährlichen Tributs zurückgeben. In den folgenden Jahrzehnten ständige kriegerische Auseinandersetzungen zwischen Böhmen und Polen.* *1093 versuchen die schlesischen Adligen unter ihrem Führer Magnus, sich gegen Polen zu erheben. 1109 unternimmt der deutsche König Heinrich V. einen Feldzug nach Schlesien.*
1137	*Der Pfingstfriede zu Glatz (1137) beendet die böhmisch-polnischen Kriege und schafft eine dauernde Grenze. Der Glatzer Kessel und das südlich der Zinna liegende Gebiet bleiben bei Böhmen.*
1138	*Teilung Polens. Nach dem Tode Boleslaus III. (1138) wird Polen in vier Teile geteilt, wobei Wladislaus (Ladislaus) II. (1138–1146) als ältester Sohn Krakau mit dem polnischen Seniorat sowie Schlesien erhält. Gegen diesen, der mit der Babenbergerin Agnes, Tochter Leopolds von Österreich (eine Halbschwester König Konrads III.), verheiratet war, erheben sich die anderen Teilfürsten im Bunde mit dem Adel und dem Gnesener Erzbischof. Mit Hilfe*

des mächtigen und reichen Breslauer Kastellans, Graf Peter Wlast, vertreiben sie 1146 Wladislaus II., der in Sachsen Zuflucht findet. Seine Stelle als polnischer Senior nimmt sein jüngerer Bruder Boleslaus IV. Kraushaar (1146–1173) ein. Dieser verweigert dem Kaiser Friedrich I. Barbarossa (1152–1190) die Heerfolge für den bevorstehenden italienischen Feldzug, was Barbarossa zu dem Polenfeldzug von 1157 veranlaßt. Der Polenherzog muß den Lehnseid leisten und versprechen, sich am Italienzuge des Kaisers zu beteiligen. Boleslaus hält diese Versprechen nicht und muß nunmehr Schlesien an die Söhne Wladislaus', die seit 17 Jahren in Deutschland leben, herausgeben. Diese Söhne sind Boleslaus I. der Lange (Bolesław Wysoki, 1163–1201), Konrad, der in Fulda Geistlicher wird, und Mieszko (1163–1211). Die neuen Herzöge Schlesiens, die 1163 innerhalb der polnischen Senioratsverfassung ihr Gebiet als selbständiges Herzogtum erhalten, sind dem deutschen Kaiser und dem Deutschtum in besonderem Maße verbunden. Es bilden sich zwei Teilherzogtümer heraus. Diese Landesteilung ist der Beginn des Sondergebietes Oberschlesien.

1175 *Gründung des Klosters Leubus mit deutschen Zisterziensermönchen aus Pforta in Thüringen, die die deutsche Besiedlung in Schlesien in die Wege leiten. Zahlreiche andere Klöster folgen. In den nächsten 150 Jahren werden 120 Städte und mehr als 1200 Dörfer neu angelegt.*

1201 *Heinrich I. von Schlesien (1201–1238). In einem Vergleich von 1202 muß dieser das Land Oppeln an Mieszko von Ratibor abtreten. Trennung zwischen Mittel- und Niederschlesien einerseits und Oberschlesien andererseits weiter vertieft. Erlöschen der Senioratsverfassung sowie des gegenseitigen Erbrechtes. Schlesien wird unabhängig und erhält durch die Verleihung deutschen Rechts – auch an polnische Gemeinden – eine neue Rechts-, Sozial- und Wirtschaftsform. Verstärkung der friedlichen Kolonisation durch deutsche Siedler. 1202 Gründung des ersten Frauenklosters Schlesiens in Trebnitz mit Zisterzienserinnen aus Bamberg durch Hedwig, Gemahlin Heinrich I., die später als Heilige Hedwig verehrt wird.*
Gleichzeitig beginnt unter Herzog Kasimir von Ratibor-Oppeln (1211–1229) auch in Oberschlesien die deutsche Besiedlung.
Erfolgreiche Politik Heinrich I. und Vergrößerung des schlesischen Raumes. Herrschaft in Klein-Polen. An der Spitze der schlesischen, Krakauer und Sandomirer Ritterschaft erobert Heinrich Groß-Polen bis zur Warthe und Netze. Auseinandersetzung mit Bischof Thomas I. von Breslau wegen der Immunität der Kirche auf ihrem Grundbesitz. Heinrich stirbt 1238 in Unfrieden mit der Kirche.
Heinrich II. (1238–1241) setzt die Politik seines Vaters fort.

1241 *Schlacht auf der Wahlstatt. Heinrich II. fällt mit dem größten Teil seines Heeres im Kampfe gegen die Mongolen. Die Mongolen ziehen sich entlang dem Gebirge zurück. Nach dem Tode Heinrichs II. bricht die von ihm gehaltene Ländergruppe auseinander. Seine Söhne Boleslaus, Heinrich und Konrad streiten sich um das väterliche Erbe. Sie betreiben jedoch auch in dieser Zeit die verstärkte Einwanderung deutscher Siedler. Neugründung Breslaus nach der Zerstörung im Mongolenkrieg.*

Die drei Jahrzehnte nach dem Mongolensturm stellen die wichtigste Periode deutscher Kolonisation dar. Gleichzeitig beginnt eine politische Zersplitterung des Landes.

1266–1290 *Heinrich IV. Zunächst vormundschaftliche Regierung durch seinen Oheim Wladislaus, Erzbischof von Salzburg. Nach dem Tode von Wladislaus übernimmt Ottokar, König von Böhmen, die Vormundschaft. Verstärkter Anschluß an Böhmen. Die Streitigkeiten zwischen den schlesischen Teilherzogtümern halten an. Diese werden zudem in die Auseinandersetzungen zwischen Ottokar von Böhmen und Rudolf von Habsburg hineingezogen.*

1277 *Gefangensetzung Heinrichs IV. durch seinen Onkel Boleslaus von Liegnitz. Nur mit Mühe gelingt Ottokar die Freilassung Heinrichs.*

1278 *Entscheidungsschlacht zwischen Rudolf von Habsburg und Ottokar von Böhmen. Ottokar fällt. Heinrich IV. erhält die Grafschaft Glatz. Heinrich erlangt in Schlesien eine Vormachtstellung. Die Herzogtümer Liegnitz und Oberschlesien zerfallen durch Erbteilung. 1281 läßt Heinrich die Herzöge von Liegnitz-Glogau und Großpolen bei einer Zusammenkunft gefangensetzen. Das Rudaer Land fällt an Heinrich zurück. Die anderen Herzöge müssen sich Heinrich zur Hilfeleistung verpflichten. Aussöhnung Heinrichs mit Otto V. von Brandenburg, dessen Tochter Mechthild er 1288 heiratet. Auseinandersetzung mit der Kirche wegen kirchlichen Besitz- und Einkommensfragen.*

1284 *schleudert Bischof Thomas II. den Bann gegen den Herzog. Heinrich erobert Neisse und Ottmachau, während Bischof Thomas nach Ratibor fliehen muß. 1287 kommt es zu einem Vergleich zwischen Herzog und Bischof. 1288 stiftet Heinrich als Zeichen der Versöhnung die Kollegiatskirche „Zum heiligen Kreuz“ in Breslau mit einem Kollegiatkapitel und Bischof Thomas II. ein dem hl. Thomas von Canterbury geweihtes Kollegiatstift an der Burgkapelle zu Ratibor.*

Auf Ersuchen der deutschen Bevölkerung Krakaus besetzt Heinrich Krakau, dem die Krakauer Metzgerzunft die Stadttore öffnet. Heinrich IV. behauptet sich trotz vorübergehenden Verlustes der Stadt in Krakau, stirbt jedoch bereits 1290 inmitten hochfliegender Pläne, wobei er auf dem Totenbett der Kirche ein großes Privileg erteilt, das im Gegensatz zu seinem gesamten politischen Wirken steht. Dieses Privileg hat in der Folgezeit die unbeschränkte Landeshoheit des Bischofs im Kirchenland von Neisse-Ottmachau zur Folge. Die Echtheit dieses Privilegs ist vielfach angezweifelt worden. In einem politischen Testament teilt Heinrich die von ihm geeinten Länder auf. Heinrich IV. war eine der stärksten Persönlichkeiten unter den schlesischen Piasten. Er ist auch als Liebhaber der deutschen Dichtkunst bekannt geworden. Sein Grab befindet sich in der Kreuzkirche zu Breslau. Am Ende seiner Regierung ist fast ganz Schlesien von der deutschrechtlichen Siedlung erfaßt. Hierdurch hat sich das Bild des Landes grundlegend gewandelt. Städte mit schachbrettartigem Straßennetz, einem Ring als Mittelpunkt, daneben die Kirche, mit ringförmiger Stadtmauer, sind von großen Dörfern umgeben. Die in Schlesien lebenden Polen wurden nicht vertrieben und konnten Familiennamen und Sprache beibehalten, die sich als „Wasserpolnisch" in Oberschlesien bis in die Neuzeit erhalten hat.

1290–1327 — *Nach dem Tode Heinrichs IV. zerfällt Schlesien in viele kleine Teilfürstentümer und verliert an politischem Einfluß.*

ab 1327 — *Anschluß Schlesiens an Böhmen. Zu Beginn der Periode ist Schlesien in 16 Fürstentümer, in denen 6 Hauptlinien der Piasten regieren, geteilt. 1327 kommt König Johann von Böhmen nach Breslau. Hier tritt Heinrich VI. von Breslau sein Fürstentum an die Krone Böhmens ab. Ihm folgen nach und nach die anderen schlesischen Fürsten. Am 24. August 1335 verzichten zu Trentschin in Ungarn die Bevollmächtigten König Kasimirs III. von Polen auf die schlesischen Gebiete. Damit fällt Schlesien rechtlich endgültig an Böhmen. König Johann von Böhmen verzichtet seinerseits auf den polnischen Königstitel. Damit wird die böhmische Krone zum Träger der Gesamtstaatsentwicklung in Schlesien. 1342 erfolgt die Huldigung der Schlesier gegenüber Karl IV. von Böhmen. Karl wird römisch-deutscher König.*

1348 — *Gründung der Universität Prag. 1355 bestätigt Karl als deutscher Kaiser den Anschluß Schlesiens an Böhmen. Er heiratet 1353 Anna von Schweidnitz, die Erbin des kinderlosen Bolko II. von Schweidnitz. Anna wird 1355 in Rom zur Kaiserin gekrönt. Karl wird zum großen Förderer der Stadt Breslau und überträgt ihr 1357 die Landeshauptmannschaft des Fürstentums Breslau. Kulturelle Blüte Schlesiens.*

1378 — *Tod Karls IV. Sein Sohn Wenzel erhält Böhmen, Schlesien, Bautzen und die westliche Niederlausitz. Er kommt 1381 nach Breslau, um in dem sogenannten Bierkrieg zu schlichten. Nachdem der König die in Breslau liegenden*

Kapitelgüter hat plündern lassen, lenkt das Domkapitel ein und leistet 1383 König Wenzel den Lehnseid.

1409	*Die deutschen Studenten der Prager Universität ziehen nach Leipzig. Erster Rektor ist Johann Otto von Münsterberg.* *Entfremdung zwischen Böhmen und den schlesischen Bürgern. In der „Oppelner Fehde" zerschellt die Autorität Wenzels in Schlesien.* *Die Stadt Breslau gerät hierdurch und durch die Pest von 1413 in Schwierigkeiten. Im Jahre 1418 kommt es zu einem Aufstand. Der Bürgermeister und einige Ratsherren finden den Tod.*
1415	*Johann Hus wird in Konstanz als Ketzer verbrannt. Revolution in Prag.*
1419	*stirbt König Wenzel. Wenzels Nachfolger, König Sigismund, ruft einen Reichstag nach Breslau ein.*
1420	*Prunkvoller Reichstag zu Breslau. 18 schlesische Fürsten huldigen Sigismund. Dieser hält ein Strafgericht über die Aufständischen von 1418 ab. Von den 53 verhängten Todesstrafen werden 23 vollstreckt. Außerdem wird in Breslau ein Kreuzzug gegen die Hussiten beschlossen. Sigismund wird zum König von Böhmen gekrönt, seine Heere werden jedoch vernichtend geschlagen. Auch in den kommenden Feldzügen gelingt es ihm nicht, sich durchzusetzen.*
ab 1425	*fallen die Hussiten immer wieder in Schlesien ein, wobei sie nahezu das gesamte Land verwüsten. Lediglich die großen Städte können widerstehen.*
1427	*Trotz „Einung" der Schlesier in Strehlen und militärischer Organisation für ganz Schlesien gelingt es nicht, die Hussiten zu vertreiben. Das Land steht am Rande des Ruins.*
1435	*Ende der Hussitenkriege. Die Hussiten räumen Nimptsch und Ottmachau. Schlesien kann sich langsam erholen.*
1437	*Nach Sigismunds Tod (1437) kommt es zum Streit um die böhmische Krone mit den polnischen Jagiellonen.*
1448	*Georg von Podiebrad reißt die Staatsgewalt in Böhmen an sich und regiert zunächst für den jungen König Ladislaus Posthumus. Nach dessen Tod 1457 wird er 1458 zum böhmischen König gewählt. Er belehnt seine Söhne mit den Herzogtümern Münsterberg und Troppau. Allein die Stadt Breslau widersetzt sich einer Anerkennung Georgs. Sie wird hierin vom Papst unterstützt.*

1469	*huldigt die Stadt Breslau dem ungarischen König Matthias Corvinus als König von Böhmen.*
1471	*Tod Georg Podiebrads. Wladislaus, Sohn Kasimirs IV. von Polen, wird König von Böhmen.*
1474	*Matthias Corvinus setzt sich als Herr Schlesiens gegen Wladislaus durch. Breslauer Fürstentag. Er gibt dem Land eine neue Verfassung. Generallandtag für Gesamtschlesien, Fürstentage für Nieder- und Oberschlesien, Landfrieden. Schlesien wird ein neuzeitlich verwaltetes, einheitliches Territorium. Verstärkung des Handelsverkehrs zwischen Schlesien und Ungarn.*
1490	*Tod des Matthias Corvinus. Wladislaus wird König von Ungarn.*
1516	*Tod des Königs Wladislaus von Böhmen.*
ab 1520	*Einzug der Reformation in Schlesien.*
1526	*Wahl Ferdinands von Habsburg zum böhmischen König (1527–1564), nachdem der kinderlose König Ludwig II. von Böhmen und Ungarn auf dem Schlachtfeld von Mohácz im Jahre 1526 im Kampf gegen die Türken sein Leben gelassen hat. Die Wahl wird 1527 durch einen Fürstentag in Leobschütz bestätigt.*
1532–1546	*Im Hinblick auf die Türkengefahr zeigt Ferdinand I. sich zunächst versöhnlich gegenüber den evangelischen Ständen. Schlesien bewilligt wiederholt finanzielle Hilfen und gibt sich im Jahre 1532 eine „Defensionsordnung". 1546 Fürstentag in Breslau unter persönlicher Leitung Ferdinands. Herzog Friedrich von Liegnitz muß auf die Erbverbrüderung mit den Hohenzollern verzichten. 1548 verbietet Ferdinand den Rechtszug nach Magdeburg und errichtet in Prag eine Appellationskammer. 1552 Einführung einer jährlich abzuführenden Steuer. 1558 Errichtung einer schlesischen Kammer als oberste ständische Verwaltungsbehörde in Schlesien. Beim Tode Ferdinands I. im Jahre 1564 ist Schlesien politisch neben Prag auf Wien ausgerichtet, konfessionell jedoch zu 90 v. H. protestantisch und auch dadurch mit dem übrigen deutschen Volkskörper verbunden.*
1564–1576	*Unter Ferdinands Nachfolger Maximilian II. (1564–1576) ändert sich hieran nichts. Schlesien ist eines der reichsten Habsburger Länder.*
1576	*wird Rudolf neuer König. Es kommt zu einer Beruhigung der religiösen Gegensätze. Nachdem die schlesischen Stände dem Kaiser die Steuern*

verweigert hatten, werden in einem Majestätsbrief von 1609 beide Bekenntnisse für gleichberechtigt erklärt. Rudolf verliert Österreich, Mähren und Ungarn an seinen Bruder Matthias, nachdem die böhmischen Stände auf dessen Seite übergegangen sind. Diesem Beispiel folgen die Schlesier, huldigen ihm aber erst nach Erfüllung zahlreicher Forderungen. Matthias bewilligt 1611 die Errichtung einer von der böhmischen Kanzlei unabhängigen besonderen deutschen Kanzlei für Schlesien in Prag und bestätigt den Majestätsbrief seines Bruders über die religiöse Toleranz. Gleichwohl kommt es zu ersten Unterdrückungen der evangelischen Bevölkerung.

1617 *Ferdinand von Steiermark kommt als letzter Habsburger Oberherr nach Schlesien zur Huldigung durch die Stände.*

1618 *Ausbruch des Dreißigjährigen Krieges. Schlesien stellt sich aus Gründen der Religionsfreiheit auf die Seite des Kurfürsten Friedrich von der Pfalz. Nach dessen Niederlage in der Schlacht am Weißen Berge bei Prag (1620) erkennen die schlesischen Stände Ferdinand II. (1619–1637) als ihren rechtmäßigen Herrn an gegen Zahlung einer Buße von 300000 fl. Gleichzeitig beginnt die Gegenreformation unter Führung des Fürstbischofs Erzherzog Karl. Endgültige Abschaffung des Laienkelches in der katholischen Kirche. Jesuiten und andere Orden beginnen die Rekatholisierung.*

1626 *Einfall des Grafen Mansfeld in Schlesien, dem der Einmarsch kaiserlicher Truppen unter Wallenstein folgt. Wallenstein wird Herzog von Sagan. Verstärkung der Gegenreformation mit Hilfe der berüchtigten Dohnaschen Dragoner.*
Die Auswanderung evangelischer Schlesier beginnt. Evangelische Grundherren werden durch katholische Geschlechter ersetzt.

1629 *Der Kaiser beansprucht durch ein Restitutionsedikt als König von Böhmen in den schlesischen Erbfürstentümern das Recht, evangelische Pfarreien mit katholischen Pfarrern zu besetzen.*

1632 *Schweden, Sachsen und Brandenburger marschieren in Schlesien ein. Gleichzeitig große Pestepidemien. Von Süden rückt Wallenstein vor. Nach seiner Ermordung (1634) Prager Frieden. Hinrichtung des Grafen Hans Ulrich von Schaffgotsch wegen Hochverrats in Regensburg. Seine Kinder werden dem katholischen Glauben zugeführt. Die Schlesier müssen sich dem Kaiser bedingungslos unterwerfen, nur die mittelbaren Fürstentümer der Piasten und Podiebrads sowie die Stadt Breslau behalten freie Religionsausübung. Die Widerstandskraft der schlesischen Protestanten ist gebrochen. Viele finden Zuflucht beim Polenkönig, in Brandenburg oder in Sachsen.*

1637–1657	*Ferdinand III. setzt die Politik seines Vorgängers fort.*
1639–1646	*Schwedische und kaiserliche Truppen verwüsten Schlesien. Zerstörung, Plünderung und Seuchen vernichten und entvölkern vor allem die Städte, die ihre alten Bevölkerungszahlen erst im 19. Jh. und teilweise überhaupt nicht mehr erreichen.*
1648	*Friedensschluß zu Münster und Osnabrück. Liegnitz, Brieg und Oels sowie die Stadt Breslau bleiben evangelisch. In Schweidnitz, Jauer und Glogau werden „Friedenskirchen" für die Protestanten gebaut.*
1648–1707	*Verstärkte Gegenreformation. Ab 1653 werden die protestantischen Geistlichen entfernt und die Kirchen beschlagnahmt. Ab 1666 werden auch die protestantischen Schullehrer entlassen, was eine bedeutende Auswanderung hervorruft. Insgesamt verlassen 200000 Protestanten das Land.* *Gleichzeitig erwächst jedoch auf schlesischem Boden eine bedeutende Dichtkunst, von der Impulse auf ganz Deutschland ausgehen. Außerdem entwickelt sich die barocke Baukunst zu einem Höhepunkt. Das Land erlebt eine kulturelle Blüte. Ab 1670 nimmt Schlesien auch wirtschaftlich neuen Aufschwung (Leinenproduktion und -handel).*
1675	*Der letzte Piastenherzog Georg Wilhelm stirbt im Alter von 15 Jahren. Der Große Kurfürst (Friedrich Wilhelm von Brandenburg) erhebt Anspruch auf Schlesien.*
1707	*Altranstädter Konvention. Kaiser Joseph I. von Österreich (1705–1711) und Karl XII. von Schweden vereinbaren, daß sämtliche gegen den Wortlaut des Westfälischen Friedens den Protestanten genommenen Kirchen zurückerstattet werden. Außerdem werden den evangelischen Christen sechs weitere Kirchen, die sogenannten „Gnadenkirchen", zugestanden. Gleichwohl entfremdet sich die schlesische Bevölkerung der Herrschaft der Habsburger, da es auch in der Folgezeit trotz grundsätzlicher Beachtung der Konvention eine gegen die Protestanten gerichtete kaiserliche Politik gibt.*
1711–1740	*Unter Karl VI. (1711–1740) kommt es zu einem gewissen Aufschwung Schlesiens.*
1740	*Regierungsantritt Maria-Theresias und Friedrich II. von Preußen. Friedrich der Große marschiert in Schlesien ein. In den drei „Schlesischen Kriegen" (1740–1742, 1744–1745 und 1756–1763) behauptet sich Friedrich trotz schwerer Rückschläge in Schlesien. Der größte Teil des Landes wird preußische Provinz. Friedrich gibt Schlesien eine moderne Verwaltung unter einem*

Provinzialminister und entwickelt die Landwirtschaft sowie das Bergbau- und Hüttenwesen in Oberschlesien (Abbau und Verwendung von Steinkohle seit 1750). Er bereist das Land regelmäßig und kümmert sich persönlich um die Entwicklung. Auf kirchlichem Gebiete kommt es zu einer weitgehenden Toleranz aller Konfessionen. Das Volksschulwesen wird gründlich verbessert. Insgesamt werden 500 neue Volksschulen eingerichtet und 164 evangelische Kirchen gebaut.

1769 — *Vorübergehende Annäherung Kaiser Josephs II. (1765–1790), dem Sohn Maria Theresias, und Friedrich dem Großen. Treffen der beiden Herrscher in Neisse 1769. Joseph II. hebt in dem ihm verbliebenen Österreichisch-Schlesien die Leibeigenschaft der Bauern auf und gestattet durch sein Toleranzpatent von 1781 freie Religionsausübung.*

1786 — *Tod Friedrichs des Großen.*

1786–1797 — *Friedrich Wilhelm II. König von Preußen*

1797–1840 — *Friedrich Wilhelm III.*

1806 — *Nach dem unglücklichen Ausgang der Schlacht von Jena und Auerstädt rücken die Franzosen in Schlesien ein. 1807 ergibt sich Breslau den französischen Belagerern. Nur Silberberg, Glatz und Cosel kapitulieren nicht.*

1807 — *Nach dem Frieden von Tilsit 1807 reformiert sich Preußen durch die Stein-Hardenbergschen Reformen. Abschaffung der Guts- und Erbuntertänigkeit der Bauern, Einführung der Gewerbefreiheit, Selbstverwaltung der Städte durch die preußische Städteordnung, Einführung von Ressortministern und Ernennung eines Oberpräsidenten für Schlesien. Heeresreform durch Scharnhorst, Schaffung eines Volksheeres. Errichtung einer Universität in Breslau (1811) mit erster evangelischer und katholischer theologischer Fakultät. 1812 erhalten alle Juden in Preußen die vollen Staatsbürgerrechte.*
Wie in anderen deutschen Ländern zuvor, werden die Klöster in Schlesien eingezogen. Hierunter fallen 74 Klöster und Stifte sowie 8 Malteserkommenden mit ihrem großen Grundbesitz und den dazugehörenden Kirchen.

1813 — *Nach der französischen Niederlage in Rußland geht von Schlesien die Erhebung gegen Napoleon aus. Februar 1813 Aufruf zur Bildung freiwilliger Jägercorps. Einsegnung der Lützower Jäger in Rogau bei Zobten. 10. März 1813 Stiftung des Eisernen Kreuzes. 17. März Aufruf „An mein Volk“. Nach anfänglichen Rückschlägen und einem Waffenstillstand gelingt es Blücher in der Schlacht an der Katzbach mit der Schlesischen Armee, den Franzosen eine schwere Niederlage beizubringen. Nach dem siegreichen Ausgang der Befreiungskriege erfüllen sich die Erwartungen auf einen Anteil des Volkes an der Regierung des Staates nicht. Verwaltungsmäßig wird Schlesien neu gegliedert, ein Teil der sächsischen Oberlausitz fällt an Schlesien. Diese Neuordnung hat im wesentlichen bis zum Ende des Ersten Weltkrieges Bestand.*

1821 *Die päpstliche Bulle „De salute animarum" unterstellt das Bistum Breslau unmittelbar der Kurie, nachdem sich die Breslauer Bischöfe bereits seit etwa 1614 als exemt betrachtet und die Synoden der Gnesener Kirchenprovinz nicht mehr besucht hatten.*

1844 *Im aufkommenden industriellen Zeitalter kommt es nach 1815 insbesondere im Gebirge in Schlesien zu einer großen Not der Weber. Aufruhr der Weber, die mehrere Fabrikgebäude stürmen und zertrümmern. Einschreiten des Militärs. Das oberschlesische Industrierevier ist bis gegen Ende des 19. Jh. der führende Industriebezirk Deutschlands. Rascher Ausbau des Eisenbahnnetzes.*

1847 *Erneut Hungerjahr in Schlesien. Hungertyphus in Oberschlesien. Die Regierung kann der sozialen Mißstände nicht Herr werden.*

1848 *Aufruhr und Revolution in Schlesien, insbesondere in Breslau. Auf dem Lande Bauernaufstände. Die sogenannte oktroyierte Verfassung wird zunächst begrüßt, 1849 kommt es jedoch erneut zu Tumulten, als Friedrich Wilhelm IV. die deutsche Kaiserkrone ablehnt.*

1850 *Neue Gemeindeordnung. Einführung des Dreiklassenwahlrechtes. 1856 Selbstverwaltung für die Landkreise, Wiedereinführung der Provinziallandtage.*

1866 *Preußisch-Österreichischer Krieg. 1872 und 1875 Kreis- und Provinzialordnung, endgültige Einführung der Selbstverwaltung. Die Bevölkerung Oberschlesiens versechsfacht sich innerhalb eines Jahrhunderts.*

1918 *Nach dem Ersten Weltkrieg wird im ersten Entwurf des Versailler Vertrages ganz Oberschlesien Polen zugesprochen. Infolge der spontanen Willenskundgebung der oberschlesischen Bevölkerung und dank der Unterstützung durch den britischen Premierminister Lloyd George wird eine Abstimmung vorgesehen. Interalliierte Besetzung Oberschlesiens. Franzosen, Engländer und Italiener stellen die Besatzungstruppen.*
In zwei von außen hereingetragenen Aufständen versuchen die Polen, das Volk einzuschüchtern und Schlesien gewaltsam zu unterwerfen. Abstimmung

am 20. März 1921. 60 v. H. der Bevölkerung stimmen für Deutschland. Der dritte polnische Aufstand im Mai 1921 wird von deutschen Freiwilligen niedergeworfen. Ein Schiedsspruch in Genf bestimmt, daß Oberschlesien geteilt wird und der wirtschaftlich ertragreichere Teil Polen zufällt. Diese Mißachtung des von den Siegermächten proklamierten Selbstbestimmungsrechtes schafft die ersten Voraussetzungen für einen neuen deutschen Nationalismus. Flucht vieler Deutscher nach Westoberschlesien. Ausdehnung des Industriegebietes nach Westen. Am 17.5.1939 hatte Schlesien 4582336 Einw. Bei der letzten freien Reichstagswahl stimmten in Oberschlesien 12098 (1,8%) für die Polenpartei.

1939 — *Der Sieg über Polen bringt zunächst die Wiedervereinigung ganz Oberschlesiens sowie des Hultschiner Ländchens mit dem übrigen Schlesien, jedoch vertieft die unmittelbar einsetzende Germanisierungspolitik (Volksgruppen!) den Gegensatz zwischen Deutschen und Polen.*

1945 — *wird Schlesien selbst Kriegsschauplatz. Die Hauptstadt wird zweieinhalb Monate berannt und kapituliert erst am 6. Mai 1945.*
Seit Juni 1945 wird die Bevölkerung Schlesiens vertrieben. Potsdamer Konferenz Juli/August 1945. Lediglich im zweisprachigen Oberschlesien können sich Teile der deutschen Bevölkerung, etwa 700000–1000000 Menschen, halten. Aus Polen werden polnische Bevölkerungsteile in das Land hereingebracht und angesiedelt. Zögernder Wiederaufbau unter schwierigen Bedingungen. Neben sorgfältiger Restaurierung historischer Bauten findet man bis heute jedoch auch allenthalben Verfall und Desorganisation.
Rechtlich ist Schlesien auch nach Abschluß der sogenannten Ostverträge Teil des Deutschen Reiches. Ein Friedensvertrag, der die deutsch-polnische Grenze regelt, ist bisher nicht geschlossen.
Dies wird auch durch mehrere Urteile der obersten deutschen Gerichte bestätigt. Nach dem Urteil des Bundesverfassungsgerichts vom 31.7.1973 existiert das Deutsche Reich fort. Im gleichen Sinne äußern sich Beschlüsse vom 7.7.1975 sowie vom 31.5. und 29.12.1976. Auch nach einem Urteil des Bundessozialgerichtes vom 30.9.1976 sind die von Polen übernommenen deutschen Ostgebiete nicht Ausland geworden.

1991 — *Die Bundesrepublik Deutschland erkennt die Annexion Schlesiens durch Polen an.*

Schläſ'ſcher Pauernhimmel

(Schlesisches Schmauslied) Gesamtschlesien

2. Ei dam Himmel is a taba,
nischt zer frassa wie Kucha und Baba.

3. Gruße Brute warn mer assa
und dos Geld mit Scheffeln massa.

4. Honigschnieta, doß se klecha
doß ma mecht de Finger lecka.

5. Teege Berna, walsche Nisse,
gale Aeppel zuckersisse.

6. Frassa warn mer wie de Ferschta
Sauerkraut mit Laberwerschta.

7. Fleesch und Tunke, Kließla miete
und ann gutt geschmierte Schniete.

8. Nisse krieg mer ganze Scheffel,
Putter frass mer mit'm Leffel.

9. Do gibts ollerbeste Quärge,
hiecher wie de Glätzer Bärge.

10. Koffee hoot's egoal zer schloppern,
wie warn doo de Weiber ploppern.

11. Neue Kleeder warn mer kriega,
kinn a seidna Betta liega.

12. Doo warn mer olle juxa, singa
und wie junge Beckla springa.

13. Olles labt durt ohne Surga,
feierobend is friehmurga.

14. Doo hoot's keene Zins und Steuer,
olls is billig, nischte teuer.

15. 's hoot kee Elend und kee Reißa
und kee Zwicka und kee Beißa.

16. Wenn's irscht werd zum Saufa kumma,
wie warn doo de Bäuche brumma.

17. Wenn mer uns honn vuulgesuffa,
giehn mer ei de Wulka schluffa.

18. Doo warn mer im de Wette schnorcha,
nimme uff a Seeger horcha.

19. Keene Flieh und keene Wanza
warn ins uff 'em Bauche tanza.

20. Wach mer uf om andern Murga,
honn mer reen fer nischt ze surga.

21. Durte kinn mer olles macha,
'm Landroot eis Gesichte lacha.

22. 'm gnäd'gen Herrn de Noase rimpfa
und 'n Omptmoan Uchse schimpfa.

23. 's hoot keen Schulza und keen Richter,
lauter gude Schoofsgesichter.

24. Ju, ich frä mich uff a Himmel,
wie uff's Futter Nuppersch Schimmel.

25. Js doas nich a schienes Laba?
Wenn's ock Gott mecht baale gaba.

26. Drim lußt ins de Gebote hala,
daß mersch's Türla nich verfahla!

Aberglaube. In Schlesien hat sich zahlreicher Aberglaube erhalten. Beim Essen achtet man darauf, daß kein Salz verschüttet wird; wer Salz verstreut, muß Tränen weinen. Ein Häufchen Schaum auf dem Kaffee bedeutet einen Kuß. Wer nüchtern dreimal niest, bekommt ein Geschenk. „Krimmert" die Nase, so fällt man in den Schmutz, glühen einem die Backen oder klingen die Ohren, so wird über einen geredet. Dann muß man fragen, in welchem Ohr es klingt. Errät es der andere, so wird Gutes, im anderen Falle Schlechtes erzählt. Hat man Schluckauf, so wird an einen gedacht. Man muß nun so lange raten, bis man den Namen trifft, dann hört auch der Schluckauf auf.

Die jungen Mädchen in manchen Gegenden zogen an den Fingern und horchten, ob sie knacken: So viel Male sie knacken, so viele Kinder bringen sie zur Welt, glaubten sie. Mädchen, die an einer Tischecke sitzen oder die Butter anschneiden, müssen noch sieben Jahre ledig bleiben. Gehen zwei nebeneinander her, so dürfen sie einen Begegnenden nicht zwischen sich durchlassen, sonst nimmt dieser das Glück mit fort. Wenn zwei dasselbe Wort zur gleichen Zeit aussprechen, ist es wahr. Wenn man die Zeigefinger ineinander hakelt und sich etwas wünscht, so geht es in Erfüllung, wenn man nicht zu sprechen beginnt, bevor die Finger auseinander sind. Wahr werden die Träume der ersten Nacht in einem fremden Bett oder in einer neuen Wohnung.

Abzählverse. Zum Kinderspiel gehören und

Wallfahrtskirche in Albendorf

gehörten die Abzählverse. Zu meiner Zeit war in Breslau am üblichsten

„Eins, zwei, drei, vier, fünf, sechs, sieben,
eine alte Frau kocht Rüben,
eine alte Frau kocht Speck,
du bist weg."

Peuckert berichtet aus seiner Kindheit von einem anderen Abzählvers:

„Eene deene dittchn dattchn,
zepple bepple bunte klatschn;
zepple bepple buff, du bist uf!"

Adlersfeld-Ballestrem, Eufemia von, geb. 1854 in Ratibor, gest. 1941 in München. Verfasserin von über 80 Romanen und Erzählungen moralisch-erzieherischen Inhalts, „Maria im Schnee", „Die weißen Rosen von Ravensberg".

Ägidienkirche. Vom Domdechant Victor 1213–1228 gestiftete älteste, in der ursprünglichen Form erhaltene Breslauer Kirche – ein romanischer Ziegelbau.

Agnetendorf (poln. *Jagniątków*). Malerisches Dorf im Riesengebirge, am Fuße der Schneegruben. Wohnort Gerhart Hauptmanns. 1654 von böhmischen Protestanten gegründet, ist es nach Barbara Agnes Schaffgotsch, Gemahlin von Hans-Ulrich Schaffgotsch, benannt. Das Wohnhaus Hauptmanns, Haus Wiesenstein, liegt im oberen Teil des Dorfes. 1923 schuf der Maler Johannes v. Avenarius in der Halle des Hauses die Wandgemälde mit Motiven aus den Werken des Meisters. Das Haus ist erhalten und dient als polnisches Kinderheim.

Albendorf (poln. *Wambierzyce*). Wallfahrtsort in der Grafschaft Glatz am Fuße der Heuscheuer. Gnadenstätte seit dem 13. Jh. (?), bezeugt Mitte 16. Jh. Von Ritter Daniel Pascharius von Osterberg ab 1683 nach dem Plan von Jerusalem ausgebaut mit 12 Toren, Golgatha, Heiligem Grab und allen Erinnerungsstätten Jerusalems. Der Ort wird überragt von einer 1715–1730 errichteten Marienbasilika im Tempelstil, barock mit zweigeschossiger Prunkfassade. Zu der Basilika führen 33 Stufen. Die vor dem Kriege durchgeführten historischen Spiele, von Einheimischen dargestellt, gehen auf Pascharius zurück. Seit 1936 ist Albendorf päpstlich privilegierter Wallfahrtsort; vollständig erhalten.

Albertz, Heinrich, geb. 1915 Breslau, evangelischer Pfarrer, Politiker, lebt in Berlin.

Alder, Kurt, geb. 1902 in Königshütte, gest. 1958 in Köln. Zusammen mit seinem Lehrer Professor Diels wurde er für die Entwicklung der Diensynthese mit dem Nobelpreis ausgezeichnet.

Alexis, Willibald (eigentlich *Georg Wilhelm Heinrich Häring*), geb. 1798 in Breslau, gest. 1871 in Arnstadt/Thüringen. Berühmter Romancier Preußens, der „deutsche Scott". Jurist, freier Schriftsteller. Schrieb „Der Roland von Berlin", „Die Hosen des Herrn von Bredow", „Ruhe ist die erste Bürgerpflicht". Bekannt ist auch seine Ballade „Fridericus Rex, unser König und Herr", die Karl Löwe vertonte.

Alker, Eckard, geb. 1936 Ratibor, Grafiker.

Alt Berun (poln. *Bierun Stary*), Städtchen im Kreise Pless, gegründet 1387. Hölzerne Begräbniskirche St. Valentin, Bartholomäuskirche (1770–1776). 1970: 6500 Einwohner, Sprengstoffabrik.

Altbielitz (poln. *Stare Bielsko*), Kreis Bielitz, Waldhufendorf westlich von Bielitz. Entstanden in der zweiten Hälfte des 13. Jh., gehört es zu den größten Dörfern Schlesiens. Gotische Stanislaus-Kirche aus der zweiten Hälfte des 14. Jh. mit Freskenzyklus aus der gleichen Zeit. Marienflügelaltar aus dem Anfang des 16. Jh. Gotisches Chorgestühl von 1563. 1787 siedelte Franz von Sulkowski südlich von Altbielitz Bauern an. Die Siedlung hieß nach seinem Vater Alexanderfeld. 1910 zählte Altbielitz 2890 Einwohner, davon 2630 Deutsche, Alexanderfeld 2420, darunter 2080 Deutsche. Heute ist Altbielitz in die Stadt Bielitz eingemeindet.

Altkemnitz (poln. *Stara Kamienica*), Kreis Hirschberg, einer der Stammsitze der Familie

Schaffgotsch. Von dem Schloß blieben nur einige Ruinen erhalten. Katholische Pfarrkirche St. Johannes (Ende des 15. Jh.). Evangelische Bethauskirche nach dem Krieg zerstört.

Altranstädter Konvention. In einem Vertrag von 1707 erreichte Karl XII. von Schweden von Kaiser Josef I. für die schlesischen Protestanten, die seine Vermittlung angerufen hatten, Duldung und Religionsfreiheit. Die evangelischen Christen durften sechs sogenannte „Gnadenkirchen" errichten, deren bekannteste diejenige in Hirschberg ist.

Altrock, Hartmut von, geb. 1931 in Breslau, Maler und Graphiker. 1945 Tischlerlehre, 1948 erneut Gymnasium, Architekturstudium an der TH Berlin, Studium der Malerei und Graphik. Fertigt hauptsächlich Radierungen. Lebt in Berlin.

Altvatergebirge, südöstlicher Teil der Sudeten. Höchste Erhebung Altvater, 1490 m hoch.

Alt Warthau (poln. *Warta Bolesławiecka*), Kreis Bunzlau, Dorf und Renaissance-Schloß aus dem Jahre 1540.

Altwasser, Stadt Waldenburg (poln. *Stary Zdrój*), zunächst durch seine Heilquellen bekannt, obwohl seit 1366 Silberbergbau und seit 1584 Steinkohlenbergbau bezeugt sind. Durch den Tiefbau der Segen-Gottes-Grube versiegten jedoch die Quellen, der Badebetrieb kam 1873 zum Erliegen. Mitte des 19. Jahrhunderts Entwicklung der Industrie: Carlshütte seit 1820, Porzellanfabrik C. Tielsch & Co. 1845. 1919 wurde die rasch wachsende Gemeinde mit 16000 Einwohnern nach Waldenburg eingemeindet.

Altwilmsdorf (poln. *Stary Wielisław*), etwa 4 km südwestlich von Glatz, mit einer vorzüglich erhaltenen Wehrkirche. Die Anlage ist vor allem wegen ihrer sorgfältigen Restauration, die wohl in erster Linie dem gegenwärtigen Pfarrer zu verdanken ist, bemerkenswert.
1428 brannten Hussiten die Kirche nieder, hierauf wurde sie mit einer Wehrmauer wieder aufgebaut.

Schloß Alt-Warthau

Auf dem Hochaltar befindet sich eine Statue der Mater Dolorosa, der Sage nach bei dem Brande der Kirche durch ein Wunder gerettet. Die deutschen Grabsteine des Friedhofs sind so weit wie möglich sorgfältig restauriert und in die Friedhofsmauer eingelassen.

Anders, Günther, geb. 1902 Breslau, Schriftsteller und Philosoph. 1933 emigriert und nach dem Kriege zurückgekehrt. „Schrift an der Wand" (Tagebücher von 1941–1966), „Endzeit und Zeitende (1972)" (Tagebuch aus Hiroshima und Nagasaki 1959).

Angelus Silesius (Johannes Scheffler), geb. 1624 in Breslau, gest. 1677 dort. Eine der bedeutendsten Erscheinungen des religiösen 17. Jh. Nach dem frühen Tod seines Vaters besuchte er das Elisabetgymnasium in Breslau. Studium der Medizin in Straßburg, Leyden und Padua. In Leyden lernte er die Schriften Jakob Böhmes kennen. 1649 wurde er Leibarzt des Herzogs Silvius Nimrod von Oels. Freundschaft mit Abraham von Franckenberg, dem Vorläufer des Pietismus. In den „Monodisticha" des Daniel Czepko von Reigersfeld tritt ihm in diesem Kreise eine Darstellung des Eckhartschen Systems in Epigrammen entgegen. Hierdurch wird er zu einer Darstellung des mystischen Heilsgutes in Epigrammen angeregt, die er zunächst „geistliche Sinn- und Schlußreime", seit 1674 „Cherubinischer Wandersmann" nennt. In glanzvoller Diktion und sprachlicher Kühnheit drückt er hier das Verhältnis der Seele zu ihrem Urgrunde, zu Gott, in immer neuen Abwandlungen aus.

Nach dem Tode Franckenbergs kommt es zu einem heftigen Zusammenstoß mit einem lutherischen Geistlichen. Scheffler wird katholisch. Im Jahre 1657 veröffentlicht er sein zweites größeres Werk, die „Heilige Seelenlust oder geistliche Hirtenlieder der in ihren Jesum verliebten Psyche". 1661 empfing Scheffler die Priesterweihe. 1677 erschien seine „Ecclesiologia", eine Sammlung von Streitschriften, in denen er gegen Andersgläubige zu Felde zieht. Außerdem verfaßte er noch die „Sinnliche Beschreibung der letzten vier Dinge", eine derb-anschauliche, lehrhafte Schilderung von Tod, Gericht, Verdammnis und Seligkeit. Er wurde in der Stiftskirche der Kreuzherren zum roten Stern, der späteren Gymnasialkirche des Matthiasgymnasiums, beigesetzt.

Mensch, werde wesentlich!
Denn wann die Welt vergeht,
So fällt der Zufall weg,
Das Wesen, das besteht.
Daß dir im Sonnenschein
Vergehet das Gesicht
Sind deine Augen schuld,
Und nicht das große Licht.

Seine Kirchenlieder („Ich will dich lieben", „Mir nach, spricht Christus") sind zum Liedgut beider Konfessionen geworden.

Anhalt (poln. *Hołdunów*), Kreis Pless. 1770 wurden auf Befehl König Friedrich des Großen die evangelischen deutschen Einwohner von Seibersdorf, nordöstlich Bielitz, die sich so der Bedrückung durch die Gegenreformation entzogen, über die Grenze geleitet und auf einem Vorwerk des Dorfes Lendzin östlich von Pless angesiedelt. Diese Kolonie wurde nach dem Grundherrn Anhalt genannt. Bis 1820 zweigten sich von Alt-Anhalt die Siedlungen Neu-Anhalt, Alt- und Neu-Gatsch ab. Im zweiten oberschlesischen Aufstand 1920 wurde Anhalt von den Insurgenten niedergebrannt. Heute ist es Teil von Lendzin.

Anna, Herzogin, geb. 1204, gest. 1265, Tochter Ottokars I. von Böhmen, begraben in der Klarenkirche, jetzt Ursulinenkirche in Breslau. Gemahlin Heinrichs II. Sie führte die von ihrem bei Wahlstatt gefallenen Gatten geplanten Klosterstiftungen durch: Grüssau; in Breslau Franziskaner bei St. Jakob (später Vinzenzkirche), Klarissen und Kreuzherren mit dem roten Stern (Matthiasstift). Entscheidend für den Durchbruch franziskanischen Geistes in Schlesien. Sie war ihrer Schwiegermutter, der hl. Hedwig, besonders verbunden.

Anna von Schweidnitz, geb. etwa 1339, gest. 1362. Gemahlin Kaiser Karls IV. Sie war die einzige Schlesierin, die während des Mittelalters drei Kronen getragen hat: die böhmische, die deutsche und die kaiserliche. Ihre Büste in der Triforiumsgalerie im Dom zu Prag ist eines der schönsten Werke Peter Parlers. Außerdem finden wir ihre Abbildung in der Katharinenkapelle der Burg Karlstein bei Prag.

Annaberg *(poln. Góra Świętej Anny).* Der St. Annaberg ist mit 410 m der höchste Punkt Oberschlesiens. Von seinem Bergkegel grüßt die bekannte Wallfahrtskirche. Im Laufe der Geschichte wurde der Berg zum religiösen und politischen Wahrzeichen Oberschlesiens.

Ursprünglich befand sich dort eine Kapelle, die dem heiligen Georg geweiht war. An ihrer Stelle erbauten die Grafen Gaschin eine der heiligen Anna geweihte Holzkirche. 1655 schenkte Graf Melchior von Gaschin auf Zyrowa den Franziskanern das Klostergrundstück mit Kirche auf dem Berg. Hier errichteten die Franziskaner ein Klostergebäude in Holz, das 1733–1749 durch einen Massivbau ersetzt wurde. In der Kirche wird eine geschnitzte Figur der heiligen Anna selbdritt verehrt.

Von 1700–1709 ließ Graf Georg Adam von Gaschin durch den Baumeister Domenico Signo die 33 Kapellen des Calvarienberges erbauen. Das steinerne Grabmal des 1795 verstorbenen Grafen Anton Gaschin über dem Portal der Magdalenenkapelle von Johann Nitsche aus Troppau erinnert an den Wohltäter und ist von kunstgeschichtlicher Bedeutung.

Im Jahre 1856 wurde der Annaberg mit Kirche und Kloster bischöflicher Besitz und damit zu einem Diözesanheiligtum. Der Wallfahrtsort nahm einen ungeahnten Aufschwung und wurde zum eigentlichen Mittelpunkt oberschlesischer Frömmigkeit. Noch heute ziehen jährlich Tausende von Wallfahrern den Weg zur Wallfahrtskirche hinauf. Die letzte deutsche Männerwallfahrt im Jahre 1938 zählte trotz aller Behinderung durch die Nationalsozialisten 130000 Teilnehmer.

Im Jahre 1921 stürmten deutsche Freiwilligenverbände den von polnischen Insurgenten besetzten Berg. An dieses Geschehen erinnerte ein deutsches Ehrenmal mit Freilichtbühne, das nach dem Kriege in ein polnisches Ehrenmal umgewandelt wurde.

Ansorge, Conrad, geb. 1862 Buchwald/Riesengebirge, gest. 1930 Berlin. Komponist und Pianist, Schüler Franz Liszts.

Antek und Franzek, die oberschlesischen Brüder von Tünnes und Schäl. Ihr derb-volkstümlicher Humor, verbunden mit sprachlicher Komik, kennzeichnet das oberschlesische Wesen.

Antek: Jäsus, Franzek, hab dich lang nicht gesähn, wo bist du so lang gewesen?
Franzek: Nu, in Gefängnis.
Antek: Du in Gefängnis? Wo kannst kein Wässerchen triben.
Franzek: War wegen Bestechung.
Antek: Du und Bestechung?
Franzek: Beamtenbestechung.
Antek: Beamtenbestechung, du armes Luder?
Franzek: Mit Mässer, Pieronie!

Apothekenwesen. Das Medizinaledikt, das Kaiser Friedrich II. um 1240 für seine Stammländer Sizilien und Unteritalien erlassen hatte, fand auch in Deutschland Eingang. Die dort vorgeschriebenen Bestimmungen über Errichtung von Apotheken kamen in Schlesien bald zur Anwendung. Bereits um das Jahr 1350 wurde in Schlesien eine der ersten Apothekenordnungen Deutschlands erlassen: die statuta physicorum, apothecariorum et medicorum Kaiser Karls IV., später die Breslauer Handschrift genannt. In der Folgezeit erschienen in Schlesien wiederholt Apothekenordnungen, so vor allem in Breslau und Liegnitz. Die älteste Breslauer Apotheke war die Naschmarktapotheke „Zum goldenen Hirsch", die wahrscheinlich schon im 13. Jh. bestanden hat, nachweislich seit 1485 auf dem Grundstück, auf dem sie sich heute noch befindet.

Archidiakonat. Aufsichtsbezirk eines Bistums. Zum Beispiel war das Bistum Breslau in die Archidiakonate Breslau, Glogau, Liegnitz und Oppeln untergliedert.

Arco, Georg, Graf von, geb. 1869 Ratibor, gest. 1940, Physiker, entwickelte drahtloses Telegrafiesystem, Großfunkstation Nauen.

Schloß Armenruh

Augustiner-Chorherrnstift auf dem Sande

Armenruh (poln. *Rochów),* zwischen Goldberg und Löwenberg gelegen. 1390 urkundlich erwähnt. 1780, im Ausklang der barocken Epoche, auf den Grundmauern eines älteren Hauses erbautes Schloß. Eine 28stufige, weitgeschwungene Treppe führt zum Portal empor, das ein von vier schlanken Säulen getragener Barockbalkon krönt.

Armer Heinrich, erstes Rechnungsbuch der Stadt Breslau (Henricus pauper). 1303 erstmalig erwähnt.

Arme-Sünder-Glocke. Am 17. Juli 1386 von Michael Wilde gegossene Glocke der Maria-Magdalenen-Kirche. 113 Zentner schwer, 1,80 m hoch. Bekannt durch das Gedicht von Wilhelm Müller „Der Glockenguß zu Breslau", das auf eine wohl nicht historische Begebenheit zurückgeht. Danach soll der Glockengießermeister während des Gusses aus Jähzorn seinen ungehorsamen Lehrling erstochen haben und deshalb hingerichtet worden sein.

Der Glockenguß zu Breslau

War einst ein Glockengießer
Zu Breslau in der Stadt,
Ein ehrenwerter Meister,
Gewandt in Rat und Tat.

Er hatte schon gegossen
Viel Glocken, gelb und weiß,
Für Kirchen und Kapellen,
Zu Gottes Lob und Preis.

Und seine Glocken klangen
So voll, so hell, so rein,
Er goß auch Lieb und Glauben
Mit in die Form hinein.

Doch aller Glocken Krone,
Die er gegossen hat,
Das ist die Sünderglocke
Zu Breslau in der Stadt.

Im Magdalenenturme
Da hängt das Meisterstück,
Rief schon manch starres Herze
Zu seinem Gott zurück.

Beim Brand der Magdalenenkirche nach der Kapitulation der Stadt ist diese Glocke am 17. Mai 1945 geschmolzen.

Arndt, Bruno, geb. 1874 in Beuthen/OS, gest. 1922 in Breslau. Oberschlesischer Schriftsteller. Romane: „Der verirrte Vogel" (1909), „Der Ruf der Felder" (1911), „Aus dem Leben des Schreibers Tobias Kiekbusch". Vom Naturalistischen herkommend, schilderte er die Vereinsamung des Menschen und seine tragische Verstrickung mit dem Erbe seiner Heimat.

Aschheim, Isidor, geb. 1891 in Margonin/Westpr. Er kam früh nach Breslau und studierte dort bei Otto Mueller an der Breslauer Kunstakademie. Seit 1940 lebt Aschheim in Israel.

Aufruf „An mein Volk". 1813 verfaßte Staatsrat Theodor Gottlieb von Hippel (1775–1843) den berühmten „Aufruf an mein Volk" in der fürstbischöflichen Residenz in Breslau, mit dem König Friedrich Wilhelm III. das preußische Volk zum Kampf gegen die französischen Okkupatoren aufrief.

Aufstand der Zünfte gegen den Breslauer Rat

1418. Die Zünfte forderten hierbei, an der Regierung der Stadt beteiligt zu werden. Bei den Auseinandersetzungen wurde das Rathaus gestürmt und 6 Ratsherren getötet. 1420 hielt König Sigismund ein Strafgericht, 23 Rädelsführer wurden hingerichtet. Der Sage nach sollen sie unter den Steinen des Weges zur Elisabethkirche begraben sein.

Augustiner-Chorherrenstift, von flandrischen Mönchen am Zobten gegründet und später auf die Sandinsel in Breslau verlegt, 1810 säkularisiert. Herrliches barockes Gebäude (Universitätsbibliothek bis 1945, diese befindet sich heute in der früheren Stadtbibliothek). Kirche St. Maria auf dem Sande: große gotische Hallenkirche. Nach dem Kriege anstelle der früheren – zerstörten – barocken Ausstattung mit gotischen Altären aus dem schlesischen Raum restauriert.

Auras (poln. *Uraz*), kleines Landstädtchen im Kreise Wohlau, an der Oder gelegen. 1312 als Stadt erwähnt, Stadtrecht nach dem Kriege verloren. In der Stadt befand sich ein Schloß in eigenartiger Dreiecksform, ursprünglich als Wasserburg angelegt. Es ist Ende des Zweiten Weltkrieges ausgebrannt. Heute sind von ihm nur noch Trümmer vorhanden.

Als Sitz zahlreicher Schiffseigner und einer Schiffswerft hatte Auras bis zum Ausgang des Zweiten Weltkriegs Bedeutung für die Oderschiffahrt. Nach dem Krieg ist es zu wirtschaftlicher Bedeutungslosigkeit herabgesunken.

1939: 1700, 1961: 1030 Einwohner.

Auschwitz (poln. *Oświęcim*). Hauptstadt des ehemaligen schlesischen Herzogtums Auschwitz und Zabor. Dieses kam 1457 durch Kauf an Polen, 1773 an Österreich, seit 1818 Teil des Deutschen Bundes, administrativ zu Galizien gehörend. Nach dem Ersten Weltkrieg polnisch.

Hier befand sich das berüchtigte Konzentrationslager, in dem zahllose Menschen, meist Juden, umkamen.

Bach, Karl Daniel, geb. 1756 in Potsdam, gest. 1829 in Breslau. Seit 1791 Professor der Mal- und Zeichenkunst an der Königlichen Kunstschule in Breslau.

Backsteingotik. Die großen Kirchen Schlesiens sind fast ausschließlich Backsteinkirchen. Schon bei den wenigen erhaltenen Bauwerken der romanischen Epoche finden wir den Backstein als Baumaterial (Ägidienkirche Breslau). Höhepunkt des Backsteinbaus ist jedoch die Gotik. Die gewaltigen Kirchenschiffe, zunächst in Form der Basilika, später der Halle, zeigen sowohl süddeutsche (München) wie norddeutsche (Lübeck) Einflüsse. Als bedeutendste Beispiele des Kirchenbaus seien die Sandkirche und die Kreuzkirche in Breslau und für den Profanbau das Breslauer Rathaus genannt. Vielfach werden Gesimse, Fenster- und Türfüllungen in Haustein ausgeführt, wodurch sich ein reizvoller Kontrast ergibt. Die Kirchengiebel werden häufig gegliedert und durch verputzte Blenden abwechslungsreich gestaltet (Münsterberg, Bunzlau).

In der Renaissance und im Barockzeitalter wurde unverputzter Backstein kaum noch verwendet.

Dörfliche Backsteinkirche

Im 19. Jh. erlebte der Backsteinbau jedoch noch einmal eine neue Blüte, vor allem unter dem Einfluß Schinkels (Schloß Kamenz).

Bad Altheide (poln. *Polanica Zdrój*), Kreis Glatz, am Ausgang des von der Weistritz durchflossenen Höllentals in 361 m Höhe, 12 km südwestlich Glatz. Der Ort wird erstmals Mitte des 14. Jh. erwähnt. Obwohl die Quellen schon seit dem 17. Jh. bekannt waren, wurden sie erst im 19. Jh. für Heilzwecke genutzt. 1904 kaufte der Breslauer Kommerzienrat Haase (gestorben 1931) das Bad, worauf es einen starken Aufschwung erlebte. Die kohlensäurereichen Quellen wurden zu Trinkkuren und Bädern bei Herz- und Nervenerkrankungen verwendet. Als Tafelwasser bekannt war der „Prinzensprudel" von Bad Altheide, der auch heute noch unter dem Namen Staro Polanska (Altheide) vertrieben wird. 1945 zur Stadt erhoben. Bedeutende Kristallglashütte. Einwohnerzahl 1939: 4000, 1961: 5400.

Dom in Glogau

Bad Charlottenbrunn (poln. *Jedlina Zdrój*), Badeort im Waldenburger Bergland. Dr. Karl Beinert, 1793-1868, kaufte 1823 die Apotheke in Charlottenbrunn. Er setzte sich mit allen Kräften für die Entwicklung des Kurortes ein. Seit 1840 schuf er die parkartigen Anlagen mit stillen Ruheplätzen und Aussichten in die Gebirgsgegenden rundherum. Der Badebetrieb hob sich durch Beinerts Tätigkeit rasch. Um 1900 zählte man jährlich etwa 1650 Kurgäste und 1500 Sommergäste. Die heutigen Badeanlagen entstanden 1885. 1935 wurde eine neue Wandelhalle gebaut. 1938: 1900, 1970: 6400 Einwohner. 1967 zur Stadt erhoben.

Bad Flinsberg (poln. *Świeradów Zdrój*), bekanntes Bad im Isergebirge. Seit 1768 entwickelte das Haus Schaffgotsch den Kurort, der sich zu einem bedeutenden Heilbad und Wintersportplatz vergrößerte. Das neue Kurhaus wurde 1899 eingeweiht, das Radiumbad 1934. 1938: 2800 Einwohner, 1970: Stadtrecht, 2980 Einwohner.

Bad Kudowa (poln. *Kudowa Zdrój*), im westlichsten Zipfel der Grafschaft Glatz, etwa 11 km nordwestlich von Reinerz. Die stark kohlensäurehaltigen Quellen werden gegen Herzleiden und Rheuma angewandt. 1783 erwarb Freiherr Michael von Stillfried das Dorf Kudowa von einer böhmischen Adelsfamilie und baute das Bad aus. Im Jahre 1813 wohnte hier Friedrich Wilhelm III. 1870 wurde Kudowa zum ersten deutschen Herzbad. Moltke hielt sich hier mehrmals auf. Nach ihm hieß eine der Quellen „Helmuthquelle". Hermann Stehr setzte in seiner Novelle „Anton Gudnatz" dem Ort ein literarisches Denkmal. Ursprünglich war das Dorf Kudowa eine Gründung böhmischer Hussiten. Die Kuranlagen und der herrliche Kurpark sind auch heute noch einladend und gehören zu den bestgepflegten Anlagen in der Grafschaft Glatz. Neben dem Badebetrieb Spielzeug- und Baumwollindustrie. 1939: 2000,

Bad Landeck

1970: nach zahlreichen Eingemeindungen 8000 Einwohner. Seit 1945 Stadt.

Bad Landeck (poln. *Lądek Zdrój*), 20 km nordöstlich der Kreisstadt Habelschwerdt in der Grafschaft Glatz. 1270 gegründet. 1325 Magdeburg-Glatzer Recht, zunächst böhmisch, seit 1742 preußisch. In den Hussitenkriegen 1428 niedergebrannt. Erneuter Stadtbrand 1739. Marktsiedlung mit rechteckigem Ring. Schöne Barockhäuser mit Laubengängen am Ring. Dreifaltigkeitssäule (1745) von Michael Klahr d.Ä. auf dem Ring. Pfarrkirche Mariä Geburt (1692), Kanzel und Kreuz von Klahr d.J., Johannesbrücke über die Biele (1565). Unweit Schloß Karpenstein.

Das älteste der Grafschafter Heilbäder, mit schönem Kurhaus und 6 radiumhaltigen Schwefel-Natrium-Quellen. Friedrich der Große fand hier Heilung. Bekannt ist die Antwort eines Landekker Wirtes auf seine Frage, ob ihm ein Österreicher oder ein Preuße lieber sei: „'S brengt halt keener woas mitte!"

Neben dem Badebetrieb Basaltwerke, Lederfabriken, Holzbildhauerei sowie starker Fremdenverkehr. 1939: 4900, 1970: 6100 Einwohner.

Bad Reinerz (poln. *Duszniki Zdrój*), bedeutendes Heilbad in der Grafschaft Glatz, im Tale der Weistritz, am Fuße der Hohen Mense. Vor 1324 mit deutschem Recht gegründet als Reynharts. Rechteckiger Ring in der Stadtmitte mit schönen Bürgerhäusern der Renaissance- und Barockzeit. Papiermühle aus dem Jahre 1562, hervorragend restauriert. Darin wurde das „milbenfreie“ Büttenpapier für Staatsurkunden des Reiches hergestellt. Heute befindet sich in dem Gebäude ein Museum für Papierherstellung. Dreifaltigkeitskapelle aus dem Jahre 1704, 1725 Mariensäule auf dem Oberring. Ältestes Haus, vermutlich seit 1361, „ Das Kaiserliche Haus“. Gotische Stadtpfarrkirche mit einer barocken Walfischkanzel. Der Geistliche steht im Maul des Wals, Körper und Schwanz des Untieres recken sich bis zum Gewölbe. Barocker Nothelferaltar, einer der schönsten Altäre der Grafschaft.

Die Stadt besitzt Textilindustrie sowie Glasveredelungsbetriebe und Holzindustrie, besonders jedoch ist sie seit 1408 als Kurort bekannt. Die Quellen werden gegen Erkrankungen der oberen Luftwege benutzt. Einer der überzeugtesten Kurgäste war Carl von Holtei. 1823 weilte Felix Mendelssohn-Bartholdy hier bei seinem Onkel und wirkte an einem Konzert mit. Chopin machte

Elisenhof in Salzbrunn

Brunnenplatz in Warmbrunn

im Jahre 1826 mit seiner Mutter und zwei Schwestern ebenfalls in Bad Reinerz eine Kur, wo er sein erstes öffentliches Konzert außerhalb Polens gab. Dies ist der Grund, warum seit 1946 in der Stadt Chopin-Festspiele stattfinden. 1939 : 4690, 1970 : 5420 Einwohner.

Bad Salzbrunn (poln. *Szczawno Zdrój*), Heilbad im Waldenburger Bergland. Zuletzt Staatsbad und Stadtteil Waldenburgs. Schon 1221 als „salczborn" erwähnt und mit deutschem Recht ausgestattet. 1801 beauftragte König Friedrich Wilhelm III. den Oberbergarzt Dr. Mogalla aus Breslau, Quellen von Salzbrunn zu untersuchen. 1812 schickte der Breslauer Arzt Dr. Ebers seine lungenschwache Frau nach Salzbrunn und setzte sich, da sie gesundete, für die Bekanntmachung der Quelle ein. Bald folgten viele vornehme Badegäste. Bereits 1825 wurden 115000 Flaschen des Salzbrunner Wassers versandt. Dies ermöglichte den Ausbau der Kuranlagen, Badehäuser, Unterkünfte und Promenaden. 1819 wurde das Hotel „Zur preußischen Krone", das Geburtshaus der Dichter Carl und Gerhart Hauptmann, erbaut. Das Bad gehörte bis zum Jahre 1931 dem Fürsten Pless. Von 1931 an war es Staatsbad. Die Kuranlagen sind erhalten. Sie dienen heute vor allem polnischen Arbeitern als Erholungsstätte. Im Ortsteil Waldenburg-Sandberg befindet sich die bedeutende Spiegelhütte. 1939: 9780, 1970: 7200 Einwohner.

Bad Warmbrunn (poln. *Cieplice Śląskie Zdrój*), 7 km südwestlich von Hirschberg, am Fuße des Riesengebirges gelegen. 1281 erste Nennung, 1403 „villa Warmbron", 1935 Erhebung zur Stadt. Entstanden aus dem „gemauerten Hof" des Ritters Gotsch II. Schoff, Zisterzienserprobstei des Klosters Grüssau (1403). Bedeutendes Schloß der Familie Schaffgotsch (1784–1809). Evangelische Kirche (1774–1779) mit Rokokoausstattung und schönem Turm. Katholische Pfarrkirche St. Johannis (1712–1714) mit Hochaltarbild von Willmann.

Am Markt in Goldberg

Schöner Kurpark, bedeutende Kuranlagen (Quellenhof aus dem Jahre 1933, Mineralbrunnenvertrieb). Theater und Galerie mit Blick auf das Riesengebirge. Galerie 1797–1800 von Carl Gottfried Geißler erbaut nach dem Vorbild der Villa Rotonda von Palladio. Kurtheater 1836 durch Tollberg im klassizistischen Stil, schöne Inneneinrichtung.

Zu erwähnen ist der Tallsackmarkt, ein alljährliches Volksfest, so genannt nach den „Tallsäcken" (Tolpatsch). Das sind Pfefferkuchenmänner, die dort hauptsächlich verkauft wurden. Maschinenfabrik (Bau von Papiermaschinen), Granitwerk, Glasraffinerie, Holzbildhauerei. Die Stadt war seit 1902 Sitz der bekannten Holzschnitzschule. 1941: 10500, 1975: 15500 Einwohner.

Baildon, John, 1772–1846. Erbauer des ersten Kokshochofens auf dem Festlande, 1796. Er konstruierte 1796 im Auftrage des Grafen Pückler-Burghaus die erste eiserne Brücke über das Striegauer Wasser bei Kanth.

de Baker, Franz, geb. in Antwerpen, seit 1724 in Breslau, gest. 1749. Maler. Tafelbilder der Kurfürstenkapelle im Dom, Altarbilder St. Mauritius, Kreuzauffindung Kreuzkirche, Breslau, Hochaltarbild Wahlstatt u.a., Fresken Ceslauskapelle, Breslau.

Ballestrem. Seit 1798 treten die Grafen von Ballestrem als bedeutende Unternehmerpersönlichkeiten in Oberschlesien auf. Ihre wirtschaftliche Grundlage war zunächst ihr Großgrundbesitz, auf dem sie den Steinkohlenbergbau entwickelten. Sie gaben außerdem den entscheidenden Anstoß zum Aufbau der oberschlesischen Zinkindustrie.

Karl Franz Graf von Ballestrem ist der Entdecker und Förderer Godullas, den er später zu seinem Generalbevollmächtigten ernannte.

Zu einem wirtschaftlichen Begriff für Oberschlesien wurde der Name Ballestrem unter dem Grafen Franz, 1834–1910. Graf Franz Xaver von Ballestrem gehörte zu den Führern der Zentrums-

partei. Er errichtete zahlreiche soziale Einrichtungen für seine Arbeiter und trat auch als Politiker – Präsident des Reichstags – hervor.
Letzter Repräsentant des Hauses in Schlesien war Graf Nikolaus von Ballestrem, der 1945 bei dem großen Luftangriff auf Dresden ums Leben kam. Zuletzt zählte die Belegschaft der Werke über 15000 Personen.

Baluschek, Hans, geb. 1870 in Breslau, gest. 1935 in Berlin. Maler mit sozialem Engagement, Angehöriger der Berliner Sezession. Theodor Heuß schrieb 1935 über ihn: „Er malt den Alltag, die Arbeitswege, die bescheidenen Freuden des kleinen Mannes, des Gefangenen der Mietskasernen, für den die paar Lauben, ein Biergarten, das Tempelhofer Feld die Natur sind."

Balzer, Anton, geb. 1771 Prag, gest. 1807, Maler des Riesengebirges. 24 Blätter in Aquatintamanier (1792).

Bankwitz (1937 Burghübel, poln. *Bedkowice*). Wasserschloß 37 km südw. von Breslau, 1546 erbaut, ursprüngliche Anlage mit Graben und Brücke erhalten, schmuckvolles Portal.

Barberina (eigentlich Barbara Campanini), geb. 1721 in Parma, gest. 1799 in Barschau bei Lüben. Friedrich der Große holte die berühmte Tänzerin nach Berlin. Als sie den 1743 geschlossenen Vertrag nicht einhalten wollte, ließ er sie gewaltsam aus Venedig nach Berlin schaffen. Dort erntete sie, wie vorher in Paris und London, stürmischen Beifall und übte auf die Männerwelt eine magnetische Anziehung aus. Der junge König, sonst sehr sparsam, ließ sie die Höhe ihrer Gage selbst festsetzen, so daß sie, wie Voltaire berichtet, mehr verdiente als ein Staatsminister. 1749 heiratete sie, beim König deswegen in Ungnade gefallen, den Sohn des preußischen Großkanzlers Cocceji, der wegen dieser Ehe als Vizepräsident nach Glogau versetzt wurde. Die Ehe wurde 1786 geschieden. 1789 wurde die Barberina von Friedrich Wilhelm II. zur Gräfin Campanini erhoben. In Barschau, ihrem Gut, errichtete sie

Kloster Grüssau

ein Institut für arme adelige Fräuleins und widmete sich der strengen Ordnung dieses Stiftes. 1799 starb sie im 78. Lebensjahr und wurde in Hochkirch begraben.

Barlog, Boleslaw (Stanislaus), geb. 1906 in Breslau. Regisseur, zuletzt Schillertheater Berlin. Er gab dem Theater und dem Film durch bedeutende Inszenierungen neue Impulse. Seine Vorliebe galt modernen Dramen und den Komödien Shakespeares.

Barock. Die Epoche des Barock ist in Schlesien einer der großen kulturellen Höhepunkte. Der Dreißigjährige Krieg hatte das Land sowohl durch die unmittelbaren Kriegshandlungen wie durch schreckliche Seuchen, schließlich durch die im Lande gräßlich wütende Soldateska beider Parteien, entsetzlich heimgesucht. Gleichwohl findet schon während des Krieges die Dichtung mit Opitz, Gryphius, mit Logau und Angelus Silesius einen Höhepunkt, der weit über Schlesien

Hampelbaude im Riesengebirge

hinaus literarische Impulse gibt. Nach dem Kriege kommt es, ausgehend von der Gegenreformation unter Ferdinand II., zu einem Höhepunkt barocker sakraler Baukunst mit den gewaltigen Klosteranlagen von Leubus, Wahlstatt und Heinrichau sowie den Jesuitenbauten in Breslau, Liegnitz und vielen anderen Städten, wobei die Innenräume zahlreicher gotischer Kirchen in barockem Sinne umgestaltet werden. Dies führt zu jener innigen Durchdringung gotischer und barocker Bauformen, wie sie für Schlesien typisch ist. Müßig ist der Streit, ob dieser künstlerische Aufschwung von dem einfallenden Friedrich II. von Preußen unterbrochen worden ist und ob die österreichische oder die preußische Periode für Schlesien segensreicher war.

Tatsache ist, daß die Zeit nach dem Dreißigjährigen Kriege eine Zeit religiöser Neubesinnung, aber auch religiöser Unduldsamkeit war, die viele Schlesier um ihres Glaubens willen aus dem Lande trieb. Hinzu kommt, daß sich in jener Zeit der Großgrundbesitz auf Kosten der im Kriege verarmten ländlichen Bevölkerung endgültig durchsetzte und die vorher weitgehend freien deutschen Bauern in ein zum Teil schamlos ausgenutztes Abhängigkeitsverhältnis zu der Grundherrschaft gerieten. Erst die Steinschen Reformen brachten dem Bauern hier die ersehnte Befreiung.

Zur österreichischen Zeit haben die Kaiser aus Wien Schlesien kaum jemals betreten, während Friedrich II. von Preußen das Land regelmäßig bereiste und durch eine zwar strenge, aber mustergültige Verwaltung erschloß. Während seiner Regierungszeit wurden zahlreiche evangelische Kirchen und mehr Schulen gebaut als in hundert Jahren österreichischer Herrschaft zuvor. Somit ist es wohl eine stark vereinfachende Darstellung, wenn man behauptet, der „preußische Krückstock" habe die österreichische Kultur ausgetrieben.

Baron, Gerhart, geb. 1904 in Heydebreck, gest. 1978 in Linz. Dichter landschaftlicher und sozialkritischer oberschlesischer Lyrik. „Ankunft 1943", „Altoberschlesisches Flößerlied", „Die Wiedergeburt" (1964). Erzählungen.

Barsch, Paul, geb. 1860 Niederhermsdorf bei Neisse, gest. 1931 in Schieferstein/Zobten. Beliebter schlesischer Heimatdichter. Volkstümliche Selbstdarstellung „Von einem, der auszog", Gedichte. Er und seine Frau Marie Muthreich hielten in Breslau ein gastliches Haus für Dichter und Dichterinnen Schlesiens.

Bartsch, Heinrich, geb. 1904 Waldenburg. Schriftsteller. Romane: „Pflug und Schwert" (1940), „Erkämpfte Heimat" (1957).

Bartsch, Karl, geb. 1832 in Sprottau, gest. 1888 in Heidelberg. Germanist und Romanist. Gründete 1858 als erster in Rostock ein germanistisches Institut an einer deutschen Universität. Seit 1878 Heidelberg. Edierte textkritische mittelhochdeutsche und altfranzösische Literatur.

Bauch, Hermann, geb. 1856 in Heidersdorf bei Reichenbach, gest. 1924 in Polkwitz. Bedeutender Mundartdichter und Herausgeber des schlesischen Volkskalenders „Gemittlicher Schläsinger".

Bauden. Schlesische Bezeichnung für hölzerne Marktbuden, ferner im Gebirge für die meist aus Holz errichteten Höfe und Herbergen. Man unterschied früher Winterbauden, die das ganze Jahr über bewohnt waren, und Sommerbauden, die nur kurze Zeit Menschen und Vieh zur Unterkunft dienten.

Die bekanntesten unter den alten Riesengebirgs-

bauden sind die 1258 m hoch gelegene Hampelbaude auf der schlesischen sowie die 1410 m hoch gelegene Wiesenbaude auf der böhmischen Seite, die ältesten Herbergen auf dem Gebirgskamm, ferner das Schlesierhaus und die Riesenbaude am westlichen Fuß des Koppenkegels, die Spindler- und die Peterbaude, die Prinz-Heinrich-Baude oberhalb des Großen Teichs (nach dem Krieg zerstört), die Schneegrubenbaude und die Alte und die Neue Schlesische Baude, um nur einige zu nennen. Die malerischste Baude ist wohl die Kleine Teichbaude mit ihrem Glockenturm.
Bäudel war die übliche Bezeichnung für kleinere, meist im Souterrain gelegene Geschäfte.

Bauerwitz (poln. *Baborów*), kleines Landstädtchen an der Straße Leobschütz-Ratibor. Stadtgründung aus der 2. Hälfte des 13. Jh. Friedhofskirche St. Josef (teilweise aus Holz, Anf. 18. Jh.) mit schöner Innenausstattung ebenfalls aus dem 18. Jh. Zuckerfabrik. 1939: 4550, 1969: 3400 Einwohner. Bei der Volksabstimmung von 1921 stimmten 2112 Einwohner für Deutschland, 19 für Polen.

Baugewerbe, 1939: 10000 Betriebe mit 128000 Beschäftigten.

Baumgart, Reinhard, geb. 1929 in Breslau, seit 1945 in Bayern, lebt in München. Schriftsteller. Studium in München, Glasgow, Freiburg. Promotion mit einer Arbeit über Thomas Mann. Roman „Der Löwengarten", Erzählungen.

Wimmerbaude mit Brunnberg

Inneres der Jahrhunderthalle in Breslau

Bechau (poln. *Biechów*), Kreis Neisse, 10 km nordwestlich von Neisse gelegene Grundherrschaft der Grafen Matuschka. 1856–1863 Schloßneubau im Stil der Neurenaissance nach Plänen des Breslauer Baurats Lüdecke.

Bednorz, Robert, geb. 1892 in Pilzendorf/OS, gest. 1973 in Kiedrich. Bildhauer und Lehrer an der Breslauer Akademie, nach dem Kriege in Wiesbaden, Büsten von J. Ch. Günther, Ebert, Eichendorff, Hauptmann, Stehr, Heuss.

Bekleidungsgewerbe. 1939 waren 72000 Menschen im Bekleidungsgewerbe beschäftigt. Im Vordergrund stand die Herstellung von Wäsche und Oberbekleidung, insbesondere Herrenoberbekleidung.

Dr. Bender, Georg, Oberbürgermeister von Breslau; lebte 1848–1924.

Beneschau (tschechisch *Benešov*), kleines Akkerstädtchen im Hultschiner Ländchen. Seit 1920 ČSR. Die Herrschaft Beneschau bestand aus 5 Rittergütern und gehörte der Familie Rothschild. 1939: 1970 meist tschechisch sprechende Einwohner.

Berek, Max, geb. 1886 Ratibor, gest. 1949 Freiburg (Breisgau), Physiker, entwickelte die Leica. Hauptwerke: „Grundlagen der praktischen Optik", „Anleitung zu optischen Untersuchungen mit Polarisationsmikroskop (1934)".

Berg, Max, geb. 1870 in Stettin, gest. 1947 in Baden-Baden. 1909–1925 Stadtbaurat in Breslau. Sein Hauptwerk ist die aus Stahlbeton errichtete Jahrhunderthalle in Breslau, eines der bedeutendsten Baudenkmäler der neuen Architektur, ein zentraler Kuppelbau von 42 m Höhe, 65 m lichtem Durchmesser und 67,4 m Spannweite, mit vier halbkreisförmigen Apsiden. Die Halle hat über 5000 Sitz- und 4200 Stehplätze, bei Stehversammlungen faßt sie 20000 Personen. Sie kostete 3600000 Mark bei einem Kubikmeterpreis von 10 Mark und war seinerzeit der größte Kuppelbau der Welt. Zum ersten Mal war es hier gelungen, dem Stahlbeton eine ihm entsprechende Form zu geben. Beispielhaft ist die Einbindung der Halle in die Umgebung. Zoo, Ausstellungspark, Scheitniger Park und Sportpark haben eine Fläche von insgesamt 265 ha. Blickpunkt im Innern der Halle war die Orgeltribüne mit dem größten Orgelwerk der Welt von 187 Stimmen und 13 Transmissionen, erbaut nach einem Entwurf von Thomaskantor Straube.

Bergius, Friedrich, geb. 1884 in Breslau, gest. 1949 in Buenos Aires. Physiker. Ihm gelang die Herstellung von Benzin aus Kohle und die Gewinnung von Zucker aus Holz. Nobelpreis 1931.

Bernstadt (poln. *Bierutów*), früher recht bedeutende kleine Landstadt südöstlich von Oels, am rechten Ufer der Weide. 1266 erstmals als „Fürstenwald" genannt, 1269 als „civitas Beroldi", 1495 „Pernstatt". Seit 1543 wiederholt herzogliche Residenz. Das Renaissanceschloß aus dem ausgehenden 17. Jh. gehörte seit 1884 der preußischen Krone, unversehrt. Pfarrkirche St.

Schloß Bernstadt

Beuthen / OS., Rathaus

Katharina und Rathaus, 17. Jh. mit älteren Bauteilen (14. Jh.), im Kriege zerstört. Teile der Stadtmauer erhalten. Zuckerfabrik. 1939: 4600 Einwohner, 1969: 4900 Einwohner.

Bernsteinstraße. Im Altertum führte die sogenannte „Bernsteinstraße" von der Ostsee zum Römerreich über Schlesien.

Bertermann, Karl Ehrenfried, 1830–1860. Schneider in Fischbach. Schlesischer Mundartdichter.

Bertram, Adolf, 1859–1945. Kardinal und Fürstbischof von Breslau. Bekanntgeworden als Gegner des Nationalsozialismus.

Bethaus. Bezeichnung der nach Gewährung der freien Religionsausübung in Schlesien durch Friedrich den Großen errichteten evangelischen Kirchen. Zunächst vielfach aus Fachwerk oder Holz, wurden später viele der Kirchen durch massive Bauten ersetzt. Ein großer Teil dieser Kirchen ist nach dem Zweiten Weltkrieg zerstört worden oder verfallen.

Bettlern (poln. *Bielany Wrocławskie*), Dorf 10 km südwestlich von Breslau. Spätgotische Kirche, etwa aus der Zeit um 1520–1530, als Wehrkirche angelegt, Ausgestaltung der Ostseite als reichgegliederte Schauwand nach den Vorbildern der Breslauer Klosterkirchen. Das Herrenhaus von Bettlern spätes 16. Jh.

Beuthen/OS (poln. *Bytom*). Schon 1136 als „Bitom" erwähnt, besitzt es seit 1254 deutsches Stadtrecht. Die Stadt gehörte seit 1177 zum Herzogtum Ratibor, 1281 Herzogtum Beuthen, 1289 mit Herzogtum Beuthen unter böhmische Oberlehnshoheit, 1526 mit Böhmen an Habsburg, 1742 preußisch. Seit 1922 nach der Abtretung Ost-Oberschlesiens Grenzstadt. Die ungefähr ovale Altstadt besitzt einen fast quadratischen Ring mit Laubenhäusern sowie früh- und spätgotische Kirchen: St. Marien, 16. Jh. mit frühgotischen Teilen, Minoritenkirche St. Nikolaus, heute St. Adalbert, bis 1945 evangelisch, Spätbarock (1783) mit spätgotischen Elementen.
Die Wirtschaftsstruktur der Stadt wird heute durch den Erz- und Steinkohlenbergbau bestimmt. In früherer Zeit erlangte die Stadt Bedeutung durch Weber und Tuchmacher. Im 13. Jh.

beginnt der Erzbergbau, der jedoch wegen Wasserschwierigkeiten zum Erliegen kommt. Im 16. Jh. neuer Aufschwung: 1526 belebt Markgraf Georg von Ansbach den alten Silber- und Bleibergbau durch Gründung der neuen Bergstadt Tarnowitz. Der Dreißigjährige Krieg bringt einen empfindlichen Rückschlag.

Unter preußischer Herrschaft im 18. Jh. Wiederbelebung der Industrie. 1787 stellt hier Graf Reden die erste Dampfmaschine auf dem europäischen Festland auf. Ab 1703 Galmeigewinnung unter dem Breslauer Georg von Giesche. Weitere Industriebelebung durch die Grundherren Henckel von Donnersmarck. Sitz zweier Bergrevierämter und mehrerer Bergwerksaktiengesellschaften.

Vor dem Krieg befand sich in Beuthen neben Steinkohlen- und Erzbergbau sowie -verhüttung (Antonienhütte, 1805; Friedenshütte, 1840; Eintrachtshütte, 1838; Zinkhütten Klara, 1820, und Rosamunde, 1838; Beuthener Hütte, 1845) auch eine bedeutende Steinkohlen-Chemie-Industrie, Eisen- und Holzverarbeitung, Gießerei, Stahlbau, Maschinenbau und Zementwarenherstellung sowie Braugewerbe. Ihre wirtschaftliche Entwicklung wurde jedoch durch die Abtretung von Ost-Oberschlesien beeinträchtigt. In der Volksabstimmung hatten 1921 von 40000 abgegebenen Stimmen rd. 30000 für Deutschland und 10000 Einwohner für Polen votiert. Die Teilungsgrenze von 1922 schnitt ein Viertel des Stadtkreises Beuthen ab, vor allem den industriereichen Stadtteil Friedenshütte, und umschloß die Stadt von drei Seiten.

Vor dem Krieg befanden sich dort auch eine Höhere Technische Staatslehranstalt und eine Hochschule für Lehrerbildung. Bekannt waren das Oberschlesische Landestheater und das Landesmuseum.

Im Stadtpark von Beuthen befindet sich die katholische Pfarrkirche des Dorfes Mikultschütz, die von ihrer ursprünglichen Stelle dorthin versetzt worden ist. Diese Schrotholzkirche stammt aus dem 16. Jh. Sie ist kunstgeschichtlich bemerkenswert. 1939: 101000, 1975: 234000 Einwohner.

Beuthen an der Oder (poln. *Bytom Odrzański*), Landstädtchen im Kreise Glogau, 1109 und 1157 als Landesburg belegt. Etwa 1263 Stadt nach deutschem Recht. Großer, viereckiger Ring mit einem Rathaus, ursprünglich auf der Ringmitte, seit 1609 auf einer Ringecke. Stephanskirche von 1584/86 mit mittelalterlichen Resten.

1601 wurde in der Stadt das „Schönaicheum“ gegründet, das 1614 zum „Gymnasium academicum“ erweitert wurde. 7 Lehrer und 9 Professoren waren zum Unterricht bestellt. Die Schule fiel 1628 der religiösen Unduldsamkeit Ferdinand II. in der Gegenreformation zum Opfer. Beuthens Wirtschaftsstruktur wird durch Landwirtschaft,

St. Trinitatis-Pfarrkirche in Beuthen/OS.

Handwerk und die Oderschiffahrt bestimmt. 1939: 3200, 1970: 3000 Einwohner.

Bialas, Günter, geb. 1907 in Bielschowitz/OS. Komponist und Musikpädagoge. Opern, Orchester- und Kammermusik, Oratorien, Konzerte, Kantaten, Vertonung von Liedern und Volksliederbearbeitungen. Seit 1959 an der Hochschule für Musik in München. Lebt seit 1973 in Glonn-Haslach bei München. Opern: „Hero und Leander" (1966), „Die Geschichte von Aucassin und Nicolette" (1969), „Der gestiefelte Kater" (1975). Ballett: „Meyerbeer. Paraphrasen" (1973), Märchenspiel: „Jorinde und Joringel" (1963).

Rathaus zu Beuthen/Oder

Biberfeld, Carl, 1856–1924, aus Breslau. Haupt der Breslauer Dichterschule. Seine Bedeutung liegt allerdings weniger im Dichterischen als darin, daß er über 30 Jahre lang dieser Vereinigung vorstand.

Bielitz (poln. *Bielsko*), Stadt im früheren Österreichisch-Schlesien, heute polnisch. Mittelpunkt der gleichnamigen deutschen Sprachinsel, am Fuße der Beskiden an dem Flüßchen Biala, das bis 1772 die Grenze Schlesiens gegen Polen bildete. Zur deutschen Sprachinsel gehörten zahlreiche Dörfer, im Süden lehnte sie sich unmittelbar an das Gebirge an. Bei der Teilung Schlesiens im Jahre 1742 blieb Bielitz bei Österreich. Einzige evangelische Stadt des Habsburgerstaates.
Um 1300 war Bielitz mit dem deutschen Volksgebiet im Westen verbunden und lag ungefähr in der Mitte eines Siedlungskomplexes östlich der Oder. Im 15. Jh. verlor ein großer Teil der deutschen Siedlungen seine Sprache zugunsten der polnischen. Im 16. Jh. standen von der Brücke nach dem Westen nur noch einige Pfeiler, Teschen, Sohrau und Freistadt. Bielitz wurde so ein Vorposten des deutschen Schlesiens.
Wirtschaftliche Grundlage von Bielitz bildete seit der Mitte des 16. Jh. die Tuchmacherei. Seit 1553 ist Bielitz evangelisch. Nach der Schlacht am Weißen Berge (1620) wurden die Städte Oberschlesiens gewaltsam rekatholisiert. Lediglich um Teschen hielt sich eine größere evangelische Insel. Die Bielitzer hielten jedoch treu an ihrem evangelischen Glauben fest. Nach Verlust der Kirchen versammelten sie sich nachts oder im Gebirgswalde zu heimlichen Andachten. Die Kinder besuchten die geheimen evangelischen „Winkelschulen" in der Stadt. Infolgedessen behielt Bielitz seine gewerbefleißigen evangelischen Bürger und vor

allem seine exportkräftigen Tuchmacher, während dieses Handwerk in den anderen Städten Oberschlesiens durch die Gegenreformation größtenteils ausstarb. Den Dreißigjährigen Krieg überstand Bielitz ohne allzu große Verluste. Von deutschen Auswanderern gegründet, entstand auf polnischem Gebiet das deutsche Biala. Erst durch das Toleranzpatent Josefs II. 1781 konnten die Bielitzer eine eigene evangelische Kirche bauen. Bielitz entwickelte sich auch wirtschaftlich schnell zu einem industriellen Textilzentrum.
Beim Zusammenbruch Österreichs 1918 wurde Bielitz polnisch. Während in den anderen Gebieten eine starke Auswanderung in das Reichsgebiet einsetzte, blieb Bielitz die einzige mehrheitlich deutsche Stadt in Polen. Die Jahre 1939 bis 1945 brachten noch einmal eine Vereinigung mit Schlesien. Die Vertreibung der deutschen Bevölkerung im Jahre 1945 war mit besonders hohen Menschenverlusten verbunden, da sich die Bielitzer wegen ihrer Bodenständigkeit und ihres guten Gewissens nur schwer zur Flucht entschlossen hatten. 1970: 106000 Einwohner.

Bienek, Horst, geb. 1930 in Gleiwitz, gest. 1990 in München. Schriftsteller, Schüler Bert Brechts. Kindheit und Jugend in Gleiwitz, Berlin, Workuta und Nowosibirsk. 1951 aus politischen Gründen von den Kommunisten in Mitteldeutschland verhaftet, nach Stalins Tod amnestiert. „Traumbuch eines Gefangenen", „Nachtstücke", „Werkstattgespräche mit Schriftstellern" sowie 1966 Gedichtband „Was war, was ist". „Die erste Polka", 1975, „Septemberlicht", 1978, „Zeit ohne Glocken", 1979.

Biener, Matthäus, 1630–1692, aus Breslau. Baumeister verschiedener Kirchen in Breslau (z.B. Matthiaskirche).

Bier. Die Bierbrauerei war in Schlesien seit jeher ein bedeutender Wirtschaftszweig. Erste Erwähnung im 13. Jh. Im Mittelalter gehörte das Bier in Form von Biersuppe und Bierbrei zur täglichen Nahrung. Bis in das 18. Jh. hinein

Otto Julius Bierbaum

bestand eine Brau- und Schank-Kontingentierung, die festlegte, welche Mengen in einzelnen Betrieben gebraut werden durften. Im 17. Jh. war jeder 12. Gewerbetreibende in Breslau ein „Kretschmer". Die Zunft war eine der stärksten der Stadt.
Das schlesiche Bier wurde anfänglich aus Weizen gebraut. Im Mittelalter war das „Schweidnitzer Bier" besonders beliebt. Es wurde im Schweidnitzer Keller im Breslauer Rathaus ausgeschenkt. Im 19. Jh. kam das Bier nach bayerischer Art aus Gerste mit untergärigen Hefen auf.

Bierbaum, Otto Julius, geb. 1865 in Grünberg, gest. 1910 in Dresden. Lyriker und Schriftsteller. Sein Roman „Prinz Kuckuck", der autobiographische Züge enthält, wurde zu einem Welterfolg. Seine Lyrik wurde u.a. von Richard Strauß vertont, so seine Gedichte „Traum durch die Dämmerung", „Freundliche Vision", „Ach, mein Schatz ist durchgegangen, Larida".

Bierkrieg, Auseinandersetzung zwischen der Stadt Breslau und dem Bischof um das Recht, das berühmte Schweidnitzer Bier auf der Dominsel einzuführen (1381). Über die Stadt wurde das Interdikt verhängt, das Domkapitel zog nach Neisse. König Wenzel von Böhmen unterstützte die Bürger Breslaus, zog in die Stadt ein und gab seinen Soldaten, nachdem ihm ein Geistlicher für die Messe verweigert wurde, Klöster und Kurialgebäude auf der Dominsel zur Plünderung frei. Der Friedensschluß war so kurios wie der Kriegsbeginn: Die Domherren schworen dem König Gehorsam, und die Stadt ließ sie fürderhin das Bier ohne Zoll und Steuern einführen.

Birke, Ernst, geb. 1908 Görbersdorf, gest. 1980 Marburg, Historiker, besonders für Geschichte Schlesiens. Tätigkeit am Herder-Institut, Marburg; Leiter des Hauses des deutschen Ostens Düsseldorf. Ab 1966 Professor für Landesgeschichte und Ostkunde Duisburg.

Birkenau, KZ-Nebenlager von Auschwitz.

Birkenhain (poln. *Brzeziny Śląskie*), Krs. Tarnowitz, 4 km östlich von Beuthen gelegene Industriestadt, seit 1883 selbständige Gemeinde. Stadterhebung 1951. Sitz eines Bergwerks- und Hüttenkombinats. 1970: 8030 Einwohner.

Bischoff, Friedrich, geb. 1896 in Neumarkt, gest. 1976 in Achern. Rundfunkintendant und Schriftsteller. 1925 Leiter der Schlesischen Funkstunde Breslau, 1929 Intendant des Schlesischen Rundfunks, 1933 verhaftet, 1946 Leiter des Südwestfunks in Baden-Baden, den er ebenso wie

Blätterbauer: Parchwitz

vorher die Schlesische Funkstunde zu einem kulturell hochstehenden Institut machte. Zahlreiche Gedichte, u.a. „Schlesischer Psalter“ (1936) und mehrere Romane: „Ohnegesicht“, „Alter“. Er hat einmal das Wort geschrieben: „Schlesisch sein, das heißt wohl so viel als im Grenzenlosen daheim zu sein wie im irdischen Tag.“

Blätterbauer, Theodor, geb. 1823 in Bunzlau, gest. 1906 in Liegnitz. Zeichenlehrer an der Ritterakademie Liegnitz. Jahrzehntelang durchstreifte er malend und zeichnend Schlesien. Seine reichgefüllten Studienmappen waren die Grundlage für das dreibändige Werk von Dr. Franz Schroller über Schlesien mit 81 Stahlstichen und 152 Holzstichen.

Bleisch, Ernst Günther, geb. 1914, Schriftsteller: „Spiegelschrift“ (1965), „Traumjäger“ (1954), „Frostfeuer“ (1960).

Bloch, Konrad, geb. 1912 in Neisse. Professor für Biochemie an der Harvard-Universität und Direktor des dortigen Chemischen Instituts. Nobelpreis für Physik und Physiologie.

Bloch, Martin, geb. 1883 in Neisse/OS, gest. 1954 in England. Kunstmaler. Mußte 1934 Deutschland verlassen. Seine Hauptwerke sind in England entstanden.

Blüher, Hans, Schriftsteller, geb. 1888 Freiburg, gest. 1955 Berlin; Schriftsteller. Werke: „Wandervogel, Geschichte einer Jugendbewegung“ (1912), „Werke und Tage“ (1953).

Bober, linker Nebenfluß der Oder, entspringt im Riesengebirge südwestlich von Landeshut in 743 m Höhe. Der Bober fließt durch das Landeshuter und Hirschberger Tal, erreicht bei Löwenberg die Ebene und mündet in 36 m Höhe bei Crossen in die Oder. Seine Länge beträgt 255 km. Seine wichtigsten Zuflüsse sind links die Lomnitz und der Zacken vom Riesengebirge, der Queis vom Isergebirge und die Tschirna, rechts die Sprotte.

Bober-Katzbachgebirge, Berglandschaft nördlich von Kupferberg zwischen Bober und Katzbach. Kammerberg 724 m, Hoher Kullge oder Hogolje 720 m, weiter nach Norden der Probsthainer Spitzberg 501 m und der Gröditzberg 389 m. Im Westen fällt das Gebirge in das tiefe Tal des Bober, im Norden allmählich zur Ebene ab.

Boberröhrsdorf,
mittelalterl. Wohnturm a. d. 14. Jh.

Boberröhrsdorf (poln. *Siedlęcin*), Dorf mit bemerkenswerter Burg am Bober, 6 km nordwestlich Hirschberg. Die Burg wurde 1443 zerstört, übrig blieb der Turm, der als der schönste Wohnturm Schlesiens anzusehen ist, Mauerwerk 2 m dick und 19 m hoch. Im Innern befinden sich wertvolle Wandmalereien aus dem Anfang des 14. Jh.

Katholische Kirche St. Nikolai, spätgotisch 16. Jh., mit Rokokoausstattung. Bethauskirche mit wertvoller Innenausstattung (1780–82).

Bober-Ullersdorfer Talsperre, im Bober-

Katzbachgebirge, Stauinhalt 1,75 Mio. cbm. Zuflußgebiet 1078 qkm. Bauzeit 1926-1927.

Boguschowitz (poln. *Boguszowice*), 6 km südöstlich Rybnik gelegene Industriestadt. Die Schrotholzkirche aus dem Jahre 1717 mit einem Altarbild von Michael Willmann ist nach Ellguth Hammer (Kuznica Ligocka) bei Gottartowitz (Gotardowice) umgesetzt worden. Graf Guido Henckel von Donnersmarck ließ 1913-1916 die große Kohlengrubenanlage „Blücher-Schächte" hier erbauen. 1965-1968 wurde eine große Brikett-Fabrik errichtet. 1931: 2600, 1970: 15300 Einwohner.

Böhm. Schlesische Bezeichnung für Zehnpfennigstück. Das Fünfpfennigstück heißt Sechser, was noch auf die Münzordnung Karls des Großen zurückgeht.

Wenige deutsche Landschaften haben eine so wechselvolle Münzgeschichte aufzuweisen wie Schlesien. Im Verlauf der Jahrhunderte gibt es Einflüsse von Polen, Böhmen, Ungarn, dem Deutschen Reich, dem österreichischen und preußischen Staat. Die Zersplitterung des Landes hat eine riesige Anzahl von Münzreihen ins Leben gerufen. Der Wohlstand und die Kultur der Bewohner hatten zahlreiche Geschichtsmünzen und Schaustücke entstehen lassen.

Böhme, Jakob, geb. 1575 in Altseidenberg bei Görlitz, gest. 1624 in Görlitz. Mystiker und Theosoph. Erlernte das Schuhmacherhandwerk. Unter dem Einfluß mystischen Schrifttums sowie durch eifriges Bibelstudium angeregt, schreibt er den Inhalt seiner Visionen unter dem Titel „Aurora oder die Morgenröte im Aufgang" 1612 nieder. In seinem grüblerischen Ringen setzt er sich mit dem Ursprung des Bösen auseinander: Gott hat an der Tugend und an der Sünde des Menschen Anteil. Er ist Ursprung auch des Bösen und damit auch das Böse selbst. Diesseits und Jenseits sind eine Gut und Böse umfassende Wesenseinheit. Himmel und Erde berühren sich und gehen ineinander über. Der Mensch lebt in Gott und Gott in ihm. Ab 1619 verfaßt er weitere 21 Schriften. Die bedeutendsten sind „Die Beschreibung der Prinzipien des göttlichen Wesens", 1619, „Gründliche Beschreibung des dreifachen Lebens im Menschen", 1620, seine Sendbriefe und sein posthum erschienenes „Mysterium Magnum", 1633.

Böhme trägt in der Geschichte der Philosophie den Titel „philosophus teutonicus". Seine philosophische Nachwirkung ist bedeutend. Lessing entdeckte ihn neu, Goethe übernahm ihn in seinen Faust II; die Romantiker Schelling, Schlegel, Tieck, Novalis und Baader erhoben ihn zu ihrem Philosophen. Hegel, Schopenhauer und Feuerbach setzten sich mit ihm auseinander. Fouqué, Wilhelm Raabe und Kolbenheyer nehmen ihn in ihr erzählendes Werk auf. Schließlich wirkt sein Wesen des stillen Gottsuchens und Träumens in Josef Wittig, Hermann Stehr und Will Erich Peuckert in Schlesien fort.

Böhme, Martin, 1557–1622. Zusammen mit seinen Zeitgenossen Zacharias Liebholdt und Tobias Kober verkörpert er die Dichtergeneration unmittelbar vor dem Dreißigjährigen Krieg. Böhme bemüht sich in seinen Stücken bereits um ein realitätsbezogenes Drama mit Charakterzeichnung. Er hat sich auch als Dichter geistlicher Lieder hervorgetan.

Bohn, Emil, geb. 1839 Bielau bei Neisse, gest. 1907 Breslau, Komponist und Musikschriftsteller. „Die musikalischen Handschriften des 16. und 17. Jahrhunderts."

Boleslaus (Boleslaw, Bolko). Name verschiedener polnischer, böhmischer und schlesischer Fürsten.

Schlesische Herzöge:

Boleslaus der Lange, 1163–1201. Unter ihm wird Breslau Residenz der schlesischen Herzöge. Verheiratet mit Adelheid, Tochter des Pfalzgrafen Berenger von Sulzbach. Boleslaus hatte seine Jugend in Thüringen verbracht. Er wurde auf Veranlassung Kaiser Barbarossas wieder in sein vom Vater ererbtes Herzogtum zurückgeführt.

Gußstahlwerk Borsigwerk-Biskupitz

Boleslaus II., der Kahle, Sohn des in der Mongolenschlacht gefallenen Heinrich II., geb. 1217, gest. 1278. Er beauftragte Vogt Heinrich 1242 mit der Ausführung und Neugründung der deutschen Stadt Breslau. Tauschte später Mittelschlesien gegen Niederschlesien mit der Hauptstadt Liegnitz.

Boleslaus III., Herzog von Liegnitz-Brieg, geb. 1291, gest. 1352. Erkannte 1329 die böhmische Lehnshoheit an. Verschleuderte einen großen Teil seiner Besitzungen.

Bolkenhain (poln. *Bolków*), am nördlichen Abhang des Riesengebirges im Tale der „Wütenden Neiße" gelegene kleinere Landstadt. Durch ihre malerische Lage und die über der Stadt gelegene Bolkoburg ist sie Mittelpunkt der Touristik. Stadtgründung vor 1241 als Stadt mit deutschem Recht. Laubenhäuser an der Westseite des Ringes, Pfarrkirche St. Hedwig, frühgotisch mit romanischen Elementen, Rathaus auf dem Ring von 1670, 1827 umgebaut. Im Dreißigjährigen Kriege wurde die Stadt mehrfach zerstört. Teile der Stadtmauer sind erhalten. Die Stadt besitzt Textilindustrie und ist Kurort. Nicht durch Kriegseinwirkung zerstört. 1939: 4600, 1979: 5100 Einwohner.

Bolkoburg. Über der idyllischen Kleinstadt Bolkenhain thront die Bolkoburg. Erste Burg 1239, brannte beim Mongoleneinfall 1241 nieder. Neubau Ende des 13. Jh.. 1534–1539 durchgreifende Erneuerung der Burg durch Jakob Pahr. Mit der Säkularisierung wurde die Bolkoburg preußisches Staatseigentum. Im 19. Jh. wurde das Frauenhaus an der Westseite der Burg völlig erneuert und nahm die Jugendherberge und das Heimatmuseum auf.

Nach dem Ersten Weltkriege wurde der Burgzwinger zu einer Freilichtbühne ausgebaut, auf der die Sage von Bolko und seinem Hofnarren Jakob Thau, von Fedor Sommer dramatisiert, lebendig wurde. 50 m hoher Bergfried (Hungerturm). Gegenüber liegt in 2 km Entfernung die Burg Schweinhaus.

Bonhoeffer, Dietrich, 1906 in Breslau geboren, 1945 als Widerstandskämpfer in KZ Flossenbürg hingerichtet. Evangelischer Theologe. Direktor des Predigerseminars der Bekennenden Kirche in Finkenwalde. Seine gesammelten Schriften sind seit 1957 erschienen.

„Von guten Mächten treu und still umgeben,
Behütet und getröstet wunderbar,
So will ich diese Tage mit Euch leben
Und mit Euch gehen in ein Neues Jahr.

Noch will das alte unsre Herzen quälen,
Noch drückt uns böser Tage schwere Last,
Ach Herr, gib unsern aufgescheuchten Seelen
Das Heil, für das Du uns bereitet hast.

Von guten Mächten wunderbar geborgen,
Erwarten wir getrost, was kommen mag,
Gott ist mit uns am Abend und am Morgen
Und ganz gewiß an jedem neuen Tag."

Borganie, Bergen (poln. *Borzygniew*), Renaissance-Schloß in der Nähe von Breslau, errichtet etwa 1613, 1945 zerstört, mit einem nach 1241 gegründeten deutschrechtlichen Dorf.

Borislawitz (1936: Saßstädt; poln. *Borzysławice*), um 1780 von Gerhard v. Saß gegründetes Städtchen in der Nähe von Cosel. Der Ort hatte 1939 nur 400 Einwohner.

Born, Max, geb. 1882 in Breslau, gest. 1970 in Göttingen. Atompysiker. 1936–1953 Edinburgh, arbeitete über Relativitätstheorie, trug Grundlegendes zur Quantenmechanik und elektromagnetischen Lichttheorie bei, 1954 Nobelpreis.

Bornkamm, Günther, geb. 1905 Görlitz, evangelischer Theologe. Bedeutende Werke zum Neuen Testament und Urchristentum. Hauptwerke: „Das Ende des Gesetzes" (1952), „Jesus von Nazareth" (1956), „Studien zu Antike und Urchristentum" (1959). Herausgeber des Handbuches zum Neuen Testament.

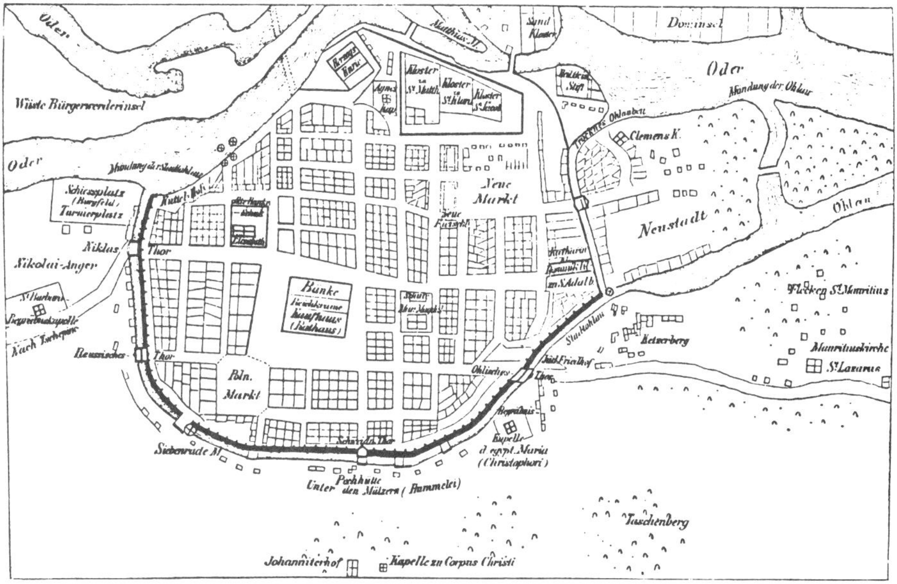

Stadtplan von Breslau um 1300

Bornkamm, Heinrich, geb. 1901 Wnitz. Ev. Theologe. Bruder von Günther B. Hauptwerke „Luther und Böhme“ (1925), „Luthers geistige Welt“ (1947), „Luthers Lehre von den zwei Reichen“ (1958), „Das Jahrhundert der Reformation“ (1901).

Borsig, Albert, 1829–1878. Sohn von August. Er erweiterte die oberschlesische Kohlenbasis seiner Werke und legte den Grund zu den oberschlesischen Borsigwerken.

Borsig, August, geb. 1804 in Breslau, gest. 1854 in Berlin. Sohn eines Zimmerpoliers, gründete in Berlin die erste Lokomotivfabrik. Bereits 1854 konnte die Vollendung der 500. Lokomotive gefeiert werden. Um seine Werke mit billigerer Kohle zu versorgen, errichtete er bei Biskupitz eigene Steinkohlengruben.

Boyadel (poln. *Bojadła*), zwischen Oder und Obra in der Nähe von Glogau liegendes Dorf und Schloß, errichtet 1735. Inneres im Rokokostil.

Brachvogel, Albert Emil, geb. 1824 in Breslau, gest. 1878 in Berlin. Dramatiker und Romancier. Sein Hauptwerk ist „Friedemann Bach“, dessen Verfilmung mit Gründgens unvergessen bleibt. Einen besonderen Erfolg hatte er mit seinem Drama „Narziß“.

Brahms, Johannes, geb. 1833 in Hamburg, gest. 1897 in Wien. Brahms war 1879 von der Philosophischen Fakultät der Breslauer Universität der Titel eines Doktor honoris causa und „Princeps artis musicae severioris“ verliehen worden. Aus diesem Anlaß komponierte er die „Akademische Festouvertüre“, mit der er zur feierlichen Promotionszeremonie nach Breslau reiste.

Breslauer Wappen

Studentenlieder bilden das thematische Grundmaterial, das in der Apotheose des „Gaudeamus igitur“ zusammengeführt wird.

Branitz (poln. *Branice*) in der Nähe von Leobschütz. 1897 errichtete hier der katholische Geistliche Johann Martin Nathan auf einem 10 ha großen parkartig angelegten Gelände Heil- und Pflegeanstalten für zuletzt 2000 Menschen mit Kirche, Landwirtschaft, Werkstätten und einem Forschungsinstitut für Gehirn- und Geisteskrankheiten.

Brauchitschdorf (poln. *Chróstniki*), Dorf mit spätgotischer Kirche im Kreise Lüben. Im Innern Renaissance- und Barockepitaphien der Familie Brauchitsch. Barocke Schloßanlage, 1273–1728 erbaut, Baumeister wahrscheinlich Martin Frantz aus Liegnitz. Im Kriege nicht zerstört, jedoch ausgeplündert. 1975 teilweise ausgebrannt.

Brauereien. 1939 erzeugten 167 Brauereien mit 38000 Beschäftigten Bier.

Braun von, Wernher, Raketenforscher, 1912–1977, entstammt altem schlesischen Adel.

Brauurbar. Das Recht, Bier zu brauen und zu verkaufen, spielte im Mittelalter eine besondere Rolle. Es wurde zumeist den Städten verliehen.

Brehmer, Hermann, geb. 1826 Kurtsch bei Strehlen, gest. 1883 Görbersdorf, Schöpfer der modernen Lungentuberkulosetherapie in Görbersdorf.

Breslau (poln. *Wrocław*), Landeshauptstadt. Kultureller und wirtschaftlicher Mittelpunkt Schlesiens. Von den Schlesiern liebevoll „Gruß Brassel“ genannt.

BLICK IN DIE GESCHICHTE. Gründung wahrscheinlich nach 900 durch Wratislaw I. von Böhmen an der Kreuzung zweier bedeutender Straßen des Mittelalters, an einem Oderübergang, als Grenzburg. Um 960 Entstehung Polens unter Herzog Mieszko I. Dieser erobert etwa um 990 Schlesien. Um 1000 Errichtung des Bistums Breslau als Teil des Erzbistums Gnesen durch Kaiser Otto III. Im 12. Jh. besaß Breslau bereits mehrere romanische Kirchen: „Waltherdom“, Vinzenzkloster.

1146 wird Wladislaus II., der Schlesien von seinem Vater Boleslaus III. als eigenes Herzogtum

Taler der Stadt Breslau (1545) in der Amtskette des Kölner OB

1138 geerbt hatte, von seinen Brüdern vertrieben. Er findet Aufnahme bei seinem Schwager, dem deutschen König Konrad III. 1163 Einsetzung der Söhne des vertriebenen Herzogs Wladislaus als Herzöge von Breslau und Liegnitz durch Kaiser Friedrich Barbarossa nach langem Exil in Thüringen. Boleslaus I. macht Breslau zu seiner Residenz.

Bis 1241 bestand eine polnische Siedlung nördlich der Oder; deutsche Kaufleute besaßen große Niederlassungen in der Gegend der heutigen Albrechtstraße. 1241 wurde Breslau beim Einfall der Mongolen zerstört und als deutsche Stadt südlich der Oder wieder aufgebaut. Stadtmauer von 1260 am Ohlegürtel. 1261 Magdeburger Stadtrecht. 1266 Name „Bresslau" beurkundet. Rasche Entwicklung zur größten und reichsten Stadt Ostdeutschlands und zu einer der größten Städte Deutschlands überhaupt. Patrizische Stadtverfassung. 1335 verzichtet König Kasimir III. von Polen im Vertrag von Trentschin „für ewige Zeiten" endgültig auf Schlesien.

Breslau, ebenso wie das umliegende Schlesien, war, wie vorher bereits volkstumsmäßig und kul-

Schleifkanne der Breslauer Bäckerinnung (1497)

Engel am Rathaus, Breslau

turell, damit auch politisch vollständig in das Deutsche Reich eingegliedert. Die Grenze zwischen Polen und Schlesien ist damit eine der ältesten und stabilsten Grenzen Europas überhaupt. Blüte der Stadt unter der Herrschaft der deutsch-böhmischen Könige aus dem Hause Luxemburg, insbesondere Karl IV. (1316–1378), Mitglied der Deutschen Hanse von 1368–1474. Im 15. Jh. behauptet sich die Stadt gegen die Hussiten und gegen den König von Böhmen, Georg von Podiebrad. 1523 Einführung der Reformation unter Erhaltung des bischöflichen Besitzes auf der Dominsel. 1526 fällt Breslau an

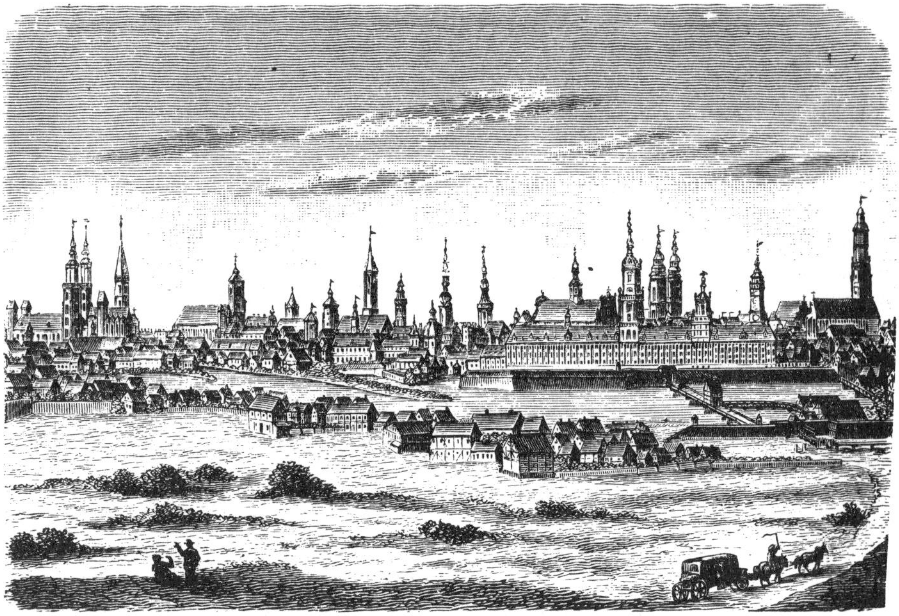

Breslau von der Oderseite, Mitte 18. Jh.

Österreich. Gegenreformation und neue Blüte unter den Habsburgern.
Seit 1742 preußisch. 1807–1808 von Rheinbundtruppen besetzt. Befestigungen geschleift und in einen Promenadengürtel umgewandelt. Breslau war eine bedeutende Garnisonstadt: Leibkürassierrgt. Nr. 1 (Großer Kurfürst), ältestes Reiterregiment Europas, ferner (1914) Grenadiere, Infanterie und Feldartillerie. 1811 Neugründung der Universität im früheren Jesuitenkolleg (Leopoldina): Friedrich-Wilhelms-Universität. 1813 Aufruf Friedrich Wilhelms III. „An mein Volk". Breslau wird zum Mittelpunkt der Erhebung gegen Napoleon. Stiftung des Ordens des Eisernen Kreuzes.
Entwicklung der Stadt zum Industriezentrum im 19. Jh. 1800 Gründung der „Kunst-, Bau- und Handwerkerschule", 1812 Juden werden Staatsbürger, 1842 Eröffnung der Eisenbahn nach Oberschlesien, bald darauf nach Freiburg, 1848 Eisenbahnverbindung nach Berlin, Leipzig, Hamburg, Krakau und Wien. 1849 erste öffentliche Gerichtssitzung, erste Schwurgerichtssitzung. 1849 Telegrafenamt, 1856 erste Schleppdampferverbindung nach Stettin, 1864 Eröffnung des Zoos, 1891 erstes Elektrizitätswerk. 1910 Gründung der Technischen Hochschule, einer der bedeutendsten Technischen Ausbildungs- und Forschungsstätten Deutschlands, insbesondere auf dem Gebiete der Kohleforschung. Außerdem Landwirtschaftliche Hochschule.
Die Wirtschaftsstruktur ist bestimmt von der weiterverarbeitenden Industrie. Bedeutende Bekleidungsindustrie, Baugewerbe, Maschinen- und Apparatebau, Nahrungs- und Genußmittel, Brauereien. Besonders bedeutend Linke-Hoff-

mann-Werke, Archimedes-Werke. Daneben Sitz zahlreicher Behörden, Rundfunksender, Universität und Institute. Oderhäfen und -kanäle, Autobahn und Flughafen erweitern das Verkehrssystem. Zwei Messen fanden jährlich statt. 1945 Belagerung der Stadt durch die Russen, die sich nach erbittertem Widerstand erst im Mai 1945 ergibt. Die Gräber der deutschen Verteidiger (etwa 10000 gefallene Soldaten und 60000 Zivilisten) sind beseitigt. Die Gräber der gefallenen Russen (65000) sind sorgfältig gepflegt. Seit 1945 untersteht Breslau polnischer Verwaltung. Polen nennt die Stadt heute Wrocław. Vertreibung der trotz zwangsweiser Evakuierung in der Stadt verbliebenen 250000 Einwohner (1939 : 630000 Einwohner). Zögernder Wiederaufbau. Im Stadtkern sind zahlreiche Gebäude und Kirchen erhalten und restauriert. Breslau ist architektonisch

Das Rathaus in Breslau um 1850

Stadthaus, Denkmal Friedrich Wilhelms III. und Elisabethturm in Breslau

auch heute noch eine der größten mittelalterlichen deutschen Städte. Gegenwärtig 520000 zumeist polnische Einwohner.
Breslau ist überaus reich an kultur- und kunstgeschichtlich interessanten Bauten und Sehenswürdigkeiten. Drei Hauptakzente, die der Altstadt ihre Höhepunkte geben: Ring mit Salzmarkt, Dom- und Sandinsel und die barocke Oderfront mit der Universität.
BAUDENKMÄLER. Der *Ring* und der *Blücherplatz* (Salzmarkt; polnisch *Rynek* und *Plac Solny*) bilden seit 1241 den Mittelpunkt der neuen deutschen Stadt. Der Ring mißt 208 x 175 m und ist eine der größten Anlagen dieser Art. Beide Plätze sind umstanden von überwiegend mittelalterlichen und barocken Häusern. Besonders bemerkenswert ist das Greifenhaus an der Nordwestekke des Ringes mit dem schönen Durchblick zur Elisabethkirche mit den davorliegenden Altaristenhäusern. Inmitten des Ringes steht das *Rathaus.* Es wurde im Jahre 1242 begonnen und zählt zu den größten Kostbarkeiten der deutschen profanen Gotik und Renaissance. Gewaltiger fialengeschmückter Ostgiebel mit aufgesetztem Maß-

werk. Die Südfassade mit ihren reichgeschmückten Erkern sowie Bauplastik und Friesen ist im 15. Jh. entstanden. Im Innern gotische Säle mit Gewölbenetzdecken; heute Museum mit zahlreichen Beispielen schlesischer Handwerkskunst. An der Südseite Eingang zum Schweidnitzer Keller, ältester deutscher Ratskeller (1303 erstmals beurkundet). Rathausturm (1261 erwähnt) mit Renaissancehaube (1558–1559). Der Ring wurde nach dem Kriege entsprechend den Plänen der deutschen Bauverwaltung rekonstruiert.

Im Rathaus führten Ratsmänner und Schöffen das Stadtregiment bis 1741. Im Jahre 1333 Aufstand der Tuchmacher. Im Jahre 1418 erhoben sich die Zünfte und stürmten das Rathaus. Sechs Ratsmitglieder fanden den Tod. 1420 ließ König Sigismund 23 der Anstifter hinrichten. Seit 1439 waren je 2 Handwerker zum Ratstisch und zur Schöffenbank zugelassen.

Das Blücherdenkmal von Rauch, das dem *Blücherplatz* seinen Namen gab, ist nach dem Kriege beseitigt worden, ebenso wie fast alle anderen deutschen Denkmäler.

Blücherdenkmal in Breslau

Weißgerberohle in Breslau

Neumarkt. Der dritte große Platz der Breslauer Altstadt (seit 1263) ist nach dem Kriege neu bebaut worden. Die alten schönen Häuser und der bekannte „Gabeljürge“, ein Neptunbrunnen in der Mitte des Platzes, sind verschwunden.

Universität. 1728 bis 1740 als Jesuitenkolleg (Leopoldina, 1702) anstelle der kaiserl. Burg nach einem Plan von Christoph Hackner, von Blasius Peintner (bis 1732) und Josef Frisch (bis 1741) erbaut, mächtigster und schönster Barockbau Breslaus (135 m lang). Der fertiggestellte Bau bildet nur einen Teil der ursprünglichen Planung. Hauptportal mit Figuren von Albrecht Siegwitz, Apothekenflügel (1736–1737). Im Innern Aula Leopoldina mit reichen Fresken von Handke und Figuren von Mangold (1731–1732), zweiläufiges Treppenhaus mit Fresken von Scheffler, Musiksaal im Kriege zerstört. 1811 Neugründung der Schlesischen Friedrich-Wilhelms-Universität. Vor der Universität Fechterbrunnen von Lederer, eines der wenigen erhaltenen deutschen Standbilder. Ferner zu erwähnen ist das *Opernhaus,* 1841 nach den Plänen Langhans d.J. erbaut, 1871 nach

Blumenmarkt auf dem Blücherplatz heute

einem Brand wiedererrichtet. Von den bedeutenden Bauten des Klassizismus sind erhalten das *Wallenbergische Haus* (1785) am Roßmarkt, die *Werder-Kaserne* auf dem Bürgerwerder (1769–1789), die *alte Börse* (1822–1824) auf dem Blücherplatz. Als Kirche ist die *Elftausendjungfrauen-Kirche* (1821–1824) ein bemerkenswertes Beispiel, nach einem Entwurf von Karl Ferdinand Langhans. Über den Eingangstüren befinden sich 3 Sandsteinreliefs des 15. Jh. vom ehemaligen Nikolaitor, ferner auf der Albrechtstraße Reste des Palais Hatzfeld (der bekannteste klassizistische Bau Breslaus von Carl Gotthard Langhans).
Weißgerberohle. Geheimnisvolle, bis 1866 von der Ohle durchflossene Gasse, die von alten Häusern mit vorspringenden Stockwerken umstanden war. Im Kriege zerstört. Hier und im Molinarihaus auf der Albrechtstraße, dessen gotische Gewölbe erhalten sind, spielt Gustav Freytags Roman „Soll und Haben".
Zeughaus. Auf dem Burgwall 1459 angelegt.
Webskyschlößchen von Chr. Hackner (1732–1738). Rokokosaal.
Schloß. Residenz Friedrichs des Großen mit strahlend schönen Innenräumen, nach dem Kriege abgebrannt und abgetragen. Erhalten das Palais Spaetgen, 1719 von Peintner nach einem Entwurf Fischer von Erlachs gebaut. Erhalten auch Ehrenhof an der Karlstraße. Hier befinden sich das Ethnographische und das Vorgeschichtliche Museum. Neben dem Schloß an der Karlstraße die reformierte *Schloßkirche,* 1747–1750 von Ernst

Gottlieb Kalkbrenner erbaut. In einem rechteckigen Baukörper ist ein ovaler Saal mit zwei Emporen eingebaut.

Liebichshöhe. Auf der alten Taschenbastion erbaute klassizistische Aussichtsterrasse mit Arkadenhof. Aussichtsturm abgetragen.

Tauentzienplatz (polnisch *Plac Kościuszki).* Hier befand sich das Grabdenkmal des Generals von Tauentzien, Verteidiger der Stadt im Siebenjährigen Kriege, von Langhans d.Ä. und Schadow errrichtet. Nach dem Kriege beseitigt.

Landeshaus (1896). Früherer Sitz der Verwaltungsbehörde der Provinz Schlesien. Neben dem Landeshaus das frühere Hotel Vier Jahreszeiten.

Schauspielhaus (polnisch *Teatr Polski),* 1906 erbaut.

Matthias-Gymnasium. Heute kunsthistorischer Verlag Ossolineum. Ehemaliges Matthiasstift. 1675 von Simon Wiedemann begonnen, 1715 von Christoph Fischer vollendet. Oderfront mit zwei bewegten Giebeln, deren Verbindung von einer zierlichen Kuppel gekrönt ist, die 1715 von Eybelwieser ausgemalt wurde. Der Innenhof mit dem reizvollen Brunnen ist besonders stimmungsvoll.

Holteihöhe, ehemalige Ziegelbastion, benannt nach dem schlesischen Mundartdichter Karl von Holtei, dessen Denkmal sich dort befand. Herrlicher Ausblick auf Dom- und Sandinsel.

Nationalmuseum (alte Regierung), mit Teilen des Bestandes der früheren schlesischen Museen. 1883–1886 errichtet. Daneben das Gebäude der neuen Regierung, im Kriege fertiggestellt.

Kaiserbrücke (polnisch *Most Grunwaldzki),* Hängebrücke, 127 m Spannweite, 1913 fertiggestellt, mit Wappen der Stadt.

SECHS GROSCHEN

WIR Assessor und [illegible] Klein Uhrmacher Mittels
in der Königlichen Preußischen [illegible]
[illegible] Breslau gelegenen [illegible]
thun, nebst Anerbietung unserer bereitwilligsten Dienste nach eines jeden Standes-Gebühr, kraft dieses hiermit kund, daß vor uns [illegible] Mittel erschienen [illegible] George Gottfried Hoffmann welcher bekannt und ausgesagt, daß Vorzeiger dieses Joseph Anton Fieweger gebürtig aus [illegible] Falkenberg Fünf Jahre hintereinander nach Vorschrift des uns allergnädigst ertheilten Privilegii, als von Michaeli Quartal 1804. bis Term: Michaeli 1809. erlernet, und sich in seinen Lehr-Jahren nicht allein ehrlich, redlich fromm und treu gegen seinen Lehr-Herrn sondern auch gegen alle Mittels [illegible] und sonsten gegen Jedermänniglich, dergestalt wie es einem gottesfürchtigen und ehrliebenden [illegible] wohl anstehet und gebühret, verhalten hat. Da nun dieses, wie uns selbst bewußt, allermaßen wir es in unserer Mittels-Lade also löblichen Gebrauch nach, aufgezeichnet gefunden, der Wahrheit gemäß, und Vorweiser dieses, Namens Joseph Anton Fieweger uns um einen Lehr-Brief unter unserm Mittels Siegel gebührend ersuchet: Als haben wir dessen Ansuchen der Billigkeit gemäß, und zu Steuer der Wahrheit, gebührend statt gegeben. Es gelanget derowegen an alle und jede nach Standes-Erforderung, denen dieser Lehr-Brief vorgezeiget wird, absonderlich an alle [illegible] auch der Profession zugethane [illegible] unser gehorsamstes Dienst- und freundliches Bitten, diesem unserm Lehr-Briefe guten Glauben zu geben, und denselben mehr gemeldetem Joseph Anton Fieweger wegen seines ehrlichen Lebens und Wandels, auch vollkommen ausgestandener Lehrzeit fruchtbarlich geniessen zu lassen, und sich überall gegen denselben günstig und willfährig zu erzeigen, welches Er vor seine Person mit schuldigstem Dank erkennen wird, und wir in dergleichen und andern Fällen nach Möglichkeit zu verschulden erbötig und bereit sind. Zu Urkund dessen haben Wir jetziger Zeit [illegible] diesen Lehrbrief eigenhändig unterschrieben, und mit unserm gewöhnlichen Mittels Siegel bekräftiget. So geschehen Breslau den 12ten Septbr 1809.

C. S. Hoensch [illegible]
[illegible] Assessor
d 12t Septbr 1809

André Dumoulin
Fried Benj Prädel

Lehrbrief für den Kleinuhrmacher Josef Anton Fieweger.
Ausgestellt in Breslau am 12. September 1809.

Königliches Schloß zu Breslau

Technische Hochschule, 1910 von Burgemeister erbaut.
Jahrhunderthalle (polnisch *Hala Ludowa),* 1913 von Berg erbaut als größte Massivkuppel der Welt in Eisenbeton. Sie faßt 10000 Menschen. In der Halle befand sich die größte Orgel der Welt. Ausstellungsgebäude von Poelzig.
Zoologischer Garten, gegenüber der Jahrhunderthalle, 1864.
Scheitniger Park, Ende des 18. Jh. von Fürst Friedrich Ludwig von Hohenlohe-Ingelfingen angelegte und nach einem Plan Lennés 1862 umgestaltete Parkanlage, die ständig erweitert wurde, insbesondere aus Anlaß der Jahrhundertfeier 1913. Das ganze Gelände hat eine Fläche von 265 ha. Neben diesem bekanntesten Park gibt es noch andere große Parkanlagen: Ost-, West-, Südpark.
Stadion, 1928 durch Konwiarz errichtet.
Hauptbahnhof (1856), erster großer Bahnhof Deutschlands (im Tudorstil).
KIRCHEN. *Dominsel* (polnisch *Ostrów Tumski).* Kirchlicher Mittelpunkt Schlesiens, die terra sancta. Beherrscht vom *Dom,* jetziger Bau 1244 begonnen und im 14. Jh. vollendet. An der nördlichen Außenwand befindet sich die etwa 1160 entstandene Figur des Titelheiligen der Kirche, Sankt Johannes. Es handelt sich um eine bemerkenswerte romanische Plastik, die älter als der Dom selbst ist. Der Bau ist eine dreischiffige gotische Basilika (Backstein mit Hausteinteilen) mit barockem Kapellenkranz (Elisabethkapelle, Kurfürstenkapelle) und kostbarer Innenausstattung. Kleinchor mit Grabmälern der Bischöfe, u.a. von Preczlaw von Pogarell (gest. 1376) aus der Prager Werkstatt des Peter Parler sowie bronzene Grabplatte von Peter Vischer für Johannes

IV. Roth, Sakristeiportal von 1517. Vor der Kirche *Mariensäule* (1674). *Elisabethkapelle,* 1680–1686 von Giacomo Szianci erbaut und ausgemalt, gestiftet von Kardinal Friedrich Landgraf von Hessen-Darmstadt. Die in der Kapelle befindlichen Figuren wurden in Rom von Ferrata, Passerino und Guidi angefertigt und über die Alpen nach Breslau geschafft. *Kurfürstenkapelle,* 1716–1724 nach einem Plan von Fischer von Erlach. Grabmal des Stifters Franz-Ludwig Pfalzgraf von Neuburg, Kurfürst von Trier seit 1726 und Mainz seit 1729. Kuppelfresken von Carlo Carlone. Die Figuren des Moses und Aaron

Das große Johannissiegel

Liebichshöhe in Breslau

Breslau, Dominsel 1978 mit Dom und Kreuzkirche

stammen von Brockhoff, die Wandgemälde von Franz de Baker. Die beiden Türme des Doms sind heute mit Notdächern gedeckt. Im Laufe der Geschichte hat ihr Bild wiederholt gewechselt. Die vertrauten Spitzen, die im Zweiten Weltkrieg zerstört wurden, stammten aus den Jahren 1908–1922.

Kreuzkirche, eine der schönsten deutschen gotischen Kirchen. Baubeginn 1288 durch Heinrich IV., Chor 1295, Fertigstellung 14. Jh. Doppelkirche, Unterkirche dem heiligen Bartholomäus geweiht. Hier vier Figuren vom ehemaligen Hauptaltar (1710 Thomas Weißfeldt), ferner die heilige Hedwig als Schlußstein in der Südvorhalle der Unterkirche. Die Grabtumba Heinrich IV., des Stifters der Kirche, mit den Trauernden an den Seitenwänden (um 1300) steht heute im Nationalmuseum. In den beiden Winkeln zwischen Quer- und Langhaus die beiden Türme, von denen der Südturm vollendet wurde. Vor der Kirche eindrucksvolle *Nepomuksäule* von Siegwitz (1732) nach einem Entwurf von Christoph Tausch. Eine zweite Nepomuksäule steht vor der gotischen *Matthias-Gymnasialkirche* (13.–14. Jh.). *Ägidienkirche* (poln. *St. Idzi),* 1213–1228, älteste, noch erhaltene romanische Breslauer Kirche an der Nordseite des Doms.

Klößeltor zwischen Ägidienkirche und Kapitelsaal. Klassizistischer *Palais des Erzbischofs* an der Südwestseite des Doms. Hier verfaßte Staatsrat Hippel 1813 den „Aufruf an mein Volk" für seinen König Friedrich Wilhelm III. Zahlreiche alte Häuser der Domherren auf der Dominsel. Besonders schön das barocke Orphanotropheum, das kurfürstliche Waisenhaus, gegenüber der Kreuzkirche, 1702–1715 von Peintner erbaut.

Sandkirche St. Maria auf dem Sande, Kirche des Augustinerchorherrenstiftes, jetziger Bau 1329–1386, mächtige dreischiffige Hallenkirche, Seitenschiffe mit Springgewölben, Turm unvollendet. Nach dem Kriege Wiederherstellung mit gotischen Altären anstelle der barocken Ausstattung. Im Südschiff Türbogenfeld mit Maria, der Gemahlin des Grafen Peter Wlast (gest. 1153) und ihrem Sohn Sventoslaus zu seiten der Gottesmutter, einer der Reste der ersten Marienkirche auf dem Sande.

An der Nordwestecke des Ringes befindet sich die *Elisabethkirche,* 1241 begonnen, Neubau 1330–1380, Turm 1256 bis ins 16. Jh., mit Renaissancehaube anstelle der eingestürzten gotischen Spitze. Im Kriege nicht zerstört. Am 8.6.1976 jedoch total ausgebrannt. Reichste und schönste Kirche des Breslauer Bürgertums. Zahlreiche Kapellen und Epitaphien. Wandgrab Heinrich Rybisch (1544), Epitaph des Leibarztes Crato von Krafftheim (1585), Grabmal Sebald Saurmann (1597). Epitaph Johann Georg von Wolff (1722) von Fischer von Erlach mit einer Büste von Maximilian Brockhoff. Altarbild von Willmann, spätgotisches Sakramentshäuschen, 15 m hoch, von Jodokus Tauchen (1455), Dumlose-Kreuzigung (1400) in der Dumlose-Kapelle. Berühmte Engler-Orgel. Marienaltar um 1470.

Barbara-Kirche, Tochterkirche von St. Elisabeth aus dem 14. Jh.

Maria-Magdalenen-Kirche. 1359 bis 1386 anstelle einer älteren Kirche als spätgotische dreischiffige Basilika mit mächtigen Doppeltürmen errichtet. Im Südturm hing die „Arme Sünderglocke". Erste evangelische Kirche der Stadt unter Johann Hess als Reformator und Prediger. Schöne Portale, insbesondere an der Südseite romanisches Portal aus dem zerstörten Vinzenzkloster, reich an Epitaphien (u.a. Epitaph des Oswald Winckler, 1517, und der Margarethe Irmisch, 1518, Adam Caspar von Arzat und Octavio Pestaluzzi von Rauchmiller) sowie zahlreiche Kapellen. Sakramentshäuschen neben der Kanzel, Taufstein von Friedrich Groß mit schmiedeeisernen Gittern von Simon Laubner 1576. Kanzel aus grünem Zobtenmarmor und Alabaster 1581 von Friedrich Groß.

Adalbertkirche (poln. *St. Wojciech).* Gotischer Bau 1253–1330, Westgiebel 1492; Ceslauskapelle (1711–1718 durch Benedikt Miller errichtet), Fresken von Franz de Baker und Jacob Eybelwieser. Kleinod des Barock. Sarkophag 1725 von Leonhard Weber. Gegenüber auf dem Gelände des früheren „Dominikaner" befindet sich nun das *Hotel Panorama.*

Dorotheenkirche. Baubeginn 1351 durch Johannitereremiten. Inneres 1720–1730 barock umge-

Kurfürstenkapelle am Breslauer Dom mit Ägidienkirche, Klößeltor und Kapitelsaal

staltet. Längste und höchste Kirche Breslaus, ohne Turm. Reiche barocke Innenausstattung, im Kriege nicht zerstört. Epitaph des Freiherrn Spaetgen von Franz Joseph Mangold (1753), Muttergottes und Schmerzensmann (um 1410).

Christophorikirche. 1268 als Begräbniskirche von Maria Magdalena erwähnt. Kirche der Kürschner. Seit 1523 evangelisch. Heute einzige evangelische Kirche der Stadt mit deutschem Gottesdienst. Ort der ersten Schlesischen Bekenntnissynode 1936.

Mauritiuskirche. Im 13. Jh. als Kirche der Wallonen außerhalb der Stadt entstanden, mit barokkem Zwiebelturm.

Nikolaikirche, 1175 ebenfalls außerhalb der Stadt von den Fischern zu Ehren ihres Patrons im

Barbarakirche in Breslau

Klößeltor am Breslauer Dom, „Schwippbögen"

Westen vor dem Nikolaitor errichtet. Heutiger Bau 1882.

Corpus-Christi-Kirche. Kirche der Johanniter-Kommende, ohne Turm (13. Jh.). Gotischer Backsteinbau, im 14./15. Jh. vollendet, dreischiffige Basilika, Triumphkruzifix auf der Orgelempore.

St.-Vinzenz-Kirche mit Vinzenzkloster (Oberlandesgericht), Kirche aus dem 14. Jh., früher Minoritenkirche zu St. Jakob. Gotischer Backsteinbau mit barocker Hochbergkapelle von Christoph Hackner (1723–1727), deren glanzvoller Innenraum mit Fresken von Wenzel Lorenz Rainer einen Gegensatz zur äußeren Schlichtheit bildet. Daneben früheres Prämonstratenser-Kloster (später Oberlandesgericht), 1678 bis 1697 von Hans Frölich errichtet, mit Kreuzgang. In der Kirche befand sich früher das Grabmal Heinrichs II.

Sankt Maria auf dem Sand, Breslau

Schlesische privilegirte Zeitung.

No. 34. Sonnabends den 20. März 1813.

Se. Majestät der König haben mit Sr. Majestät dem Kaiser aller Reußen ein Off- und Defensiv-Bündniß abgeschlossen.

An Mein Volk.

So wenig für Mein treues Volk als für Deutsche, bedarf es einer Rechenschaft, über die Ursachen des Kriegs welcher jetzt beginnt. Klar liegen sie dem unverblendeten Europa vor Augen.

Wir erlagen unter der Uebermacht Frankreichs. Der Frieden, der die Hälfte Meiner Unterthanen Mir entriß, gab uns seine Segnungen nicht; denn er schlug uns tiefere Wunden, als selbst der Krieg. Das Mark des Landes ward ausgesogen, die Hauptfestungen blieben vom Feinde besetzt, der Ackerbau ward gelähmt so wie der sonst so hoch gebrachre Kunstfleiß unserer Städte. Die Freiheit des Handels ward gehemmt, und dadurch die Quelle des Erwerbs und des Wohlstands verstopft. Das Land ward ein Raub der Verarmung.

Durch die strengste Erfüllung eingegangener Verbindlichkeiten hoffte Ich Meinem Volke Erleichterung zu bereiten und den französischen Kaiser endlich zu überzeugen, daß es sein eigener Vortheil sey, Preußen seine Unabhängigkeit zu lassen. Aber Meine reinsten Absichten wurden durch Uebermuth und Treulosigkeit vereitelt, und nur zu deutlich sahen wir, daß des Kaisers Verträge mehr noch wie seine Kriege uns langsam verderben mußten. Jetzt ist der Augenblick gekommen, wo alle Täuschung über unsern Zustand aufhört.

Brandenburger, Preußen, Schlesier, Pommern, Litthauer! Ihr wißt was Ihr seit fast sieben Jahren erduldet habt, Ihr wißt was euer trauriges Loos ist, wenn wir den beginnenden Kampf nicht ehrenvoll enden. Erinnert Euch an die Vorzeit, an den großen Kurfürsten, den großen Friedrich. Bleibt eingedenk der Güter, die unter

Aufruf an mein Volk

Portal der Maria-Magdalenen-Kirche in Breslau

Matthias-Universitätskirche. Neben der Universität auf der Schmiedebrücke, von Biener 1689 begonnen und von Knoll 1698 vollendet, eine der schönsten Leistungen des deutschen Barocks. Einschiffige Hallenkirche nach der Kirche „Il Gesù" in Rom. Fresken von Rottmeyer, (1705–1707), Stuckierung 1722–1728 durch Christoph Tausch.

MUSEEN. *Nationalmuseum* (im alten Regierungsgebäude an der Oder). Schlesische Kunst vom Mittelalter bis zur Neuzeit. Skulptur: Tympanon Mariae Himmelfahrt. Tumbengrab Heinrich IV. aus der Kreuzkirche, Pietà aus der Sandkirche, Löwenmadonna aus Hermsdorf, Marienaltar aus Corpus Christi, Dreikönigsaltar aus Schildau, „Schöne Madonnen" des 15. Jh., barocke Plastik. Malerei: Hl. Anna Selbdritt aus Striegau, 14. Jh., Epitaphien der Renaissance, Werke Tobias Fendts, 16. Jh., Michael Willmann (um 1670), Bilder von Schäuferlein, Altdorfer, Lucas Cranach d.Ä., Tischbein, Corinth, Slevogt, Oskar Moll, Otto Mueller, Molzahn u.a. Kunstgewerbe: Bunzlauer Keramik, schlesische Gläser, Zinn (Zunftkannen!), Münzen.

Erzbischöfliches Diözesanmuseum (am Dom). Kapitelgebäude (1519–1520) mit neugotischen Teilen, auf Veranlassung von Fürstbischof Georg von Kopp geschaffen. Malerei, Plastik und Kunsthandwerk vom 13.–19. Jh. Gute Repräsentanz der deutschen sakralen Kunst Schlesiens. H. Johannes (1160; niederl. Einfluß), Löwenmadonna, 14. Jh., Christus am Kreuz, 14. Jh., Tafel Christus am Kreuz, 15. Jh., Archivschrank, 1455, Gemälde Vir Dolorum, hl. Sippe, 16. Jh., Altarflügel von Lichtenberger, 16. Jh., Goldschmiedearbeiten, liturgische Gewänder, Gläser, Urkunden.

Historisches Museum (im Rathaus). Im Innern des Rathauses, das zu den Höhepunkten deutscher gotischer Architektur zählt, befinden sich gute Beispiele schlesischer Handwerkskunst (Silber und Zinn).

Elisabethkirche Breslau, Kopf des Gekreuzigten

Museum der Architektur (im ehem. Bernhardin-Kloster). Stimmungsvolle Klosteranlage mit Kreuzgang. Gestiftet von dem italienischen Mönch Capistrano um 1450, romanisches Jaksa-Tympanon um 1165. Architekturbeispiele, Glasfenster.
Vorgeschichtliches Museum (im Schloß). Archäologische Funde von der Steinzeit bis zum Frühmittelalter aus polnischer Sicht (!) Ausgrabungen des germanischen Fürstengrabes in Sakrau.
Ethnographisches Museum (im Schloß), Haubenkollektion schlesischer Volkstrachten, Hinterglasmalereien, Möbel.
Mineralogisches Museum (Salzstraße 30, poln. *Cybulskistraße).* Mineraliensammlung Karl Hintzes – Verfasser des Handbuchs der Mineralogie. Beispiele schlesischer Mineralien.
Postmuseum im Postscheckamt (Krasinskistr. 1) Polnische Postgeschichte und Briefmarken.
Zoologisches Museum (Sternstraße 21, poln. *Sienkiewicz-Straße),* seit 1812, Teil des Zoologischen Instituts der Universität.
Sammlungen des Ossolinski-Institutes (Schuhbrücke 37, im Gebäude des Matthiasgymnasiums). Graphische und numismatische polnische Sammlung.

Trunkener Zecher und keifendes Weib

Schloß in Deutsch-Lissa

Breslauer Dichterschule, auch „Literarische Gesellschaft DER OSTEN" genannt, seit 1859. Namhafteste Repräsentanten waren Carl Biberfeld, Paul Barsch und Paul Keller. Die Vereinigung erhob den Anspruch, aus Schlesien heraus in die deutsche Literatur hinein zu wirken, was ihr allerdings kaum gelang, da neben bedeutenden Autoren wie Hauptmann und Arno Holz das Schwergewicht bei Dichtern von provinzieller Bedeutung lag.

Breslauer Kunstakademie, staatliche Akademie für Kunst und Kunstgewerbe. In den zwanziger Jahren, gewissermaßen kurz vor Sonnenuntergang der modernen deutschen Kunst, erwachte in Breslau das künstlerische Leben noch einmal zu besonderer Bedeutung. Unter der Leitung von Oskar Moll versammelte sich hier eine Avantgarde, die die moderne deutsche Kunst widerspiegelt. Zu nennen sind die Namen Otto Mueller, Oskar Schlemmer und Georg Muche sowie Johannes Molzahn, Karl Mense und der des Zeichners Paul Holz. Hierzu gesellten sich die Architekten Scharoun und Rading.
Das 1868 errichtete Gebäude am Augusta-Platz, das auch im Kriege nicht zerstört worden ist, mit seinem herrlichen Blick auf die Dominsel und den Oderstrom, gab dieser Kunststätte ein besonderes Gehäuse. Das Andenken dieser Avantgarde wird auch im heutigen Breslau, wo die maßgebenden Maler mit Bildern vertreten sind, wachgehalten.

Breslauer Messe. Aus dem Breslauer „Internationalen Maschinenmarkt“ hervorgegangen, gab es seit 1918 eine Breslauer Messe, die von vielen Ausländern, insbesondere aus dem Osten, besucht wurde. Mit der Messe verbunden waren ein landwirtschaftlicher Maschinenmarkt sowie eine Baumesse.

Breslauer Neueste Nachrichten, vor 1917 „Breslauer Generalanzeiger“. 1888 gegründete Tageszeitung. Eine der bedeutendsten Zeitungen des deutschen Ostens. Die Auflage überstieg 175 000 Exemplare täglich. Der Verlag befand sich auf der Weidenstraße in Breslau.

Breslauer Orchesterverein, 1862 gegründet. 1878 unter Leitung von Johannes Brahms Einweihung des Konzerthauses.

Breslauer Produktenbörse. Für den Handel mit landwirtschaftlichen Produkten im ganzen Osten war die Breslauer Produktenbörse maßgebend, die einen Besuch von 1 000 Mitgliedern aufwies.

Breslau-Lissa (Deutsch Lissa, poln. *Leśnica),* Vorstadt von Breslau (seit 1928 eingemeindet) an der Straße nach Neumarkt. Das barocke Schloß, von Christoph Hackner umgebaut, ist bemerkenswert durch den sogenannten Friedrichsaal mit reichen Rokoko-Dekorationen. Ein bekanntes Gemälde von Menzel stellt Friedrich den Großen beim Betreten des Schlosses nach der Schlacht bei Leuthen dar. Von dieser Begebenheit wird berichtet, daß, als Friedrich den Schloßhof erreichte, das Schloß noch von österreichischen Offizieren besetzt war, die mit Lichtern in den Händen aus den Zimmern und von der Treppe herabeilten. Erstarrt blieben sie stehen, als Friedrich mit seinen Adjutanten ganz ruhig vom Pferde stieg und sie mit den Worten begrüßte: „Bon soir, Messieurs, gewiß werden Sie mich hier nicht vermuten, kann man hier auch noch mit unterkommen?“

Breslau–Magdeburger Urstromtal, ostwestlich gerichtete Talung im norddeutschen Tiefland. Verläuft vom Odertal zur unteren Weser. Südlichstes der Urstromtäler des nordddeutschen Vereisungsgebietes.

Brieg (poln. *Brzeg).* Stadtgründung zwischen 1246–50 mit Neumarkter Stadtrecht. Vor der Teilung des Herzogtums Breslau im Jahre 1311 bis 1675 war die Stadt herzogliche Residenz. Sie galt als ziemlich starke Festung. 1741 wurde sie von den Preußen, 1807 von Napoleon I. erobert. Napoleon ließ die Festungswerke sprengen, die

Bauernpaar auf dem Weg zum Markt
Bildfries am Hauptsims des Breslauer Rathauses

Schweidnitzer Straße in Breslau

seither in Promenaden und Gartenanlagen verwandelt worden sind.

Kunsthistorisch von besonderer Bedeutung ist das Schloß, das von den Herzögen Friedrich II. und Georg II. 1544 anstelle der Burg erbaut wurde. Baumeister waren lombardische und deutsche Handwerker, besonders bemerkenswert die reichverzierte Torhalle mit den Standbildern des Erbauers und seiner Gemahlin sowie 24 Brustbildern der herzoglichen Ahnen. Sehenswert ist auch das Renaissance-Rathaus (1570), das von dem Schloßbaumeister Jacob Pahr um einen Innenhof errichtet ist. Zweigeschossige hölzerne Halle zwischen zwei Treppentürmen mit barokken Hauben. An der Nordostecke erhebt sich der mit einer durchbrochenen Haube versehene Rathausturm. Der „Rats-Sessionssaal" von 1746 ist ein Juwel des Rokoko. Das Denkmal Friedrichs des Großen vor dem Rathaus ist nach dem Kriege beseitigt worden.

Hervorzuheben ist die 1370–1419 errichtete evangelische Pfarrkirche zu St. Nikolai von Meister Günther, der auch an dem Bau der Kreuzkirche in Breslau mitwirkte. Die Kirche ist kunsthistorisch ein Ableger der Breslauer Schule. Im Innern gehörte die 1730 vollendete Orgel von Michael Engler zu den schönsten Schlesiens. Sie wird seit 1945 vermißt. Die spätgotische Hedwigskirche (1369) bewahrte die Prunksärge der Piasten, die sich heute im Schloß befinden. Die spätgotische Franziskaner-Klosterkirche wurde später in ein Zeughaus umgewandelt (heute Magazin). Die barocke Kreuzkirche (1735–1746) ist durch den prachtvollen Innenraum geprägt. Dreifaltigkeitssäule (1731), Nepomukstatue (1729) an der Oderbrücke. Erhalten sind ferner mehrere Bürgerhäuser der Renaissance und das Odertor von 1596. Berühmt war das Brieger Gymnasium, das seine Blütezeit als evangelische Bildungsstätte mit Hochschulcharakter im 17. Jh. erlebte.

Maschinen-, Leder- und Zuckerindustrie. Die

Rathaus zu Brieg

Schloß in Brieg

Stadt liegt in der fruchtbaren Ackerbauebene als eine „Stadt im Grünen".

Brieger Gänse wurden in Breslau die treibenden Eisschollen auf der Oder genannt.

Briese (poln. *Brzezinka).* Schloß Briese nordöstlich von Oels, barocke Schloßanlage von Christian Hackner. Um 1729 vollendet. Das Schloß ist bei Kriegsende zerstört worden, die barocke Kirche blieb erhalten. Herrlicher Schloßpark, dessen Wege von Vasen und Figuren eingefaßt waren, die zu den besten Leistungen schlesischer Gartenplastiken gehörten. Evangelische Kirche (1737 begonnen) im Kreuzgrundriß mit hölzernem achteckigem Turm.

Brockau (poln. *Brochów),* seit 1193 genanntes Städtchen. Stand stets im Schatten des nahen Breslau. Stadtrecht seit 1939, nach dem Kriege nach Breslau eingemeindet. Schloß aus dem Jahre 1724–1735, barocke Statue hl. Florian. Die Wirtschaft der Stadt wird von dem großen Rangierbahnhof bestimmt. 1939: 8700 Einwohner.

Brockoff, Ferdinand Maximilian, 1688–1731. Bedeutender böhmisch-schlesischer Barock-Bildhauer. Ihm sind insbesondere die Monumentalfiguren an der Fassade des Klosters Grüssau sowie die Figuren in der Kurfürstenkapelle am Dom in Breslau und am Grabmal Wolff in der Elisabeth-Kirche zu verdanken.

Brosig, Moritz, geb. 1815 Fuchswinkel bei Patschkau, gest. 1887 Breslau, Domkapellmeister und Kirchenmusiker: „7 Messen mit Orchester", „2 Messen mit Orgel", zahlreiche andere Kompositionen.

Brückenberg (poln. *Bierutowice),* Gebirgsdorf und Mittelpunkt des Fremdenverkehrs im Riesengebirge. Besonders bekannt die Kirche Wang.

1841 ersteigerte der Dresdner Landschaftsmaler Johan Christian Clausen Dahl diese Kirche im Auftrag Friedrich Wilhelm IV. in Norwegen. Es handelt sich um eine Stabholzkirche aus dem Wanger Fjord bei Drontheim. Auf Anregung der Gräfin Reden wurde die Kirche in Brückenberg wieder aufgebaut. Der massive Turm, nach einem Entwurf Stülers, wurde hinzugefügt. Die harmonische Lage der Kirche inmitten der Gebirgslandschaft läßt vergessen, daß es sich eigentlich um einen Fremdling in den Schlesischen Bergen handelt.

Brüdergemeinde. 1722 gründete Nikolaus Ludwig Graf von Zinzendorf in Herrnhut in Sachsen die Brüdergemeinde, die in der böhmischen evangelischen Brüderunität und in dem Pietismus der deutschen evangelischen Kirche ihre geistigen Wurzeln hat. Die alte Brüderkirche war hundert Jahre vorher durch Kaiser Ferdinand II. vernichtet worden. Reste der alten Brüder hatten jedoch noch in Mähren überlebt. Diese wanderten nach Sachsen aus und gründeten mit Hilfe von Zinzendorf die Brüdergemeinde Herrnhut. In Schlesien gründeten die Brüder 1743 Gnadenfrei und Gnadenberg bei Bunzlau, 1782 Gnadenfeld bei Cosel. Später kam noch Niesky dazu.

Schloß Briese

Kirche Wang

Brunzelwaldau (poln. *Broniszów*). Altes Wasserschloß bei Freystadt aus der Kolonisationszeit Schlesiens. Im 18. Jh. barock umgestaltet, bei Kriegsende nicht zerstört.

Brzezowitz-Kamin (poln. *Brzezowice-Kamień*), Kreis Tarnowitz, Industriestädtchen bei Tarnowitz auf der Basis einer 1908 bis 1911 errichteten Kohlengrube. 1941: 7400, 1961: 6900 Einwohner.

Buchal, Hermann, geb. 1884 in Patschkau, gest. 1961 in Jena. Komponist und Musikerzieher. Seit 1936 an der Landesmusikschule in Breslau. Mitbegründer der „Schlesischen Komponistengilde". 103 Kompositionen: Kammermusik, Orchesterwerke, Lieder, Chöre, Kantaten, Kirchenmusik.

Buchmalerei. Die schlesische Buchmalerei geht bereits auf die frühgotische Zeit 1240–1270 zurück. Der Übergang zur Gotik 1280–1351 schöpft aus den Quellen der französischen und englischen Buchkunst. In Schlesien entwickelt sich jedoch

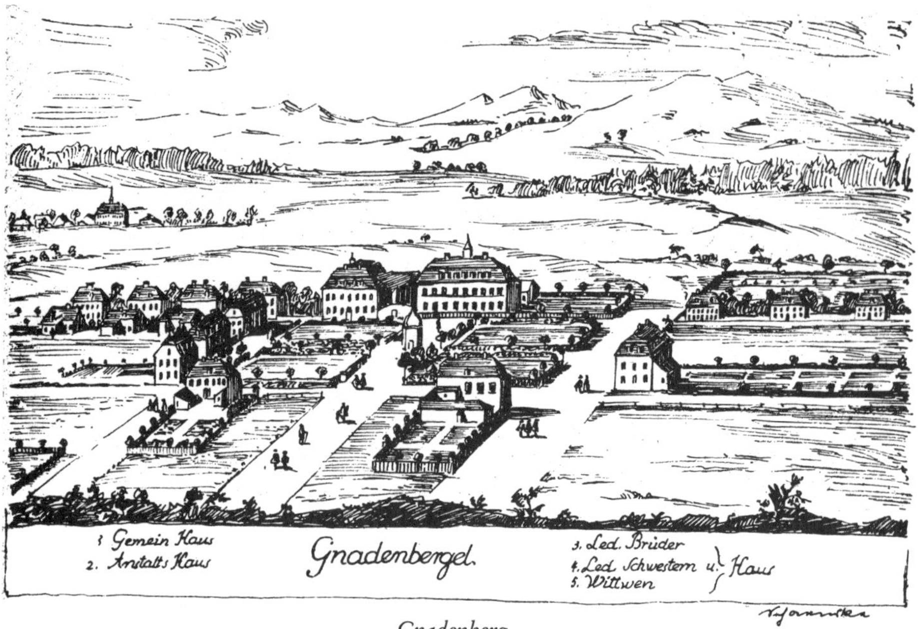

Gnadenberg

eine Vorliebe für den Zierbuchstaben, die nur noch in Böhmen ihresgleichen hat.

Was das Figurenbild betrifft, so drücken sich in Haltung, Ausdruck und Gebärde schlesische Besonderheiten aus. Um 1380 gewinnt die Farbe besonderes Gewicht. Bis in das erste Drittel des 14. Jh. scheint Leubus Mittelpunkt der Miniaturmalerei gewesen zu sein. Später verlagert sich der Schwerpunkt nach Breslau. Im 15. Jh. finden wir in der Gestalt des Johann von Zittau und des Meisters der Bankschen Bibel (um 1430–1435) zwei Künstler, die die schlesische Miniaturmalerei zu einem neuen Höhepunkt führen.

Buchwald (poln. *Bukowiec),* im Hirschberger Tal gelegenes Dorf mit barockem Schloß des Grafen Reden (heute Schule). Es wurde von ihm 1790–1800 außen wie innen neu gestaltet. Im Innern befanden sich kostbare Stücke der Berliner Porzellanmanufaktur und Eisenkunstarbeiten der Gleiwitzer Hütte. Wirtschaftsgebäude des Gutes im klassizistischen Stil. Parkanlagen rings um das Schloß mit vielen Wasserflächen, einer Abtei (Gruft des Grafen Reden und seiner Gemahlin), Teehaus, Belvedere, Wartheturm und Kesselburg (künstliche Ruinen). Gruft und Teehaus zerstört. Bemerkenswert ist die in Buchwald befindliche frühere katholische Pfarrkirche St. Martin, weil sie sich besonders harmonisch in die Gebirgslandschaft einfügt. 1758/59 evangelisches Bet- und Pfarrhaus unter einem Dach (jetzt kath. Pfarrkirche). Inneres zerstört und neu gestaltet.

Bücking, Heribert, geb. 1940 Ziegenhals, Maler und Grafiker.

Bürgerwerder, Stadtteil von Breslau. Hier befand sich seit 1566 „auf gnädigen Befehl und Anordnung des glorwürdigsten Kaisers Matthias II.“ ein Schießplatz für die Bürger der Stadt. Der Chronist berichtet, daß am Pfingstmontage des

Jahres 1566 zum ersten Male um einen Büchsenkönig auf 250 Ellen in die Weite nach einem gemalten deutschen Hackenschützen mit einer Sturmhaube und Seitengewehr aus glatten und unverdächtigen Röhren geschossen worden sei. Der erste Büchsenkönig sei ein Schneider namens Schilling gewesen.
1787 baute dort Carl Gotthard Langhans Kasernen in klassizistischem Stil.

Bürgsdorf (poln. *Brzezinki),* Dorf bei Kreuzburg/OS. Die hölzerne Umwehrung des Friedhofs mit parallelen Doppelgiebeln ist für Oberschlesien typisch.

Büsching, Johann Gustav Gottlieb, geb. 1783

Alt-Bunzlau

Nikolaistraße in Bunzlau

in Berlin, gest. 1829 in Breslau. Hervorragender Altertumsforscher Schlesiens. Seit 1811 Archivar und später Professor in Breslau. 1810 erhielt er den Auftrag, die säkularisierten Schlösser in Schlesien zu bereisen, um die dort vorhandenen Bibliotheken, Archive und Kunstgegenstände zu ordnen und zu archivieren. Restaurator der Kynsburg. In zahlreichen Publikationen erschließt er den Weg zur Erforschung der schlesischen Altertümer und der schlesischen Literatur.

Bunzelwitz (poln. *Bolesławice),* Dorf im Kreise Schweidnitz. Hier bezog 1761 Friedrich der Große im Siebenjährigen Krieg eine stark befestigte Feldstellung. Der König schlief in einem Zelt am Waldrand. Als 1843 die Eisenbahn Breslau – Freiburg mit einem großen Umschlagbahnhof gebaut wurde, nannte man zum Andenken an den König den hier entstanden Ort „Königszelt".

Bunzlau (poln. *Bolesławiec),* Stadt zwischen

dem Boberkatzbachgebirge und der niederschlesischen Heide am rechten Boberufer nahe den Tonlagern der Löwenberger Kreidemulde an der Hohen Straße. Schon 1203 erwähnt. Bereits an dem Kampf gegen die Mongolen im Jahre 1241 sollen die Bunzlauer tapfer Anteil genommen haben. 1251 wird Bunzlau zur Stadt erhoben. Ovale Stadtanlage mit großem viereckigem Ring. Barocke Giebelhäuser umstehen das hochtürmige Rathaus von 1535. 1753 schuf Töpfermeister Joppe den berühmten „Großen Topf", 2,15 m hoch, ein originelles Denkmal für die Bunzlauer Töpferei (1945 zerstört). Doppelte Stadtmauer, teilweise erhalten. 1525–65 in B. erste dt. Kanalisation.

Von kunsthistorischer Bedeutung ist die schon im 13. Jh. bezeugte katholische Pfarrkirche St. Mariae. Zerstörung in den Hussitenkriegen. Wiederaufbau seit 1442. Fertigstellung 1522. Im Dreißigjährigen Kriege 1642 ausgebrannt, durch den Bunzlauer Stadtbaumeister Michael Burger und seinen Nachfolger Julius Simonetti bis 1692 wiederhergestellt. Bau mit eigenartigem Giebel und in Ziegeln ausgeführtem Rautenmuster sowie einem gedrungenen Turm. Schöne Barockfiguren vor den Portalen von der ehemaligen Niedertorbrückke. Schloß 1642 durch die Schweden zerstört, 1752–1756 zur evangelischen Kirche umgebaut. Gußeisernes Denkmal für den hier 1813 gefallenen russ. Marschall Kutusow in den Wallanlagen. 1754 gründete der Maurermeister Gottfried Zahn ein Waisenhaus mit Schule („Spittel"), das sich zu einem bedeutenden Gymnasium und einer Lehrerbildungsstätte entwickelte.

Stadt des „guten Tons" wegen ihres beliebten Bunzelgeschirrs. Dieses begründete den Ruhm der Töpferstadt. Die Töpferei ist mindestens schon seit dem 14. Jh. in Blüte. Die Glasur der Bunzlauer Tonwaren ist außen in der Regel braun. Durch das Brennen bei 1340°, das anderer Ton nicht verträgt, war er von besonderer Haltbarkeit.

Den Namen von Bunzlau trug das sogenannte Bunzelgeschirr in alle Teile Deutschlands. Hierbei handelte es sich um Erzeugnisse des Bunzlau-Naumburger Bezirks. Grundsubstanz war der graue feuerfeste Ton, der nach dem Brennen eine grau-weiße Farbe hatte. Daraus wurde das be-

Bunzlauer Geschirr

kannte Braunzeug gemacht. Bekannt waren die dickbauchigen Kaffeekannen und Bettwärmer, ferner das „Feinsteinzeug“, Milch- und Tischgeschirr, das mit einem weißen Beguß versehen wurde. Seit der Mitte des 19. Jh. wurde dieses Geschirr geschwämmelt, das heißt mit einem Muster versehen, welches mit kleinen persischen Schwämmen aufgetragen wurde.

In der Umgebung zahlreiche andere Tonlager, die die Grundlage für Handwerksbetriebe und Industrie waren: in Tillendorf und westlich davon weißer Ton, weiter westlich, 13 bis 15 km von Bunzlau, die Tonlager von Siegersdorf und Tschirne, die für baukeramische Zwecke verwendet wurden. 35 km nordwestlich in Freiwaldau weiteres großes Tonlager, Grundlage für Grob- und Feinkeramische Industrie.

1938 gab es noch 8 Töpfereien und 2 Glashütten. Eine keramische Fachschule (seit 1897) und die Schlesische Glasfachschule (1930) förderten den Nachwuchs. Neben der Tonindustrie (Tonröhren, Chamottesteine, Öfen) Textilindustrie, Eisenguß und Sandsteinbearbeitung. 1939: 22000, 1975: 36000 Einwohner. Eine der besterhaltenen Städte Schlesiens.

Busch, Wilhelm M., geb. 1908 Breslau, Maler und Zeichner, Illustrationen für über 300 Bücher.

Camaro, Alexander, geb. 1901 in Breslau. Studierte bei Otto Mueller an der Breslauer Akademie Malerei. Lebt in Berlin. Seit 1950 ist sein Werk gekennzeichnet durch eine Reduktion der Farbenskala und eine Pointierung von Strukturen und Umrissen. Eine große Arbeit hängt in der Eingangshalle des Bundeskanzleramtes in Bonn.

Capestrano (Capistranus), Johannes, geb. 1386, gest. 1456. Italienischer Franziskanermönch, der 1453 in Breslau gegen die Sittenlosigkeit predigte. Obwohl er kein Wort deutsch sprach, übte er einen faszinierenden Eindruck auf die Bevölkerung aus. Im Anschluß an seine Predigten wurden Gegenstände des Überflusses auf dem Salzmarkt in Breslau auf Scheiterhaufen verbrannt. Capestrano gilt als Urheber einer großen Judenverfolgung in Schlesien. Auf seine Veranlassung sollen auf schreckliche Weise alle jüdischen Bewohner von Breslau ermordet worden sein. Er ist der Gründer der Bernhardin-Kirche und des Bernhardin-Klosters.

Carlone, Carlo, 1686–1775. Italienischer Maler, der in Breslau die Ausmalung der Kurfürstenkapelle durchführte.

Carlsruhe/OS (poln. *Pokój*). An der Schwelle zu Oberschlesien liegt das alte Fürstentum Oels-Bernstadt. 1747 legte Herzog Carl Christian Erdmann von Württemberg-Oels den Grundstein für ein Jagdschloß und ein Städtchen gleichen Namens: Carlsruhe. Dieses Jagdhaus hatte bereits die Form eines überdachten Würfels, an dessen vier Ecken Zylindertürme der Wildbeobachtung nach allen Seiten dienen sollten. Im Jahre 1751 vernichtete ein Brand die Anlage, die anschließend wieder aufgebaut wurde. Erneuter Brand 1798, anschließend Erneuerung.

Der ungemein klare Schloßbau war von Anfang an in eine völlig symmetrische Umgebung gestellt worden und sollte an Karlsruhe in Baden erinnern. Im Kreisring um das Schloß lagen acht Kavaliershäuser, zwischen denen acht Schneisen und spätere Alleen sternförmig ins Weite führten. 1794 wurde die Interimskirche zum Theater ausgebaut. Hier war Carl Maria von Weber 1806 bis 1807 Kapellmeister. Im Park Weinbergschlößchen von 1780 im Übergang von Rokoko zum Klassizismus. Zwischen 1765 und 1775 wurde von Georg Wilhelm Schirrmeister die evangelische Sophienkirche gebaut. Diese ist der reformierten Kirche in Breslau nahe verwandt. Über ovalem Grundriß baut sich der von einer Empore umzogene Innenraum auf. Orgel und Kanzelaltar sind in der Längsachse einander gegenübergestellt. Das zierliche Rokokodekor der Herzogsloge steht in einem wirkungsvollen Kontrast zu dem schon klassizistisch empfundenen Rahmen. Das Zentrum der alten Anlage mit dem Schloß und den Kava-

Schloß zu Carolath

liershäusern wurde 1945 vernichtet, ebenso das Weinbergschlößchen.

Carnall, Rudolf von, geb. 1804 in Glatz, gest. 1874 in Breslau. Mit Krug von Nidda zusammen Herausgeber des „Bergmännischen Taschenbuchs für Oberschlesien". 1853 gab er erstmalig die „Zeitschrift für das Berg-, Hütten- und Salinenwesen im preußischen Staate" heraus. Er gilt als Begründer der bergmännischen Literatur im oberschlesischen Industrierevier.

Caro, Georg von, Dr. jur., 1849–1913. Förderer der im gesamten Osten Deutschlands ansässigen Eisenhandelsfirmen. Er gründete 1910 die Deutsche Eisenhandels-AG.

Caro, Oskar, 1852–1931. Generaldirektor und alleiniges Vorstandsmitglied der Oberschlesischen Eisenindustrie-AG. Oskar Caro galt als allseitig anerkannter Repräsentant der oberschlesischen Industrie.

Carolath (poln. *Siedlisko),* auf dem hohen rechten Oderufer liegende Residenz des früheren Fürstentums Carolath-Beuthen-Schönaich. Die Schönaichs sollen schon 1241 in der Mongolenschlacht bei Liegnitz mitgefochten haben. Umfangreicher Renaissancebau. Hauptsächlich zwischen 1597 und 1618 entstanden. Im 18. Jh. Erweiterungsbauten, insbesondere 1769 die Brücke mit den Rokokofiguren. Torhaus von 1611. Die Schloßkapelle von 1618, die vermutlich auf einen Entwurf des Breslauer Festungsbaumeisters Valentin von Saebisch zurückgeht, ist ein durch drei Geschosse reichender Raum, der im protestantischen Kirchenbau eine erste Abkehr vom bislang üblichen mittelalterlichen Grundriß darstellt. Die das Schloß umgebenden Gräben und Schanzen wurden zu Gartenanlagen umgestaltet. Berühmt war die Fliederblüte auf den Wallanlagen. Die gesamte Schloßanlage brannte 1945/46 aus. Ein Teil befindet sich im Wiederaufbau.

Cassirer, Ernst, geb. 1874 Breslau, gest. 1945 Princeton. Philosoph, einer der bedeutendsten Neukantianer. Verbindet formale Betrachtungsweise mit echtem Sinn für Geschichte.

Ceslaus, geb. 1180, gest. 1242. Ceslaus, Hyazinth und Hermann der Deutsche zogen gemeinsam von Italien nach Deutschland. Während Hyazinth weiter nach Osten ging, gründete Ceslaus in Breslau ein Dominikanerkloster bei der Adalbertkirche, als deren erster Prior er gilt. Am 20. Juli wird in der Erzdiözese Breslau sein Fest begangen.
Der Sage nach hat Ceslaus bei der Belagerung Breslaus durch die Mongolen inbrünstig zu Gott gebetet, worauf ein furchtbares Gewitter niederging und die Mongolen abzogen. Ceslaus wurde seliggesprochen. Die Ceslaus-Kapelle an der Adalbertkirche in Breslau, 1717 geweiht, ist ein besonderes Kleinod des Barocks.

Chemische Industrie. 361 Betriebe mit 6500 Beschäftigten waren im Jahre 1939 erfaßt. Sie produzierten insbesondere Stickstoff und Kunstdünger sowie pharmazeutische Artikel. Auch die gewaltigen Hydrierwerke in Oberschlesien sind zu erwähnen.

Cholera. In den Jahren 1831/32, 1837, 1849, 1853 und 1866/67 wütete die Cholera in Schlesien. In Breslau starben 1866 insgesamt 4555 Menschen an dieser Krankheit.

Chrysopras, apfelgrüner durchscheinender Edelstein auf Nickelbasis. Wird in der Gegend von Frankenstein gefunden. Friedrich der Große ließ mehrere Tabakdosen aus Chr. anfertigen.

Chudow (poln. *Chudów),* Kreis Rybnik, 14 km südöstlich von Gleiwitz stehende Ruine eines Wasserschlosses. Nach einem Brand 1874 bewahrten die Schaffgotsch den ruinenhaften Charakter des Bauwerks.

Chwallowitz (poln. *Chwałowice),* Kreis Rybnik, 3 km südlich von Rybnik gelegenes Dorf. Im Jahr 1907 ließ Graf Guido Henckel von Donnersmarck die Kohlengrube „Donnersmarck“, heute „Chwałowice“, in Betrieb nehmen. 1958: 2800 Beschäftigte. Seit 1967 Stadt, 8400 Einwohner.

Civitas, Bezeichnung der Städte in Schlesien seit dem 13. Jh.

Clausewitz, Carl Philipp Gottfried von, geb. 1780 in Burg bei Magdeburg, gest. 1831 in Breslau. General und Kriegsphilosoph. Er starb in Breslau an der Cholera. Ursprünglich auf dem Friedhof an der Feldstraße beerdigt, wurden seine sterblichen Überreste nach dem Militärfriedhof auf der Kirschallee verlegt, später nach Burg bei Magdeburg überführt.

Cochläus, Johannes, eigentlich Dobeneck, geb. 1479, gest. 1552. Seit 1539 Domherr in Breslau. Verfaßt in seinen Breslauer Jahren, 1541–1543, auf katholischer Seite kämpfend, mehrere Streitschriften gegen Moibanus und Hess.

Cohn, Ferdinand Julius, geb. 1828 in Breslau, gest. 1898 dort. Botaniker und Professor in Breslau. Begründer der wissenschaftlichen Bakteriologie.

Cohn, Dr. Hermann, geb. 1838 in Breslau, gest. 1906 dort. Berühmter Professor der Augenheilkunde in Breslau, Vater Emil Ludwigs.

Cohn, Jonas, 1869 in Görlitz geb., gest. 1947 in Birmingham. Philosoph, Neukantianer.

Colonna, Graf Philipp, 1755–1807. Bedeutende Unternehmerpersönlichkeit auf dem Gebiete der Eisenerzeugung in Groß Strehlitz.

Contessa, Christian Jakob, eigentlich Salice-Contessa, geb. 1767 in Hirschberg, gest. 1825 in Lichtenthal. Dichter und Novellist der Romantik. Verfasser tiefempfundener schwermütiger Sonette.

Contessa, Karl Wilhelm, geb. 1777 in Hirsch-

dell' Antonio, Anbetung der Hirten

berg, gest. 1825 in Berlin. Bruder von Christian Jakob. Novellist, Lustspielautor, Landschaftsmaler. Urbild des „Silvester“ in E.T.A. Hoffmanns Erzählung „Die Serapionsbrüder“. Kindermärchen.

Cornelius. Von der Dominsel her rief die große Glocke des Breslauer Doms, genannt „Cornelius“, die Gläubigen zur Andacht. 1721 von Dompropst Cornelius Graf von Strattmann gestiftet, zeigte sie die Jungfrau Maria, zur linken Seite Papst Cornelius, zur rechten Johannes den Täufer mit dem Lamm. Oben, um den Kopf der Glocke, stand „Zu Gottes Ehr‘ bin ich durch Feuers Glut geflossen, Johann Jakob Krumpffert in Breslau hat mich gegossen“. Diese Glocke zerschmolz bei dem Brand des Domes 1945. Der Klang ihres Geläutes ist jedoch auf Schallplatten erhalten.

Cosel (poln. *Koźle),* Kreisstadt in Oberschlesien an der Mündung der Klodnitz und des Klodnitzkanals in die Oder. Zweitgrößter Binnenhafen Deutschlands und Umschlagplatz für das oberschlesische Industriegebiet. Grenzburg zwischen Polen und Mähren 1104, um 1300 Stadtrecht. Pfarrkirche St. Sigismund (1489), Turm 1570, mit Marienkapelle von 1323, evangelische Kirche unter dem Einfluß von Carl Gotthard Langhans (1945 zerstört), Minoritenkloster (1751).

Cosel war Herzogtum, dann österreichische, später preußische Festung. 1807 widerstand sie unter ihrem Kommandanten David von Neumann mit Erfolg der Belagerung Napoleons. Ein Ausfallgefecht ist Gegenstand eines Schlachtengemäldes von Kobell geworden. Garnisonstadt: Infanterie. Zellulose- und Papierfabrik, Eisengießerei und Kesselschmiede, Schiffsbau, oberschlesisches Landgestüt. 1939 und 1971: 13300 Einwohner.

Crossen an der Oder (poln. *Krosno Odrzańskie).*

„Oft gedenk ich deiner,
kleine Stadt am blauen
rauhen Oderstrom,
nebelhaft in Tau und Au gebettet
an der Grenze Schlesiens und der Mark,
wo der Bober in die Oder,
wo die Zeit
mündet in die Ewigkeit...“

Klabund, Ode an Crossen

Kleine Stadt, 30 km nordwestlich von Grünberg. Seit 1163 Herzogtum Glogau, 1232 deutsches Stadtrecht, deutsche Besiedlung seit dem 12. Jh. 1378 Hauptstadt des Herzogtums Crossen. 13.–15. Jh. zwischen verschiedenen schlesischen Teilstaaten sowie Brandenburg umkämpft, 1742 preußisch. Marienkirche (1705–1717 umgebaut). Gerbereien, Tuchfabriken, Metallverarbeitung,

Tabakwarenproduktion. 1939: 7500, 1965: 7100 Einwohner.

Czaja, Herbert, geb. 1914 in Teschen. Deutsches Staatsgymnasium in Bielitz, Abitur, Studium der Germanistik, Geschichte und Philosophie in Krakau und Wien, höherer Schuldienst, wissenschaftlicher Assistent an der Universität Krakau. Seit 1946 im Schulwesen in Stuttgart tätig.
Sprecher der Landsmannschaft der Oberschlesier. Präsident des Bundes der Vertriebenen. Mitglied des Bundestages seit 1953.

Czarnowanz (1936 Klosterbrück; poln. *Czarnowąsy),* nordwestlich von Oppeln in der Nähe der Oder gelegene Klosteranlage. Das 1228 von Rybnik nach Czarnowanz verlegte Kloster der Prämonstratenserinnen wurde 1810 aufgehoben, 1902 von Hedwigsschwestern wieder belegt. Nonnenhaus 1682 von Hans Fröhlich errichtet. Prälaturgebäude 1730 vollendet. Klosterkirche St. Norbert zweite Hälfte des 17. Jh., Innenausstattung 1784. 2 km von Czarnowanz Wallfahrtskirchlein St. Anna (1687/88) als Schrotholzkirche errichtet.

Czechowitz-Dzieditz (poln. *Czechowice-Dziedzice),* Kreis Bielitz. In der Weichselniederung nördlich von Bielitz gelegene Industriestadt, die sich im Anschluß an den 1910 errichteten „Silesia-Schacht" entwickelt hat. 1939: 18000, 1970: 25400 Einwohner. Stadterhebung 1951.

Czepko, Daniel von, geb. 1605 in Koschwitz bei Liegnitz, gest. 1660. Dichter. Mystische Dichtungen: Das inwendige Himmelreich. Mitglied der Ersten Schlesischen Dichterschule.

Czerwionka, Kreis Rybnik, 11 km nordöstlich von Rybnik gelegene Industriestadt. 1970: 10200 Einwohner. Seit 1962 Stadt. Steinkohlengrube, Kokerei und Fabrik für Eisenbetonteile.

Dahn, Felix, geb. 1834 in Hamburg, gest. 1912 in Breslau. Historiker, Rechtslehrer und Dichter. Seine drei Bände „Ein Kampf um Rom" werden heute noch gelesen. Dagegen sind seine Romane „Julian der Abtrünnige" und „Herzog Ernst von Schwaben" fast vergessen. Dahn und seine Frau Therese von Droste-Hülshoff waren der gesellschaftliche Mittelpunkt der schlesischen Literaten ihrer Zeit.

Dalkau (poln. *Dalków),* im Kreise Glogau gelegenes Schloß, 15 km westlich von Glogau. Zweigeschossiger Langbau mit Seitenflügel und hohem Mansardendach, um 1750 entstanden.
Auf den Dalkauer Bergen befindet sich die St. Annen-Kapelle. Anstelle eines älteren Baues wurde 1703–1716 eine steinerne Kapelle mit Turm, paradiesähnlichem Vorbau, zwei Altären und Gruftanlage erbaut, die seit der Romantik ein beliebtes Wanderziel in Nordwestschlesien war.

Dambrau (poln. *Dąbrowa),* im Kreise Falkenberg gelegenes Gut und Schloß der Spätrenaissance (1615–1617, Umbau 1894–1897).

Deichsel, Adolf, 1823–1893. Schöpfer der oberschlesischen Drahtseilfabrikation. Von seiner Firma stammten die Tragseile für die Personenseilschwebebahn Johannesbad-Schwarzenberg sowie für die Schwebebahn zum Nebelhorn. Sein Sohn *Adolf Deichsel,* 1858–1936, führte das Werk fort. Das Gesamtwerk unterhielt 4000 Beschäftigte.

dell' Antonio, Cirillo, geb. 1876 in Moena/Südtirol, gest. 1971 in Trier. Seit 1903 Lehrer für figürliche Bildhauerei an der Holzschnitzschule in Bad Warmbrunn. 1922 Direktor der Schule.

Deschowitz (1936: Odertal/OS; poln. *Zdzieszowice),* bedeutender Industrieort im Kreis Groß Strehlitz, an der Oder, mit Kokerei, Kraftwerk und Treibstoff-Synthese-Anlage. 1939: 4800, 1971: 5600 Einwohner. Seit 1962 Stadt. Vom Gipfel des St. Anna-Berges blickt man auf die oberschlesische Ebene mit den Industrieanlagen von Deschowitz, wobei Industrie und Landschaft harmonisch ineinander übergehen.

Deutsches Recht. Die deutschen Siedler brachten fränkisches und flämisches Recht nach Schlesien. Diese Rechtsformen hatten bereits in den älteren Siedlungsgebieten Deutschlands ihre Ausprägung gefunden. Die Unterschiede deuten auf verschiedene Siedlerströme hin. Sie machen sich vor allem im Agrarrecht und im ehelichen Güterrecht bemerkbar. Für die Städte wurde das Magdeburger Recht zur rechtlichen Grundlage. 1211 erhielt Heinrich I. von der Stadt Magdeburg eine Abschrift ihres Privilegs von 1188 und übersandte sie seiner Stadt Goldberg als Richtschnur. 1241 wurde Breslau nach Magdeburger Recht gegründet.

Die Stadt Halle hatte 1235 Heinrich I. eine für die Stadt Neumarkt bestimmte Rechtsmitteilung übersandt. Neumarkter Recht wurde so für viele Städteneugründungen maßgebend. Breslau selbst war Oberhof des Magdeburger Rechts für andere Städte.

Auch in den Dörfern in Schlesien wurde Magdeburger Recht angewandt. Über Schlesien gelangte es weiter nach dem Osten. So wurde schon 1257

Kirche in Deutsch-Wartenberg

Krakau nach dem gleichen Recht ausgesetzt. Der Sachsenspiegel fand nach 1270 in Schlesien Eingang. Er wurde überall dort angewendet, wo Magdeburger Recht nicht galt.

Deutsch Jägel (poln. *Jagielno*). Alter Rittersitz zwischen Münsterberg und Grottkau. Der quadratische Schloßbau mit zwei Seitenflügeln im Süden und dem sogenannten venezianischen Anbau im Westen blieb im Zweiten Weltkrieg erhalten.

Deutsch Piekar (poln. *Piekary Śląskie*), Stadt in Ostoberschlesien. Seit dem 17. Jh. bedeutende Wallfahrtsstätte. Heutige Kirche 1848, neuromanisch, errichtet durch den Einsatz des Pfarrers Johann Fietzek, bekannt geworden durch seinen Kampf gegen Alkoholmißbrauch und Hungertyphus. Zink- und Steinkohlenbergbau. 1811 bauten hier die Erben von Georg Giesche, „Giesche's Erben“, die Scharley-Grube. Diese war bis Mitte des 19. Jahrhunderts die bedeutendste Galmeigrube in Oberschlesien. 1941: 24500, 1970: 36400 Einwohner.

Deutsch Wartenberg (poln. *Otyń*), kleines Landstädtchen in der Nähe von Grünberg. 1313 erstmals erwähnt. Kreisförmiger Stadtgrundriß mit quadratischem Ring in der Stadtmitte. Stadtpfarrkirche aus dem 16. Jh., barockes Schloß, 1702–1721 (1945 teilweise zerstört), Schloßkirche 1705. 1939: 1000, 1975: 1000 Einwohner. Ohne Stadtrechte.

Devrient, Ludwig, geb. 1784 in Berlin, gest. 1832 dort. Wirkte lange Jahre als Schauspieler am Breslauer Schauspielhaus.

Dieban (poln. *Dziewin*), Schloß bei Heinrichau. Der zweigeschossige Bau (1558–1568) mit seinen drei Flügeln um ein kleines Höfchen ist ein schönes Beispiel für die Renaissance in Schlesien. Wertvoll war vor allem eine reichhaltige Sammlung von Gläsern sowie von Porzellan der Meißner und Berliner Manufakturen.

Diebitsch, Hans Carl, Graf von, geb. 1785 Gr. Leipe bei Trebnitz, gest. 1831, russischer Gene-

Kloster Wahlstatt

ral, schloß mit Yorck die Konvention von Tauroggen (30. 12. 1812).

Dientzenhofer, Kilian Ignaz, 1689–1751. Berühmter Baumeister aus der bayerischen Architektenfamilie der Dientzenhofer. Er schuf in Schlesien vor allen Dingen die Klosteranlage von Wahlstatt.

Diepenbrock, Melchior von, geb. 1798 in Bocholt, gest. 1853 in Johannesberg/Schlesien. Schüler von Johann Michael Sailer in Regensburg. Fürstbischof von Schlesien 1845–53. Kardinal seit 1850. 1848 Abgeordneter im Frankfurter Parlament. Seine starke Persönlichkeit trug zu einem Neuaufbruch kirchlichen Lebens in Schlesien bei.

Dierig, Christian Gottlob, geb. 1781 in Langenbielau, gest. 1848 dort. Gründete 1805 in Langenbielau ein Textilunternehmen. Heute ist die Dierig-Gruppe mit Sitz in Augsburg (seit 1946) der größte Zusammenschluß von Firmen der deutschen Baumwollindustrie, überwiegend in Familienbesitz.

Dietrich von der Glesse, einziger namentlich bekannter höfischer Dichter Schlesiens aus dem Ende des 13. Jh. Wahrscheinlich aus dem Glatzer „Klessengrund".

Diözesanarchiv und -museum, Kapitelgebäude (1519–1520) am Breslauer Dom mit neugotischen Teilen. Malerei, Plastik und Kunsthandwerk vom 13.–19. Jh. Repräsentanz der deutschen sakralen Kunst Schlesiens. Hl. Johannes (1160 niederl. Einfluß), Löwenmadonna, 14. Jh., Christus am Kreuz, 14. Jh., Tafel Christus am Kreuz, 15. Jh., Archivschrank, 1455, Gemälde Vir Dolorum, hl. Sippe, 16. Jh., Altarflügel von Lichtenberger, 16. Jh., Goldschmiedearbeiten, liturgische Gewänder, Gläser, Urkunden.

Ditters von Dittersdorf, Karl, geb. 1739 in Wien, gest. 1799 in Neuhaus/Böhmen. 1770–1795 Hofkomponist des Fürstbischofs von Breslau. Während dieser Zeit komponierte er die Oratorien „Esther" und „Hiob" sowie seine Komische Oper „Doktor und Apotheker". Seit 1770 Forstmeister des Fürstentums Neisse. Kaiser Joseph II. erhob ihn in den Adelsstand.

Schloß Domanze

Dittersbach (poln. *Wałbrzych-Glówny*), ehemals größte Landgemeinde des Kreises Waldenburg, später eingemeindet. Gründung als deutsches Dorf zwischen 1290 und 1295. Steinkohlenbergbau. Der Bahnhof Dittersbach ist einer der größten in Ostdeutschland. Er wurde 1867 in Betrieb genommen. 1937 wurde Dittersbach mit 15000 Einwohnern nach Waldenburg eingemeindet.

Dobeneck, Hedwig Freiin von, geb. 1877 Brandstein/Hof, gest. 1956 Traunstein. Gründete 1906 die „Schulen für künstlerische Nadelspitzen" von Hirschberg, die 1911 von der Fürstin Pless übernommen wurden. Die Schulen bestanden bis 1935.

Dobers, Paul, geb. 1885 Breslau, gest. 1959 Kassel, Maler und Lehrer an der Breslauer Kunstakademie.

Dobrau (1936: Burgwasser; poln. *Dobra),* Herrschaft und Schloß im Kreise Neustadt/OS; das um 1750 erbaute, von einem großen Park umgebene Schloß wurde 1857–1860 neugotisch umgebaut. 1945 brannte es aus und ist seitdem Ruine.

Dohm, Ernst, geb. 1819 in Breslau, gest. 1883 in Berlin. Seit 1849 Schriftleiter des „Kladderadatsch", den er 34 Jahre lang leitete. Glänzender Vertreter der politischen Satire in Deutschland. Lustspiel „Der trojanische Krieg" 1864, worin er die deutschen Verhältnisse verspottet. Er hielt in Berlin auf der Potsdamer Straße ein gastfreies Haus in der Tradition der literarischen Salons.

Kath. Kirche in Domanze

Domanze (poln. *Domanice),* Dorf und Schloß im Kreise Schweidnitz. Um 1600 Schloßbau auf einem Felsen, dessen Abhänge mit Fliederbüschen bestanden sind. Die Fliederblüte in Domanze war im Frühjahr ein beliebtes Ausflugsziel.

Doms, Wilhelm, geb. 1868 in Ratibor, gest. 1957 in Berlin. Kunstkritiker, Essayist und Maler.

Donat, Theodor, geb. 1844 in Tauchritz bei Görlitz, gest. 1890 in Erdmannsdorf. Gründer des Riesengebirgsvereins (1880).

Dorotheenkirche, längste und höchste Kirche Breslaus. Der Bau wurde 1351 begonnen. Das Innere der Kirche ist 1720–1730 barock umgestaltet. Beachtenswert ist das Rokoko-Denkmal des Freiherrn von Spaetgen, gest. 1750. Die Kirche ist im Kriege nicht zerstört worden.

Dreigräben, (poln. *Wały Sląskie),* Teil des Befestigungssystems, das Schlesien gegen Angriffe von Böhmen und Meißen her schützte, von Kamenz–Wartha bis an den Bober bei Crossen. Die Gesamtbreite der Anlage beträgt etwa 40 m. Im Polenfeldzug des Kaisers Friedrich Barbarossa 1157 wird über den Durchbruch dieser Befestigung berichtet.

Dressler, Adolf, geb. 1833 in Breslau, gest. 1881 dort. Arbeitete in Frankfurt am Städelschen Institut. Mitglied der Kronberger Malerkolonie. Seit 1862 in Breslau als bekanntester Landschaftsmaler Schlesiens im ausgehenden 19. Jh.

Drobek, Johann, geb. 1887 in Königshütte, gest. 1951 in München. Maler und Restaurator. Er restaurierte in Grüssau die Werke Michael Willmanns und in Würzburg nach dem Kriege die Fresken von Tiepolo.

Schloß Dyhernfurth

Dülfer, Martin, geb. 1859 Breslau, gest. 1942 Dresden. Architekt, Wegbereiter der deutschen Jugendstilarchitektur: Bernheimer Haus, München.

Dumlose-Meister, Breslauer Bildhauer, um 1400. Sein wichtigstes Werk ist die Dumlose-Kreuzigung in St. Elisabeth, einer der Höhepunkte der schlesischen Plastik um 1400; sie befindet sich zur Zeit in Warschau.

Dyhernfurth (poln. *Brzeg Dolny)*, Landstädtchen am rechten Oderufer in der Nähe von Breslau. 1663 wurde das kleine Dorf Brzeg unter dem Namen Dyhernfurth zur Stadt erhoben. Jüdische Druckerei bis 1834. In ihr wurde 1771–1772 die erste jüdische Zeitung Deutschlands mit deutschem Text in hebräischer Schrift gedruckt. Nach Aufhebung des Breslauer Judenfriedhofs 1345 war die jüdische Begräbnisstätte hierher verlegt worden. Sie bestand über 400 Jahre lang, bis 1761 Friedrich der Große die Genehmigung zur Bestattung von Juden in Breslau erteilte. Die alte, in den Schloßpark einbezogene jüdische Grabstätte ist noch erhalten.
Neben der Landwirtschaft spielte die Oderschifffahrt für das Städtchen eine besondere Rolle. 1939: 2000, 1975: 11000 Einwohner.

Dyhernfurth (poln. *Brzeg Dolny)*, Schloß nach französischem Vorbild eines Loire-Schlosses, unmittelbar an der Oder in der Stadt gelegen. Seitenflügel zwischen 1780 und 1785 angegliedert. Dieser Bau wird Karl Gotthard Langhans zugeschrieben. Er ist erhalten. Der Hauptbau ist heute weitgehend verändert und stellt in etwa wieder den Zustand vor dem Umbau dar.

Alte Bienenstöcke aus Höfel bei Löwenberg

Dzierzon, Johannes, geb. 1811 in Lowkowitz, Kreis Kreuzburg, gest. 1906 ebenda. Priester, 1835–69 Pfarrer von Karlsmarkt Kreis Brieg. Berühmter Bienenforscher, Entdecker der Grundlagen für die rationelle Bienenzucht und die biologischen Verhältnisse des Bienenvolkes. Schlesien wurde durch ihn zum klassischen Land der Bienenzucht. Im Jahre 1945 gab es nicht weniger als 30000 Bienenzüchter mit 300000 Bienenvölkern.

Echtler, Johann Peter, geb. 1741, gest. 1810. Bildhauer und Stukkateur. Von ihm stammten die Stukkaturen im Hatzfeldschen Palais.

Eckersdorf, Grafschaft Glatz (poln. *Borków),* Dorf und Schloß am Fuße des westlichen Ausläufers des Eulengebirges. Renaissancebau aus dem Ende des 16. Jh., 1670 erheblich umgebaut, 1787–1791 im Übergangsstil von Barock zum Klassizismus neu errichtet. Wertvolle Inneneinrichtung. 1870 Umbau infolge eines verheerenden Brandes. Der Park ist ein bedeutsames Beispiel barocker Gartenkunst in Schlesien. Die Gesamtanlage des Schlosses und große Teile der alten Räume mit ihrem schönen Stuck sind erhalten. Im Park Orangerie und eines der Kavalierhäuser abgerissen. Im Innern des Schlosses Restaurierungsarbeiten. Die Gesamtanlage macht auch heute noch einen recht gepflegten Eindruck. In der Kirche des Dorfes Schiffskanzel, ein Motiv, das man in mehreren Kirchen Schlesiens sieht. Die Kanzel knüpft an Petri Fischzug auf dem See Genezareth an. Neben dem Geistlichen stehen die geschnitzten Gestalten der das Netz heraufziehenden Fischer in Lebensgröße. Die Gräber der Familie Magnis auf dem Friedhof und in der Begräbniskapelle sind erhalten und werden gepflegt.

Eckersdorf (poln. *Biestrzykowice).* Barockes Schloß im Kreis Namslau aus dem Anfang des 18. Jh. mit bedeutender Parkanlage.

Eckersdorf (poln. *Biestrzyków),* mittelalterlicher Wohnturm südwestlich von Breslau. Neben dem von Boberröhrsdorf im Kreise Hirschberg besterhaltener Wohnturm aus dem 14. Jh. 1945 durch Brand zerstört, hat es sein steiles Dach verloren. Das Fragment eines romanischen Prophetenreliefs aus rotem Sandstein vom Eckersdorfer Wohnturm gehört zu den ältesten Zeugnissen mittelalterlicher Plastik in Schlesien.

Ecklebe, Alexander, geb. 1903 Cosel, Komponist, Opern, Chor- und Orgelwerke, Symphonien, Kammermusik.

Ehrlich, Paul, geb. 1854 in Strehlen, gest. 1915 in Frankfurt. Begründer der modernen Chemotherapie. 1896 Direktor des Instituts für Serumforschung in Berlin-Steglitz, später in Frankfurt. Entdeckte das Heilmittel „Salvarsan“. 1908 wurde er zusammen mit dem russischen Bakteriologen Metschnikoff mit dem Nobelpreis ausgezeichnet.

Eichborn, Wolfgang von, geb. 1909 in Breslau. Schriftsteller und Bankier. Das bekannte

Bankhaus Eichborn & Co. befand sich auf dem Blücherplatz in Breslau. Nach dem Kriege war Eichborn als Schriftsteller tätig. „Das schlesische Jahr" (1948), „Tagebuch eines Vaters" (1950), „Schlesiens Vermächtnis" (1960).

Eichendorff, Joseph Freiherr von, geb. 1788 auf Schloß Lubowitz bei Ratibor, gest. 1857 in Neisse. Bedeutendster deutscher Dichter der Spätromantik. Studium der Rechte in Halle und Heidelberg. Kontakte mit Arnim und Brentano. 1813 kehrte er nach Schlesien zurück und trat in das Lützowsche Freicorps ein. 1821 im preußischen Staatsdienst, zunächst in Danzig, später in Königsberg. Ab 1831 im Kultusministerium in Berlin. Als Katholik nahm er wegen Meinungsverschiedenheiten trotz seiner Ernennung zum Geheimen Regierungsrat 1844 den Abschied. Zuletzt lebte er in Neisse. Seine von höchster Musikalität und Innigkeit geprägte Lyrik ist von zahlreichen Komponisten, insbesondere von Schumann und Hugo Wolff, vertont worden.

Weltruhm hat auch seine Novelle „Aus dem Leben eines Taugenichts" erlangt. Sein großer Roman „Ahnung und Gegenwart" ist weniger bekannt.

Neben seinem dichterischen Schaffen sind seine literaturhistorischen Schriften hervorzuheben, die auf eine kritische Würdigung im katholischen Sinne hinauslaufen. Daneben Übersetzungen, insbesondere der geistlichen Schauspiele Calderons.

Rückkehr

Ich ziehe durch die Gassen,
So finster ist die Nacht,
Und alles so verlassen,
Hatt's anders mir gedacht.

Am Brunnen steh' ich lange,
Der rauscht fort, wie vorher,
Kommt mancher wohl gegangen,
Es kennt mich keiner mehr.

Eichendorff-Gesellschaft, Gesellschaft zur Pflege des literarischen Erbes Joseph von Eichendorffs. Sitz Würzburg, Zweigstelle Tokio. Jahrbuch „Aurora".

Eichhof-Gnielczyk, Hugo, geb. 1888 in Bischofsthal. Schriftsteller. Bergmannserzählung: „Kumpel Grubenpferd" (1929), ferner Märchen, Sagen und Legenden, Jugendgeschichten und Volksspiele. „Der Riese vom Huhlberge" war die erste große, in Oberschlesien bekannte Märchendichtung.

Eichholz (poln. *Warmątowice*), Wasserschloß im Kreise Liegnitz, 1602 erbaut, 1748 als Barockschloß umgebaut. 1973 war das Schloß noch verlassen und teilweise zerstört. In der Nähe fand die bekannte Schlacht an der Katzbach statt. Blücher hatte hier nach der Schlacht sein Hauptquartier.

Joseph von Eichendorff

Eigner (Sobczik), Gerd-Peter, geb. 1942 Malapane, Erzähler, Lyriker, Hörspielautor.

Eisenbahnnetz. 1842 erste Eisenbahnlinie Schlesiens zwischen Breslau und Ohlau. Zwischen 1842–1848 entstanden die Oberschlesische, die Breslau-Freiburger und die Niederschlesisch-Märkische Bahn. Das Eisenbahnnetz wurde in den folgenden Jahrzehnten zügig ausgebaut. Bereits 1913 stand Schlesien mit einem Schienennetz von 4700 km an der Spitze aller preußischen Provinzen.
1939 hatte das schlesische Eisenbahnnetz eine Länge von 6912 km. Auf 1000 qkm Fläche kamen hier 184 km Schienenwege, im Durchschnitt des übrigen Reiches nur 135 km.
Ende Januar 1945 rettete die Eisenbahn nahezu 2 Millionen Flüchtlinge vor der nahenden Front.

Elektrotechnische Industrie. 1939 befaßten sich 1480 Betriebe mit 13000 Beschäftigten mit der Produktion von elektrischen Maschinen und Apparaten, elektrischen Lampen, Stromspeichern usw.

Elias, Norbert, geb. 1897 in Breslau, gest. 1990 in Amsterdam. 1933 Emigration. 1954 Dozent in Leicester. 1961 Professor in Accra. Soziologe und Kulturphilosoph. Hw.: Über den Prozeß der Zivilisation (1937).

Elisabeth-Kirche in Breslau, Baubeginn 1241. Gotische Backsteinkirche mit alleinstehendem Turm. Außerordentlich groß ist die Zahl der Kapellen und Epitaphien der Breslauer Patrizierfamilien. Das Altarbild „Einsetzung des Heiligen Abendmahls" wurde 1653 von Willmann geschaffen. Links vom Altar ein schönes spätgotisches Sakramentshäuschen aus Sandstein, 15 m hoch, von Jodokus Tauchen 1453–1455 errichtet. Berühmte Orgel von Engler. Malerischer Anblick vom Breslauer Ring mit zwei erhaltenen Altaristenhäusern. Die Kirche ist am 8.6.1976 vollständig ausgebrannt, nachdem sie im Kriege erhalten geblieben war.

Mit starkem Krachen
brach der Bau des Herren ein.

Der Mauern hohe Pracht,
der süßen Orgeln Schein,
Die hieß ein Augenblick
in einem Klumpen liegen.

O Mensch! Dies ist ein Fluch,
der nach dem Himmel schmeckt,
Der dieses Haus gerührt
und dein Gemüt erweckt.

Und ist dein Herze Stein
und dein Gemüte tot,
So müssen dich itzund
die toten Steine lehren.
(Christian Hofmann von Hofmannswaldau)

Die bei der Kirche errichtete Stadtschule, das spätere Elisabet-Gymnasium, stammt bereits aus dem Jahre 1293. Johannes Scheffler (Angelus Silesius) besuchte das Gymnasium von 1639–1643.

Elsner, Joseph, geb. 1769 in Grottkau, gest. 1854 in Warschau. Komponist und Kapellmeister, Pädagoge und Schriftsteller, Direktor der Warschauer Oper. Lehrer Chopins.

Emanuelssegen (poln. *Murcki),* Stadt, 7 km südöstlich von Kattowitz, entstanden im Anschluß an eine der ältesten Kohlengruben Oberschlesiens. 1970: 5400 Einwohner. Seit 1967 Stadtrechte.

Emin Pascha, eigentlich Eduard Schnitzer, geb. 1840 in Oppeln, ermordet 1892 in Kinena (Kongo). Arzt und Forschungsreisender. Als junger Mediziner in türkischen Diensten, 1878 Gouverneur der Äquatorialprovinz.
1883 durch den Mahdi-Aufstand von Ägypten abgeschnitten. 1889 von Stanley gegen seinen Willen zum Abzug veranlaßt. 1890 Expedition ins Seengebiet. Nach dem Ausbruch einer Pockene-

Schloß Erdmannsdorf

pidemie sandte Emin seinen Begleiter Stuhlmann mit den Gesunden zurück und versuchte, mit den Kranken – selbst krank und fast blind – zum Kongo vorzustoßen. Dort wurde er von den Arabern ermordet. Emin war als Beschützer der schwarzen Bevölkerung in Gegensatz zu den als Sklavenhändler tätigen Arabern geraten.
Er war ein vorbildlicher Naturforscher, namentlich für Ornithologie und Ethnographie, und betrieb als erster „Entwicklungshilfe" in modernem Sinne.

Endell, August, geb. 1871 Berlin, gest. 1924 Berlin, 1918 bis 1924 Direktor der Kunstakademie Breslau.

Engelbert, Kurt, geb. 1896 Wansen, gest. 1967 Hildesheim, katholischer Theologe und Historiker, Herausgeber des Archivs für schlesische Kirchengeschichte ab 1937. Werke: „Geschichte des Breslauer Domkapitels" (1904), „Quellen zur Geschichte des Neisser Bistumslandes".

Engell, Hans-Jürgen, geb. 1928 Bad Reinerz, Chemiker, Professor und Leiter Max-Planck-Institut für Eisenforschung.

Endler, Friedrich Gottlieb, geb. 1763 in Lüben, gest. 1830 in Breslau. Ursprünglich Kammerkonduktor bei Karl Gotthard Langhans, wandte sich der Malerei und Grafik zu. Er befaßte sich mit kleinformatigen Kupferstichen, als Illustrator für den „Breslauischen Erzähler". Seine Landschafts- und Architekturansichten sind ein zeitgenössisches Abbild Schlesiens zwischen 1790 und 1830.

Engler, Michael, geb. 1688 in Breslau, gest. 1760 dortselbst. Bedeutendster ostdeutscher Or-

gelbauer der Barockzeit. Sein größtes Werk: die große Orgel für St. Elisabeth (1752–1761) in Breslau, die er als Schwesterwerk zu seiner Nikolai-Orgel in Brieg schuf. Das gewaltige Orgelwerk hatte 3077 Pfeifen und 3 Manuale. Auf Veranlassung des bedeutenden Organisten Prof. Piersig wurde die Orgel 1939–1941 durch die Orgelbauanstalt Wilhelm Sauer in Frankfurt/Oder gründlich restauriert.
Nach der Zerstörung der Elisabethkirche durch einen Brand (1976) ist die Orgel im Kloster Grüssau (1732–1739) die letzte erhaltene große Orgel des Meisters in Schlesien. Außerhalb Schlesiens ist die Mauritius-Orgel in Olmütz mit 2311 Pfeifen, 1745 vollendet, erhalten geblieben.
Albert Schweitzer hat über ihn gesagt: „Wäre es nur eine Handvoll Orgeln gewesen, so wäre sein Schaffen ausreichend gewesen, um sich einen unsterblichen Namen zu schaffen, so aber waren es fast dreißig Orgeln, die er schuf".

Erbfürstentum. An den König von Böhmen als obersten Landlehnsherrn fielen nach Aussterben der Piasten mehrere schlesische Fürstentümer. Diese bezeichnete man fortan als Erbfürstentum.

Erbvogtei (Stadtvogtei). Die niedere Gerichtsbarkeit einer deutschrechtlichen Stadt im mittelalterlichen Schlesien oblag in der Regel dem Lokator (Vogt) mit bestimmten Privilegien und Besitzungen. Dieses Amt wurde später meistens von der Stadtgemeinde erworben.

Erdmannsdorf (seit 1937 Zillerthal-Erdmannsdorf; poln. *Mysłakowice*), Dorf mit gleichnamigem Schloß an der Straße von Hirschberg nach Landeshut. Bereits 1385 urkundlich erwähnt. 1832 kaufte der preußische König Friedrich Wilhelm III. das Schloß und ließ es 1836 bis 1840 von Schinkel umbauen. Der König überließ 1837 einen erheblichen Teil des Grund und Bodens den evangelischen Zillerthalern, die aus Glaubensgründen ihre Alpenheimat verlassen mußten.
Friedrich Wilhelm IV. ließ das Schloß von 1841–1843 nochmals von Stüler umbauen. Erdmannsdorf ist von schönen Parkanlagen umgeben, deren Hintergrund das Riesengebirge bildet. 1837 trafen hier in vier Trecks die Tiroler Protestanten, insgesamt 440 Personen, ein. Aus 1646 Morgen Land bei Erdmannsdorf und Seidorf wurden die Ansiedlungen geschaffen: Nieder-, Mittel- und Hohenzillerthal. Beschützerin der Exulanten war die Gräfin Reden. Die Häuser sind im Tiroler Stil erbaut, auch das von König Friedrich Wilhelm IV. für die Gräfin Liegnitz im Erdmannsdorfer Park und das Haus auf dem Zölfelberg des Staatsministers von Rother.
In den Jahren 1836 bis 1840 wurde nahe dem Schloß eine evangelische Kirche von Schinkel in klassizistischem Stil erbaut mit einem freistehenden Glockenturm, der später von Stüler mit einer neugotischen Turmspitze versehen wurde. Vor der Kirche stand das Denkmal für die Tiroler, ein Tiroler und ein schlesischer Bauernjunge halten das Bild des Königs vor einem Kreuz. Schloß und Kirche sind erhalten; die Zillerthaler wurden 1945 abermals vertrieben.
1840 gründete die Preußische Seehandlung in Erdmannsdorf eine Flachsgarnspinnerei mit maschinellem Betrieb, die für die wirtschaftliche Entwicklung von großer Bedeutung war.

Erler, Fritz, geb. 1863 in Frankenstein, gest. 1940 in München. Maler und Grafiker. Mitbegründer der Zeitschrift „Jugend", große dekorative Gemälde religiösen und mythologischen Inhalts. Buchschmuck, Wandgemälde, Fresken in der Villa Neißer in Breslau.

Eschenloer, Peter, 1420–1481. 1453 Rektor der Görlitzer Stadtschule. Seit 1445 Stadtschreiber in Breslau. Er verfaßte die lateinische „Historia Wratislawensis", die mit König Wladislaus beginnt und 1477 abbricht. Außerdem schrieb er eine „Geschichte Breslaus" von 1440–1479, deren erste Fassung noch lateinisch war.

Eulau (poln. *Iława*). Hier befand sich das Tor der sogenannten „Dreigräben". Kaiser Otto III.

wurde hier auf seiner Wallfahrt nach Gnesen im Jahre 1000 von Herzog Boleslaus Chrobry von Polen empfangen. Im Dorfe spätromanische Kirche St. Andreas (vor 1260), aus Findlingen erbaut. 1925 wurde Eulau nach Sprottau eingemeindet.

Eulengebirge, Teil des Glatzer Gebirges zwischen der Glatzer Neiße und der oberen Weistritz. Schmaler, steil ansteigender, meist stark bewaldeter Rücken. Höchste Erhebung „Hohe Eule", 1014 m.

Exulanten. Als Exulanten werden in Schlesien die Protestanten bezeichnet, die seit dem Dreißigjährigen Kriege zunächst aus Böhmen, dann aus den Habsburger Erbfürstentümern unter dem Druck der Gegenreformation nach Schlesien einwanderten.

Eybelwieser, Johann Jacob, geb. 1678 in Wien, gest. 1744 in Breslau. Kunstmaler. Schüler Willmanns. Vor allem Porträtist, ferner Maler von Altarblättern und Fresken in der Ceslaus-Kapelle an der Adalbertkirche in Breslau.

Faber, Franz – eigentlich Kökritz, geb. 1497 in Ottmachau, gest. 1565 in Breslau. Schlesischer Gelehrter. Sein Latein-Epos „Bohemia" von 1520 ist eine Darstellung Böhmens und Schlesiens zur Zeit des Hussitenaufstandes. Die „origines vratis-

Schloß Fischbach mit den Falkenbergen

Ruine Frankenstein

lavienses“ sind eine Geschichte der Stadt Breslau, das Epos „Sabothus“ (Zobten) eine Hymne an die deutsche, von Böhmen (nicht etwa von Polen) unabhängige Vergangenheit des Landes.

Faecke, Peter, geb. 1940 in Grunwald, heute Köln. Seit 1945 in Niedersachsen aufgewachsen, Studium der Germanistik. Romanistik, Philosophie in Göttingen, Berlin, Hamburg und Paris. Romane und Erzählungen, u.a. „Der rote Milan“, Roman, 1965, „Zwischen Kilroy und hier“, Erzählung, 1968.

Falkenberg/OS (poln. *Niemodlin),* Landstädtchen am linken Ufer der Steinau. Deutschrechtliche Stadt seit etwa 1280. Im Kriege nicht zerstört. Kollegiatskirche aus dem 14./15. Jh., Renaissance-Schloß mit Arkadeninnenhof, 1313–1382 Residenz eines Herzogs von Falkenberg. Baubeginn 1573, wuchtiger Eingangsturm 1590. Schloßkapelle 1610. Ev. Bethaus am Markt von 1743, 1957–1963 abgerissen. 1939: 2700, 1971: 4500 Einwohner.

Falkenberge. Zwei weithin sichtbare, kegelförmige Berge aus Granit im Hirschberger Tal: Forstberg und Falkenberg oder Kreuzberg. Auf dem Falkenberg befand sich früher die Burg Falkenstein, die als Raubschloß 1475 zerstört wurde. 1832 wurde auf dem Falkenberg ein großes eisernes Kreuz der Königlichen Eisengießerei in Gleiwitz aufgerichtet. Von dort besonders schöner Ausblick in das Hirschberger Tal.

Felbiger, Johann Ignaz, geb. 1724 in Glogau, gest. 1788 in Preßburg. Bedeutender Schulreformer und langjähriger Saganer Augustinerabt. Nach dem Siebenjährigen Kriege verbesserte er die niederen Schulen seiner Heimat. Später nach Wien berufen, leistete er auch dort einen wesentlichen Beitrag zur Umgestaltung des Schulwesens.

Feldmann, Fritz, geb. 1905 Gottesberg, Musikpädagoge, Musikhochschule Hamburg, Arbeiten über Schlesische Musikgeschichte.

Ferche, Joseph, geb. 1888 Pschow/OS., gest. 1965 Köln, Priester, 1940 Bischofsweihe, nach Ausweisung Weihbischof in Köln. Gemeinsam mit Bischof Hornig veranlaßte er den Festungskommandanten am 4.5.1945 zur Übergabe der Stadt Breslau.

Festenberg (poln. *Twardogóra),* „Tischlerstadt“ in der Nähe von Groß-Wartenberg. 1293 gegründet als deutsche Stadt, der städtische Aufbau erfolgte jedoch erst ab 1675. In der Stadt befanden sich 54 Tischlereien, 6 Drechsler und 4 Holzschnitzer. 1939: 3800, 1969: 4200 Einwohner.

Feuer. Besonders gefürchtet waren in der Vergangenheit Feuersnöte, die oft ganze Städte niederlegten. So versuchte man, das Gewitter durch „Gewitterzauber“ zu verbannen. Allgemein gebräuchlich waren Gewitterkerzen, die man entzündete. Man zündete auch Späne an von Bäumen, in die ein Blitz eingeschlagen hatte. Bekannt war, daß dort, wo der Blitz schon einmal eingeschlagen hatte, kein neues Haus erstellt werden sollte, denn in dieses schlage wiederum der Blitz ein. Ein durch den Blitz gezündetes Feuer ließ sich nur durch Mistjauche löschen, sagten die Grafschafter. Halme mit mehreren Ähren schützten gegen Feuer und Blitz. Das Feuer suchte man mit „Feuersegen" zu bannen. Gebräuchlich war es in Mittelschlesien, bei Feuersbrünsten dem Brande Brot anzubieten.

Fideikomiß. Großer landwirtschaftlicher Besitz, der, durch diese Rechtsform unveräußerlich und unteilbar gemacht, einer bestimmten Erbfolge unterworfen wurde. Seit dem 16. und 17. Jh. machte der schlesische Adel zur Sicherung des Familiengutes von dieser rechtlichen Festlegung vielfach Gebrauch.

Fiedler, Michael, Steinmetz. Von ihm stammen die Grabdenkmäler Rybisch in der Elisabethkirche und Sauer in der Kreuzkirche in Breslau. Gestorben 1569.

Filke, Max, geb. 1855 Steubendorf-Leobschütz, gest. 1911 Breslau, katholischer Kirchenmusiker.

Finck, Werner, geb. 1902 in Görlitz, gest. 1978. Schlesischer Humorist. Durch seine „Finckenschläge" kritisierte er die Nazi-Diktatur. Auch nach dem Kriege war Finck einer der bedeutendsten schlesischen Humoristen.

Fischbach (poln. *Karpniki),* am Fuße des Riesengebirges gelegenes Dorf und Schloß. 1822 von Prinz Wilhelm von Preußen gekauft. Unter ihm wurde das Schloß neugotisch ausgebaut und der Park erweitert. Im Schloß befanden sich kostbare mittelalterliche Glasgemälde und Kunstsammlungen. Schönes Renaissancetor von 1603 auf der Rückseite.

Katholische Kirche aus dem 16. Jh., evangelisches Bethaus von 1748 (dieses nach dem Kriege ausgebrannt). Gerichtskretscham in Umgebindebauweise, Gaststube mit Mittelstütze, „Saule" genannt.

Von Fischbach aus lohnt sich ein Aufstieg auf die Falkenberge, vorbei an dem großherzoglichen Schweizerhaus (grüne Markierung). Herrlicher Rundblick von dem mit einem gußeisernen Kreuz geschmückten Gipfel. Ferner Wanderweg (blaue Markierung , 1 Std.) zum Mariannenfelsen.

Fischer, Karl, geb. 1780 in Schwoitsch bei Breslau. Dichter und Schauspieler. Dramatisierte erstmals Begebenheiten aus der schlesischen Geschichte.

Fischer, Kuno, geb. 1824 in Sandewalde bei Guhrau, gest. 1907 in Heidelberg. Philosoph, Professor in Jena. Versuchte, die Dialektik Hegels mit dem modernen Evolutionismus zu verbinden. „Geschichte der neueren Philosophie" (1852–1893), Kant-Monographie, Schriften über Lessing, Goethe und Schiller.

Fischer von Erlach, Johann Bernhard, geb. 1656, gest. 1723. Barockbaumeister. Schuf in Breslau die Kurfürstenkapelle am Dom und das Wolffsche Grabmal in der Elisabethkirche.

Fitzner, Wilhelm, 1833–1905. Begründer der Eisenverarbeitung in Laurahütte.

Flam, Cosmus, eigentlich Josef Pietsch, geb. 1899 in Groß-Nädlitz, gest. 1945. In seinem Roman „Daniel Paschasius von Osterberg" berichtet er über die Errichtung des Wallfahrtsortes Albendorf. Sein Roman „Ein Land entsteigt der Dämmerung" befaßt sich mit der friedlichen Besiedlung Schlesiens.

Förster, Heinrich, geb. 1799 in Glogau, gest. 1881. Fürstbischof von Breslau 1853–1881. 1848 Mitglied des Paulskirchenparlaments, Gegner Bismarcks im Kulturkampf.

Foerster, Otfried, geb. 1873 in Breslau, gest. 1941 dort. Nervenarzt. Erfand die Foerstersche Operation: Durchschneidung der hinteren Rükkenmarkwurzeln zur Beseitigung von spastischen Lähmungen.

Foerster, Wilhelm, geb. 1832 Grünberg, gest. 1921 Berlin, Astronom; Direktor der Berliner Sternwarte 1865–1903.

Fränckel, Jonas, geb. 1773 in Breslau, gest. 1846 dort. Jüdischer Kaufmann, der sich durch soziale Stiftungen um die Stadt Breslau besonders verdient gemacht hat. Das von ihm ins Leben gerufene und finanziell getragene jüdisch-theologische Seminar war eine Ausbildungsstätte von großer Bedeutung.

Fränkel, Hans-Joachim, geb. 1909 Liegnitz, evangelischer Theologe, Mitglied der Bekennenden Kirche, 1964–1979 Bischof in Görlitz.

Franckenberg, Abraham von, geb. 1593 in Ludwigsdorf bei Oels, gest. 1652 ebenda. In scinen Schriften findet die Weltverneinung und die Vanitasstimmung des Barock gedankliche Formulierung. Zu seinem Kreis von Böhme-Anhängern gehörten Johann Theodor Tschesch, der schlesische Landeshauptmann David Schweinitz, Daniel Czepko von Reigersfeld und Johannes Scheffler.

Frankenstein (poln. *Ząbkowice Śląskie*), Land- und Industriestadt am Ostrande des Eulengebirges. Dörfliche, deutschrechtliche Besiedlung seit 1220, 1286 als deutsche Stadt mit Neumarkter Recht gegründet. Ring mit 75 m hohem Rathausturm. Das Schloß, das im 30 jährigen Kriege zum Teil zerstört wurde, ist seit 1945 nur noch Ruine. Die Stadt war zweite Hauptstadt des Herzogtums Münsterberg, ihre Stadtmauer ist weitgehend erhalten.

Pfarrkirche St. Anna aus dem 14.–16. Jh. reich an

Schloß Frankenstein

Grabmälern. Der südöstlich stehende „schiefe Turm" Wahrzeichen Frankensteins. Dominikanerkirche aus der 2. Hälfte des 17. Jh., seit 1815 evangelisch. Frankensteiner Diakonissenanstalt. In der Stadt befanden sich Nickel- und Magnesitwerke, Herstellung von elektrotechnischen Erzeugnissen, eine Landmaschinenfabrik, Möbelfabrik, Hutfabrik sowie eine Roßhaarspinnerei und Zuckerfabrik. 1939: 11000, 1975: 15000 Einwohner. Die Stadt blieb 1945 unzerstört.

Franz Ludwig, Pfalzgraf von Neuburg. Von 1683–1732 Bischof in Breslau, seit 1726 zugleich Kurfürst von Trier und seit 1729 Kurfürst von Mainz. Stiftete das Kurfürstliche Waisenhaus an der Kreuzkirche und ließ die Kurfürstenkapelle am Dom erbauen.

Fraustadt (poln. *Wschowa).* Grenzstadt an der Straße Glogau – Posen – Warschau, im fruchtbaren Flachland gelegen. Kreisstadt. 1248 und 1273 erwähnt, 1290 „Frowenstat", 1310 Magdeburger Recht.
Pfarrkirche (1720–1726), älteste Teile 14. Jh., Turm 1580, Josephskirche (1639), Ausbau 1745–1772. Reste der Stadtmauer erhalten. Früher bedeutende Tuchmacherstadt.
Bis 1793 polnisch (mit deutscher Bevölkerung). Durch die Grenzziehung von 1920 verlor Fraustadt sein Hinterland. 1945 erlitt die Stadt nur wenig Schäden. Zuckerfabrik, Ziegeleien und Bauindustrie. 1939: 7700, 1975: 10800 Einwohner.

Freiburg (poln. *Świebodzice),* Stadt am Rande der mittleren Sudeten. Wahrscheinlich schon vor 1228 gegründet (vermutlich von Freiburg an der Unstrut aus), 1279 als „Vriburg" Stadt zu deutschem Recht. Nach großem Stadtbrand 1774 neu erbaut. Reste der alten Stadtmauer erhalten. Rathausneubau 1781, Pfarrkirche St. Nikolaus 1811, evangelische Kirche 1776.
Landwirtschaft, Handwerk, Fremdenverkehr, Möbelherstellung, Textilfabrikation, Uhrenerzeugung, Sägewerk, optische und elektromechanische Fabrikation sowie Ziegelei und Betonwarenherstellung. Freiburg ist seit 1843 durch eine der ältesten Eisenbahnen Schlesiens mit Breslau verbunden. („Freiburger Bahnhof" in Breslau). 1939: 9300 Einwohner, 1975: 21700.

Freimaurerei. Auch in Schlesien war die F. verbreitet. Ihre Ziele: Entfaltung der Persönlichkeit, Brüderlichkeit, Toleranz, Mildtätigkeit wurden von 56 Logen in 39 Städten vertreten.

Freißler, Ernst Wolfgang, 1884–1937. Heimatdichter aus Troppau und dem Altvatergebirge. Sein Roman „Das Gewitterjahr" ist eine der besten Schilderungen des Altvaterlandes und seiner Bauern.

Freiwaldau (poln. *Gozdnica),* Heidestädtchen, 35 km nordwestlich von Bunzlau. 1285 gegründet, erstmals als Stadt genannt 1315. Seit 1750 Marktflecken, seit 1967 wieder Stadt. Von den 2950 Einwohnern waren 1939 mehr als 1000 Beschäftigte der Grob- und Feinkeramischen Industrie. Hier wurden Dachziegel, Steinzeugröhren und Braungeschirr nach Bunzlauer Art erzeugt. 1970: 3400 Einwohner.

Freudenburg (poln. *Radosna),* Burgruine im Kreise Waldenburg, 1483 zerstört und nicht wieder aufgebaut. Teile des Turms und des Mauerwerks sind erhalten.

Freyhan (poln. *Cieszków),* Herrschaft und Dorf im Kreise Militsch. Katholische Kirche von 1753, evangelische Pfarrkirche von 1828. Beliebter Ausflugsort, die Kelterei von Obstweinen genoß Ansehen. Schloß 1695 erbaut, von einem Wassergraben umgeben. 1945 zerstört und abgetragen.

Freystadt (poln. *Kożuchów),* Kreisstadt. Landstädtchen, 12 km westlich der Oder, im Regierungsbezirk Liegnitz. Um 1270 mit deutschem Recht gegründet.
Viereckiger Ring. Stadtmauer erhalten. Rathaus aus dem Jahre 1489, 1848/49 klassizistischer Neubau, Schloß aus dem 13./14. Jh. 1709 Errichtung einer evangelischen Gnadenkirche „Zum Wein-

von einem alten Friedhof mit schönen Epitaphien und Grufthäusern des 18. Jh., Fachwerk, 1859 ummauert, Turm 1826. Verbretterte Decke mit reicher figürlicher Bemalung, zwei übereinanderliegende Emporen. Barocker Orgelprospekt. Katholische Pfarrkirche St. Mariae, dreischiffige Hallenkirche, im 15. Jh. begonnen und im 16. Jh. vollendet. Ferner die katholische Kirche zum Hl. Geist, die frühere Dorfkirche von Siegersdorf (14. Jh.), St. Johanniskirche von 1705. 1939: 6700, 1970: 8700 Einwohner.

Freytag, Gustav, geb. 1816 in Kreuzburg, gest. 1895 in Wiesbaden. Schriftsteller. 1839–1847 Dozent für deutsche Literatur in Breslau. Wortführer eines gemäßigten Liberalismus. Sein Roman „Soll und Haben" spielt vor allem in Breslau. Besonders erwähnenswert seine „Bilder aus der deutschen Vergangenheit", „Die verlorene Handschrift", „Die Ahnen" sowie sein Lustspiel „Die Journalisten".
Freytag ist der einzige schlesische Dichter des deutschen Realismus, dem größere Bedeutung zukommt. Sein Werk gilt der Rechtfertigung des deutschen Bürgertums. Seine Herkunft macht ihn gleichzeitig zu einem Verfechter des Volkstumsgedankens im Sinne des 19. Jh.

Friedeberg/Isergebirge (poln. *Mirsk),* 28 km südwestlich von Löwenberg, am linken Ufer des

Gustav Freytag

Oberlaufes des Queis. 1337 nach deutschem Recht im Grenzwald nach Böhmen gegründet. Planmäßige Stadtanlage. Stadtpfarreikirche St. Maria (16. Jh., barocke Innenausstattung 18. Jh.), ev. Stadtpfarrkirche (1708), Rathaus (1774). Landwirtschaft, Handwerk, Textilindustrie, Maschinenfabrik, Ziegelei, Sägewerk, Druckerei und Hausschuhfabrik. 1939: 2900, 1970: 4300 Einwohner.

Friedensburg, Ferdinand, geb. 1886 in Schweidnitz, gest. 1972 in Berlin. Bergassessor, Politiker. Nach 1945 letzter Oberbürgermeister Gesamt-Berlins, Bürgermeister von West-Berlin während der Luftblockade 1948/49.

Friedenskirchen. Im Jahre 1648 durften in dem überwiegend protestantischen Schlesien lediglich drei Friedenskirchen, so genannt nach dem Frieden von Münster und Osnabrück, für den evangelischen Gottesdienst errichtet werden: Schweidnitz, Jauer und Glogau. Sie durften nicht aus Stein erbaut sein, sondern nur in Holzbauweise erstellt werden. Erhalten die Kirchen in Schweidnitz und Jauer.

Friedenthal, Rudolf, geb. 1827 in Breslau, gest. 1890 in Gießmannsdorf/Neiße. Politiker. Wegbereiter der preußischen Kreisordnung von 1872. 1874–1879 Staatsminister für Landwirtschaft.

Friedersdorf (poln. *Biedrzychowice*), am rechten Queisufer gegründetes deutsches Dorf mit evangelischer Grenzkirche „Zum Jesusbrunnen", von 1654–1656 erbaut, die mit dem Erweiterungsbau von 1668 2200 Sitzplätze besaß. Das Schloß von Friedersdorf entstand 1702 durch barocken Umbau einer Anlage des 15. Jh. Künstliche Ruine Neidberg, wurde später Jugendherberge.

Friedland/OS (poln. *Korfantów),* Landstädtchen, 20 km südlich der Kreisstadt Falkenberg/OS, am rechten Ufer der Steinau. 1335 als Dorf erwähnt, Stadtgründung unbekannt. Renaissanceschloß (1616), 1945 beschädigt. 1939: 1900, berge Jesu" vor den Toren der Stadt, umgeben

1958: 932 Einwohner, nach dem Kriege Stadtrecht verloren.

Friedland (poln. *Mieroszów),* Kreis Waldenburg, 16 km südwestlich der Kreisstadt Waldenburg, am Ufer der Steine in unmittelbarer Nähe der Landesgrenze. Gründung um 1250 „Markt Fredeland". Stadtrecht wahrscheinlich 1325. Gebirgslandwirtschaft, Handwerk, holzverarbeitende Betriebe, Leinenweberei, Grenzverkehr nach Böhmen. Im Kriege nicht zerstört, jedoch nach dem Kriege verfallen. 1939: 4400, 1969: 5000 Einwohner.

Friedlaender, Jonny, geb. 1912 in Pless/OS. Moderner Graphiker. Meister der Farbradierung.

Friedlaender-Fuld, Fritz von, geb. 1858 in Gleiwitz, gest. 1917. Begründer der oberschlesischen Koksindustrie sowie der Braunkohlen- und Brikettindustrie in der Niederlausitz. Er gründete die „Oberschlesische Kokswerke und Chemische Fabriken" und baute mehrere Kohlengruben im Rybniker Steinkohlenrevier sowie Anlagen der chemischen Industrie in Oberschlesien.

Friedrich, Caspar David, geb. 1774 in Greifswald, gest. 1840 in Dresden. In seinen Darstellungen des Riesengebirges zeigt er die Weite des Landes und die Einsamkeit der Menschen in dieser Landschaft.

Friedrichsgrätz (poln. *Grodziec).* Friedrich der Große siedelte evangelische Tschechen, die als Flüchtlinge nach Schlesien kamen, an. Bedeutendste Kolonie böhmischer Einwanderer wurde Friedrichsgrätz an der Straße Malapane – Guttentag, 26 km nordöstlich von Oppeln, 1752 gegründet. Planmäßige Dorfanlage aus zwei langen Häuserreihen.
Von Friedrichsgrätz wurden zahlreiche Tochterkolonien gegründet. Die überwiegende Mehrheit der aus Böhmen eingewanderten Kolonisten bewahrte bis ins 20. Jh. die tschechische Muttersprache. Bei der oberschlesischen Volksabstimmung 1921 stimmten sie jedoch geschlossen für Deutschland.

Friedenskirche in Schweidnitz

Friedrichshütte (poln. *Strzybnica),* Industriestadt in Ostoberschlesien. Durch Vereinigung mit anderen Ortschaften betrug die Bevölkerung 1970 6200 Einwohner. Die Stadt ist entstanden neben der von Reden errichteten Friedrichshütte.

Fritsch, Willi, geb. 1901 in Kattowitz, gest. 1973 in Hamburg. Als Schauspieler verkörperte er den jugendlichen Helden und Liebhaber. Besonders bekannt seine Filme „Der Kongreß tanzt" und „Amphytrion".

Fromm, Friedrich Karl, 1906 in Laurahütte/OS geboren, 1969 in Berlin gestorben. Jurist und Schriftsteller.

Fuchs, Erich, geb. 1890 Magdeburg, gest. 1982 Marburg. Maler und Grafiker, sein Werk schildert insbesondere das gebirgsschlesische Volksleben.

Fülleborn, Georg Gustav, geb. 1769 in Glogau, gest. 1803 in Breslau. Professor am Elisabet-Gymnasium in Breslau. Er leitete die schlesisch-heimatliche Volksdichtung der Romantik ein und sammelte schon weit vor der Heidelberger Romantik Volkssagen und Märchen. Seine Gedichte sind vielfach in schlesischer Mundart geschrieben.

Fürstenstein, (poln. *Książ*) große Schloßanlage, 1509 von Konrad von Hochberg erworben. Die Hochbergs waren bereits seit 1312 in Schlesien ansässig. Die ursprüngliche Burg ist wohl vor

1300 entstanden. Seit 1848 führten die Freiherren von Fürstenstein und Reichsgrafen von Hochberg den Titel eines Fürsten von Pless. Der Besitz umfaßte um 1900 ungefähr 10000 Hektar. Bauteile aus nahezu allen Stilepochen. Ältester Teil ist der Bergfried. Einzelne Gebäudekomplexe stammen aus dem 16. und 17. Jh. Von 1722–1732 wurde der monumentale Barockbau geschaffen, dessen Prunkstück der große Marmorsaal ist. Deckenmalereien von Felix Anton Scheffler. Im Torgebäude, „Baracke" genannt, befand sich eine kostbare Bibliothek. Berühmte gärtnerische Anlagen rings um das Schloß und großer Schloßpark. Das Schloß wird gegenwärtig restauriert, nachdem es 1950–1960 geplündert worden ist. 1796 erfolgte der Bau einer sogenannten „Alten Burg" nach einem Entwurf von Christian Wilhelm Tischbein. Auf Einladung von Fürst Hans Heinrich VI. besuchten Friedrich Wilhelm III. und Königin Luise 1800 die Burg, wobei ein Turnier im mittelalterlichen Stil stattfand. Diese Burg existiert nicht mehr.

Gabeljürge, volkstümliche Bezeichnung für die zahlreichen Neptun-Brunnen im schlesischen Raum. Am bekanntesten der Gabeljürge in Breslau auf dem Neumarkt. Dort fand alljährlich der sogenannte „Tippelmarkt" und der „Kindelmarkt" statt. Platz und Brunnen sind 1945 beschädigt und nach dem Kriege abgerissen worden.

Gaffron (poln. *Gawrony).* Dorf und barockes

Alte Burg Fürstenstein

Christian Garve

Schloß im Kreise Lüben.

Galle, Johann Gottfried, geb. 1812 in Pabsthaus, gest. 1910 in Breslau. Direktor der Sternwarte Breslau. Entdecker des Planeten Neptun.

Garve, Christian, geb. 1742 in Breslau, gest. 1798 dort. Philosoph und Übersetzer. Befaßte sich als einer der ersten mit sozialen Themen: „Über die Verbindung der Moral mit der Politik". Übersetzungen von Cicero und Aristoteles.

Geburt und Kindheit. Das Vermögen des Bauern waren seine Kinder. Der Wunsch jedes jungen Mädchens war es deshalb, nach der Heirat viele Kinder, vor allem Buben, zu bekommen. Das Verspeisen von Brotkrusten („Brotränftel") sollte den Kindersegen erhöhen helfen.

Eine Schwangere durfte sich nicht „versehen", sonst bekam das Kind ein Muttermal. Das Neugeborene wurde gleich nach der Geburt auf die bloße Erde gelegt, damit es stark würde. Andere legten dem Kinde ein Gebetbuch oder das Neue Testament unter den Kopf. Als besonders gefährlich galten für Mutter und Kind die sechs Wochen nach der Geburt bis zur Taufe. In dieser Zeit durfte die Wöchnerin nicht allein bleiben, sie durfte kein Schloß und keine Schublade öffnen, sie konnte sonst leicht von einem „Umgehding" erschreckt werden. In früheren Zeiten fürchtete man, daß der Brunnen, aus dem sie Wasser holte, unrein wird oder austrocknet, deswegen mußte sie vorher etwas Salz hineinwerfen. Es war Brauch, sich im Hause, in dem ein Neugeborenes war, wenigstens einen Augenblick niederzusetzen, sonst nahm man ihm die Ruhe weg. Der Mond durfte in den ersten sechs Wochen das Kind nicht bescheinen, damit es nicht mondsüchtig wird. Irrlichter galten als die Seelen ungetaufter verstorbener Kinder.

Die Taufe war deshalb für das Kind sehr wichtig. Besondere Bedeutung kam den Paten zu. Notwendig waren stets zwei Paten. Einen Knaben hielt die Jungfer-Patin, ein Mädchen ein junger Mann über die Taufe. Menschen in Trauer sollten nicht zu Paten gebeten werden, damit das Kind nicht stirbt. Üblich war ein Patengeschenk, meist in Form verschiedener Münzen, die in einem sogenannten „Patenbriefel" lagen. Der Täufling

Das erste Badewasser

wurde im Steckkissen zur Kirche getragen. Dieses war bei Jungen mit blauen, bei Mädchen mit rosa Schleifen verziert. Das Kinderbettchen oder die Wiege durfte während der Taufe nicht leer bleiben, in früheren Zeiten wurde deshalb eine „Mangelkulle" (Holzrolle) hineingelegt. Mancher Aberglaube rankte sich um das Taufgeschehen: So durfte ein Mädchen nicht mit dem Taufwasser getauft werden, das vorher für einen Knaben benutzt wurde, sonst würde es einen Bart bekommen. Die Paten kniffen dem Täufling während der Taufe in die Wangen, damit das Kind Grübchen bekäme. Das Taufwasser galt als besonders gesegnet, ebenso das erste Badewasser eines Kindes, das man unter einen Rosenstrauch oder Obstbaum goß.

Besonders wichtig war natürlich der Taufschmaus. „Da kamen nicht nur die Gevattern, sondern auch die Freßgevattern, und es ging hoch her". Auf dem Lande gab es als Hauptgericht die gelbe Suppe, die aus Milch bestand, mit Safran gefärbt und mit Mandeln, Rosinen und gerösteter Semmel gewürzt. Jedem der Gäste wurde auch ein Gefäß mit Essen, das „Bescheedassa", mitgegeben. Das lange Tafeln wurde mit Kaffee und Kuchen beschlossen. In manchen Orten gab es dazu „Kindelbier", ein Freibier für jedermann.

Für die Kindererziehung galten verschiedene Regeln. Kleine Kinder durften zum Beispiel keinen Fisch essen, weil sie sonst nicht sprechen lernten. Gerieten sie in einen Maienregen, so befürchtete man, sie bekämen Sommersprossen, bei älteren

Erstes Kinderspiel

Kindern allerdings sollte er das Wachstum fördern. Auch verhinderte man, daß sie in den Spiegel sahen, dies mache eitel, so sagte man. Fingernägel der Kleinen durften nicht abgeschnitten werden, sondern man biß sie ab, um den Kindern nicht den Lebensfaden abzuschneiden. Während der Zeit des Zahnens hing man dem Kind eine Veilchenwurzel zum Beißen um. Ein alter Brauch war, den ersten Zahn der Maus hinter den Ofen zuzuwerfen und zu sagen: „Hie huste a Beenla, gib mer a Steenla". Zum ersten Jahrestag schenkte die Jungfer-Patin das „Joahrkleedl".

Um die Kinder vor dem Spiel mit dem Feuer zu warnen, sagte man ihnen: „Wer gooklt, macht nachts in Bett." Das Pfeifen galt für Mädchen als ungehörig, man sagte, „Wenn Mädchen pfeifen, lacht der Teufel". Um Kinder vor dem Naschen abzuschrecken, hieß es, „Wer nascht, bekommt Grievn (Mundecken) um den Mund. Ungezogenen Kindern „fing man den Bock und steckte ihn in den Ofen".

Gegenreformation, 1653 erfolgte die Enteignung von 650 Kirchen in den Fürstentümern Münsterberg, Frankenstein, Breslau Land und Neumarkt, Namslau, Jauer, Schweidnitz und Glogau. 1668 wurden weitere drei Kirchen im

Fürstentum Sagan geschlossen und nach 1675 weitere 100 Kirchen im Liegnitz-Brieg-Wohlauer Fürstentum.
Die Rekatholisierung des evangelischen Schlesiens erfolgte mit der ganzen Kraft- und Prachtentfaltung der katholischen Kirche, die sich jedoch auch ihrerseits durch das Tridentiner Konzil reformiert hatte. Es fehlte hierbei nicht an Gewalt und Grausamkeit. Viele evangelische Bewohner wurden ihres Glaubens wegen vertrieben. Die evangelische Bevölkerung versammelte sich teilweise im Wald zum Gottesdienst, ihre Geistlichen, die hier predigten, wurden „Buschprediger" genannt. Trotzdem gelang die Hinwendung der Bevölkerung zur katholischen Kirche nur teilweise. Insgesamt verließen über 200 000 Schlesier aus Glaubensgründen ihre Heimat.

Seit dem 18. Jh. war Schlesien das Land der religiösen Toleranz. Beide Konfessionen hatten gelernt, miteinander zu leben.

Gellenau (poln. *Jeleniów*). 2 km südwestlich von Bad Kudowa gelegene barocke Schloßanlage, deren älteste Bauteile auf das 13. Jh. zurückgehen. Der älteste noch mit Schindeln bedeckte stimmungsvolle Mittelteil des Schlosses ist nach dem Kriege zerstört und durch einen Neubau ersetzt worden. Der barocke linke Seitenflügel ist erhalten, ebenso der klassizistische rechte Flügel mit dem Turm. Das Schloß befindet sich im Besitz einer Kattowitzer Gesellschaft und wird auf diese Weise sorgfältig gepflegt.

Gentz, Friedrich, geb. 1764 in Breslau, gest. 1832 in Weinhaus bei Wien. Publizist und Staatsmann. Seine Schriften und Manifeste sind von Haß gegen Napoleon erfüllt. Er führte auf dem Wiener Kongreß als Generalsekretär das Protokoll der Verhandlungen. So wird er zum Repräsentanten der Reaktion, die politisch in der Gestaltung des Deutschen Bundes gipfelt. Gleichwohl gehört er zu den Klassikern der Politik.

Gentz, Heinrich, geb. 1766 in Breslau, gest. 1811 in Berlin. Architekt. Vorläufer Schinkels. Berliner Münze. Schloß in Weimar.

Georg der Fromme, 1484–1543, **Markgraf von Brandenburg-Ansbach,** seit 1523 Herzog von Jägerndorf und Beuthen. Förderer des Bergbaus des Beuthener Gebietes im 16. Jh., rief deutsche Unternehmer und Bergleute zum Bau von Hütten, Erzwäschen und Schöpfwerken nach Tarnowitz. Er legte selbst Gruben an und übernahm Anteile. Sein Standbild im Tarnowitzer Rathaus wurde von den Polen bereits im Jahre 1934 zerschlagen.

Georg Friedrich Markgraf von Brandenburg, Herzog von Jägerndorf und Beuthen, 1539–1603. Setzte die Fürsorge seines Vaters für das oberschlesische Revier fort.

Gerhard, Carl Abraham, 1738–1821. Arzt aus Lerchenborn bei Liegnitz. Seit 1768 Bergrat. Er arbeitete an der revidierten Bergordnung für das souveräne Herzogtum Schlesien und die Grafschaft Glatz von 1769 wesentlich mit. Auf ihn geht die Gründung der Berliner Bergakademie zurück.
Sein Sohn *Johann Karl Ludwig,* 1768–1835, trat 1810 als Oberberghauptmann an die Spitze des gesamten preußischen Berg-, Hütten- und Salinenwesens. Während der Befreiungskriege sorgte er für die Beschaffung des Kriegsgerätes in Oberschlesien. Er brachte die Berliner Eisengießerei

Schloß Gießmannsdorf

nach Gleiwitz und ließ Geschütze für den Freiheitskampf gießen.

Gersdorff, Rudolph Christoph Freiherr von, geb. 1905 Lüben, gest. 1980 München, Generalmajor, 1944 Chef des Generalstabes eines Armeekorps, später der 7. Armee, Ritterkreuzträger, versuchte im März 1943 im Zeughaus in Berlin ein Bombenattentat auf Hitler.

Geyer, Pankraz, lat. Vulturinus, geb. etwa 1490 in Hirschberg. Nach Studien in Padua Lehrer der Theologie in Neisse. Auf italienischem Boden gibt er seiner Liebe zu Schlesien in einem 1504 erscheinenden Werk „Panegyricus Silesiacus„ Ausdruck.

Giesche, Georg von, 1653 in Schmartsch bei Breslau geboren, 1716 in der Elisabethkirche in Breslau beigesetzt. Er legte den Grund für die Galmei- und Zinkgewinnung in Schlesien.
1712 von Kaiser Karl VI. geadelt. Das Unternehmen war unter der Firma „Bergwerkgesellschaft Georg von Giesches Erben“ bekannt.

Gießmannsdorf (poln. *Gościszów),* Dorf und Schloß im Kreise Bunzlau. Grundmauern des Schlosses 1050–1100. 1209 urkundlich bezeugt. Kurz nach 1600 Ausbau zum Schloß. Romanische Gewölbe und gotische Spitzbogengewölbe erhalten. Renaissance-Fassade des Vorderhauses, reichgeschmücktes Portal und Innenhof mit Sgraffito-Malerei. Ausgebrannt. Kirche mit romanischer Apsis.

Glas. Glaserzeugung der schlesischen Hütten seit dem 13. und 14. Jahrhundert. Im Riesengebirge sogenanntes Waldglas, vorwiegend grün infolge des Anteils von Eisen und Chemikalien. Seit dem 17. Jahrhundert beiderseits des schlesisch-böhmischen Gebirgskammes umfangreiche Glasindustrie. Glashütten des böhmisch-schlesischen Gebietes bis ins dritte Viertel des 18. Jahrhunderts führend im europäischen Raum. Zunächst wanderten die Hütten aufgrund ihres enormen Holzbedarfs gewissermaßen „in die Wälder hinein“. Wenn ein Gebiet abgeholzt war, wurde die Hütte weiter oberhalb wieder aufgebaut. Nach 1700 Schwarzlotgläser von Daniel Preissler in Breslau und dessen Sohn Ignaz Preissler. Neben allegorischen Sujets Kompositionen von Chinoiserien mit Vogelmotiven. Die Entdekkung des völlig reinen Kalikalkglases mit hohem Glanz und Lichtbrechungsvermögen (böhmisches Kristallglas) war die Voraussetzung für die Entfaltung der Glasschnittstechnik. Die Entdekkung wurde zwischen 1670 und 1680 im südlichen Riesengebirge gemacht.
Künstlerisch besonders bedeutend war die Hütte in Hermsdorf dank der Arbeiten des Glasschneiders Friedrich Winter, der nach 1690 sogenannte Freundschaftsbecher und Pokale in Hochrelief ausführte. Ähnlich dem Bergkristallschnitt wird die gesamte Oberfläche mit dem Rad behandelt, das sich tief eingräbt, um das Hochrelief entstehen zu lassen. Hervorragend in ihrem zarten Schnitt sind Arbeiten aus der Hütte in Warmbrunn.
Für schlesische Gläser ist eine sich nach unten verengende Kuppa kennzeichnend, die durch ihre Facettierung den Eindruck äußerster Schlankheit erweckt. Die Tradition des hervorragenden Schnitts erhielt sich in Schlesien auch nach der Abtrennung von Österreich-Böhmen im Jahre 1742. Friedrich der Große förderte seinerseits die Glasherstellung. Zu dieser Zeit Glasschneider Christian Gottfried Schneider in Warmbrunn (1710–1773). Mit Ausgang der Rokoko-Periode verfiel die Glaskultur in der zweiten Hälfte des 18. Jahrhunderts. Die Konkurrenz des Porzellans führte zur Erfindung des Milchglases, das vorwiegend in Harrachsdorf hergestellt wurde.
Die Erfahrungen der schlesischen Glasherstellung kamen auch den brandenburgischen Hütten in Berlin und Potsdam zugute. Der schlesische Glasschneider Martin Winter, Bruder des Hermsdorfer Glasschneiders Friedrich Winter, wurde von dem berühmten Glastheoretiker und Alchimisten Johann Kunckel nach Potsdam berufen.

Neben dem geschnittenen Glas im 18. Jahrhundert Gläser mit Schwarzlot- und Emaildekor sowie Zwischengoldgläser (Johann Sigismund Menzel in Warmbrunn). Bei seinen Arbeiten aus den Jahren 1786–1803 ist meist eine Goldsilhouette auf schwarzem Grund in die Wandstärke des Glases eingelegt und auf der Rückseite eine geschnittene Ansicht von Warmbrunn oder anderen Orten vorhanden.
Im 19. Jahrhundert wurde das Andenken- und Geschenkglas zum Träger der Entwicklung. Pokale und Vasen, verziert mit symbolischen Emblemen, religiösen Motiven, Vedouten von Städten und vor allem Badeorten sowie romantischen Landschaften. Berühmtheit erlangte im schlesisch-böhmischen Raum das Überfang- oder farbige Glas, dessen Entwicklung vorwiegend in Böhmen lag. Originell war das gelblich oder grünlich opalisierende sogenannte Annagelb oder Annagrün aus der Riedlhütte in Polaun am Fuße des Riesengebirges, benannt nach der Frau Riedls, Anna.
1841 beauftragte Graf Schaffgotsch Franz Pohl, in der Nähe von Oberschreiberhau am Zacken eine Glashütte einzurichten, bedeutendste Glashütte Schlesiens, nach der Frau des Besitzers Josephinenhütte genannt. Besonders bekannt ihre Goldrubingläser.
Im Jahre 1939 gab es in Schlesien 129 Betriebe mit 10717 Beschäftigten für die Herstellung und Bearbeitung von Glas und Glaserzeugnissen. 27 v. H. der in der deutschen Hohlglasindustrie Beschäftigten arbeiteten in Schlesien.

Josephinenhütte
Vase mit reicher Handgravur

Glatz (poln. *Kłodzko),* Kreisstadt und Mittelpunkt des Glatzer Bergkessels, an der Glatzer Neiße gelegene alte Festungsstadt, ältester geschichtlich bezeugter Ort Schlesiens. Stadtgründung 981 als castellum Kladzco. Aussetzung der deutschrechtlichen Stadt wahrscheinlich Anfang 13. Jh., 1275 nachgewiesen. Seit 1492 Grafschaft. Ring mit Rathaus in der Stadtmitte. Rathausturm von 1654, Mariensäule 1682. Die Stadt wird überragt von der alten Festung. Hier waren verschiedene politische Gefangene untergebracht, so Friedrich von der Trenck 1745/46. Garnisonsstadt: Füsilierregiment Graf Moltke.
Künstlerisch besonders bemerkenswert katholische Pfarrkirche Maria Himmelfahrt aus dem 14. und 15. Jh. Einwölbung der Seitenschiffe und des Mittelschiffes bis 1555. Ab 1673 erhöhten die Jesuiten die Seitenschiffe und versahen den Raum mit einer besonders üppigen barocken Ausstattung. Da die Grafschaft Glatz zur Erzdiözese Prag gehörte, kamen die ausführenden Künstler, der Italiener Andrea Carove sowie der Architekt

Carlo Lurago, von Prag nach Glatz, Lurago schuf auch das Jesuitenkolleg (später katholisches Gymnasium) mit dem Verbindungsbau zur Kirche 1655–1689.

Kanzel von Michael Klahr, 1766. Grabmal des Prager Erzbischofs Ernst von Pardubitz (gest. 1364) nur in Bruchstücken erhalten. Dieser war ein großer Förderer deutscher Kultur unter Karl IV. Er ist hier als Sohn des Burggrafen aufgewachsen. Die „Glatzer Madonna", seine bedeutendste Schenkung, befindet sich heute in Berlin. Minoritenkirche (1699–1711), St. Georgskirche (1644), evangelische Garnisonskirche seit 1836.

Die Stadt besitzt zahlreiche Verwaltungsbehörden, außerdem kleinere industrielle Unternehmen. Sie hat durch die Kriegsereignisse des Jahres 1945 nicht gelitten, ist jedoch durch die Verwahrlosung nach dem Kriege teilweise zerstört. 1939: 22000 Einwohner, 1975: 28000.

Glatzer Bergland, die um den Glatzer Kessel liegenden Gebirge, zumeist bewaldete Rücken, vorwiegend aus Gneis und Granit. Eulen- und Reichensteiner Gebirge 1062 m, Heuscheuer 919 m, Habelschwerdter und Adlergebirge 1114 m, im Südosten Glatzer Schneegebirge, 1425 m.

Glatzer Schneeberg. Die höchste Erhebung des Glatzer Schneegebirges und des Glatzer Berglandes überhaupt ist mit 1425 m der Glatzer Schneeberg. Man besteigt diesen am besten von Wölfelsgrund, indem man am hölzernen Kirchlein vorbei geradeaus weiterfährt. Zweckmäßigerweise läßt man den Wagen an den letzten Häusern des Tales stehen, folgt dem romantischen Wölfelbach bis zu einer Kreuzung und

Glatz im Jahre 1532

Blick über die alte Brücke zur Minoritenkirche in Glatz

Alter deutscher Grenzstein am Glatzer Schneeberg

dann der rot-weißen Markierung. Nach 15 Minuten steilen Anstiegs wird der Weg wesentlich bequemer. Bis zur Schweizerei steigt man 3 Stunden auf.
Diese von der Prinzessin Marianne errichtete, früher als besonders gut bekannte Gastwirtschaft muß man heute als sehr schlichtes Berggasthaus bezeichnen, jedoch kann man dort weiterhin bescheiden essen und einen Tee trinken.
Bis zum Gipfel des Schneeberges ist es von dort noch etwa eine halbe Stunde. Der den Gipfel krönende Kaiser-Wilhelm-Turm ist vor einigen Jahren eingestürzt, jedoch genießt man von der Spitze des Berges auch heute noch einen herrlichen Rundblick, bei gutem Wetter bis zur Schneekoppe und rings über die schlesischen Berge. Dem Glatzer Schneegebirge entspringen drei Flüsse, deren Wasser in verschiedene Meere fließt: Glatzer Neiße zur Oder und damit zur Ostsee, Stille Adler zur Elbe und Nordsee, die March zur Donau und damit ins Schwarze Meer. Man bezeichnet deshalb das Schneegebirge als „Dreimeeresscheide".

Gleinitz (poln. *Glinica),* Schloß im Kreise Glogau, auf einer alten Wasserburg errichtet. 1836 wiederhergestellt und ausgebaut. Im Kriege nicht zerstört.

Gleiwitz (poln. *Gliwice),* vor 1246 gegründet. 1276 deutschrechtliche Stadt. 1465 Magdeburger Stadtrecht erneuert und bestätigt. Herzogtum Ratibor, ab 1281 Herzogtum Beuthen, 1289 mit Herzogtum Beuthen unter böhmische Oberlehnshoheit. 1526 mit Böhmen an Habsburg, 1742 Preußen.
Planmäßige Stadtanlage mit viereckigem Ring und Rathaus aus dem 14. Jh. (Umbau 1784) auf der Platzmitte, Gabeljürge 1794. Die Stadt hatte schon im Mittelalter durch Hopfenanbau, Tuch- und Leinenproduktion sowie Bierbrauerei Bedeutung. Im Jahre 1626 wurde Gleiwitz von den Mansfeldern belagert. Hierbei sollen die Frauen die anstürmenden Feinde mit kochendem Hirsebrei überschüttet und dadurch zum Rückzug gezwungen haben.
Reste der Stadtbefestigung erhalten. Katholische Pfarrkirche Allerheiligen (um 1500), St. Barbara-Kirche (15.Jh.), Hl. Kreuzkirche (1658–77), Schrotholzkirche Mariä Himmelfahrt (15. Jh.) auf dem Hauptfriedhof.
Im 19. Jh. Aufschwung zur bedeutenden Industriestadt. Hüttenwerke, Eisengießereien, Metallwarenfabriken, Walzwerke, Stahlbau, Kesselbau, Maschinenbau, Ziegeleien, Holzindustrie, Papier- und Pappindustrie sowie zahlreiche weitere industrielle Unternehmen. Sitz der Generaldirektion der Vereinigten Oberschlesischen Hüttenwerke AG, der Generaldirektion der Gräflich Schaffgottschen Bergbau AG, der Graf-von-Ballestremschen Güterdirektion, der Verwaltung der Oehringer Bergbau AG, des Berg- und Hüttenmännischen Vereins, des Kohlensyndikats und der Oberschlesischen Knappschaft. Zahlreiche Behörden, Rundfunksender, Flughafen, Hafen am Klodnitzkanal, Schiffswerften. Staatliche Maschinenbau- und Hüttenschule, Oberschlesisches Museum für Kunst und Gewerbe. Garnisonsstadt: Infanterie, Artillerie, Ulanen.

Die Stadt wurde im Krieg nicht beschädigt, jedoch nach der Besetzung durch die Russen geplündert und teilweise zerstört. 1939: 117200, 1975: 197000 Einwohner.

Gleiwitzer Eisenhütte. Am 3. November 1796 wurde hier der erste Kokshochhofen des europäischen Festlandes in Betrieb gesetzt. Bekanntgeworden ist die Hütte weit über ihre technische Bedeutung hinaus durch ihren Eisen-Kunstguß seit 1798. Hier wurden die ersten „Eisernen Kreuze" in den Befreiungskriegen 1813 gegossen. „Gold gab ich für Eisen" ist die Signatur des eisernen Schmucks, den die Bevölkerung für den geopferten goldenen Schmuck erhielt. Die Tradition des eisernen Kunstgusses wird von der Firma Buderus, Wetzlar, weiter gepflegt. Bekannt ist der sog. „Schinkelteller", der von Schinkel für die Gleiwitzer Hütte entworfen wurde.

Glinitz (1937: Adolfshöh; poln. *Glinica).* Fayence-Fabrik im Kreise Beuthen/OS, 1752 gegründet durch Andreas von Garnier. Die Fabrik war, gemessen an der Proskauer Manufaktur, sehr viel kleiner, jedoch ist die Bemalung teilweise sorgfältiger als in Proskau. Im 19. Jh. mußte sie ihre Pforten schließen. Ihre Erzeugnisse sind gekennzeichnet durch ein „G" in Blau oder Lila.

Glogau (poln. *Głogów),* auch Groß-Glogau zum Unterschied von Oberglogau. Stadt in Niederschlesien, an einem günstigen Übergang über die Oder gelegen. Mittelpunkt des sogenannten Neiderlandes, des Gebietes „eiber der Auder",

Allerheiligenkirche in Gleiwitz

Eisernes Kreuz von 1813

über der Oder, das eine eigene Mundart hatte. 1010 erstmals als „urbs Glogua" bezeugt. 1109 belagerte Kaiser Heinrich V. das Kastell im Kriege gegen den Polenherzog Boleslaus III. 1253 Aussetzung der „Neustadt" mit Magdeburger Recht. 1251 Herzogtum Glogau, 1331 unter böhmische Oberlehnshoheit, 1526 mit Böhmen an Habsburg, 1742 preußisch.

Die Stadt ist aus einer Burgsiedlung auf einer Insel im Strom entstanden. 1253 deutsche Stadtanlage mit rechteckigem Ring. Im Jahre 1291 erhielt sie das Recht des Straßenzwanges zwischen Breslau und Crossen und war im 14. und 15. Jh. ein bedeutender Handelsplatz. 1630 Ausbau der Stadt zur Festung. Die Wallbefestigungen wurden ab 1903 geschleift und in prächtige Parkanlagen umgewandelt. Am Hause Kleine Oderstraße

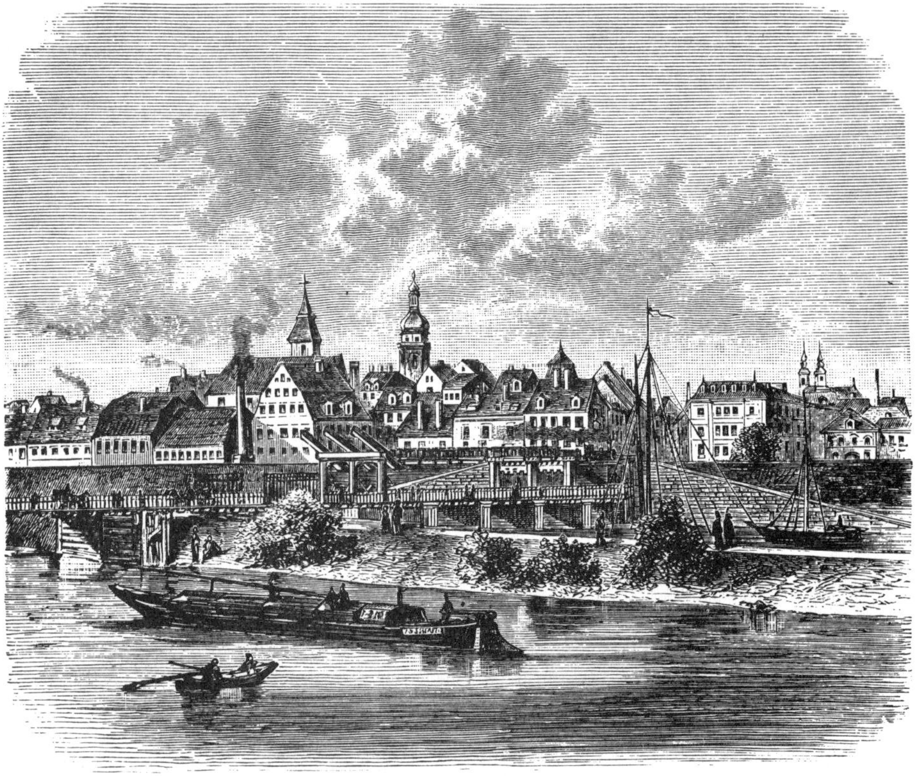

Oderbrücke und Schloß zu Glogau

5 waren drei Sandsteinfiguren vom ehemaligen Odertor (1505) erhalten.
80 m hoher Rathausturm von 1720. Künstlerisch von besonderer Bedeutung ist der gotische Dom „Unserer lieben Frau" auf der Oderinsel, eine Hallenkirche aus dem 13.–15. Jh. mit der Glogauer Madonna von Cranach (seit 1945 verschollen), spätgot. Anna-Kapelle daneben. Franziskanerkirche St. Stanislaus mit barocker Kapelle (1680), katholische Pfarrkirche St. Nikolaus, deren spätgotischer quadratischer Turm ein Wahrzeichen von Glogau bildete, ferner barocke Jesuitenkirche St. Corpus Christi mit Kolleg (1696–1724) sowie die evangelische Friedenskirche „Schifflein Christi", die nach Plänen von Carl Gotthard Langhans nach einem Brand 1764–1772 wieder aufgebaut worden ist (1945 zerstört) und die evangelische Garnisonskirche von 1789. Schloß, im 18.–19. Jh. ausgebaut. E.T.A. Hoffmann schrieb in Erinnerung an seine hier verbrachten Referendarjahre „Die Jesuitenkirche in G." und Fritz Reuter schildert in dem Werk „Ut mine Festungstid" den in Glogau verbrachten Teil seiner Haft.

Handwerk, Handel, Verwaltung und Oderschifffahrt. Im 19. Jh. erlebte die Stadt, die im Mittelalter eine der bedeutendsten Schlesiens war, einen Wiederaufstieg. Textilindustrie, Maschinenfabriken, Elektroindustrie sowie andere Industrieunternehmen. Die Firma Carl Flemming erwarb auf kartographischem Gebiet Bedeutung. Die Stadt wurde vom 12. Februar bis zum 1. April 1945 von den Russen belagert und zu 90 v.H. zerstört. Langsamer Aufbau seit den 60er Jahren. 1939: 33500, 1975: 34200 Einwohner.

Glogauer Liederhandbuch, bedeutende Liederhandschrift aus dem Ende des 15. Jh. Obwohl die meisten Lieder nicht aus Schlesien stammen, zeigt sie, daß Glogau damals nicht nur ein reger Handelsplatz, sondern auch kulturell aufgeschlossen war.

Gnadenkirchen. In der als Altranstädter Konvention von 1707 bekannten Vereinbarung zwischen Karl XII. von Schweden und Kaiser Joseph I. von Österreich wurde es den Schlesiern gestattet, sechs sogenannte evangelische Gnadenkirchen zu bauen. Außerdem sollten alle seit 1648 geschlossenen oder der katholischen Kirche überantworteten Schulen oder Kirchen den Bekennern der Augsburgischen Konfession zurückerstattet werden. 121 Kirchen in den Fürstentümern Liegnitz, Brieg, Wohlau, Oels und Münsterberg erhielten die Protestanten zurück. Die evangelischen Konsistorien, die nach 1648 aufgehoben wurden, sollten wiederhergestellt werden. Zudem wurde den Angehörigen der Augsburgischen Konfession, die unter der Herrschaft katholischer Stände lebten, zwar nicht freie Religionsaus-

Gnadenkirche in Hirschberg

Rathaustreppe in Görlitz

übung, aber doch Gewissensfreiheit und Gleichberechtigung zugesichert. Der junge schwedische König zog weiter nach Osten, um in Poltawa 1709 vernichtend geschlagen zu werden. Die Konvention jedoch wurde getreulich ausgeführt und gab den evangelischen Christen in Schlesien nach langer Zeit der Unterdrückung und Verfolgung neuen Lebensmut.
Die sechs Gnadenkirchen stehen in Sagan, Freistatt, Hirschberg, Landeshut, Militsch und Teschen. Die Kirchen in Hirschberg und Landeshut wurden aus Dankbarkeit dem schwedischen König gegenüber nach dem Vorbild der Katharinenkirche in Stockholm erbaut.

Gnichwitz (1937 Yorkschwert, poln. *Gniechowice),* Schloß im Landkreis Breslau aus dem Anfang des 18. Jh. Staupsäule im Park des Schlosses (nach dem Krieg entfernt).

Godulla, Karl, geb. 1780 in Makoschau, gest. 1848 in Breslau. 1793–1798 besuchte er das Gymnasium der Zisterzienser in Rauden. Seit 1807 Verwalter der Gräflich Ballestremschen Güter und Industriebetriebe. 1815 übereignete ihm Graf von Ballestrem 28 Kuxe der Karlshütte zu Ruda. Damit begann Godullas Laufbahn als Industrieller. Ab 1818 war er Bevollmächtigter des Grafen Ballestrem. 1821 Erweiterung der Karlshütte durch den Bau einer zweiten Hütte. 1823 erwarb Godulla den Halbscheid der Galmeigrube Maria bei Mechtal. Hierauf erfolgte der Erwerb der Stein- und Rosalie-Grube, der Morgenroth-Zinkhütte und der Gute-Hoffnungs-Zinkhütte. 1826 kaufte er das Rittergut Schomberg-Orzegow.
Godulla schuf mit bewundernswerter Umsicht und Tatkraft ein Unternehmen von allergrößter Bedeutung für das oberschlesische Revier.
Sein Vermögen vererbte er der Tochter einer kranken Arbeiterfrau, Hannchen Gryczik. Diese Tochter wurde von Friedrich Wilhelm IV. geadelt und heiratete als Johanna von Schomberg-Godulla den Grafen Hans Ulrich von Schaffgotsch. Auf

diese Weise entstand einer der größten Industriekonzerne Deutschlands. Dieses moderne Märchen bildet die Grundlage für die Romane „Zink wird Gold“ von Hans Nowak und Georg Zivier (1937) sowie „Das schwarze Weib“ von Robert Kurpiun.

Göbel, Georg, verwendet 1586 erstmals die schlesische Sprache in seinem Drama „Die Fahrt Jakobs des heiligen Patriarchen“.

Göppert, Heinrich Robert, geb. 1800 in Sprottau, gest. 1884 in Breslau. Universitätsprofessor und Direktor des Botanischen Gartens in Breslau. Zahlreiche Arbeiten über Botanik und schlesische Geschichte.

Goeppert-Mayer, Maria, geb. 1907 in Kattowitz, gest. 1972 in San Diego. 1964 Nobelpreis. Atomphysikerin.

Görbersdorf (*Sokołowsko*), Krs. Waldenburg, seit 1854 Lungenheilstätte im Waldenburger Bergland, von Dr. Hermann Brehmer (1826–1889) errichtet. Brehmer ist der Begründer der modernen Tuberkulose-Behandlung. Sein Denkmal stand vor dem Wenzel-Hancke-Krankenhaus in Breslau. Außer diesem Sanatorium gab es hier noch weitere Heilstätten.

Gorella, Arwed D., geb. 1937 Schweidnitz, Maler und Grafiker, Professor in Braunschweig.

Görlitz. Am Austritt der Lausitzer Neiße aus dem Gebirge gelegene bedeutende Handels- und Industriestadt Niederschlesiens. 1945 wurde die Stadt nur wenig beschädigt, der westlich der Neiße gelegene Stadtteil blieb deutsch, die östlich der Neiße gelegene Stadt kam unter polnische Verwaltung (Zgorzelec). Hierbei kam es zu erschütternden und unmenschlichen Situationen, als die vor den Kriegsereignissen geflohene Bevölkerung in ihre Heimat zurückstrebte. Sie wurde von den Polen hieran gehindert.

Die Stadt gehörte seit 1346 zu den „Sechsstädten“. Wechselte wiederholt ihre Landeszugehörigkeit zwischen Böhmen, Brandenburg und Sachsen. Seit 1815 preußisch.

Untermarkt und Peterskirche in Görlitz

Die Altstadt von Görlitz besitzt zahlreiche bemerkenswerte Bauten aus dem Mittelalter, der Renaissance und dem Barock. Drei Türme der mittelalterlichen Befestigung, darunter der „Kaisertrutz“, sind erhalten. Das Rathaus auf der Westseite des Untermarktes wurde 1537 mit der berühmt gewordenen Freitreppe versehen (Wappen des Königs Matthias Corvinus aus dem Jahre 1488). Bürgerhäuser der Renaissance, darunter der „Schönhof“, das älteste Renaissancehaus Deutschlands. 1570 entstand das „Biblische Haus“. Nach 1700 Blüte des Barocks (Obermarkt, Apotheke, Haus der Lausitzer Gesellschaft der Wissenschaften).

Evangelische Pfarrkirche St. Peter und Paul, bedeutendster Kirchenbau der schlesischen Lausitz. 1298 erstmals erwähnt. Erweiterung ab 1423. 1497 war der fünfschiffige Hallenbau mit seinen reichen Sterngewölben vollendet. Die Kirche blickt, unmittelbar an der Neiße, weit in die

Bäuerin aus der Goldberger Gegend

östlich der Neiße gelegenen, nunmehr polnischen Vororte von Görlitz hinein.
Kreuzkirche und Heiliges Grab: einander zugeordnete Bauanlage, die auf den Görlitzer Kaufmann Georg Emmerich zurückgeht. Dieser unternahm zwei Pilgerreisen nach dem Heiligen Lande und ließ die heiligen Stätten in seiner Heimatstadt nachbilden. Das Heilige Grab besteht aus einem kleinen Quaderbau aus Sandstein mit einem quadratischen Vorraum und einer im Halbkreis angeschlossenen Grabeskammer. Dieses heilige Grab wurde in Sagan wie in Reichenberg in Böhmen nachgebildet.
St. Nikolai (1519) mit einem der ältesten Friedhöfe Schlesiens, Ober- oder Dreifaltigkeitskirche mit schönem Chorgestühl von 1484 und Schnitzaltar, spätgotische Frauenkirche mit Verkündigungsgruppe. In der Kunstsammlung der Stadt befindet sich eine bedeutende Kalksandsteinfigur „Maria in der Hoffnung", (entstanden um 1400). Die Stadt war im Mittelalter durch die Tuchmacherei wohlhabend. Görlitzer Tuche wurden wegen ihrer schönen Farben geschätzt. Die Stadt hatte Stapel- und Umschlagrecht und lag am Schnittpunkt zweier großer Handelsstraßen. Seit 1779 gab es die „Oberlausitzische Gesellschaft der Wissenschaften", die die Künste und Wissenschaften pflegte.
Waggon- und Maschinenbau (WUMAG), Eisengießereien, Eisen- und Stahlmöbelherstellung, Nadel- und Drahtwarenproduktion, Armaturenfabriken, Motorenbau sowie zahlreiche andere Industriezweige. Die Stadt besitzt einen Flugplatz und einen Rundfunksender. Bekannt ist der Görlitzer Vertrag, in dem die DDR auf Ostdeutschland offiziell verzichtete. 1939: 92000 Einwohner, 1972: 87000 in Görlitz-West, 30500 in Görlitz-Ost (poln. *Zgorzelec).*

Goethe, Johann Wolfgang von, geb. 1749 in Frankfurt/Main, gest. 1832 in Weimar. Besuchte Schlesien im Jahre 1790 in Begleitung des Herzogs Karl August von Sachsen-Weimar, um die schlesische Bergwerksindustrie zu studieren. Anläßlich dieses Besuches auch Aufenthalt im Riesengebirge, wo er den Sonnenaufgang auf der Schneekoppe in einem Gedicht festhielt.

Goldberg (poln. *Złotoryja),* am rechten Hochufer der Katzbach gelegene mittlere Industriestadt. Im 13. Jh. Goldbergbau, der auch der Stadt den Namen gab. 1506 Kupferbergbau. Bis ins 19. Jh. bedeutende Tuchindustrie.
1211 Aussetzung als deutsche Stadt mit Magdeburger Recht als Mittelpunkt deutscher Dörfer. 1221 „Mons Aureus". Ovaler Stadtkern mit rechteckigem Ring. Bemerkenswert ist die Pfarrkirche St. Mariae, die bereits 1220 begonnen worden ist und so zu den Beispielen romanischen Kirchenbaus in Schlesien gehört. Nach 1270 entstand das Langhaus als vollentwickelte gotische Halle. Diese Kirche gehört zu den edelsten mittelalterlichen Kirchenräumen in Schlesien. Katholi-

sche Pfarrkirche St. Hedwig, Mitte 18. Jh., mit Ottiliuskapelle von 1505. Schmiedeturm. Im Gebäude des Franziskanerklosters wurde unter dem Rektorat von Trotzendorf 1540 das berühmte humanistische Gymnasium eingerichtet. Die Pest von 1553 und die Feuersbrunst erzwangen die Verlegung nach Liegnitz.

Basaltwerke, Drahtwarenfabrik, Polstermöbel- und Matratzenherstellung sowie eine bedeutende Hutfabrik befanden sich hier. Der Kupfererzbau gab kurz vor dem Kriege eine neue Grundlage. Er wurde nach 1945 ausgebaut. 1939: 7900, 1975: 12700 Einwohner.

Goldentraum (poln. *Złotniki Lubańskie),* kleines Städtchen am hohen linken Queisufer, zunächst „Neustädtel" genannt, seit 1677 „Goldentraum". Bewohner waren vor allem evangelische Flüchtlinge aus den benachbarten böhmischen und schlesischen Gebieten. 1815 verlor Goldentraum sein Stadtrecht.

Der Ort ist vor allem bekannt durch die gleichnamige Talsperre, die zweite im wilden Queisverlauf mit einem Fassungsvermögen von 10,5 Millionen cbm, einer Sperrmauerhöhe von 36 m und einer Stauweite von 8,2 km.

Gold- und Silberschmiedekunst. Seit der Re-

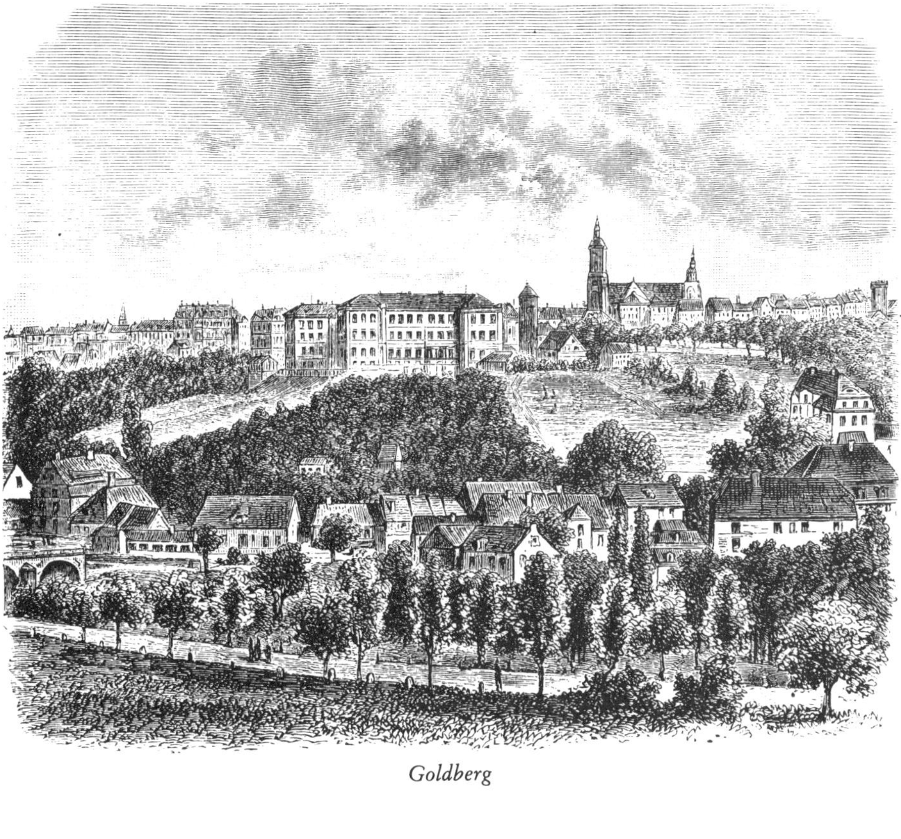

Goldberg

Junkernstraße in Goldberg

naissance entwickelte sich Schlesien, insbesondere Breslau, zu einem bedeutenden Zentrum der Goldschmiedekunst. Von 1539 datieren die Satzungen der Goldschmiedeinnung in Breslau, in denen die Stempelung der Silberwaren und ein Feingehalt von 14lötigem Silber vorgeschrieben werden. Aus dieser Zeit stammen herrliche Renaissance-Arbeiten, die hinter Nürnberger und Augsburger Arbeiten nicht zurückstehen. Eine weitere Blütezeit erfährt die Goldschmiedekunst nach dem Dreißigjährigen Krieg. Hier überwiegen zunächst üppige Barockformen.

Zahlreiche Arbeiten sind für den Export nach Polen und Rußland bestimmt. Dieser Export bewirkt, daß sich in Breslau „Goldschmiededynastien“ bildeten, ähnlich wie in anderen großen Goldschmiedezentren. Nach 1742 wird das österreichische Barock von dem leichteren Rokoko abgelöst, das in Schlesien besonders zurückhaltend angewendet wird. Man spricht hier vom schlesischen Rokoko. Nach Aufhebung des Zunftzwanges 1811 leidet die Qualität der schlesischen Silberarbeiten ebenso wie in anderen deutschen Zentren der Silberschmiedekunst.

Gorkau-Rosalienthal (poln. *Górka*), Dorf am Fuße des Zobtens, bekannt durch den am Himmelfahrtstag stattfindenden Heiratsmarkt. Von kunsthistorischem Interesse die vor dem dortigen Schloß stehenden Löwen aus der Mitte des 12. Jh. Sie waren Teile eines Portals, das zu einer der Kirchen des Zobten-Klosters gehörte, dessen Standort umstritten ist. Weitere Löwen oder doch zumindest Löwenfragmente befinden sich in Queitsch, Marxdorf und an der Pfarrkirche von Zobten am Berge. Ähnliche romanische Löwendarstellungen finden wir in Regensburg und vor dem Dom zu Bamberg. Die Probsteikirche in Gorkau gehört zu den ältesten Kirchen Schlesiens. Ihr Hauptschiff soll noch dem 13. Jh. angehören. Die Probstei wurde in den Hussitenkriegen zerstört. Wiederaufbau 2. Hälfte des 15. Jh., Umbau 19. Jh.

Goschütz (poln. *Goszcz),* Dorf im Kreise Groß Wartenberg mit einer 1750–1755 errichteten Schloßanlage. Das Schloß mit Nebengebäuden umschließt einen Innenhof, ca. 80 m lang, 60 m breit. Der Haupttrakt, das eigentliche Schloß, zweigeschossig mit 15 Fensterachsen, ist außerordentlich schön. Das Innere besaß eine reiche Rokoko-Ausstattung. Besonders bemerkenswert die Orangerie zwischen Schloß und Kirche. Das Hauptgebäude brannte 1947 aus, die Orangerie wurde danach abegerissen.
Bemerkenswerte evangelische Kirche von 1749, die der Breslauer Schloßkirche verwandt ist.

Gosen, Theodor von, geb. 1873 in Augsburg, gest. 1943 in Breslau. Bildhauer und Lehrer an der Breslauer Kunstakademie. Sein Lützower Reiter in Zobten ist von den Polen beseitigt worden, jedoch sind sein bronzener Pegasus in den Stadtgrabenanlagen sowie die Kanzel in der Johanniskirche erhalten. Schöpfer zahlreicher Medaillen. Sein Sohn Markus von Gosen, geb. 1913 in Breslau, ist ein bekannter Maler.

Gottesberg (poln. *Boguszów),* 7 km westlich von Waldenburg. Höchstgelegene Stadt des ehemaligen Preußens, 600 m ü. M., Gründung sächsischer Bergleute aus dem 13. oder14. Jh. Dreifaltigkeitskirche (1720–1723), evangelische Hallenkirche (1775).
Bis in die Neuzeit Steinkohlenbergbau. Hier befanden sich im Jahre 1789 die ersten beiden Koksöfen auf dem europäischen Festland. Seit 1840 Schwerspatgewinnung, die auch nach 1945 Bedeutung hat. Fremdenverkehr. Die Stadt wurde durch den Krieg nicht beschädigt. 1939: 11000, 1975: 20700 Einwohner.

Gottschalk, Hanns, Professor, geb. 1909 in Lenschütz/OS. Lyriker, Epiker, Essayist, Dramatiker und Hörspielautor.

Gottschalk, Josef, geb. 1904 in Militsch. Studienrat i.R. Bedeutender schlesischer Historiker, der sich mit zahlreichen Themen der schlesischen Geschichte, insbesondere dem Leben und Wirken der Heiligen Hedwig beschäftigt hat.

Gottschall, Rudolf von, geb. 1823 in Breslau, gest. 1909. Studium der Rechte in Königsberg, ab 1848 Aufenthalt in Hamburg. 1852 Rückkehr nach Breslau. Zahlreiche Dramen, Gedichte und literarische Essays. Sein Roman „Im Banne des

Schloß Grafenort

schwarzen Adlers“ spielt zur Zeit des Ersten Schlesischen Krieges.

Graf, Johannes, geb. 1837 in Fraustadt, gest. 1917 in Landeck. Maler. Er hinterließ 1 500 Bilder von großer malerischer Frische.

Grafenort (poln. *Gorzanów),* zwischen Habelschwerdt und Glatz gelegenes Dorf und Renaissanceschloß, 1554–1575 erbaut, Umbauten 1653 und 1737–1738. Zum Schloß gehört ein französischer Park mit Pavillon von 1637/40. Heute Ruine, Park verwahrlost, Pavillon verfallen. Lediglich am Eingangstor mit dem hl. Michael zaghafte Restaurierungsarbeiten erkennbar.
Grafenort spielte für Karl von Holtei eine große Rolle. Er war mit dem Reichsgrafen von Herberstein befreundet, der ein eigenes Theater mit Schauspielern unterhielt. Hier auf Grafenort entstanden 1825 und 1826 Holteis erste Gedichte in schlesischer Mundart. Er trat 1816 als Schauspieler auf und leitete 20 Jahre später selbst eine Schauspielertruppe.

Rathaus in Greiffenberg

Im Dorf barocke Pfarrkirche St. Maria Magdalena (1658).

Grätz, Heinrich 1817–1891, jüdischer Historiker, Professor an der Universität Breslau. Hauptwerke: „Geschichte der Juden“, 12 Bände.

Grätz, Leo, 1856–1941, Physiker, Professor in München, erfand die Grätzsche Zelle. Hauptwerke: „Die Elektrizität und ihre Auswirkungen“ (1928), „Atomtheorie“ (1925).

Graue Schwestern von der hl. Elisabeth, Kongregation päpstlichen Rechts, 1842 in Neisse gegründete Kranken- und Altenpflege, Jugenderziehung. Mutterhaus Reinbek bei Hamburg, früher Breslau. Rund 400 Niederlassungen mit 4000 Schwestern in Mittel- und Nordeuropa sowie Nordamerika.

Gravenhorst, Traud, geb. 1892 in Breslau, gest. 1968 in München. Schriftstellerin. Verfasserin zahlreicher Romane: „Die Reise nach Sagan“ (1932), „Heimweh des Herzens“ (1935), „Geliebtes Tal“ (1955), „Ein Rittergut in Schlesien“.

Gregor, Christian, 1723–1801. Verfaßte 1778 ein Gesangbuch für die Brüdergemeinde.

Greiffenberg (poln. *Gryfów Śląski),* Landstädtchen im Isergebirgsvorland. 1297 als „Gryphenberck“ erwähnt, 1354 Magdeburger Stadtrecht. Greiffenberg war die westlichste der sogenannten schlesischen Gebirgshandelsstädte. Schon im 16. Jh. begann hier die Organisation des Leinengroßhandels. Auf Initiative des weitblikkenden Bürgermeisters Matthäus Roth (1524–1614) gingen die feinen Leinenerzeugnisse über Augsburg, Nürnberg, Köln und Frankfurt in alle Welt. Niedergang der Handweberei im 19. Jh. Die Textilindustrie schaffte der Stadt eine neue Grundlage. Allein die Bekleidungsfabrik Greiffwerke beschäftigte über 7000 Menschen.
Barocke Laubenhäuser am Ring (größtenteils zugebaut), Rathaus mit hohem Turm (von Hans Poelzig nach Brand erneuert) in der Mitte des Ringes. Reste der Stadtmauer vorhanden. Pfarrkirche (1512) mit Renaissance-Hochaltar (1605)

Ruine der Burg Greiffenstein

von Paul Meyner. Eindrucksvolle Gruftkapelle, Schaffgotsch-Epitaph (1584), St. Laurentius (1560). 1939: 4400, 1970: 6300 Einwohner.

Greiffenstein (poln. *Gryf)*, alte Burgruine (entstanden erste Hälfte 13. Jh.) auf einem 400 m hohen Felsen im Kreise Löwenberg. Ende 14. Jh. Raubnest. 1399 wurde der Raubritter Wolf von Romke von den Greiffenbergern hier enthauptet. Seit 1400 war die Burg Eigentum der Familie Schaffgotsch, die sie stark ausbaute. Seit dem 18. Jh. dem Verfall preisgegeben. Beliebtes Wanderziel auf dem Wege ins Iser- und Riesengebirge. Am Fuße des Burgberges baute Johann Nepomuk Graf von Schaffgotsch um 1800 ein neues Schloß als Sommersitz. Theodor Körner besang die Burg in seinem Gedicht „Auf dem Greiffenstein".

Grenzkirchen. Evangelische Kirchen des 17.–18. Jh. an der damaligen West- und Nordgrenze Schlesiens auf sächsischem, brandenburgischem und polnischem Boden sowie in denjenigen schlesischen Fürstentümern, die durch ihre evangelischen Landesherren vor der Gegenreformation geschützt waren. Diese wurden seit 1653 für die evangelischen Gläubigen der von der

Kirchenenteignung betroffenen schlesischen Gebiete erbaut. Nach 1741 erlosch die Bedeutung dieser Kirchen durch die Gewährung der Religionsfreiheit an die evangelische Bevölkerung.

Grenzwälder. Das schlesische Land, das die deutschen Siedler um 1200 n. Chr. antrafen, war von großen Grenzwäldern umgeben, die Schlesien sowohl als Ganzes umschlossen wie auch die einzelnen Siedlungskammern voneinander trennten. Häufig war eine besondere Schutzwehr, aufgeschichtete Stämme zwischen stehengebliebenen Bäumen, oder ein Wall- und Grabensystem errichtet, die als „preseka" oder „hag" bezeichnet wurde. Die Reste des Grenzwaldes zwischen Ober- und Niederschlesien sind noch heute erhalten.

Gröbnig (poln. *Grobniki*), Mittelpunkt einer Siedlung der Johanniter aus dem 12. Jh. in der Nähe von Leobschütz. Das aus dem 16. Jh. stammende Johanniterspital wurde im 18. Jh. erweitert, die Pfarrkirche aus dem 16. Jh. bald nach 1700 barock um- und ausgestaltet. Gleichzeitig entstanden mehrere barocke Kapellen, Statuen und Bauernhäuser.

Ruine auf dem Gröditzberge bei Goldberg um 1850

Gröditzburg und Gröditzberg (poln. *Grodziec*). Nordwestl. von Goldberg beim Übergang von den nördl. Gebirgsabhängen zur Ebene beherrscht die Gröditzburg auf einem 389 m hohen Basaltkegel das Land. Hier hat 1175 Herzog Boleslaus der Lange beurkundet, daß Zisterziensermönche aus Pforta in Leubus angesiedelt wurden. Sechseckige Burg mit mächtigem Bergfried, durch Wall und Graben gesichert. Die erhalten gebliebenen Reste gehören der Zeit von der Spätgotik bis zur Frührenaissance an. Bedeutendster Baumeister war seit 1490 Wendel Rosskopf aus Görlitz. In den Jahren 1905–1908 wurde die Burg unter der Leitung von Bodo Ebhardt wiederhergestellt. Das innere Haupttor, der spätgotische Palas und zwei Türme entstanden auf den alten Resten neu. Nach dem Kriege durch Brände teilweise zerstört. Das am Fuße des Berges liegende Schloß von 1708 ist ebenfalls stark zerstört.

Georgskirche am Abhang wurde nach Zerstörung im Dreißigjährigen Krieg 1684–1686 wieder aufgebaut und erhielt 1824 einen Turm nach einem Plan von Schinkel.

Groll, Gunter, geb. 1914 in Liegnitz. Journalist und Schriftsteller. Promotion mit einer Arbeit über die Dramaturgie des Films. Dramaturg der Bavaria-Filmgesellschaft, Cheflektor des Kurt-Desch-Verlags und Kritiker bei der „Süddeutschen Zeitung“. Roman-Capriccio „Laterna Magica“, Anthologien, filmkritische Arbeiten.

Gross, Friedrich, gest. 1589. Schuf die Kanzel der Maria-Magdalenenkirche sowie das Greifenhaus in Breslau.

Großhandel. In Breslau bestanden 6000 Großhandelsfirmen, die sich unter anderem mit Futtermittelimporten aus den Balkanstaaten und vor allen Dingen mit dem Holzhandel befaßten, der bis weit nach Ost- und Südosteuropa Beziehungen unterhielt und die Industriegebiete in Mitteldeutschland und Berlin mit ausländischem Holz versorgte.

Groß-Kotzenau (poln. *Chocianowiec*), Dorf und Schloß 21 km westlich von Lüben. Das dreigeschossige Schloß auf rechteckigem Grundriß mit drei hintereinander angeordneten Satteldächern, denen Renaissancegiebel vorgesetzt sind, geht im Kern auf das 14. Jh. zurück. Es wurde im 16.–18. Jh. umgebaut. Seit 1945 steht das Schloß leer und ist dem Verfall preisgegeben.

Groß-Mochbern (1937 Lohbrück; poln. *Muchobór Wielki*), 7 km westlich von Breslau gelegenes Dorf. Pfarrkirche St. Michael aus dem 14. und 15. Jh. Die regelmäßigen Rüstlöcher geben der Dorfkirche ein überaus malerisches Aussehen. Das alte Schiff ist von quadratischem Grundriß, überspannt mit vier kreuzgewölbten Jochen, die sich auf eine Mittelsäule stützen. Dies gibt dem Innern der Kirche einen besonderen Reiz.

Groß-Peterwitz (poln. *Piotrkowice*), Dorf und Schlößchen im Kreise Trebnitz, eines der kunstgeschichtlich bedeutsamsten Schlösser Schlesiens. Es wurde 1693 vollendet. Schloß und Park heute völlig verwahrlost und ausgeplündert.

Groß Rosen, Dorf im Kreise Schweidnitz, 1939 ca. 1800 Einwohner, Martinshäuser, Granitsteinbrüche, KZ 1940–1945.

Groß-Schottkau (poln. *Sadków*), 17 km südwestlich von Breslau gelegenes Dorf mit Dorfkirche aus dem Anfang des 17. Jh. Stimmungsvoll ist das Innere der Kirche mit einer verschalten Balkendecke, die durch eine einheitliche, sehr urwüchsige Bemalung verziert ist.

Schloßbau aus der Mitte des 18 Jh. Ende des 18. Jh. umgestaltet in klassizistischem Stil.

Groß-Stein (poln. *Kamień Śląski*), südlich von Oppeln gelegenes Schloß. 1779 im barocken Sinne umgestaltete, ins frühe Mittelalter zurückgehende Burganlage. Von hier stammt der heilige Hyazinth. Die Schloßkapelle und das Altarbild des Heiligen sind in der Nachkriegszeit zerstört worden.

Groß Strehlitz (poln. *Strzelce Opolskie*), oberschlesische Kreisstadt südöstlich von Oppeln.

Schloß Groß Wartenberg

Dörfliche Burgsiedlung aus dem 13. Jh., 1305 als Stadt erwähnt. 1362 Magdeburg-Breslauer Stadtrecht. Seit 1581 Groß Strehlitz genannt. Herzogtum Oppeln. von 1313–1460 gab es Herzöge von Strehlitz. 1327 mit Herzogtum Oppeln unter böhmische Oberlehnshoheit, 1526 mit Böhmen an Habsburg, 1742 preußisch.

Planmäßige Stadtanlage mit rechteckigem Ring in der Stadtmitte. Rathausturm aus dem 16. Jh., Schloß (19. Jh., mit Teil aus dem 16. Jh.), 1945 abgebrannt. Schöner Park. Gotische Pfarrkirche 14./15. Jh. mit altem Wehrturm als Glockenturm. Schrotholzkirche St. Barbara. Landwirtschaft, Kalkindustrie, landwirtschaftliche Maschinen. 1939: 11500, 1975: 16800 Einwohner.

Groß-Tinz (poln. *Tyniec nad Ślęzą*). Dorf und Schloß mit schönem Park östlich von Zobten. Alte Malteserkommende. Das Schloß stammt aus der ersten Hälfte des 16. Jh. 1744 wurde der große französische Park mit den reizvollen Figuren angelegt. Das jetzige Schloß ist ein Bau des späten 18. Jh. Es ist ein anmutig schlichter Bau des Zopfstils, eingefügt in teils ältere, teils jüngere Wirtschafts- und Wohnbauten. Die katholische Pfarrkirche St. Michael stammt aus dem zweiten Viertel des 13. Jh.

Groß Wartenberg (poln. *Syców*), Kreisstadt 50 km nordöstlich von Breslau. Vor 1276 Stadtgründung, 1283 Ortsname „Wartenberg“. 1369 Magdeburger Stadtrecht. Freie Standesherrschaft seit 1489.

Planmäßige Stadtanlage mit quadratischem Ring, Rathaus in der Stadtmitte (nach 1945 abgebrochen). Evangelische Kirche von Carl Gotthard Langhans (1785–1789) in klassizistischem Stil. Katholische Pfarrkirche Peter und Paul mit spätgotischer Sakramentsnische und schönen Grabsteinen und Epitaphien. Taufstein der Spätrenaissance. Schloß in historisierendem Stil, 1853 von Prinz Calixt Biron von Kurland auf den Mauern eines alten Dohnaschen Schlosses errichtet, 1945 zerstört.

Die Wirtschaftsstruktur wird durch umliegende Landwirtschaft sowie Handwerk bestimmt. Früher war die Stadt ein Mittelpunkt der Leinenweberei. 1920 fiel ohne Abstimmung ein großer Teil des Kreises Groß Wartenberg an Polen. 1945 geriet die Stadt unversehrt in die Hände der Russen. Anschließend wurde sie zu über 50 v. H. zerstört. 1939: 3000, 1970: 5600 Einwohner.

Groß-Wilkau (poln. *Wilków Wielki*), nördlich von Nimptsch im Flußgebiet der Lohe, Dorf mit einem der schönen Landschlösser der Renaissance aus dem Anfang des 17. Jh. Den Schmuck des Hauses bilden die acht anmutig gegliederten Giebel, die auf allen vier Seiten das steile Dach abschließen. Beachtenswerte Stuckdecken im Nordflügel. Bei Kriegsende unzerstört.

Grottkau (poln. Grodków). „Gruttke ies 'ne schiene Stoadt“ wurde in Schlesien überall gesungen. Kreisstadt 55 km südöstlich von Breslau, links der Oder, inmitten der Grottkauer Acker-

Grottkau um 1850

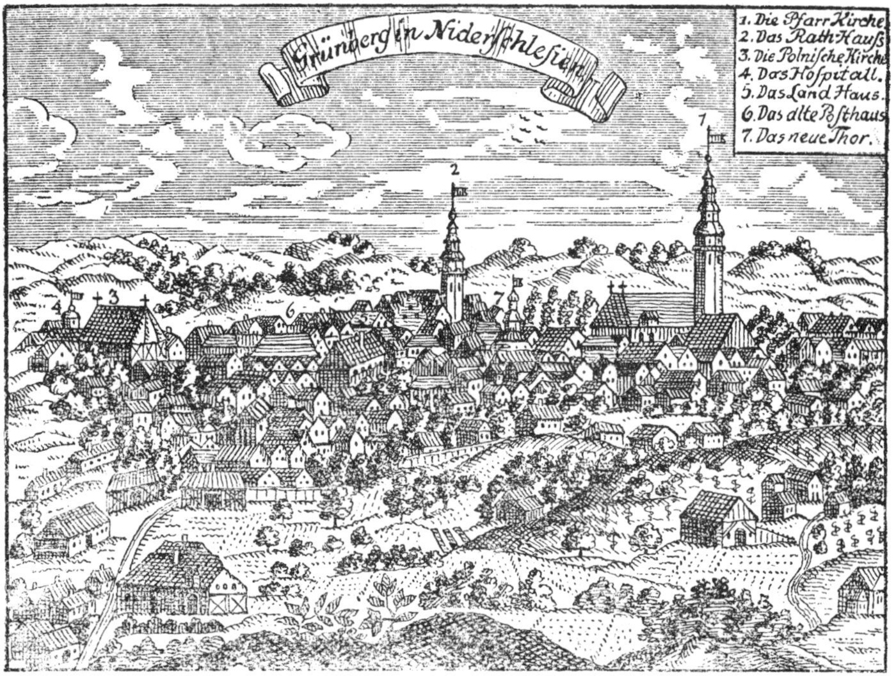

Alte Ansicht von Grünberg

ebene. 1268 mit deutschem Recht gegründet, 1467 Magdeburger Recht. 1344 bis 1810 im Besitz des Fürstbischofs von Breslau: „Fürstentum Neisse-Grottkau".

Kreisförmige Stadtanlage mit viereckigem Ring und Rathaus in der Stadtmitte. Guterhaltene Stadtmauer mit Löwener Tor. Pfarrkirche St. Michael (älteste Teile aus der 2. Hälfte des 13. Jh., Innenausstattung barock), kostbarer Reliquienkrug (1493) und Sonnenmonstranz (1740), wuchtiger Glockenturm.

1427 verpflichteten sich die hier versammelten schlesischen Fürsten und Stände zu gegenseitiger Hilfe gegen die Hussiten (Grottkauer Einung). Landwirtschaft, Pumpen- und Maschinenfabrik, Sägewerk und Ziegelei, Getreidemarkt, Bahnknotenpunkt, Garnisonsstadt: Feldart.-Rgt. von Clausewitz. 1939: 4900, 1969: 5600 Einwohner.

Grünberg (poln. *Zielona Góra*), Kreisstadt 115 km nordwestlich von Breslau, in der Nähe der Oder. Vermutlich 1222 als deutsche Stadt gegründet. 1302 als „territorium Grunenbergense" erwähnt. 1318 Herzogtum Sagan, 1331 Herzogtum Glogau, mit diesem unter Oberlehnsherrschaft Böhmens, 1526 mit Böhmen an Habsburg, 1742 preußisch. Besonders hart litt die Stadt im Dreißigjährigen Krieg durch religiöse Intoleranz.

Kreisförmige Stadtanlage mit rechteckigem Ring. Rathaus von 1590, Ratsturm (1670) mit Barockabschluß, evangelische Kirche von 1748, katholi-

Grünberger Bürgerweinschank

sche Pfarrkirche St. Hedwig mit Bauteilen aus dem 14.–16. Jh. Reste der Stadtmauer mit Hungerturm erhalten.

Ursprünglich Landwirtschaft und Weinbau (seit 1314), jedoch schon vor dem Kriege bedeutende Industriestadt mit Tuchindustrie, Braunkohlenbergbau, Eisenindustrie, Herstellung von Brükken- und Eisenkonstruktionen, Maschinenbau, Apparatebau und zahlreichen anderen Industriebetrieben.

Der Grünberger Wein hatte in Deutschland seit je den Ruf, besonders sauer zu sein. Bekannt sind die Verse von Trojan:

„...aber der Grünberger
Ist noch sehr viel ärger.
Laß ihn nicht deine Wahl sein!
Gegen ihn ist der Saalwein
Noch viel süßer als Zucker
Er ist ein Wein für Mucker, ..."

Kopischs Ballade vom Satan und dem schlesischen Zecher endet mit dem Vers:

„Ich trank wohl vor hundert Jahren in Prag
Mit den Studenten Nacht und Tag,
Doch mehr zu trinken solch sauren Wein,
Müßt ich ein geborner Schlesier sein."

Gleichwohl war der Grünberger Wein wesentlich besser als sein Ruf. Er bildete die Grundlage für eine moderne Schaumwein- und Weinbrandherstellung. 1826 entstand hier als älteste deutsche Sektkellerei die Firma Grempler. Außerdem wurde sehr erfolgreich Obstbau sowie Obstbaumzucht betrieben. Die Stadt ist bei Kriegsende nur geringfügig beschädigt worden. 1939: 26000, 1975: 85000 Einwohner.

Grundmann, Franz, 1808–1887. Bekannter Lehrer an der Tarnowitzer Bergschule und Verfasser zahlreicher Aufsätze über die oberschlesische Kohle. Mit seiner Schrift „Sind die englischen Steinkohlen besser als die schlesischen?" baute er die Vorurteile gegen die schlesische Kohle ab.

Grundmann, Friedrich Wilhelm, 1804-1887. Bedeutende Unternehmerpersönlichkeit der oberschlesischen Industrie in Kattowitz. Zusammen mit seinem Freunde Franz Winckler

Bäuerin aus der Grünberger Gegend

Kloster Grüssau

erschloß er den Kohlenbau im Bezirk Kattowitz. Er gründete die erste Portland-Zementfabrik in Oppeln und bemühte sich um die Gestaltung von Kattowitz, dessen Bebauungsplan er entwarf. Großvater von Günther Grundmann, dem letzten schlesischen Landeskonservator.

Grundmann, Günther, geb. 1892 in Hirschberg, gest. 1976 in Hamburg. Kunsthistoriker, schlesischer Landeskonservator bis 1945. Nach dem Kriege Leiter der Kunstsammlungen in Coburg und Hamburg-Altona. Zahlreiche Veröffentlichungen über schlesische Kunst: „Evangelischer Kirchenbau in Schlesien", „Barocke Kirchen und Klöster in Schlesien", „Stätten der Erinnerung", „Kunstwanderungen in Schlesien", „Erlebter Jahre Widerschein".

Grünhagen, Kolmar, geb. 1828 Trebnitz, Geschichtsforscher. Hauptwerke: „Breslau unter den Piasten als deutsches Gemeinwesen" (1861), „Die Hussitenkriege der Schlesier" (1872), „Geschichte Schlesiens" (1884/86), „Schlesien unter Friedrich dem Großen" (1889/92).

Grunwald (poln. *Zieleniec*). Das unmittelbar unter der Hohen Mense (1080 m) in über 900 m gelegene Dorf Grunwald ist das höchstgelegene Kirchdorf Schlesiens und des früheren Preußen. Von dort aus gelangt man auf die Seefelder, das höchste Torfmoor Deutschlands, mit seltener Fauna und Flora.

Grüssau (poln. *Krzeszów*). Großartige Klosteranlage im Ziedertal des Riesengebirges. Gründung des Zisterzienserklosters 1292 durch Bolko I. von Schweidnitz mit Mönchen aus Heinrichau. Der bedeutendste Abt von Grüssau, Bernhard Rosa (1660–1696), erbaute 1662 die von Michael Willmann ausgemalte Josephskirche. Die Fresken, ein Spätwerk des großen Barockmeisters, sind ein Höhepunkt schlesischer Malerei. 1728 läßt der Abt Innozenz Fritsch die alte Marienkirche völlig abreißen und von 1728–1735 einen großartigen Neubau errichten. Dieser gewaltige Bau weist nahe Beziehungen zum böhmischen Barock in der Ausprägung Kilian Ignaz Dientzenhofers auf. Die zweitürmige Fassade mit dem Schmuck der Bildhauer Maximilian Brockhoff und Matthias Braun ist ein Höhepunkt barocker Fassadengestaltung. Reiche Innenausstattung aus der Werkstatt von Dorasil und später Marianus Lachel. Hochaltarbild von Peter Brandl (1731–1732), Deckengemälde von Georg Wilhelm Neunhertz (1733–1736). Die Orgel ist die letzte in Schlesien erhaltene große Orgel von Michael Engler (1732–1736), dem größten Orgelbaumeister Schlesiens. Die 1738 erbaute Fürstengruft der Schweidnitzer Bolkonen wurde von Neunhertz „al fresco“ ausgemalt. Seit 1774 Bau des neuen Konventsgebäudes durch die Architekten Fellner und Rudolf. Seit 1672 waren 32 Kreuzwegstationen im Umkreis des Klosters errichtet mit Bildern von Willmann. 21 Farbskizzen zu diesen Bildern besitzt das Württembergische Landesmuseum.

Die 1810 erfolgte Säkularisierung ließ das klösterliche Leben erlöschen. 1919 zogen Prager Benediktinermönche, die aus der Tschechoslowakei vertrieben waren, ein, bis auch diese im Unglücksjahr 1945 aus dem völlig unbeschädigten Kloster ausgewiesen wurden. Lediglich der Südtiroler Pater Lutterotti durfte als „Italiener“ bleiben. Er setzte sich für das Kloster und seine Gemeinde in aufopferungsvoller Weise ein, bis auch er, todkrank, nach Wimpfen ausreisen mußte, wo die Grüssauer Benediktiner inzwischen Aufnahme gefunden hatten.

Die Grüssauer Gnadenmutter ist eine italienische Ikone aus dem 14. Jh. Sie wurde im Jahre 1426 beim Einfall der Hussiten versteckt und erst 1622 wieder aufgefunden. Das Bild wurde 1937 restauriert. Das Grüssauer Wallfahrtslied „Sei gegrüßt du Gnadenreiche“ wird von den Vertriebenen bei ihren Wallfahrten auch heute noch gesungen.

Grützner, Eduard, geb. 1846 in Groß-Karlowitz bei Ottmachau, gest. 1925 in München Genremaler. Seine humorvollen Gemälde mit dicken, gutmütigen Mönchen, die in Klosterkellern Wein schlürfen, sind sehr geschätzt. Sein Bild „Der schlesische Zecher und der Teufel“ nach

Andreas Gryphius

Kopischs Ballade befindet sich in der Pinakothek in München.

Gryphius, eigentlich Greif, Andreas, geb. 1616 in Glogau, dort gest. 1664. Gryphius verlor früh die Eltern und verlebte eine trübe Jugendzeit. Schulbesuch in Görlitz, Glogau und Fraustadt, wobei er mehrfach dem Kriege ausweichen mußte; seit 1634 Danzig. 1636 Hauslehrer beim Pfalzgrafen Georg von Schönborn. Nach dessen Tode 1638 in Amsterdam und Leyden, wo er seine Bildung vervollkommnete. Dort zwei Bände Sonette.

Nach weiteren Reisen in Frankreich und Italien 1647 Rückkehr nach Fraustadt. 1650 Landessyndikus des Fürstentums Glogau. Als Mitglied der „Fruchtbringenden Gesellschaft" hieß er der „Unsterbliche".

Seine Sonette sind von den schrecklichen Zuständen des Dreißigjährigen Krieges gezeichnet. Seine Tragödien „Leo Armenius", „Katharina von Georgien", „Cardenio und Celinde", „Carolus Stuardus" sind von Seneca beeinflußt; sie sind voll Phantasie und voll Schwung der Sprache und überragen die deutsche Dichtung seiner Zeit. Seine Lustspiele „Peter Squenz" und „Horribilicribrifax" sind Meisterwerke und werden heute noch aufgeführt. Mit der „Geliebten Dornrose" wird er zum Begründer der schlesischen Mundartdichtung.

Gryphius war ein Wunder der Gelehrsamkeit. Er verstand elf Sprachen und hielt Vorlesungen über Logik, Anatomie, Geographie, Geschichte, Mathematik, Astronomie und römische Altertümer, Außerdem beschäftigte er sich mit Chiromantik.

Johann Christian Günther

Grzimek, Bernhard, geb. 1909 in Neisse. Langjähriger Direktor des Frankfurter Zoos, bekannt als streitbarer Publizist für die Erhaltung und den Schutz der Tierwelt, tierkundliche Publikationen und Afrika-Bücher: „Kein Platz für wilde Tiere", „Grzimeks Tierleben".

Guhrau (poln. *Góra*), Kreisstadt, 65 km nordwestlich von Breslau, östlich der Oder. Stadt der Windmühlen, 1753 waren es 145, 1840 noch 84, um 1900 nur noch 14. 1289 mit Magdeburger Recht im Anschluß an ein Dorf gegründet.

Kreisförmige Stadtanlage mit rechteckigem Ring. Katholische Pfarrkirche St. Katharinae (15.–16. Jh.), vierjochige Hallenkirche, von Kapellen umgeben. Der ursprüngliche Hochaltar (1512) ist eines der letzten großen Altarwerke Niederschlesiens. Er wurde vom Landeskonservator noch während des Krieges sorgfältig restauriert und fand im nördlichen Seitenschiff Aufstellung. Evangelische Pfarrkirche Hl. Dreifaltigkeit (1765–1774). Teile der Stadtmauer und der sogenannte Dohlenturm erhalten. 1960 sind Teile der Katharinenkirche eingestürzt. Der wertvolle Flügelaltar wurde in den Posener Dom verschleppt. Die evangelische Pfarrkirche auf dem Ring ist 1966 abgebrochen worden.

Um 1630 mußten viele Evangelische auswandern, so daß 587 Häuser leerstanden. 1656 starben 1200

Guhrau

Menschen an der Pest. 1759 wurde die Stadt von Kroaten und Kosaken niedergebrannt und geplündert.
Zuckerfabrik, Essigfabrik, Mühlenwerke, Ölmühle, Pelzveredlungsindustrie und Sägewerke. 30 km von Guhrau in Kunern errichtete Achard 1802 die erste Rübenzuckerfabrik der Welt. Achard (1753–1821) liegt auf dem Friedhof in Mönchmotschelnitz bei Kunern begraben. Dort vielhundertjährige Eichen und im Schloß, dem ehemaligen Sommersitz der Leubuser Äbte, Dekkengemälde von Willmann. 1939: 5600, 1969: 7600 Einwohner.

Günther, Johann Christian, geb. 1695 in Striegau, gest. 1723 in Jena. Lyriker von genialer Ursprünglichkeit und Sprachkraft. Er trug das barocke Liederbe in den Sturm und Drang hinüber. Erregte schon auf der Schule in Schweidnitz durch sein poetisches Talent Aufsehen. Studium der Medizin in Wittenberg und Leipzig. Sein unstetes Leben war Anlaß für ein tiefes Zerwürfnis mit seinem Vater.
Er starb in Jena im Alter von 28 Jahren. Günther war einer der ersten bürgerlichen Schriftsteller, der gezwungen war, von seiner Dichtung zu leben. Er hat hierfür gekämpft und geduldig ertragen; mit den besten seiner Gedichte hat er einen neuen Maßstab für lyrische Dichtung gesetzt.

Johann Christian Günther, Student,
So jung gestorben wie tief genesen
Am himmlischen Trunk,
Der quält und brennt:

Schloß Habendorf

Striegau, uralt, bewahrt sein Wesen.
Wer ihn auch immer heut' rühmend nennt,
Den ehdem die Mädchen
Nur liebend genannt:
Ein fahrender Schlesier ist er gewesen,
Ausgesandt für sein Heimatland,
Wie es in seiner Geschichte zu lesen.
Friedrich Bischoff

Gusinde, Martin, geb. 1886 Breslau, gest. 1969 St. Gabriel, Ethnologe, Anthropologe. Anthropologisches Institut, Forschungen bei Pygmäen und Buschmännern Afrikas, Yupa-Indianern Venezuelas und Pygmäen Neu-Guineas. Hauptwerk: „Die Feuerlandindianer".

Guttentag (pol. *Dobrodzień*), 105 km südöstlich von Breslau gelegene Kreisstadt. 1279 als Ort erwähnt, jedoch erst 1384 als Stadt bezeichnet. Herzogtum Ratibor, 1281 Herzogtum Cosel-Beuthen, 1289 mit Herzogtum Cosel-Beuthen unter böhmische Oberlehnshoheit, 1526 mit Böhmen an Habsburg, 1742 preußisch. Planmäßige Anlage mit Ring, in der Nähe gleichnamiges Schloß, ehemals Besitz des sächsischen Königshauses. Möbelschreinerei und Holzverarbeitung. 1939: 4300, 1969: ebenfalls 4300 Einwohner.

Habelschwerdt (poln. *Bystrzyca Kłodzka*), Kreisstadt am linken Ufer der Glatzer Neiße, am Fuße des Habelschwerdter Gebirges. Stadtgründung 13. Jh. durch deutsche Siedler, 1319 königl.-böhmische Stadt. Böhmische Oberherrschaft unter verschiedenen böhmischen Fürsten. 1526 mit Böhmen an Habsburg, 1742 preußisch. Planmäßige Stadtanlage mit rechteckigem Ring. Wiederholte Stadtbrände. Einige Stadttürme sind als malerische Reste erhalten. Stadtvogtei mit Willmannturm, Schauplatz eines Romans von Hermann Stehr („Drei Nächte"). Pfarrkirche St. Michael aus dem 13. Jh. mit Umbauten bis ins 16. Jh. Auf dem Ring barocke Dreifaltigkeitssäule, umgeben von einigen Wohnhäusern der Spätrenaissance und des Barock. Auf dem Neumarkt Staupsäule (1556). Auf dem Floriansberg oberhalb der Stadt ist Hermann Stehr begraben.
Handwerk und Brauereien, Spanschachtelherstellung, Kistenfabrikation, Papierhülsen- und Spulenfabrik, Zündholzindustrie, Landwirtschaftliche Geräte, Ziegelei und Sägewerke. 1945 blieb die Stadt unversehrt. 1939: 7100, 1975: 10300 Einwohner.

Habendorf (poln. *Owiesno*), Dorf und Schloß in der Nähe von Reichenbach. Das Rundschloß ist aus dicken Felssteinmauern erbaut und von einem breiten Wallgraben umgeben. 1879–1885 wurde es vollständig erneuert, hat seinen ursprünglichen Charakter jedoch nicht verloren. Nach dem Kriege zerstört und heute Ruine. Von hier stammt der Bischof Preczlaus von Pogarell.

Haber, Franz, 1868 in Breslau geb., gest. 1934 in Basel. Nobelpreisträger 1918. Einer der bedeutendsten Forscher seiner Zeit auf zahlreichen Gebieten der Chemie. Besonders berühmt ist er durch sein Verfahren der Ammoniaksynthese geworden, mit der es erstmals gelang, den Stickstoff der Luft chemisch zu binden.

Hackner, Christoph, 1663–1741. Bedeutender schlesischer Barockbaumeister aus Jauer. Schloß in Trachenberg, Wasserschlößchen in Wirrwitz, Websky-Schlößchen und das im Jahre 1760 zerstörte Palais Hatzfeld in Breslau. Es ist zu vermuten, daß Hackner auch bei zahlreichen anderen Barockbauten Schlesiens beteiligt war.

Hadina, Emil, 1885–1957. Lehrer in Bielitz und Iglau. Lyriker und Erzähler aus Sudetenschlesien.

Hahn, Siegmund, geb. 1664 Schweidnitz, gest. 1742 Schweidnitz, Begründer des Wasserheilverfahrens vor Kneipp und Prießnitz.

Halbau (poln. *Iłowa*), Städtchen an der Straße Görlitz-Sagan. Renaissance-Schloß von 1626, 1902 erweitert. Textilindustrie und Glasfabrikation. 1939: 3500, 1970: 4400 Einwohner. 1962 zur Stadt erhoben.

Halemba, im Kreise Schwientochlowitz gelegenes Industriestädtchen. Steinkohlengruben, Antonienhütte (durch Lazarus III. Henckel v. Donnersmarck 1805 errichtet). Sein Sohn Carl Hugo Joseph gründete dort die Hugo-Zinkhütte. Nach dem Zweiten Weltkrieg Zusammenlegung von Halemba, Klodnitz und Althammer zu einem Stadtbezirk Halemba mit 12000 Einwohnern, dem neuen Stadtkreis Ruda angegliedert. 1939: 7000, 1967: 16500 Einwohner.

Halt. Bischöfliche Grundherrschaft, die mit landesherrlichen Rechten ausgestattet war.

Handke, Johann Christoph, 1694–1774. Schuf die Fresco-Malereien der Aula Leopoldina und des Musiksaals in der Breslauer Universität, ferner im Refektorium des Jesuitenkollegs in Glogau.

Harpersdorf (poln. *Twardocice*), Waldhufendorf mit großer Grenzkirche an der sogenannten „Langen Gasse", einer Straße, die durch langgestreckte Zeilendörfer des Kreises Goldberg-Haynau führt. Diese Dörfer dürften bereits kurz nach 1200 von deutschen Siedlern errichtet worden sein. Kirche, saalartiger Bau mit Emporen im Innern, im Untergeschoß Gruftkapelle mit zwei prachtvollen barocken Sarkophagen.
Hier siedelten die Schwenckfelder nach ihrer Vertreibung aus Liegnitz und anderen Städten. Nachdem Kaiser Karl VI. seit 1719 versuchte, sie mit Hilfe der Jesuiten gewaltsam der katholischen Kirche zuzuführen, wanderten sie um 1734 nach Pennsylvanien aus, wo sie sich bis heute gehalten haben. 1863 wurde ein Schwenckfelderdenkmal errichtet, das erhalten ist.
Auf dem Besitz Armenruh, südwestlich von Harpersdorf, ein 1780 errichtetes Barockschloß, 1791 mit klassizistischen Elementen versehen.

Harrachsche Glashütte, 1713 gegründete bedeutende Glashütte auf der böhmischen Seite des Riesengebirges. Der Ort Harrachsdorf besteht aus Harrachsdorf, Neuwelt und Seifenbach. Er ist ein bedeutender Wintersportplatz.

Hartleben, Otto Erich, geb. 1864, gest. 1905. Lyriker. Angehöriger der sogenannten „Dritten schlesischen Dichterschule".

Hartung, Hugo, geb. 1902 in Netschkau/Vogtland, gest. 1972 in München. Chefdramaturg in Breslau von 1936–1944. Durch seinen Roman „Der Himmel war unten", in dem er die Belagerung Breslaus dichterisch gestaltet, sowie durch seine heiter-besinnliche Betrachtung „Deutschland — deine Schlesier, Rübezahls unruhige Kinder" den Schlesiern ans Herz gewachsen. Weitere Werke „Ich denke oft an Piroschka", „Wir Wunderkinder" sowie zahlreiche Hör- und Fernsehspiele.

Hasler, Bernhard, geb. 1884 in Schenkendorf/Grafschaft Glatz, gest. 1945 in Oldesloe. Maler und Graphiker. Mitbegründer der „Novembergruppe". Illustrationen zu Kleist, Goethe u. a.

Hass, Johannes, 1476–1544. Oberstadtschreiber und Historiograph in Görlitz.

Palais Hatzfeld. Von Karl Gotthard Langhans 1773 errichtetes Schloß für den Grafen Hatzfeld auf der Albrecht-Straße in Breslau. Später Sitz der Regierung und Oberpräsidium. Einer der schönsten klassizistischen Bauten Schlesiens. Bei Ende des Krieges ausgebrannt, von den Polen bis auf den Portikus abgerissen.

Hauptmann, Carl, geb. 1858 Obersalzbrunn, gest. 1921 in Schreiberhau. Dichter, Bruder von

Gerhart Hauptmann. Schrieb expressionistische Dramen und Romane. Dramen: „Die Bergschmiede", „Die lange Jule"; Lustspiel: „Tobias Buntschuh"; Romane: „Mathilde", „Einhart der Lächler", „Die armseligen Besenbinder"; „Rübezahlbuch".

Wenn ich hoch oben geh,
Schwinden die Qualen,
Fängt mir die Sonne an,
Schlösser zu malen.
Und rings die weite Welt
Ist für mich hingestellt.
Wenn ich hoch oben geh,
Wird mir so frei.

Hauptmann, Gerhart, geb. 1862 in Obersalzbrunn, gest. 1946 in Agnetendorf. Dichter. Bruder von Carl Hauptmann. Seine Dramen: „Vor Sonnenaufgang", „Die Weber", „Der Biberpelz" gaben dem deutschen Theater neue Impulse. Der leidende Mensch steht im Mittelpunkt seiner Dichtung, insbesondere im „Fuhrmann Henschel", „Rose Bernd", „Michael Kramer", „Die Ratten". Neben der rein naturalistischen Aussage findet die Märchenwelt der schlesischen Heimat, insbesondere des Riesengebirges, Ausdruck in seinen Werken: „Hanneles Himmelfahrt", „Versunkene Glocke", „Und Pippa tanzt". Daneben beschäftigte ihn auch das antike Drama: „Bogen des Odysseus". Mit seinem Drama „Vor Sonnenuntergang" setzt er noch einmal einen Höhepunkt in seinem dramatischen Werk.

Gerhart Hauptmanns Grab auf Hiddensee

Auch seine Epik ist bedeutend. Im „Narr in Christo Emanuel Quint" kommt das Ringen des heimatgebundenen, zu schlichter Gläubigkeit bereiten Menschen gegen Intellektualismus und Skeptizismus seiner Zeit zum Ausdruck. Novelle „Bahnwärter Thiel". 1912 Nobelpreis für Literatur.

Gerhart Hauptmann ist zum Symbol des schlesischen Menschen geworden dadurch, daß er das Schicksal der Vertreibung in den Jahren 1945 und 1946 leidend erleben mußte. Er hat sein Haus in Agnetendorf nicht mehr als Lebender verlassen. Seine letzten Worte waren: „Bin ich noch in meinem Hause?" Seine Leiche wurde von den Russen nach Hiddensee überführt. Dort befindet sich sein Grab.

Hauptmann, Ivo, 1886–1973. Sohn von Gerhart Hauptmann. Maler. Frühwerk im Pointillismus. Gelangt nach dem Ersten Weltkrieg über den Expressionismus zu neuen Formen.

Hausmittel. Die schlesischen Hausmittel sind überaus zahlreich. Kreuzotternfett wurde gegen kranke Augen verwendet. Tees wurden angewandt: Tausendgüldenkraut, Schafgarbe sowie Krausemünze, Flieder und Baldrian. Bei Diphtherie und Halsschmerzen meinte man durch das Rauchen von Liebstöckel Heilung zu finden.

Die Schäfer, die alten Weiber und früher die Scharfrichter galten als besonders heilkundig: Wer sich die Finger verbrannte, mußte sich die verbrannte Stelle ans Ohrläppchen halten, das zog den Brand heraus. Warzen und Überbeine wurden durch das Bestreichen mit einer Totenhand geheilt, oder man „besprach" die Warzen, wenn ein Begräbnis vorbeikam, indem man sagte: „Nimm sie alle mit". Besprechen half auch gegen Zahnschmerzen. Mit zauberischen Worten be-

schriftete Zettel wurden gegen Fieber und gegen den Biß tollwütiger Hunde verwendet.
Manche Krankheiten waren auch auf Bäume oder Tiere zu übertragen, wie zum Beispiel die Gicht. Sie trägt man zu einer Fichte und sagt:

„Fichte, Fichte,
hier bring ich dir meine Gichte;
der Gichten gibt es vielerlei,
da ist die meine auch dabei".

Krankheiten ließ man auch fortschwemmen. Das Pflaster einer Wunde warf man hierzu ins fließende Wasser.

Haus Oberschlesien in Hösel bei Düsseldorf. Sammlung oberschlesischen Kulturgutes. Eichendorff-Archiv.

Haus Schlesien e.V., kultureller Mittelpunkt und Begegnungsstätte in Königswinter-Heisterbacherrott, Museum, Bibliothek, ehemaliger Fronhof des Klosters Schwarzrheindorf.

Hauszeichen. In den schlesischen Städten wie auch in anderen Städten Deutschlands waren im Mittelalter die Häuser nicht durch Hausnummern, sondern durch Hauszeichen gekennzeichnet. Ein Verzeichnis von Breslau aus dem 18. Jh. führt weit über 400 solcher Häuser mit derartigen Sinnbildern auf. Sie sind meist biblischen oder religiösen Ursprungs, können aber auch humorvolle Bedeutung haben.

Hayduk, Alfons, geb. 1900 in Oppeln, gest. 1972 in Erlangen. Schlesischer Dichter. Romane „Sturm über Schlesien" (1939), „Der Ritt an die Weichsel" (1942), „Schelmengraf Gaschin" (1958). Lyrik sowie volkstümliche Prosa und Spieldichtungen. Herausgeber zahlreicher Werke zur schlesischen Kultur.

Haym, Rudolf, geb. 1821 in Grünberg, gest. 1901 in St. Anton. Literaturhistoriker und politisch-philosophischer Publizist. Abgeordneter der Frankfurter Nationalversammlung (1848–1850).
Gemeinsam mit Duncker Gründer der „Preußischen Jahrbücher". Werke: „Hegel und seine

Ev. Kirche in Haynau

Zeit" (1857, Nachdruck 1962), „Die romantische Schule" (1870, Nachdruck 1961).

Haynau (poln. *Chojnów*), 18 km von Goldberg (Kreisstadt) gelegene Landstadt. Vor 1241 gegründet. Planmäßige Stadtanlage mit großem rechteckigem Ring. Renaissance-Schloß (1546–1547) mit kunsthistorisch bedeutendem Portal. Teile der Stadtmauern und Wehrturm von 1400 erhalten.
Pfarrkirche „Zu unserer lieben Frau" mit wuchtigem Turm (erste Hälfte des 14. Jh., Ausbau um 1400, Gewölbe 1468). Busewoy-Kapelle (Renaissance, Mitte des 16. Jh.).
Metallwarenherstellung, Maschinenfabriken, Raubtierfallenfabriken (seit 1871 älteste Fabrik

Heilige Hedwig, spätgotisch, Annakirche in Zobten

Deutschlands), Landmaschinenherstellung, Kühlmöbel, Sportartikel, Papier, Brauerei, Zukkerfabrik. Nach 1945 Zentrale Reparaturwerkstatt für Maschinen. 1939: 11000, 1975: 11900 Einwohner.

Hedwig, heilige, 1174–1243. Schutzpatronin von Schlesien. Tochter des oberbayerischen Grafen Berthold VI. von Andechs, Markgraf von Istrien und Herzog von Meranien. Verheiratet war sie mit Herzog Heinrich I. von Schlesien, dem sie sieben Kinder gebar. Sie hat sich um die Vertiefung des Christentums in Schlesien verdient gemacht und sich Deutschen wie Polen als wahre Landesmutter erwiesen. Unter mehreren Kloster- und Spitalgründungen ragt Trebnitz (1202) hervor. Dort lebte sie nach dem Tode ihres Gatten (1238) und wurde 1243 in der Klosterkirche begraben. Aufgrund ihrer bald einsetzenden Verehrung, einer kurzen Lebensbeschreibung und vieler amtlich untersuchter Wunderberichte wurde sie 1267 heiliggesprochen. Eine lateinische Handschrift aus dem Jahre 1353 mit den Quellen zu ihrem Leben (Schlackenwerther Codex) bringt zum erstenmal 61 farbig ausgetuschte Federzeichnungen aus ihrem Wirken. Seit 1380 gibt es mehrere handschriftliche Übersetzungen ins Deutsche und sogar eine niederländische von 1484. 1504 druckte Konrad Baumgarten in Breslau „Die große Legende der hl. Frau St. Hedwig". Hedwigs Grab in Trebnitz ist auch heute noch Ziel vieler Wallfahrer. Ihre Verehrung erstreckt sich über ganz Europa.

Hedwigsschwestern. Kongregation für Kinder- und Waisenfürsorge, Hospital- und ambulante Krankenpflege. 1859 aus dem in Breslau gegründeten St. Hedwigs-Verein hervorgegangen. Heute befindet sich das Mutterhaus in Berlin-Wannsee.

Hedwigstafel in der Bernhardinkirche in Breslau, um 1430 entstanden. Im Mittelfeld waren 16, in den beiden Seitenflügeln je 8 Szenen aus dem Leben der hl. Hedwig in lebhaften Farben auf grünem Grund dargestellt und mit deutschen Umschriften versehen. Bisher sind nur die Seitenflügel aufgefunden, die sich im Nationalmuseum zu Warschau befinden.

Heeger, Viktor, geb. 1858 in Zuckmantel, gest. 1935 in Troppau. Heimatdichter des Altvatergebirges.

Heermann, Johann, geb. 1585 in Raudten bei Wohlau, gest. 1646 in Lissa. Dichter evangelischer Kirchenlieder. 1609 erschienen seine berühmten „Andächtigen Kirchenseufzer".

Hegenscheidt, Wilhelm, 1823–1891, aus Altena/Westf. Industrieller. 1887 gründete er mit der Firma Kern & Co. in Gleiwitz die Oberschlesische Drahtindustrie AG und die Oberschlesische Eisenindustrie AG. Die 1889 vereinigten Unternehmen gehörten zu den größten gemischten Werken Deutschlands. Sein Sohn *Rudolf Hegenscheidt*, 1859–1908, setzte das Werk seines Vaters fort. 1903 wurde er Leiter der Oberschlesischen

Eisenbahnbedarfs-AG. Der Oberschlesische Stahlwerksverband war sein Werk.

Hein, Alfred, geb. 1894 in Beuthen/OS, gest. 1945. Schriftsteller. Verfasser bekannter Verdun-Romane: „Eine Kompanie Soldaten" und „Die Erstürmung des Toten Manns am 20. Mai 1916". Weniger bekannt ist seine expressionistische Lyrik: „Lieder vom Frieden" (1919), ferner Novelle „Verliebte Ferienreise".

Heinersdorf (poln. *Spalona*). Schloß an der unteren Katzbach nordöstlich von Liegnitz. Ursprünglich alte Wasserburg. 1780 umgebaut.

Heinitz, Friedrich Anton Freiherr von, 1725–1802. Seit 1777 Oberberghauptmann und preußischer Minister. Begründer der Hütten in Gleiwitz und Königshütte. Förderer des Tarnowitzer Bergbaus und des Baus des Klodnitz-Kanals. Ferner ist ihm die Schaffung von Bergmannssiedlungen und der Knappschaftskasse zu verdanken. Lehrer des Freiherrn vom Stein.

Heinrich. Bei den schlesischen Piasten war der Name wie auch bei anderen Fürstengeschlechtern sehr verbreitet.

Heinrich I., der Bärtige, 1201–1238, Herzog von Schlesien, Polen und Krakau. Gemeinsam mit seiner Gemahlin Hedwig, die später heiliggesprochen wurde, setzte er die deutsche Kolonisierung, die sein Vater Boleslaus der Lange begonnen hatte, fort und machte sie zu seiner Hauptaufgabe.

Heinrich II., Der Fromme, 1238–1241, Sohn der hl. Hedwig; bei Wahlstatt am 9. 4. 1241 gefallen und in der Vinzenzkirche in Breslau beigesetzt. Seine Gemahlin Anna war die Tochter des Königs Ottokar von Böhmen. Grabtumba heute im Nationalmuseum Breslau.

Heinrich III., 1248–1266. Unter seiner Regierung erhielt Breslau 1261 das Magdeburger Stadtrecht. Im Mausoleum an der Ursulinenkirche in Breslau beigesetzt.

Heinrich IV., 1266–1290. Durch ihn erhielt die Stadt Breslau 1272 das Große Privileg. Er machte Breslau zur Hauptstadt seines Herzogtums und versuchte, Schlesien und Kleinpolen unter seiner Führung zusammenzufassen. Hierin fand er Unterstützung in der zu jener Zeit deutschen Bevölkerung von Krakau. Unter seiner Herrschaft kam es, wie auch schon in den vergangenen Jahrzehnten, zu einem Streit mit der Kirche, in dem es vor allem um die Einnahmen der Kirche ging. 1288 versöhnte sich Heinrich mit Bischof Thomas in Breslau und stiftete aus diesem Anlaß die Kollegiatskirche zum Hl. Kreuz (Kreuzkirche). Dort wurde er nach seinem Tode beigesetzt. Das frühe Ableben des Herzogs machte das Einigungswerk zunichte.

In der Großen Heidelberger Liederhandschrift aus dem Besitz der Züricher Familie Manesse wird Heinrich als Minnesänger „Heinrich von Pressela" dargestellt: Der Herzog empfängt beim Turnier aus der Hand edler Frauen den Siegerkranz.

Heinrich bildete den Mittelpunkt der höfischen Poesie in Schlesien.

Heinrich V., 1290–1296. 1293 von Konrad von Glogau entführt und von den Breslauern freigekauft. Im Mausoleum an der Ursulinenkirche beigesetzt.

Heinrich VI., 1311–1335. Er stellte sich im Vertrag von Breslau am 6. April 1327 „um des Landes Ehr' und nach bestem Willen freiwillig" unter den König Johann von Böhmen. Seine Grabtumba befindet sich im Mausoleum an der Ursulinenkirche in Breslau.

Heinrich v. Würben, 1302–1319, Bischof von Breslau. Er ließ 1310–1320 ein Abgabenregister erstellen (liber fundationis episcopatus Vratislaviensis), ein grundlegendes Werk der deutschen Besiedlung.

Heinrichau (poln. *Henryków*), 1222 Stiftung des herzoglichen Hofnotars und Breslauer Domherrn Nikolaus neben seinem Dorfe (Alt) Heinrichau.

1227 Besetzung mit Mönchen aus Leubus. Das

Heinrich IV. als Minnesänger (Manesse-Handschrift)

junge Kloster wurde von den Mongolen auf ihrem Rückzug 1241 niedergebrannt. In zähem Ringen gelang es dem Kloster, seinen Besitz zu vermehren und durch deutsche Siedlungen zu verbessern (Heinrichauer Gründungsbuch aus dem Ende des 13. bis 14. Jh.). 1292 wurde Grüssau von Heinrichau aus besiedelt. 1699 entsandte Heinrichau Mönche und Bauern nach Zirc in Ungarn, um die durch die Türkenkriege verödete Abtei neu zu beleben.

Die Klosterkirche, eine Choranlage mit 5 Schiffen, Umgang, geradem Chorschluß und Kreuzschiff, gehört noch dem 13. Jh. an, während das Langhaus im 14. Jh. entstand. Der massige Turm wurde 1608 hinzugefügt. Ältester erhaltener Zisterzienserbau in Schlesien. In der Magdalenenkapelle hinter dem Hochaltar befindet sich die Doppelgrabplatte Bolkos von Münsterberg, gest. 1341, und seiner Ehefrau Jutta, gest. 1342.

Unter Abt Heinrich Kahlert wurde das Innere der Kirche barock umgestaltet mit Lünettenbildern von Michael Willmann, kostbarem Chorgestühl und reichen Altären und Gemälden. Ab 1682 bauten Matthias Kirchberger und Simon Wiedemann die südseitigen Klostergebäude mit den beiden zierlichen Ecktürmchen und den reichstuckierten Innenräumen, insbesondere der Bibliothek, aus. Die Kirchenfront erhielt einen barocken Westgiebel und einen Vorbau mit abschließender Kuppel. Ein Teil des östlichen Umgangs wurde abgetragen und durch drei Kapellen mit Kuppelgewölben ersetzt. 1715 wurde auf dem Klosterplatz eine Dreifaltigkeitssäule errichtet.

Nach der Säkularisierung wurde die Stiftskirche Pfarrkirche. Das Klosterareal ging 1863 in den Besitz des großherzoglich-weimarischen Hauses über und wurde von diesem als Schloß eingerichtet. Die Gebäude wurden bei Kriegsende nicht zerstört.

Heinzel, Max, geb. 1833 in Ossig, gest. 1898 Schweidnitz. Schlesischer Dichter und Mundartdichter. Eine Felsgruppe bei Baberhäuser hatte den Namen „Heinzelsteine“. Begründer des Mundartkalenders „Der gemittliche Schläsinger“ (1882).

Helfritz, Hans, geb. 1877 in Greifswald, gest. 1958 in Erlangen. Professor für Öffentliches Recht. 1919 nach Breslau berufen, nach dem Kriege in Erlangen tätig.

Hemprich, Karl Friedrich, geb. 1798 Glatz, gest. 1844. Arzt an der Universität Breslau. Hauptwerk: „Die Heilquelle in Cudowa in der Grafschaft Glatz“.

Heinrichauer Monstranz
von Christian Mentzel d.Ä. 1661

Heinrichau

Henckel von Donnersmarck, oberschlesische Magnatenfamilie, die sich um das Industrierevier verdient gemacht hat. Stammt aus Donnersmarkt/Zips, dorthin vom Niederrhein 12./13. Jh. eingewandert, geadelt 1417. 1603 erwarb Lazarus I. (1551–1624) vom Kaiser die Herrschaften Beuthen-Oderberg. Der Übergang vollzog sich unter Lazarus II. (1639). Lazarus III. (1729–1805) entwickelte den Industriebesitz zur Zeit Friedrichs des Großen. Sein Enkel Hugo (1811–1890) errichtete 1839 die Laurahütte, andere Hütten folgten. 1869 erwarb er die Königshütte, veräußerte jedoch 1871 die „Vereinigte Königs- und Laurahütte" wieder.

In der zweiten Hälfte des 19. Jh. trat die Neudekker Linie in den Vordergrund und erlebte unter Fürst Guido (1830–1916) vor dem Ersten Weltkrieg ihren Höhepunkt. Er war verheiratet mit der jüdischen Kaufmannstochter Pauline Blanche de Païva (Lachmann), die entscheidenden Anteil an den wirtschaftlichen Entscheidungen des Fürsten hatte.

Hervorzuheben sind die sozialen Leistungen und Stiftungen der Familie, wie das Fürst-Donnersmarck-Institut in Grohnau und die Guido-Stiftung. Der Sohn Guidos, Graf Kraft Henckel von Donnersmarck, mußte 1922 für Polen optieren, um den Besitz der Familie zu retten. Das Ende des Zweiten Weltkrieges machte diese Bemühungen zunichte. Das Vermögen der Familie wurde enteignet.

Hermes, Johann Timotheus, geb. 1738 in Petznick bei Stargard, gest. 1821 in Breslau. Superintendent und Lehrer am Maria-Magdalenen-Gymnasium in Breslau. Verfasser zahlreicher empfindsamer Romane. Nach seinem Buch „Sophiens Reise von Memel nach Schlesien“ wurde er „Sophien-Hermes“ genannt. Goethe und Schiller verspotteten ihn in den „Xenien“.

Hermsdorf/Kynast (poln. *Sobieszów*), Sommerfrische und Ausflugsziel am Fuße des steilaufragenden, 627 m hohen Granitfelsens, auf dessen Kuppe sich die berühmte Burg Kynast befindet. Pfarrkirche St. Martini, 1778 barock umgebaut. Die sehr reiche barocke Ausstattung von Altar und Kanzel ist das Werk des Hirschberger Bildhauers Augustin Wagner. Die Kirche wird seit 1945 nicht genutzt.

Evangelische Kirche, nach 1945 katholisch, 1744/1745 als rechteckiger Saalbau errichtet, von einem hübschen Dachreiter gekrönt, den Raum umziehen Emporen.

Das Schloß war das Amtshaus der Schaffgotschen Verwaltung. Es wurde 1705–1712 durch Elias Scholz erbaut und bildet den Abschluß eines Gutshofes. Eine breite Treppanlage führt zu dem Barockschloß hinauf. Im Innern gibt die gewölbte Eingangshalle mit dem Treppenhaus und schweren Balustern ein sich in die gesamte Anlage einfügendes harmonisches Bild. In dem Ort befand sich Möbelindustrie und eine Glasschleiferei und -ätzerei als Teil der Josephinenhütte-AG. 1939: 3300, 1970: 4900 Einwohner.

Herolt, Wolfgang. Meistersinger und Schuhmacher. Gestorben 1614. Von Augsburg nach Breslau übersiedelt. Verfasser des ältesten Breslauer Meisterliedes von 1572. Auch als „Breslauer Hans Sachs“ bekannt.

Herrmann-Neisse, Max

Denn die Heimat bleibt bestehen
In dem Lied verstoßner Söhne.

(Max Herrmann-Neisse)

Geb. 1886 in Neisse, gest. 1941 in London. Sozialer Lyriker des Expressionismus. Auch Romancier und Dramatiker. Nach Studium in München und Breslau, kam er 1917 als freier Schriftsteller nach Berlin. 1933 emigrierte er in die Schweiz, später nach London. Er schrieb Gedichte von großer Ausdruckskraft und Liebe für seine Heimat: „Das Buch Franziskus“, „Empörung, Andacht, Ewigkeit“, „Um uns die Fremde“, „Erinnerung und Exil“ und „Heimatfern“.

Herrmannsdorf (poln. *Jerzmanowo*), 14 km westlich von Breslau. Malerische gotische Pfarrkirche St. Hedwig aus dem 14. und 15. Jh. Die mächtigen abgetreppten Strebepfeiler am Turm unterstreichen den wehrhaften Charakter der Kirche, die von einer Mauer aus Feldsteinen umgeben ist.

Herrndorf (poln. *Żukowice*), 8 km westlich von Glogau gelegenes Dorf und Schloß, das 1585/86 in Ober Herrndorf erbaut und nach Bränden 1760 und 1923 mehrfach umgebaut und erweitert wurde. Joachim von Berge (1528–1602), protestantischer Humanist und kaiserlicher Reichshofrat, errichtete hier eine Stiftung für protestantische Studierende aller Schichten. Sein Geschlecht saß von 1406–1945 auf Herrndorf.

Herrnstadt (poln. *Wąsosz*), kleines Landstädtchen, 18 km südöstlich von Guhrau, rechts der Bartsch. 1290 als deutsche Stadt gegründet. Herzogtum Glogau, 1312 Herzogtum Oels, 1329 unter böhmische Oberlehnshoheit, 1526 mit Böhmen an Habsburg. 1742 preußisch.

Planmäßige Stadtanlage mit Ring. Wiederholt durch Kriegshandlungen und Brände zerstört. 1759 zerschossen die Russen die Stadt. Auch im Zweiten Weltkrieg stark zerstört. Erhalten Schloß mit Bauteilen der Renaissance und des Barock (16./17. Jh.).

Landwirtschaft und Handwerk. 1939: 2500, 1970: 2100 Einwohner.

Herzog, Oswald, geb. 1881 in Haynau. Maler. Erlernte in Liegnitz das Stuckhandwerk. Ging um 1900 nach Berlin. Mitglied der „Novembergruppe“ und von 1919–1931 an deren Ausstellungen beteiligt. Mehrere Schriften über die Abstraktion in der Kunst.

Hess, Johann, geb. 1490 in Nürnberg, gest. 1547 in Breslau. Reformator Breslaus. 1511 Magister, 1513 Notar an der Kanzlei des Bischofs Johann v. Thurzo. 1515 Erzieher am Hof in Oels, 1517 nach Wittenberg, 1520 Prediger in Oels. 1523 erster evangelischer Geistlicher Breslaus an der Maria-Magdalenen-Kirche.
Gründer des Allerheiligenhospitals. Beigesetzt unter dem Altar der Maria-Magdalenen-Kirche.

Hettner, Hermann, geb. 1821 in Leisersdorf bei Goldberg, gest. 1882 in Dresden. Literatur- und Kunsthistoriker. Literaturgeschichte des 18. Jh. Neuausgabe 1961.

Heuscheuer. Das Heuscheuergebirge, ein langer Zug von Quadersandstein, überragt von der großen Heuscheuer als Mittelpunkt des Gebirges, ist seit Beginn des 19. Jh. ein beliebtes Touristenzentrum. Die starke Zerklüftung des Massivs läßt die Sandsteinformationen erkennen, die einzelnen Felsgruppen haben Namen wie „Kamel" oder „Großvaterstuhl".
Auf der landschaftlich schönen Heuscheuerstraße, die 1867–1870 erbaut wurde, überquert man das Gebirge von Kudowa über die Hochebene hinunter nach Wünschelburg.

Heydebreck (bis 1934 Kandrzin; poln. *Kęd-*

Großvaterstuhl auf der Heuscheuer

Hindenburg/OS., Kasino der Donnersmarckhütte

zierzyn), große Gemeinde in Oberschlesien (seit 1951 Stadt), 10 km von der Mündung der Klodnitz in die Oder. Klodnitzkanalhafen, Eisenbahnknotenpunkt. Große Stickstoffwerke. 1939: 6300, 1970: 34200 Einwohner.

Heyduk, Georg Paul, geb. 1898 in Gleiwitz, gest. 1962. Maler. Lehrer an der Breslauer Akademie. Ab 1934 freischaffend, 1946 in Kassel. Verbindet realistische Darstellung mit romantischer Tradition.

Heym, Georg, 1887 in Hirschberg/Schlesien geb., 1912 gest. Expressionist. Lyriker, Novellist und Dramatiker. Mit seinem Freund beim Eislauf auf der Havel ertrunken.
Er schrieb: „Der ewige Tag", (Gedichte), „Atalanta" (Tragödie), „Umbravitae" (Gedichte), „Der Dieb" (Novellen).

Aus **„Der Krieg"**
Eine große Stadt versank in gelbem Rauch,
warf sich lautlos in des Abgrunds Bauch.
Aber riesig über glüh'nden Trümmern steht,
der im wilden Himmel
dreimal seine Fackel dreht.

Heynicke, Kurt, geb. 1891 in Liegnitz. Erzähler und Hörspielautor. In seiner expressionistischen Lyrik nähert er sich Max Herrmann-Neisse.

Hiernle, Karl Josef. 1693–1748. Entstammte einer süddeutschen Bildhauerfamilie und lebte in Prag. Für die Klosterkirche in Wahlstatt schuf er das umfangreiche Figuralensemble.

Hildebrandt, Dieter, geb. 1927 in Bunzlau. Kabarettist und hintergründiger Zeitkritiker. Im Fernsehen u. a. bekannt durch seine Glossen in den „Nachrichten aus der Provinz".

Himmelwitz (poln. *Jemielnica*), Zisterzienserkloster im Kreis Groß Strehlitz, Tochterkloster des Stiftes Groß Rauden, 1282 durch Herzog Boleslaus von Oppeln errichtet. Frühere Anlagen 1617 und im Dreißigjährigen Kriege weitgehend zerstört. 1733 verwüstete ein Feuer Kirche und Klostergebäude, die anschließend hieran als äußerlich einfache Barockanlage durch Friedrich Gans wieder aufgebaut wurde. 1945 erlitt die Anlage keine Schäden.

Stiftskirche, dreischiffige gotische Basilika mit reicher barocker Innenausstattung, Hochaltar 1734, Altarblatt von Neunhertz, weitere zwei Altargemälde werden Michael Willmann zugeschrieben. Edelgeformte Holzskulpturen auf den Seitenaltären (Joh. Georg Lehnert). Prospekt der Orgel von 1777, St. Josephskapelle, 1935 restauriert. Turm mit durchbrochener Barockhaube und Dachreiter. Unter dem nördlichen Seitenschiff Grabkrypta (seit 1714). Prälatur und südliches Stiftsgebäude erhalten, als Pfarrhaus genutzt.

Allerheiligen-Pfarrkirche (1477 geweiht) mit guterhaltenen Freskenmalereien. Innenausstattung aus dem 17. Jh. sorgfältig restauriert.

Hindenburg (poln. *Zabrze*), Kreisstadt in Oberschlesien. 1922 Verleihung des Stadtrechts an ein 1305 erstmals genanntes deutsches Dorf, das sich 1305 „Sadbre“ oder „Cunczindorf“, 1467 „Kunzendorf“ nannte. Der Name Kunzendorf verschwand später. 1915 Stadtname Hindenburg. 1927 Stadtkreis. Durch die Teilung Oberschlesiens wurde Hindenburg Grenzstadt und verlor einen Teil seines Hinterlandes. Neuzeitliche In-

Stadt Hirschberg

Hirschberger Ring

dustriestadt, durch Zusammenschluß mehrerer großer Industriegemeinden entstanden. Die Gründung der großen Kohlengrube im angrenzenden Zaborze (1790) legte die Basis für die moderne Entwicklung. Seit 1826 entwickelte die Familie Henckel von Donnersmarck die Industrie des Gebietes. Dem Eisenbahnbau Breslau–Gleiwitz–Zabrze–Myslowitz (1845/46) folgte der Bau weiterer Gruben und Industriewerke (Donnersmarckhütte, Dampfkesselfabrik, Redenhütte, Adolf-Deichsel-Drahtwerke). Die Unternehmen wurden weiterentwickelt und zu Industriezonen zusammengefaßt. Nach 1945 erhielt Hindenburg eine medizinische Akademie. 1939: 128000, 1975: 203000 Einwohner. 1945 unzerstört.

Hirsch, Gotthard, geb. 1889 in Breslau, gest. 1977 in Höchenschwand/Schwarzwald. Schlesischer Maler.

Hirschberg im Riesengebirge (poln. *Jelenia Góra*), Kreisstadt am Fuße des Riesengebirges. Mittelpunkt des nach ihm benannten Tales. Gegründet vor 1281 mit deutschem Recht.
Planmäßige Stadtanlage mit rechteckigem Ring als Stadtmittelpunkt. Rathaus, 1744–1749, erbaut von Hedlmann, in der Mitte des Marktes. Dieser ist umstanden von schönen Barockhäusern mit Lauben, schönstes Haus ist das Haus „Zum goldenen Schwert". Teile der Stadtbefestigungen erhalten. Künstlerisch besonders wertvoll evangelische Gnadenkirche. Sie wurde auf Veranlassung König Karls XII. von Schweden nach dem Vorbild der Katharinenkirche in Stockholm durch

Huxtbitter

den Liegnitzer Baumeister Martin Frantz 1709-1718 errichtet. Innenraum mit drei hölzernen Emporen, die üppige Barockorgel hinter dem Altar. Der die Kirche umgebende Barockfriedhof (1710 geweiht) mit 19 Grufthäusern von 1716-1756, nach dem Kriege vielfach geschändet, teilweise restauriert. Katholische Pfarrkirche St. Erasmus und Pankratius, eine spätgotische Hallenkirche aus dem 14. und 15. Jh. mit einem überaus prunkvollen Hochaltar (1713-1718) mit Figuren von Thomas Weißfeld. Bedeutende Orgel der Spätrenaissance. Vor der Kirche Mariensäule. Ferner St.-Anna-Kirchlein am Schildauer Torturm.

Im 16. und 17. Jh. hatte die Stadt besondere Bedeutung durch ihre Leinenerzeugung, vor allem ihre Schleierweberei. Durch ihren Leinenhandel bis nach Übersee gelangte sie zu Reichtum. Gegenwärtig Kammgarnspinnerei, Zellwollfabrik, Webereien, eine Strumpfstrickerei, Papierfabriken sowie zahlreiche andere industrielle Unternehmen. Daneben war Hirschberg eine bedeutende Garnisonstadt. Ausgangspunkt des Tourismus im Riesengebirge. Riesengebirgsmuseum mit größter Sammlung schlesischen Glases in Europa, Riesengebirgsstube. Pädagogische Hochschule. 1939: 35000, 1975: 59000 Einwohner. Die Stadt wurde 1945 nicht zerstört, ist aber nach 1945 stark zerfallen. Ring und Rathaus sind inzwischen restauriert, jedoch befindet sich der übrige Teil der Stadt teilweise in einem verwahrlosten Zustand.

Hirschfeldau (poln. *Jelenin*), Dorf und Schloß nordöstlich von Sagan. Schloß aus dem Übergang vom Barock zum Klassizismus (1787–1805). Katholische Kirche aus Granitfindlingen, Ende 15. Jh., Sakramentshäuschen 1497, mittelalterliche Grabdenkmäler.

Hobrecht, Arthur, geb. 1824 in Kobierzye bei Danzig, gest. 1912. 1863 bis 1872 Oberbürgermeister von Breslau, später Oberbürgermeister in Berlin und preußischer Finanzminister.

Hochberg, schlesisches Adelsgeschlecht, s. Pless, die nichtältesten Söhne tragen den Namen Hochberg.

Hochbergkapelle an der Vinzenzkirche in Breslau. Von Ferdinand Graf von Hochberg gestiftete, von 1723–1725 von Christoph Hackner erbaute Kapelle. An der Ausgestaltung haben die Bildhauer Siegwitz, Urbansky und Karinger Anteil. Die Kuppelfresken 1725 von Wenzel Lorenz Reiner gemalt. Ein Meisterwerk der Schmiedekunst das 56 Zentner schwere Rokokogitter von Jakob Meyer.

Hochkirch (poln. *Wysoka Cerekiew*), Dorf, 14 km südöstlich von Glogau. Die Wallfahrtskirche, eine dreischiffige Barockkirche, wurde 1724 geweiht. In ihr Figurengrabmäler aus der zweiten Hälfte des 16. Jh. Die Tänzerin Barberina (Barbara Campanini), gest. 1799, ist hier begraben.

Hochzeit. Auch in Schlesien gingen Liebe und Ehe nicht Hand in Hand. Die Ehe war, wenigstens bei den Bauern und Handwerkern, ein Geschäft. Grundstücke und Vermögen wurden geheiratet. Dementsprechend war die Besichtigung der Wirtschaft der wichtigste Augenblick beim Freien. Der offizielle Brautwerber war meist der Pate. Diesen Tag nannte man „die Freit“ oder „Freite“. Dann hielt der Bräutigam beim Brautvater um die Tochter an, der Brautvater stellte sich dem Brauch nach unwissend, rief erst die Frau und dann die Tochter. Stimmten diese zu, war das Paar offiziell verlobt. Der Bräutigam gab vielfach seiner Braut ein „Handgeld", und zwischen Bräutigam und Schwiegervater wurde dann das Geschäftliche besprochen. Am Sonntag darauf erfolgte das Aufgebot in der Kirche, der Hochzeitstag wurde bestimmt, die Köchin bestellt, Schnaps und Bier besorgt und große Mengen Kuchen gebacken. Dieser wurde zu jedem geschickt, von dem man ein „Huxtgeschenk" erwarten konnte. Der Hochzeitsbitter hatte die Gäste und Trauzeugen zu laden, die Braut zu übergeben und die Gäste zu unterhalten. Die „Züchtfrau" spielte die Gegenrolle. Zu nahen Bekannten und Verwandten ging das Brautpaar selbst einladen.

Die Tochter erhielt ein „Brautfuder", das ist die Aussteuer in Form von Möbeln und anderer Einrichtung, und die „Brautkuh". Die Braut hatte die gesamte Einrichtung zu liefern, während der Bräutigam nur zwei leere Bettstellen, einen Tisch, zwei Stühle und die Eckbank stellte. Oben auf dem Brautfuder lagen die Federbetten, das Spinnrad und ein Butterfaß mit Messingreifen.

Am Kranzelabend, dem Hochzeitsvorabend, wanden die Freundinnen die Brautkränze aus Rosmarin. Am Vormittag der Hochzeit ging der Huxtbitter den Bräutigam einholen. Die Braut hatte sich inzwischen versteckt, dem Bräutigam wurde vielfach eine falsche, unter Schleiern versteckte Braut zugeführt. Gewöhnlich war es eine alte Frau. Erst wenn er dem Brauch nach ein

Kranzelabend

Die Aussteuer

Geldgeschenk aushändigte, wurde ihm die richtige Braut gebracht, und man konnte den Weg zur Kirche antreten. Gewöhnlich wurde zur Kirche gefahren, die Gäste vorn, das Brautpaar im letzten Wagen, auf der Rückfahrt umgekehrt. Eine Ehrenpforte wurde errichtet, eine Schnur über die Straße gezogen. Der Bräutigam hatte eine Spende zu entrichten, um passieren zu dürfen.

Nachmittags setzte man sich zum „Huxtessen". Neben dem Essen gingen Zigarren und Korn fleißig herum, wobei stets aus einem Glase getrunken wurde. Den Abschluß bildeten Kaffee und Kuchen. Am späten Nachmittag ging es in den Kretscham zum Tanz. Den Tanz, das Trinken und alle Unkosten im Wirtshaus mußten die Gäste selber bezahlen. Dies nannte man die „Irte". Nachts um 12 Uhr nahm man im Isergebirge der Braut den Schleier ab und setzte ihr die Haube auf. Statt des Schleiers wurde mitunter auch der Brautkranz durch die Haube ersetzt. Der Brautkranz wurde unter Glas und Rahmen aufgehoben.

Diese Bräuche haben sich in städtischen Bereichen nicht erhalten. Hier entsprach die Hochzeitsfeier dem im übrigen deutschen Gebiet Gebräuchlichen.

Hoffbauer, Jochen, geb. 1923 in Geppersdorf-Liebenthal, Kreis Löwenberg. Schlesischer Lyri-

Brautfuder und Brautkühe

ker und Erzähler. „Schlesisches Weihnachtsbuch" (1965), „Schlesien – Du Land meiner Kindheit" (1966), „Sommer gab es nur in Schlesien" (1972).

Hoffmann von Fallersleben, August Heinrich, geb. 1798 in Fallersleben, gest. 1874 auf Schloß Corvey. Dichter. 1823 Kustos an der Universitätsbibliothek in Breslau, 1830 außerordentlicher, 1835 ordentlicher Professor der deutschen Sprache und Literatur. 1842 wegen seiner „Unpolitischen Lieder" seiner Professur enthoben. Nach unsteten Wanderjahren von 1860 an Bibliothekar des Herzogs von Ratibor auf Schloß Corvey.

Aus der Breslauer Zeit stammt ein großer Teil seiner Lyrik. Er trug Wesentliches zur schlesischen Heimatforschung bei (Schlesische Volkslieder, „Monatsschrift von und für Schlesien"). 1841 schrieb er auf Helgoland das „Deutschlandlied". „Schlesische Volkslieder mit Melodien" (1842), „Polnische Volkslieder der Oberschlesier" (1865).

Hoffmann, Ruth (eigentlich R. Scheye), geb. 1893 in Breslau, gest. 1974 in Berlin. Volkstümliche Schriftstellerin. Herzenswarm und fabulierfreudig, erzählte sie schlesische und jüdische Schicksale. Romane: „Pauline aus Kreuzburg" (1935), „Meine Freunde aus Davids Geschlecht" (1947), „Der verlorene Schuh" (1949), „Eine Liebende" (1971), „Die Häuser, in denen ich lebte" (1969). Ihr gesamtes Werk ist geprägt von der Liebe zu Schlesien. Ihr Mann, der jüdische Bankkaufmann Erich Scheye, kam 1943 in Auschwitz um.

Hofmann, Friedrich, geb. 1866 in Kölleda, gest. 1956 in Hannover. Professor an der Technischen Hochschule Breslau. 1906 gelang ihm die technische Darstellung des Isoprens, 1909 dessen Polymerisation zum ersten Synthesekautschuk (Buna).

Hofmannswaldau, Christian Hofmann von, geb. 1617 in Breslau, gest. 1679 dort. Bedeutender Lyriker des Barocks. Mitglied der sogenannten „Zweiten Schlesischen Dichterschule". Studium der Rechte in Leyden, Reisen in England, Frankreich und Italien. Ratsherr und Präsident des Ratsherrenkollegiums in Breslau.

Hohe Straße. Im Mittelalter führte die Verbindungsstraße zwischen dem europäischen Osten und Westen entlang der deutschen Mittelgebirge über Görlitz und Breslau. Die Hohe Straße verschaffte dem Lande Schlesien und insbesondere den Städten, die an ihr lagen, erhebliche Bedeutung. Dieser europäische Hauptverbindungsweg stand mit den Straßen Posen – Danzig und Frankfurt – Stettin und dadurch mit der Ostsee in Verbindung.

Hohenfriedeberg (poln. *Dobromierz*), kleines Landstädtchen, ohne eigene Industrie, 18 km südlich von Jauer. Vor 1287 von deutschen Siedlern gegründet nach deutschem Recht. Die Pfarrkirche St. Michael entstand Mitte des 17. Jh. neu, evangelisches Bethaus nach Plan von Schinkel. Barockschloß von 1716–1727.

Bekannt wurde der Ort durch die Schlacht zwischen Friedrich dem Großen und dem Prinzen Karl von Lothringen 1745. Nach dem für Friedrich unglücklich verlaufenen böhmischen Feldzug 1744 bemächtigten sich die Österreicher Oberschlesiens, und Prinz Karl von Lothringen brach mit einem Heer von 90000 Österreichern und Sachsen in Mittelschlesien ein. Der König griff seine Gegner, die ihn auf dem Rückzug nach Breslau vermuteten, unvermutet an, zerstreute die Sachsen bei Striegau und brachte der Hauptmacht der Österreicher eine schwere Niederlage bei. In dieser Schlacht zeichneten sich besonders die preußischen Dragoner aus Bayreuth aus. Bekannt der Hohenfriedeberger Marsch, der wahrscheinlich vom König selbst komponiert worden ist. Der Marsch beginnt mit den Worten „Auf, Ansbach-Dragoner, auf, Ansbach-Bayreuth“. Der schlesische Volksmund hatte allerdings eine andere Version, er sang: „Meine Mutter, die hat Schkonnerle geruppt, da sind se nackicht in der Stube rumgehuppt“. Die Anfangstakte des Marsches waren das Pausenzeichen des Breslauer Rundfunks. 1939: 1000, 1961: 470 Einwohner.

Von Hohenlohe-Oehringen. Seit 1800 tritt in Oberschlesien diese Familie in Erscheinung, die sich Ende des 19. Jh. zum größten Zinkproduzenten der Welt emporgearbeitet hatte. 1905 Hohenlohe-Werke-AG mit Sitz in Hohenlohe-Hütte. 1912: 10000 Beschäftigte. Nach 1921 wurde das Unternehmen durch die Teilung Oberschlesiens gespalten.

Hohlstein (poln. *Skała*), Dorf und Schloß nördlich von Löwenberg, an einem Bergrücken gelegen. Das alte Schloß wurde 1513, das neue im 18. Jh. erbaut.

Holländer, Felix, 1868 in Leobschütz geb., 1931 in Berlin gest. Naturalistischer Erzähler und Dramaturg. 1920 Nachfolger Max Reinhardts am Großen Schauspielhaus in Berlin. Werke:

Schlacht bei Hohenfriedeberg

Karl von Holtei

„Sturmwind im Westen“ 1896, „Der Weg des Thomas Truck“ 1902.

Holtei, Karl von, geb. 1798 in Breslau, gest. 1880 dort. Dichter, Schriftsteller und Theatermann. Er ragt unter den schlesischen Dichtern als Verkörperung schlesischer Wesensart hervor. Seine Unruhe treibt ihn ständig in die Weite, gleichzeitig zieht ihn seine auch dichterisch zum Ausdruck kommende Sehnsucht zurück in seine geliebte Heimat.
Sein Leben führte ihn von Breslau über Berlin, Darmstadt, Paris, Wien, Leipzig und Hamburg schließlich nach Riga und Graz. Er war ein glänzender Rezitator insbesondere Shakespearescher Dramen. Sein Lebensroman „Vierzig Jahre“ (1843–1850), seine Briefe aus und nach Grafenort (1841) und die zwei Bände „Noch ein Jahr Schlesien“ sind ein ergreifender Spiegel seines Lebens. 1830 erscheinen seine „Schlesischen Gedichte“ in schlesischer Mundart, die ein Stück schlesischer Volksseele verkörpern, 1834 seine Sammlung „Deutsche Lieder“. Mit seinen Dramen und Lustspielen sprach er die Menschen seiner Zeit in besonderem Maße an. Als alter Mann kehrte Holtei völlig vereinsamt nach Breslau zurück, wo er bei den Barmherzigen Brüdern Aufnahme und Pflege fand.
Für die vertriebenen Schlesier ist seine Verszeile „heim will ich, sonst nichts als heim“ zu einer schmerzlichen Wahrheit geworden. Holtei drückt dies so aus:

Wie schilgemol, –
Du weeßt's, mei lieber Got,
Hab ihch geseufzt
Und seufz' ich hinte noch:
„Heem will ihch,
Suste weiter nischt, ack heem!“

Holz, Paul, geb. 1883 Riesenbrück, gest. 1938 Schleswig, 1925–1932 Lehrer an der Breslauer Kunstakademie.

Holzhausen, August Friedrich, 1768–1827. Erbauer der ersten Dampfmaschine in Oberschlesien. Leiter der 1808 in Gleiwitz errichteten Dampfmaschinenbauanstalt.

Hornig, Ernst, geb. 1894 Kohlfurt, gest. 1976 Bad Vilbel, evangelischer Theologe, Mitglied der Bekennenden Kirche, ab 1951 Bischof von Schlesien bis 1963. Am 4. 5. 1945 spricht er gemeinsam mit Weihbischof Ferche und Dekan Konrad bei General Niehoff vor und veranlaßt diesen zur Übergabe der „Festung“ Breslau. Sein Buch „Breslau 1945“ schildert das schreckliche Leiden der Bevölkerung in der eingeschlossenen Stadt.

Hornschloß (poln. *Rogowiec*), Burgruine im Kreise Waldenburg. Die Burg wurde zur Sicherung der Grenze gegen Böhmen errichtet. Sie wurde 1483 zerstört und nicht wieder aufgebaut.

Hoyerswerda, Kreisstadt, 210 km nordwestlich von Breslau an der Schwarzen Elster. 1268 deutscher Herrschaftssitz, 1423 Stadtrecht und freie Ratswahl. Hoyerswerda gehörte ursprüng-

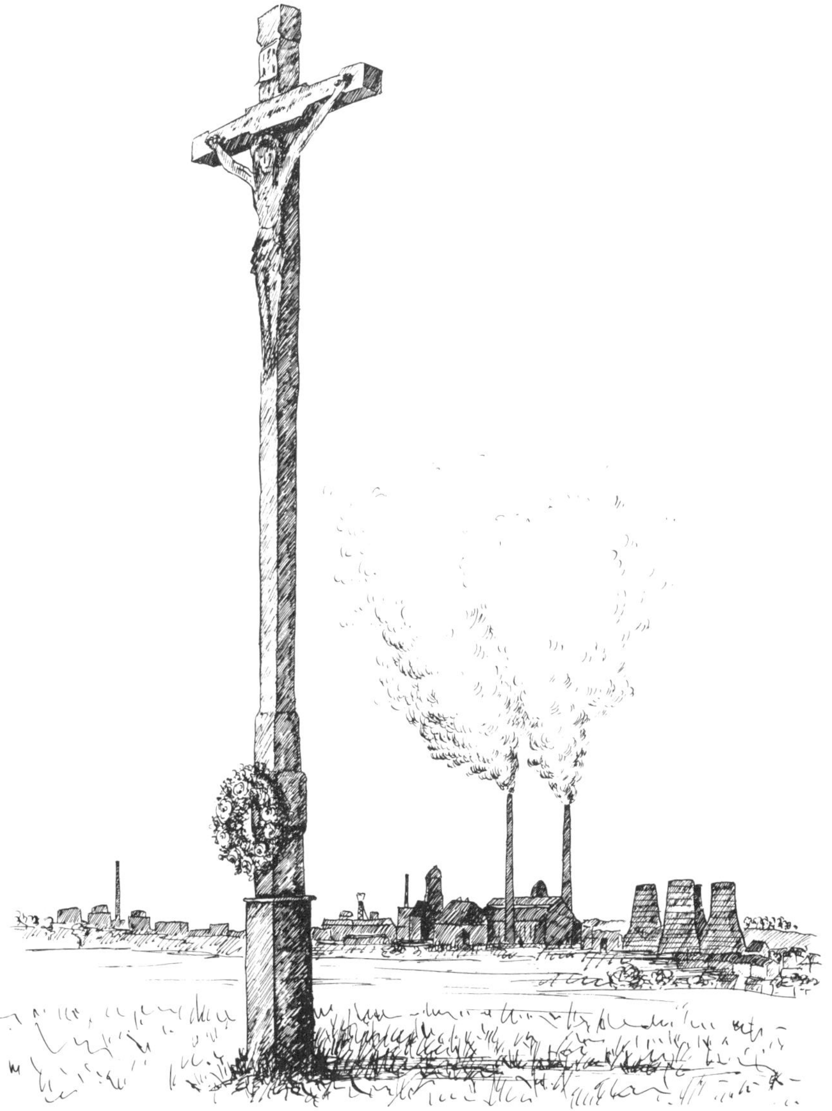

Oberschlesien, Industrielandschaft unter dem Kreuz

Das Tal von Flinsberg

lich zu Brandenburg. 1355 kam es unter böhmische Oberlehnshoheit. 1635 zu Kursachsen, 1815 zu Preußen, 1825 zu Schlesien. Heute DDR. Bedeutender Braunkohlenbergbau. 1939: 7000, 1974: 65000 Einwohner.

Hoym, Karl George Heinrich Graf von, 1739–1807. Seit 1762 Kriegs- und Domänenrat in Breslau, 1770 dirigierender Minister von Schlesien. Betrieb mit Nachdruck die Anlage von Siedlungen in den Waldgebieten Oberschlesiens.

Hünern (poln. *Psary*), Dorf und Schloß im Kreise Trebnitz. Schloß aus der ersten Hälfte des 17. Jh., Anfang des 19. Jh. von Neidhardt von Gneisenau umgebaut.

Hufe. Die mittelalterliche Ostsiedlung kannte für die Zumessung des Landes an die Siedler zwei verschiedene Flächenmaße: die flämische Hufe war 16,8 ha groß, die fränkische Hufe, die in der Regel in den Rodungsgebieten Grundlage der Siedlung war, maß rund 25 ha.

Hultschin (tschechisch *Hlučín*), 27 km südlich von Ratibor, am linken Ufer der Oppa. Vor 1279 Stadtgründung durch König Ottokar II. 1314 deutsches Stadtrecht. Herzogtum Ratibor, 1327 unter böhmische Oberlehnshoheit, 1526 mit Böhmen an Habsburg, 1532 böhmisches Kronland unter Habsburg, 1742 preußisch, 1918 tschechisch, 1938 deutsch, 1945 tschechisch. Landstadt mit herrschaftlichem Schloß und großem Ring, mit Rathaus in der Stadtmitte. Reste der Stadtmauer erhalten, Pfarrkirche aus dem 14. Jh. Steinkohlenbergbau und Landwirtschaft. 1939: 4800, 1960: 6500 Einwohner.

Hultschiner Ländchen mit rd. 50000 Bewohnern wurde nach dem Versailler Vertrag ohne Volksabstimmung an die Tschechoslowakei angegliedert. Es blieb im Zweiten Weltkrieg unzerstört. Das ursprünglich überwiegend deutsch besiedelte Gebiet wurde im 15. Jh. slawisiert, jedoch bewahrte es eine altertümliche mährische Sprachform, die mit deutschen Elementen vermischt war. An der böhmischen Entwicklung mit eigenem Nationalbewußtsein nahm es nicht teil, sondern fühlte sich dem deutschen Kulturkreis verbunden. Gleichwohl wurde es der Tschechoslowakei zugesprochen. Wirtschaftlich war das Gebiet agrarisch ausgerichtet. Großgrundbesitz nahm mehr als 40 v.H. der Fläche ein (Fürst Lichnowsky, Bankier Rothschild).

Hummelschloß (poln. *Lewiński Zamek*). Zwischen Reinerz und Lewin stehen auf einem 739 m hohen Basaltkegel die Turm- und Mauerreste einer alten Burg. Diese, ursprünglich Landfried genannt, wurde von den Hussiten, die sie in Besitz nahmen, Homole genannt. Nach 1559 war das Schloß unbewohnt und verfiel.

Hupka, Herbert, geb. 1915 in Diyatalawa/Ceylon. Jugend in Ratibor. Studium in Halle und Leipzig. Rundfunkredakteur in München (1945), Programmdirektor in Bremen (1947), Leiter der Pressearbeit beim Kuratorium Unteilbares Deutschland (1959). Gegenwärtig Vorsitzender der Landsmannschaft Schlesien. Lange Jahre Bundestagsabgeordneter. Zahlreiche Veröffentlichungen über Schlesien. Sein persönliches Engagement, das durch seine besondere Kenntnis schlesischer Geschichte und Kunst fundiert ist, haben ihn zum berufenen Sprecher der Schlesier werden lassen.

Hyazinth, der heilige, geb. 1200 in Groß Stein bei Groß Strehlitz, gest. 1257 in Krakau. Einziger in Schlesien geborener Kirchenmann, der heilig gesprochen wurde. Entstammte einem alten schlesischen Adelsgeschlecht. In Rom lernte er Dominikus kennen und empfing von ihm selbst das Ordensgewand der Dominikaner. Zusammen mit seinem Ordensbruder Ceslaus zog er über Kärnten nach Breslau und von dort weiter nach Krakau und Kiew. Sein Leben zwischen Rom, Kärnten, Kiew, Danzig, Prag, Gnesen und Paris war ganz der Mission geweiht. In der Dominikanerkirche St. Trinitas in Krakau begraben. Am Ende des linken Seitenschiffes führt eine Marmortreppe zur Hyazinth-Kapelle, einem Werk des Johann von Breslau (1533). Außerdem wurde er in der Schloßkapelle von Groß Stein verehrt.

Kirche zu Jäschgüttel

Dorthin wallfahrten die Oberschlesier am 16. August.

Ihlenfeld, Kurt, geb. 1901 Colmar, gest. 1972 Berlin. Pfarrer und Schriftsteller in Breslau, Waldenburg und Berlin, Begründer des Eckart-Kreises als geistiges Widerstandszentrum. Roman „Wintergewitter".

Imielin, kleine Industriestadt im Kreise Pleß, entstanden auf dem Boden eines preußischen Amtes. 1970: 7800 Einwohner.

Isergebirge, nordwestlicher Teil der Sudeten zwischen dem Großen Zacken und der Lausitzer Neiße. Das dichtbewaldete Gebirge mit Hochmooren übt wegen seiner schwermütigen Einsamkeit auf den Wanderer einen besonderen Reiz aus. Vier parallele Höhenrücken: Welscher Kamm mit Sieghübel (1125 m), Mittlerer Iserkamm mit Zimmerlehne (1017 m), Hoher Iserkamm mit Hinterberg (1127 m), Tafelfichte (1123 m), Heufuder (1107 m), Hochstein (1058 m) und Chemnitzkamm mit Chemnitzberg (970 m). Südlich vom Iserkamm befindet sich die 7 km lange sumpfige Iserwiese.

Iwan, Friedrich, geb. 1889 in Landeshut, gest. 1967 in Wangen. Maler und Graphiker. Studium in Berlin und Breslau. Sein Werk ist vor allem dem Riesengebirge gewidmet. Besondere Meisterschaft entwickelte er in der Darstellung des Schnees in seinen vielfältigen Formen als Verzauberer der Bergwelt.

Jadassohn, Josef, geb. 1863 in Liegnitz, gest. 1936 in der Schweiz. Bedeutender Dermatologe, langjähriger Generalsekretär der Deutschen Dermatologischen Gesellschaft, Herausgeber des Handbuches der Haut- und Geschlechtskrankheiten. Bis 1931 Leiter der Universitätshautklinik in Breslau.

Jadassohn, Salomon, geb. 1831 in Breslau,

Jauer

gest. 1902 in Leipzig. Deutscher Musiktheoretiker. Lehrte ab 1872 am Konservatorium in Leipzig. Wichtig vor allem seine „Musikalische Kompositionslehre".

Jaeckel, Willi, geb. 1888 in Breslau, gest. 1944 bei Bombenangriff auf Berlin. Kunststudium an der Akademie Dresden, 1913 nach Berlin. 1919 Professor der Staatlichen Kunstschule Berlin, 1933 entlassen. 1937 als „entartet" eingestuft.

Jaenecke, Karl, 1849–1903. Verfasser des seinerzeit bekannten Romanes „Heinrich IV. von Breslau" (1900).

Jagwitz, Friedrich, geb. 1712 Warschau, gest. 1785 Schmiedeberg. Leibarzt Friedrichs des Großen. Populärer Arzt Breslaus. Bis Ende des 19. Jh. wurde in Breslaus Apotheken das Dr. Jagwitz-Säftel verkauft.

Jannowitz (poln. *Janowice Wielkie*), Dorf und Schloß 15 km östlich von Hirschberg. Das Schloß wurde 1608–1609 unter Daniel von Schaffgotsch erbaut. Im 30jährigen Krieg zerstört und wieder aufgebaut. Spätere Umbauten. Katholische Kirche St. Marien, spätgotisch, Ende 15. Jh.
Auf einem Granitvorsprung oberhalb von Jannowitz steht die Bolzenburg, 1374 erstmals erwähnt, 1848 restauriert. Die Trümmer sind von besonderem malerischem Reiz.

Jary (Jarczyk) Michael, geb. 1906 in Königshütte, gest. 1988 München. Operetten- und Schlagerkomponist.

Jäschgüttel (poln. *Jaszkotle*), 12 km von Breslau gelegenes Dorf mit gotischer Pfarrkirche aus dem 15. Jh. Mittelalterliche Wehrmauer aus unverputzten Ziegeln mit Schießscharten.

Jauer (poln. *Jawor*).
„Bruder, fort, es geht nach Jauer,
Bruder, fort, und laß uns gehn,
Wird uns Weg und Wetter sauer,
Soll es doch bald anders stehn"
(Joh. Christian Günther).

Kreisstadt vor dem Gebirgszuge der Sudeten, an der Wütenden Neiße. Planmäßige Stadtanlage mit

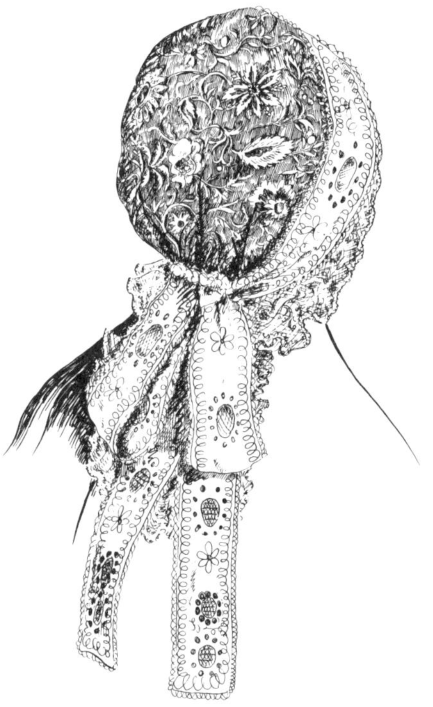

Frauenhaube aus Jauer

rechteckigem Ring, im Kriege stark zerstört, inzwischen wieder aufgebaut.
Gründung etwa 1242, Magdeburger Stadtrecht. 1248 Herzogtum Schlesien, 1278 Herzogtum Jauer, 1286 Herzogtum Löwenberg, 1291 Herzogtum Fürstenberg, 1301 Herzogtum Jauer, 1346 Herzogtum Schweidnitz-Jauer, 1368 unter böhmische Oberlehnshoheit, 1392 Erbanfall an Böhmen, 1526 mit Böhmen an Habsburg. 1742 preußisch.
Die früher sehr wohlhabende Stadt war um 1600 Zentrum des Leinenhandels. 1629 hatte sie durch die Liechtensteinschen Dragoner, welche die evangelische Bevölkerung zum Katholizismus be-

Portal an der Kath. Kirche zu Jauer

kehren sollten, besonders zu leiden. 1648 brannte fast die ganze Stadt ab.
Rathausturm aus dem 16./17. Jh., Rathaus 1896–1897, an den Ecken des Turmes 8 fast lebensgroße Figuren, darunter wahrscheinlich Karl IV., Herzog Bolko II. und sein Sohn Wenzel. Laubenhäuser am Ring. Kunsthistorisch bemerkenswert die im 14. Jh. errichtete Pfarrkirche St. Martini. Kurze Hallenkirche mit drei Schiffen, deren jedes mit einem gesonderten Dach überdeckt ist. Im Südportal des Chores schönes Tympanon, dessen Relief aus der Zeit des weichen Stiles um 1400 den Titelheiligen zeigt. Das zweite Portal an der Südvorhalle der Kirche gehört zu den reifsten Einzelwerken der schlesischen Spätrenaissance des 16. Jh.
St. Barbara-Kirche von 1786 auf alten Grundmauern. St. Adalbert-Kirche 1438 aus der Synagoge von 1364 entstanden. Franziskanerkloster von 1485, seit 1945 Ruine. Klosterkirche St. Marien mit Backsteinlisenengiebel, im Hauptschiff Sterngewölbe, gotische Wandmalereien. Evangelische Friedenskirche in Fachwerk, 1654–1656 nach den Plänen von Saebisch, Hallenkirche für 6000 Besucher. Die Ausführung lag in der Hand des Baumeisters Andreas Kempner, später durfte von der Südseite ein gedrungener Turm mit einer barocken Haube angebaut werden. Sehr anheimelnd im Innern die bäuerlichbunte Ausmalung etwa in der Art schlesischer Bauernmöbel. Die Kirche ist erhalten, jedoch sehr baufällig. Ebenfalls erhalten Teile der Stadtmauer mit zwei Basteien „Engelsburg“ und „Striegenturm“. Niederschlesisches Landestheater.
Die Wirtschaftsstruktur ist durch Granit- und Basaltwerke sowie durch Hartsteinschleiferei gekennzeichnet. Außerdem Maschinenfabriken, Eisengießerei, Ofenbau und andere Industrien. 1939: 13700; 1975: 16500 Einwohner.

Jedin, Hubert, geb. 1900 Großbriesen/OS gest. 1980 Bonn. Kath. Kirchenhistoriker, Hauptwerke: die 5bändige „Geschichte des Konzils von „Trient“ und die Herausgabe eines 7bändigen „Handbuchs der Kirchengeschichte“.

Johann von Frankenstein, Johanniter, um 1300, Verfasser des Epos von Christus, dem Kreuzträger „Der Krûzigêre“. Die Handschrift weist viele schlesische Sprachmerkmale aus. Sie gilt als eines der frühesten schlesischen Sprachdenkmäler.

Johann von Neumarkt, 1310 als Sohn einer deutschen Bürgerfamilie in Hohenmauth (Ostböhmen) geb., gest. 1380. Kanzler Karls IV. Erster Humanist Deutschlands. 1344 Pfarrer in Neumarkt. Seit 1346 am Hof Karls IV. Engster Vertrauter des jungen, hochgebildeten Monarchen. Kanonikus am Breslauer Dom, in Olmütz und Oberglogau. Seit 1352 Bischof von Leitomischl. Als Hofkanzler zog er mit Karl IV. zweimal nach Italien. Seinem Kampf um das Breslauer Bistum, den er zeitlebens führte, blieb der Erfolg versagt. Er wurde vom Domkapitel gewählt, starb aber vor Eintreffen der päpstlichen Bestätigung.

Johann hat zahlreiche Schriften in deutscher und lateinischer Sprache verfaßt und stand in persönlichem und brieflichem Verkehr mit Rienzo und Petraca. Er übersetzte ins Deutsche die augustinischen Soliloquien (Selbstgespräche) und die Eusebius, Augustinus und Cyrillus zugeschriebenen Briefe über den hl. Hieronymus, außerdem verfaßte er 80 deutsche Gebete. Er führte eine Reform der Prager Kanzleisprache durch, der er mehrere Sammlungen von Musterbriefen zugrunde legte. Diese Sprache ist die Grundlage für die spätere deutsche Hochsprache. Johann von Neumarkt ist die Verkörperung der deutsch-böhmisch-schlesischen Kultureinheit im 14. Jh.

Johannes IV. (Roth), 1426–1506, aus Wemdingen im Bistum Eichstätt. Breslauer Bischof und bedeutender Humanist. 1456 beteiligt er sich an der Verteidigung Belgrads gegen die Türken. Kanzler Kaiser Friedrichs III. Seit 1482 Bischof in Breslau. Er umgibt sich mit einem humanistisch gebildeten Domkapitel und verschafft der Renaissance Eingang in Schlesien. Auf seinem Grabe steht:

„Quartus Joannes jacet hic
vis cetera dicam
non alium vellet Silesia Pontificem"

„Hier liegt Johannes IV.
Was soll ich noch sagen,
Schlesien möchte keinen anderen Bischof".

Peter Vischer in Nürnberg goß seine Grabplatte im Breslauer Dom für 460 Gulden.

Johannes V. Thurzo, 1464–1520. Bedeutender Breslauer Bischof. Sohn des Bergwerkbesitzers Thurzo, Förderer des schlesischen Bergbaues. Humanist, der mit Erasmus von Rotterdam und Melanchthon in Briefwechsel stand. 1537 wurde im Breslauer Dom sein Grabmal errichtet. Die liegende Gestalt stützt das Haupt mit der Hand, eine Darstellung, die sich auch in Krakau und Neisse findet.

Johannisfeuer

Johannesberg bei Jauernig (Sudetenland), Schloß und Sommerresidenz der Breslauer Bischöfe seit dem 16. Jh. bis 1945. Hier starb Kardinal Bertram am 6. 7. 1945.

Johannistag (24. Juni) ist der Tag des Johannisfeuers, schlesisch Johonsfeuer. Vielerorts sprangen die Burschen durch lodernde Flammen. Je höher einer gelangte, desto mehr Glück sollte er haben. Der Humanist Vulturinus erzählte 1506, daß am Vorabend des Johannistages die Mädchen weißgekleidet tanzen und fröhliche Lieder singen, Blumen werden gestreut und die Türen mit Laub geschmückt. Am Johannistage selbst gehe man in die Kirche. In manchen Dörfern der Ebene gingen Johanni die Mädchen um „a Rosatoop". Sie umflochten ein „Tippl" mit Rosen und gingen mit Kränzen auf dem Kopf Gaben sammeln.

Am Johannistag sind die Geister und „Jenseitigen" dem Menschen besonders nahe. Daher wurden zu dieser Zeit mit Vorliebe Heilkräuter, vor allem die neunerlei Kräuter gesammelt, überhaupt wurden zu dieser Zeit Pflanzen zur Teebereitung gepflückt und Wünschelruten geschnitten. Um die Hexen zu bannen, legte man Besen, Birkenreiser oder Eichenzweige kreuzweise vor die Stallschwelle, man ging auch mit der Sense ums Saatfeld herum. In Sagan und Sprottau war es

Jordansmühler Widder

Brauch, daß die Mädchen einen Kranz von neunerlei Blüten in einen Baum warfen: so viel Male er wieder herunterfällt, so viele Jahre bleiben sie noch ledig. Wenn die Mädchen nachts diesen Kranz unters Kopfkissen legten, sahen sie im Traum den Herzallerliebsten.

Jordansmühl (poln. *Jordanów Śląski*), Dorf in den östlichen Ausläufern des Zobtengebirges, bekannt durch seine Mineralien. Der Jordansmühler Nephrit ist der Edelstein der Schlesier. Außerdem hat man hier vorgeschichtliche Siedlungen aus der Stein- und Bronzezeit gefunden, deren Töpfe unter dem Namen „Jordansmühl" ein Begriff geworden sind. Der bedeutendste Einzelfund ist der sogenannte Jordansmühler Widder, eine 33 cm große Widderfigur aus Ton mit Schnurverzierung.
Die Entdeckung der ersten europäischen Fundstelle des westlich des Ortes anstehenden Nephrits gelang Heinrich Traube 1887, nachdem schon Linné und Goethe über den Nephrit in Jordansmühl und Reichenstein berichtet hatten. Die Jordansmühl-Nephrit-Gesellschaft Breslau begann in den frühen dreißiger Jahren, den Edelstein durch eine erfahrene Edelsteinschleiferei aus Idar-Oberstein brechen und verarbeiten zu lassen. Vielen Heimatvertriebenen ist dieser Stein als Andenken an ihre schlesische Heimat besonders teuer. Auch heute noch ist es möglich, in Idar-Oberstein Schmuckgegenstände aus schlesischem Nephrit zu beziehen.

Josephinenhütte. 1841 beauftragte Graf Schaffgotsch den Glasfachmann Franz Pohl (1813–1884), in der Nähe von Oberschreiberhau am Zacken eine Glashütte einzurichten, die sich unter dessen Führung zur bedeutendsten Glashütte Schlesiens entwickelte. Die Hütte wurde nach der Frau des Besitzers Josephinenhütte genannt. Herstellung hochwertiger Gläser, besonders bekannt die Goldrubingläser.
Heute befindet sich die Josephinenhütte in Schwäbisch Gmünd. Die Schreiberhauer Hütte arbeitet heute unter dem Namen „Julia-Hütte".

Juden in Schlesien. Jüdische Kaufleute gab es in Schlesien bereits vor der deutschen Besiedlung. Um 1150 war das Dorf Klein-Tinz im Besitze von Juden, um 1200 werden zwei Juden als Herren des Falknerdorfes auf dem Gebiete der späteren Stadt Breslau erwähnt. Die Rechtslage der Juden wurde wie in den angrenzenden Gebieten durch Privilegien geregelt, welche die österreichische Judenordnung von 1244 wiederholen. Erhalten zwei Privilegien von 1295 und 1299.
Früh kam es zu Judenverfolgungen: in Breslau 1319, 1349, 1360 und besonders 1453, so daß im 16. Jh. Schlesien fast ganz frei von Juden war. Die 1348 aus Asien nach Europa eingeschleppte Pest wurde den Juden zur Last gelegt. Die deutschen Juden flüchteten nach Osten, wo sich auf der Grundlage des Mittelhochdeutschen der Jiddische Kulturkreis bildete.

1530 wurde in Oels eines der ersten hebräischen Bücher auf deutschem Boden, der Oelser Pentateuch, gedruckt. Seit etwa 1650 kamen polnische und böhmisch-mährische Juden als Flüchtlinge nach Schlesien und betätigten sich vor allem als Schankpächter oder Krämer. Um 1700 war die Zahl der jüdischen Familien auf ca. 1000 gestiegen, 1751 auf 1062. 1791 gab es 4316 jüdische Personen männlichen und 4750 weiblichen Geschlechts. Das Emanzipationsgesetz für die preußischen Juden von 1812 gab den Juden endlich die Staatsbürgerrechte. Die Bedeutung der jüdischen Bevölkerung für die Entwicklung Schlesiens, insbesondere des oberschlesischen Industriegebietes, ist beträchtlich. Seit dem Jahre 1880, in dem die Höchstzahl der Juden in Schlesien (52682) erreicht war, ging ihre Zahl ständig zurück, 1933 waren es noch 34375, 1939 noch 15840, die, soweit sie nicht fliehen konnten oder als „Mischehenpartner" etwas geschützt waren, seit 1942 in Vernichtungslager gebracht wurden.
Im Ersten Weltkrieg sind zahlreiche schlesische Juden als Offiziere und Soldaten für die gemeinsame deutsche Heimat gefallen. Bereits im Siebenjährigen Krieg zeichnete sich Seligmann Pincus Pappenheim, ein schlesischer Jude, bei Leuthen

Josephinenhütte

durch besondere Tapferkeit aus. Einzelner Juden, die Bedeutung erlangt haben, wird im Rahmen dieses Lexikons besonders gedacht. Vor allem verdient der Anteil schlesischer Wissenschaftler und Ärzte aus jüdischen Familien hervorgehoben zu werden wie Paul Ehrlich, Fritz Haber, Max Born, Friedrich Bergius, Otto Stern, Maria Goeppert-Mayer, Konrad Bloch. Der jüdische Anteil an der Entwicklung der schlesischen Literatur ist beträchtlich (u. a. F. Lassalle).
Von Bedeutung für die Geschichte des modernen Judentums war das jüdisch-theologische Seminar in Breslau, das durch Jonas Fränckel 1854 begründet wurde. Die hier entworfenen Lehrpläne wurden mustergültig für alle in Europa und Amerika bestehenden Rabbinerbildungsanstalten.
Trotz aller Verfolgungen, denen die Juden im Dritten Reich ausgesetzt waren, hängen die jüdischen Schlesier genau so an ihrer schlesischen Heimat wie die nichtjüdischen. So gibt es in Israel einen Verband ehemaliger Breslauer und Schlesier, der die Erinnerung an die Juden in Schlesien und an die Heimat wachhält.

Jüngst, Carl, 1831–1918. Von 1872–1902 Direktor der Gleiwitzer Hütte. Bekannter Forscher und Fachschriftsteller auf dem Gebiete der Eisenhüttenkunde.

Jung, Franz, geb. 1888 in Neisse, gest. 1963 in Stuttgart. Revolutionärer Schriftsteller der Avantgarde. Sein Lebensbogen spannt sich von Deutschland über die Sowjetunion bis nach den USA. Seine Dramen „Heimweh" und „Der verlorene Sohn" gehen in ihrer Modernität weit über Brecht hinaus. 1922 schrieb er das Buch „Hunger an der Wolga", 1940 im KZ seine Lebenserinnerungen „Der Weg nach unten".

Jüdischer Friedhof Claassenstraße in Breslau

Neue Synagoge in Breslau (1938 zerstört)

Kaboth, Hans, 1866–1928, der „schlesische Löns". Populär-romantischer Naturdichter. Verfasser von Tiermärchen.

Kaergel, Hans-Christoph, geb. 1889 in Striegau, gest. 1946 in Breslau. Schriftsteller. Romane: „Des Heilands zweites Gesicht", „Das Marienwunder"; Novellen und Dramen. Schlesisches Volksstück „Hockewanzel".

Kahlert, Karl August, 1807–1864, aus Breslau. Dichter und Literat. Schrieb die erste Literaturgeschichte Schlesiens.

Kalide, Theodor Erdmann, geb. 1801 in Königshütte, gest. 1863 in Gleiwitz. Bildhauer zwischen Klassizismus und Realismus. Seine naturalistisch-barocken Figuren, die den Jugendstil vorausahnen, fanden nur geringe Beachtung. Schüler von Schadow und Rauch. Arbeitete vorwiegend für die Gießereien in Gleiwitz und Berlin.

Kalisch, David, geb. 1820 in Breslau, gest. 1872 in Berlin. Possendichter und Schöpfer des modernen Couplets. Kalisch begründete mit Löwenstein das Witzblatt „Kladderadatsch", dessen Redaktion er später mit Ernst Dohm teilte. Der „Kladderadatsch" war die bedeutendste politisch-satirische Zeitschrift des 19. Jh.

Kalk-, Gips- und Zementindustrie, 1939: 69 Betriebe mit 5000 Beschäftigten. Oberschlesien produzierte 1935 621000 t Zement.

Kalkau (poln. *Kałków*), Dorf mit Pfarrkirche St. Georg, ehemals St. Maria. Blockhaft geschlossener Backsteinbau aus der Mitte des 13. Jh. Die Kirche steht am Übergang von Spätromanik zu Gotik. Sie besitzt ein schönes Südportal und wurde im Jahre 1931 eingehend restauriert. Dabei wurden spätmittelalterliche Fresken freigelegt. Im Zweiten Weltkrieg nicht zerstört.

Kaller, Maximilian, geb. 1880 Beuthen, gest. 1947 Frankfurt a. M. Bischof des Ermlandes, nach Vertreibung mit der Fürsorge für Ostflüchtlinge beauftragt.

Kaller, Udo, geb. 1943 Gleiwitz, lebt in Nürnberg, Grafiker.

Kaluza, Victor, geb. 1896 in Lowkowitz bei Kreuzburg/OS, gest. 1974 in Holzkirchen/Obb. Schriftsteller. Im „Kumpel Janek" schuf er eine der charakteristischen literarischen Gestalten Oberschlesiens.

Kamenz (poln. *Kamieniec Ząbkowicki*), Dorf am rechten Ufer des Pausebaches, 10 km von Frankenstein, seit 1210 Propstei des Breslauer Augustiner-Sandstiftes. Seit 1247 Zisterzienserkloster, durch Mönche aus Leubus besetzt. Hallenkirche mit ausladendem Querhaus, Mitte des 14. Jh. bis zum Anfang des 15. Jh., um 1700 barock ausgestaltet. Hochaltar von Urbansky mit dem letzten Gemälde von Willmann. Weitere Gemälde von Lischka. Lebensgroße Statuen der Vierzehn Nothelfer an den Langwänden von Thomas Weißfeld.
Klostergebäude und Kreuzgang abgerissen und durch neue Prälatur ersetzt, die 1682–1685 von den Architekten Kirchberger und Wiedemann ausgeführt wurde. Friedrich der Große fand in dem Abt Tobias Stusche einen eifrigen Verehrer. Nach der Säkularisierung blieb die Kirche katholische Pfarrkirche; im Zweiten Weltkrieg erhalten. 1939: 2500, 1970: 3900 Einwohner.

Kamenz, Schloß. Prinz Albrecht von Preußen und seine Frau, Prinzessin Marianne der Niederlande, ließen von Schinkel ein gewaltiges Schloß im Stile der englischen Gotik errichten. Eingang fanden auch Vorstellungen der Burgen des

Ruine des Schlosses Kamenz

Deutsch-Ritterordens. Im Volksmund hieß das Schloß sehr treffend „die umgestülpte Kommode". Begonnen wurde der Bau 1838, vollendet erst 50 Jahre später. Durch Freitreppen und Terrassen wurde die Umgebung des Schlosses als ein kunstvoller und üppiger Garten in die Gesamtanlage einbezogen. Besonderer Schmuck des Parks waren die Rhododendron-Büsche. Das Schloß ist 1946 abgebrannt, die Gartenanlagen sind völlig verwahrlost, jedoch ist es auch heute noch das schönste Beispiel eines in die Landschaft einbezogenen Baues der Romantik.
Prinzessin Marianne war eine Wohltäterin des Landes und eine moderne Frau. Nach Scheidung ihrer Ehe baute sie zahlreiche soziale Einrichtungen, Schulen und Kirchen.

Kammendorf (poln. *Kamionna*), 27 km südwestlich von Breslau gelegenes Dorf mit Schloß.

Kath. Kirche in Kanth

Kaiser Karl IV.

Ehemaliges Wasserschloß. Portalgestaltung nach Vorbild des Breslauer Universitätsportals. Nordwestlich des Schlosses Nepomuk-Denkmal.

Kanoldt, Alexander, geb. 1881 Karlsruhe, gest. 1939 Berlin, 1925–1931 Professor für Malerei an der Breslauer Akademie.

Kanth (poln. *Kąty Wrocławskie*), 24 km südwestlich von Breslau. Kleines Landstädtchen. Planmäßige Stadtanlage mit rechteckigem Ring. Katholische Pfarrkirche St. Peter und Paul, spätgotische Hallenkirche aus dem Ende des 14. Jh., evangelische Pfarrkirche St. Elisabeth, klassizistisch nach einem Plan von Schinkel.
Bekannt war der aus dem 16. Jh. stammende Galgen vor der Stadt, der bis in die neueste Zeit erhalten geblieben war. 1939: 3500, 1969: 3800 Einwohner.

Kaps, Johannes, geb. 1906 Breslau, gest. 1959 München. Katholischer Theologe, verfaßte „Tragödie Schlesiens" (1945/46), „Vom Sterben schlesischer Priester" (1945/46), „Martyrium und Heldentum ostdeutscher Frauen". Als erster unterrichtete er 1945 den Papst über die Ereignisse in Schlesien.

Kapsdorf (poln. *Czerńczyce*), Dorf und Schloß 29 km südwestlich von Breslau. Die Schloßräume mit ihrer Einrichtung vermittelten ein einzigartiges Bild der Wohnkultur einer geistig aufgeschlossenen Landadelsfamilie des 18. Jh. Bemerkenswert das prächtige barocke Hauptportal. Ein Umbau von 1845 hat das Schloß stark verändert. Auf der Südseite französischer Garten, auf der Nordwestseite stimmungsvoller englischer Park.

Kardorff, Konrad von, geb. 1877 Niederrabnitz, Kr. Oels, gest. 1945 Rostock, 1920–1928 Lehrer einer Malklasse an der Breslauer Kunstakademie.

Karger, Robert, 1874 in Hohndorf bei Habelschwerdt, geb., gest. 1947. Dichter im Glatzer Dialekt.

Karl IV., deutscher Kaiser aus dem Hause Luxemburg. 1316–1378. Er sprach und schrieb fünf Sprachen. 1346 erfolgte seine Wahl als Gegenkönig zu Ludwig dem Bayern. 1355 Kaiserkrönung in Rom. 1356 erließ er die Goldene Bulle, das Grundgesetz für das Heilige Römische Reich. Durch diese verlieh er den Kurfürsten umfangreiche Rechte.
Im Gegensatz zu seiner Reichspolitik, die wenig erfolgreich war, stellte er in seinem Erbland Böhmen, das ihm sein Vater in völliger Zerrüttung hinterlassen hatte, einen Zustand her, der allen deutschen Ländern als Muster gelten konnte. 1348 gründete er in Prag die erste deutsche Universität und zog deutsche Künstler und Handwerker an seinen Hof. 1355 vereinigte er Schlesien und die Oberlausitz mit der böhmischen Krone. Für Schlesien bedeutete die Regierungszeit Karls IV. eine Zeit größter Blüte.

Karpenstein (poln. *Karpień*), Burgruine in der Nähe von Landeck. Erbaut um 1330 in 776 m Höhe auf einem nach drei Seiten abfallenden Bergkamm. Mehrfach zerstört. Um ihre Mauern ranken sich Sagen über verborgene Schätze.

Karpfen mit polnischer Soße, schlesisches Weihnachtsgericht: Mohrrüben, viel Zwiebel, Petersilienwurzel, Sellerie, Gewürz, Lorbeerblatt werden in halb Wasser, halb hellem Bier weichgekocht, evtl. unter Hinzufügung einer dunklen Brotkruste oder Fischblut. Man seiht das Ganze durch, fügt noch etwas schlesischen Fischpfefferkuchen dazu, so daß es sämig wird, gibt Zucker, Essig, Rosinen, das nötige Salz, mitunter auch Mandeln hinzu und läßt die Karpfenstücke darin ziehen. Kleine Butterflöckchen werden obenauf gestreut.

Karsch, Anna-Luise, geb. 1722 bei Schwiebus, gest. 1791 in Berlin. Seinerzeit als „preußische Sappho“ gefeiert. Tochter eines Schankwirts. Körperlich ohne besondere Reize, jedoch vom glühenden Feuer der Poesie ergriffen, verlebt sie eine triste Jugend, wird zweimal verheiratet und ist aufgrund ihrer dichterischen Begabung eine der kraftvollsten Frauengestalten Schlesiens im 18. Jh. Die „Karschin“, wie sie genannt wird, besingt begeistert Fridericus Rex, der sein Versprechen, für sie zu sorgen, niemals hält. In Berlin kommt sie mit Moses Mendelssohn und Lessing zusammen. Die Berliner Salons sind von ihrer Ursprünglichkeit hingerissen. Goethe besucht sie dort. Ihre Freundschaft mit Gleim, der ihren ersten Gedichtband herausbringt, währt bis zu ihrem Ende. Gequält durch die Lieblosigkeit ihrer Tochter Karline, ist ihr Lebensabend dunkel.

Karsch, Joachim, geb. 1897 in Breslau, gest. 1945 in Groß Gandern durch Freitod, um Deportation zu entgehen. Schlesischer Bildhauer. Studien an der Kunstgewerbeschule Breslau und Akademie Berlin. Seine Figuren sind von stiller Ausdruckskraft.

Karsten, Karl Johann Bernhard, 1782–1853. Errichtete 1804 auf der Gleiwitzer Hütte die erste deutsche Steinkohlenteergewinnungsanlage. Er ist der eigentliche technische Begründer der oberschlesischen Zinkindustrie. Außerdem förderte er die Eisenindustrie durch Einführung wissenschaftlicher Methoden. Weltruf genoß sein berühmtes „Archiv für Bergbau- und Hüttenwesen", 1818–1829, und dessen Fortsetzungen „Archiv für Mineralogie, Geognosie, Bergbau- und Hüttenkunde", 1829–1855.

Kaschel, Kascheln, das „a" wird lang, „sch" wird weich ausgesprochen wie in „Journal". Schlesischer Ausdruck für Eisrutschbahn, rutschen.

Juchhe, nu ihs der Winter do!
Nu frän sich meine Beene!
Der gruße Mühlteich ihs schunt zu,
Bis uff a Grund, der kleene.
Nu schmär ich mir de Stiefel ei,
Schlo uff der Sohle Zwecken nei,
Und flink gieht's uff de Koaschel!

Hermann Bauch

Kastellanei. Bis zum Ende des 13. Jh. war entsprechend der polnischen Landesverfassung ein Burgbezirk administrativer, militärischer und jurisdiktiver Mittelpunkt eines Bezirkes mit einem Kastellan an der Spitze. Mit der Einführung des deutschen Rechtes trat an die Stelle der Kastellanei das Weichbild.

Katscher (poln. *Kietrz*), 20 km südöstlich von Leobschütz. 1266 als Dorf gegründet. 1321 Stadt. Offene Landstadt mit viereckigem Ring in der Stadtmitte. Mariensäule von 1730. 1829 Schloßneubau (seit 1945 Ruine). Pfarrkirche aus dem 13. Jh., im 16. und 18. Jh. erneuert. Inneres barock ausgestattet.
Bedeutende Textilfabriken. Spezialitäten: Teppiche, Gobelins, Diwandecken. 1939: 9000, 1969: 5800 Einwohner.

Kattern (poln *Św. Katarzyna*), Dorf 12,5 km südöstlich von Breslau mit katholischer Pfarrkirche St. Katharina. Mittelalterlicher Bau, barock erweitert. Als Wehrkirche angelegt, älteste Teile wahrscheinlich Mitte des 13. Jh. Friedhof mit einer Wehrmauer aus Ziegeln und Feldsteinen umgeben. Schlitzförmige Schießscharten.

Kattowitz (poln. *Katowice*), Hauptstadt des 1922 vom deutschen Reich getrennten Ostoberschlesiens. 1590 gründete Meister Andreas das Dorf Kattowitz auf dem Grund eines mittelalterlichen Hammerwerkes. 1799 wurde das Gut von dem Eisenfachmann Johann Friedrich Koulhaas gekauft. Er leitete die industrielle Entwicklung ein. Errichtung der ersten Grube und Zinkhütte. Friedrich Wilhelm Grundmann (1804–1887) ver-

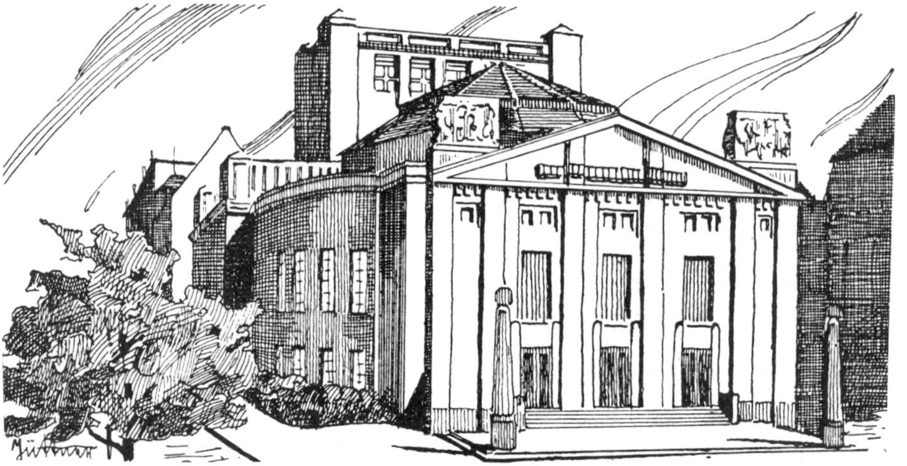

Kattowitz, Stadttheater

v. l.: Kattowitz, 1813
Franz von Winkler, Hohenlohehütte

legte den Schwerpunkt der Industrie und gründete die Marthahütte. Dr. Richard Holtze (1824–1891), Schwiegersohn von Grundmann, bemühte sich um die kommunale Entwicklung. 1865 Stadtgründung, seit 1925 Bischofssitz.
Sitz von Behörden und Montanverwaltungen. Kohlenschächte, Hüttenwerke und Industrieanlagen. Kulturzentrum. Bis zum Kriegsende waren das Stadttheater, der Meistersche Gesangverein und der Kunstverein Oberschlesien weit über die Grenzen der Stadt hinaus bekannt.
Obwohl sich 1921 85,4 v. H. der Bevölkerung für den Verbleib bei Deutschland aussprachen, fiel Kattowitz an Polen. Unter polnischer Herrschaft Sitz der Wojewodschaft Schlesien. Seit 1968 Universität. Zahlreiche Neubaugebiete. Die Großstadt Kattowitz hatte 1940 127000 Einwohner, 1970 unter zahlreichen Eingemeindungen 303000.

Katzbach, linker Nebenfluß der Oder, entspringt auf dem Bleiberg bei Ketschdorf, mündet nach 98 km bei Parchwitz in die Oder. Das Gefälle beträgt 360 m. Die wichtigsten Zuflüsse sind die Schnelle Deichsel auf der linken und die an Jauer vorbeifließende Wütende Neiße auf der rechten Seite. Berühmt wurde die Katzbach durch die Schlacht am 26. August 1813. Die schlesische Armee unter der Führung von Marschall Blücher, zusammengesetzt aus dem 1. preußischen Armeecorps unter Yorck und den beiden russischen Corps der Generale Langeron und Sacken war dem Trachenberger Kriegsplan gemäß vom Bober bis hinter die Katzbach zurückgewichen. Der französische Befehlshaber Marschall McDonald begann mit 80000 Mann sorglos die Katzbach zu überschreiten. Blücher erkannte, daß dem Feinde die Situation unbekannt sei und befahl Yorck und Sacken anzugreifen und den Feind ins tiefe Neiße-Tal hinabzudrängen. Die Preußen griffen bei strömendem Regen an und warfen den Feind mit Kolben und Bajonetten nieder. Die Franzosen ergriffen die Flucht und versuchten, die wütende Neiße zu überschreiten. Der Fluß war jedoch zu einer solchen Höhe angeschwollen, daß der größte Teil derer, die es wagten überzusetzen, fortgerissen wurde und ertrank. Die Franzosen errichteten sodann eine Notbrücke, die für die andrängende Menge jedoch nicht ausreichte. Auch hier fanden viele den Tod. Im Anschluß an diese Schlacht wurde ganz Schlesien bis zum 1. September 1813 von der französischen Besatzung befreit. Die Franzosen verloren 103 Kanonen, 18000 Gefangene und 12000 Tote und Verwundete. Die Soldaten nannten die Schlacht erst „Die Schlacht an der Wütenden Neiße“, Blücher gab ihr jedoch den Namen „Schlacht an der Katzbach“ mit

Denkmal der Schlacht an der Katzbach

Rücksicht auf die russischen Verbündeten.
Das Tal der Katzbach gehört zu den ältesten deutschen Siedlungsgebieten. Alte romanische Kirchen und zahlreiche Fachwerkhäuser erinnern an die fränkischen Siedler.

Katzengebirge, eiszeitlicher Höhenzug bei Trebnitz und Obernigk, Ausflugsgebiet der Breslauer.

Kauffung (poln. *Wojcieszów*). Das 6 km lange Waldhufendorf an der Katzbach gehört zu den ersten deutschen Waldsiedlungen in Schlesien. Von Bedeutung sind die Marmor- und Kalksteinvorkommen, die in neuerer Zeit die wirtschaftliche Grundlage des Ortes sind.
Frühgotische Marienkirche, Pfarrhaus, von 1494, von einer Wehrmauer umgeben. Die evangelische Kirche von 1754 ist verfallen. 1939: 3900, 1970: 4900 Einwohner.

Kayssler, Friedrich, geb. 1874 in Neurode, 1945 gest. Schauspieler und Schriftsteller. Deutsches Theater Berlin, Direktor der Berliner Volksbühne.

Keller, Paul, geb. 1873 in Arnsdorf, Kr. Schweidnitz, gest. 1932 in Breslau. Schriftsteller, Lehrer, Begründer und Herausgeber der Zeitschrift „Die Bergstadt". Vereinigte mit starkem Gefühl für seine schlesische Heimat eine volkstümliche Charakterisierung der Menschen des Alltags. Wichtigste Romane: „Waldwinter" (1902), „Heimat" (1904), „Der Sohn der Hagar" (1907), „Die Insel der Einsamen" (1913), „Ferien vom Ich" (1916). Dieser Roman ist wiederholt verfilmt worden. Der „Bergkrach" ist als Mundartdichtung sehr bekanntgeworden.

Paul Kellers Geburtshaus in Arnsdorf

Kempner, Friederike, geb. 1836 in Opatów (Posen), gest. 1904 auf Friederikenhof bei Reichthal. Der „Schlesische Schwan" oder das Genie der unfreiwilligen Komik. Tante von Alfred Kerr. Sie gab unter der ironisch gemeinten Anregung Paul Lindauers und unter dem stürmischen Beifall und Gelächter des Publikums stets neue Gedichte heraus, die durchaus ernst gemeint waren, zum Beispiel an Kepler:

„Du sahest herrliche Gesichte
in finstrer Nacht,
ein ganzes Blatt der Weltgeschichte:
Du hast es vollgemacht."

Ihre Herkunft aus einer wohlhabenden jüdischen Familie gab ihrer Erscheinung einen tragischen Aspekte, da die Juden um diese Zeit in Deutschland um Gleichberechtigung rangen und Friederike ihnen in ihrem Bemühen, ernst genommen zu werden, einen schlechten Dienst erwies. Das streitbare Fräulein, sie blieb zeitlebens unverehelicht, hat sich jedoch auch für humanitäre Belange mit Erfolg eingesetzt. Auf ihre Veranlassung wurden in Preußen Leichenhäuser eingerichtet, und ein königliches Reskript vom 7. März 1871 schrieb eine Wartefrist von 5 Tagen zwischen Tod und Beerdigung vor. Es ist Tatsache, daß im 19. Jh. Beerdigungen scheintoter Menschen nicht gerade selten waren. Auf diesen Mißstand hat Friederike in Gedichten und in Denkschriften hingewiesen, wobei möglicherweise die Gedichte wirksamer waren:

„Für Tänze gibt es Raum und Zeit,
Oh tiefbetörte Menschlichkeit,
Ihr alle seid so schlecht als blind,
So lang nicht Leichenhäuser sind!"

Keramische Industrie. 1939 gab es 127 Betriebe mit 9250 Beschäftigten, die sich mit der Her-

Birnenterrine der Manufaktur Proskau

stellung von keramischen Erzeugnissen aller Art befaßten (unter anderem 1,9 Mrd. Mauerziegel, 250 Mio. Dachziegel = 20 v. H. der Produktion des deutschen Reiches, 250 Mio. Verblendziegel). Gesamterzeugung: 36000 t keramische Waren. Porzellanfabriken gab es u. a. in Königszelt, Altwasser, Tiefenfurt, Waldenburg und Tillowitz/OS. Ton wurde abgebaut in Bunzlau, Tillendorf, Löwenberg, Saarau, Naumburg am Queis, Tonhain, Niesky, Muskau, Siegersdorf und Schlesisch-Nettkow bei Grünberg.

Kerr, Alfred (eigentlich Kempner), geb. 1867 in Breslau, gest. 1948 in Hamburg. Maßgebender Theaterkritiker Berlins. 1933 Emigration. Er schrieb „Die Welt im Drama", „Die Welt im Licht", „Yankee-Land", Gedichte.

Kieferstädtel (poln. *Sośnicowice*), 10 km westlich von Gleiwitz. Stadtgründung unbekannt. Marktsiedlung mit rechteckigem Ring und Roßmarkt. Schloß. Pfarrkirche St. Jakobus d. Ä. 1786–1794. 1939: 2100 Einwohner.

Kiesewetter, Bonifazius, Pseudonym für Dyhrenfurth, Waldemar, geb. 1848 bei Breslau, gest. 1899 Breslau; Staatsanwalt. Verfasser zahlreicher derb-erotischer Verse, die sich bei der Männerwelt auch heute noch großer Beliebtheit erfreuen. Der Fama nach hat er diese als Pornographie in seiner dienstlichen Eigenschaft selbst beschlagnahmt, um sie als „Asservaten" der Nachwelt zu erhalten. Auf ein Zitat wird verzichtet.

Kinderlied. Das erste Kinderlied ist das Wiegenlied. In Mittelschlesien sang man statt des bekannten „Schlaf, Kindchen, schlaf":

„Schloof, Kindla, schloof.
Dei Voatr is a Schoof.
D' Muttr is a Tusltier,
Woas konnst du ormes Kind derfier?
Schloof, Kindla, schloof."

Bald folgten Lieder und Sprüche, die einzelne Körperteile benennen. „Doas is dr Daumen..." ist überall bekannt. In der Gegend von Lauban sang man:

Fußgängla, Beenlängla, Kniekrickla,
Beendickla.
Bauchsargla, Harzegriewla, Kinnla rund,
Maulfreßla,
Rooztäschla, Augaguckla, Starnla huch,
Läusepusch.

Das Liedchen „Maikäfer flieg, dein Vater ist im Krieg..." war überall verbreitet. Auch zahlreiche Spottverse wurden von Kindern gesungen. Aus Breslau habe ich folgendes Lied noch im Ohr:

Alfred Kerr

„Schornsteinfeger, schwarzer Bär,
schieb die Kugel hin und her,
schieb sie nicht zu tief,
sonst kriegst du einen Brief,
in dem Briefe steht geschrieben,
du sollst deine Liebste lieben".

Von den Mädchen ist mir noch folgendes Lied bekannt:

„Rosmarin und Suppenkraut
wächst in unserm Garten.
Unsre Friedel, die ist Braut,
soll nicht lang mehr warten.
Roter Wein und weißer Wein, –
morgen soll die Hochzeit sein."

Die Jungen sangen derbe Lieder. Bekannt ist mir noch:

„s woar amool a Moan,
da hieß Pumphoahn,
Pumphoahn hieß a,
in die Hose sch... a".

Die Anzahl der Kinderlieder und -verse ist so zahlreich, daß es bei diesen Beispielen sein Bewenden haben muß.

Kinderspiele. Die Spiele der Kinder unterschieden sich in Mädchen- und Jungenspiele. Zu meiner Zeit spielten die Mädchen auf den Schulhöfen in Breslau noch derartige Spiele, zu denen sie sangen und tanzten. Die Jungen spielten „Haschen" oder „Fangnus", bei dem ein Ort ausgemacht wurde, wo „Ruhe" ist, wo man also nicht geschlagen werden konnte. Zu den Laufspielen gehörte „Räuber und Schkulle" oder „Zigeuner". Alle wollten natürlich Räuber, und niemand wollte Schkulle oder Schandeckel (Gendarm) sein. Daneben gab es reine Gewandtheitsspiele wie das „Butterschnitten-Schmeißen" mit flachen Steinen übers Wasser und das „Messerspicken". Die Spieler warfen das Messer in den Rasen oder Sand, je nach Geschicklichkeit nahmen sie ihrem Gegner Land ab oder verloren es selber. Besonders beliebt war „Schippeln", wobei kleine Murmeln in ein Loch gestoßen wurden. Im Frühling wurde Kreisel gespielt. Ein beliebtes Ballspiel war „Kaiser, König, Edelmann, Bürger, Bauer, Bettelmann", bei dem ein zugeworfener Ball gefangen werden mußte, auch wenn man seinen Platz dadurch verlor. Mädchen spielten außerdem gerne „Hopsekästel". Das beliebteste Reigenspiel der Mädchen war „Ziehe durch die goldne Brükke". Im Isergebirge sang man allerdings dazu:

O Ziegabook, o Ziegabook
Durch die goldne Brücke,.
Sie ist entzwei, sie ist entzwei;
Wir wolln sie lassen flicken.
Mit was denn? Mit was denn?
Mit einerlei, mit Steinerlein.
Der erste kommt, der zweite kommt,
Der dritte wird gefangen sein.

Der Gefangene durfte wählen: Himmel oder Hölle. Die den Himmel wählten, wurden auf Händen geschaukelt: „Wir tragen den Engel in Abrahams Schoß", die anderen läßt man plumpsen: „Wir schmeißen den Teufel ins Mistscheppenloch". Bekannt war auch „Ringl, ringl, Rosnkranz, dr Töpper macht a Own ganz. Gißt a Kanndl Wossr nei, – bauz, do fällt dr ganze Own ei!" In Breslau wurde auch folgendes Spiel gespielt: Die Kinder bildeten einen Kreis, eines ging in der Mitte und mußte versuchen, nach außen zu gelangen. Dazu sangen sie:

„Rote Kirschen eß ich gern,
schwarze noch viel lieber.
Junggesellen küß ich gern,
alte stoß ich nieder.
Hier, hier wird Platz gemacht
für die jungen Damen..."

Bei diesen Worten versucht das Kind, nach außen zu gelangen. Das Spiel setzte sich entsprechend im Wechsel von Bewegung und Singen fort.

Kipphardt, Heinar (Heinrich), geb. 1922 Heidersdorf, gest. 1982 München, aufgewachsen in Gnadenfrei, Dramaturg und Schriftsteller. Zahlreiche Preise in Ost und West. Dramen: „Entscheidungen" (1952), „Shakespeare dringend gesucht" (1953), „Der Hund des Generals" (1963), „In der Sache J. Robert Oppenheimer" (1964), „Die Soldaten" (1968), „Bruder Eichmann" (1982), Erzählungen, Fernsehspiele, Lyrik.

Kirchenlied. Das schlesische Kirchenlied stellt einen einmaligen Beitrag zur deutschen Kulturleistung dar. Die Innigkeit und die Musikalität des schlesischen Volkscharakters haben das Kirchenlied beider Konfessionen so stark beeinflußt, daß auch heute noch ein großer Teil der Kirchenlieder beider Konfessionen, insbesondere jedoch der evangelischen Kirche, schlesischen Ursprungs ist. Neben Luther und Paul Gerhardt gehören die Schlesier Michael Weiße, Johann Heermann und Benjamin Schmolck sowie Johann Scheffler, der als Angelus Silesius bekannter ist, zu den großen Dichtern des schlesischen Kirchenliedes. Bereits 1522 erscheint das erste Schlesische Gesangbuch.

Kirche Wang s. Brückenberg

Kirchner, Alexander, 1875 in Breslau geb. Verfasser geharnischter Lieder und „Breslauer Balladen" (1922). Seine Ballade von Kaiser Sigismund: „Wenn mancher Mann wüßte, wer mancher Mann wär', gäb mancher Mann manchem Mann manchmal mehr Ehr" ging in die schlesischen Lesebücher ein.

Kirmes, das Herbstfest in Schlesien.

„Wenn de Kirms wird sein,
wenn de Kirms wird sein,
doo schlacht dr Voatr a Book;
doo tanzt de Muttr,
doo tanzt de Muttr,
doo wackelt dr Muttr dr Rook."

Zur Kirmes wurden Unmengen von Streusel- und Pflaumenkuchen, Quarkkuchen und Zuckerkuchen gebacken. Es wurde geschlachtet. Die Flasche mit dem alten Korn durfte nicht leer werden. In Leobschütz ritt ein paar Tage vorher der „Kirmesbitter" herum. Am Kuchenbacktage sind im Vorlande und im Gebirge die Hütejungen, die „Plotzburscha", peitschenknallend durchs Dorf gezogen: „Kuchaplotza" (Kuchenknallen).

Schloß Kittlitztreben

Vor dem Kretscham war häufig eine „Paschbude" aufgeschlagen, in der es allerhand zu gewinnen gab. Um 4 Uhr nachmittags bliesen vor dem Kretscham die Musikanten ein paar Musikstücke: „die Kirms" wurde angeblasen. Die Esser erhoben sich vom Tisch und gingen ins Kretscham. Dort wurde um die in der Mitte stehende Säule, die Saule, getanzt. Das Fest hielt an bis Montagabend. Dabei ging es nicht immer sehr sanft zu. Zahlreiche Volksbräuche haben sich in den verschiedensten Teilen Schlesiens zum Kirmesfeste erhalten. In Breslau war das größte Volksfest das Johannisfest auf dem Festplatz bei der Jahrhunderthalle. Es knüpft an das Fest des heiligen Johannes, Namenspatron des Breslauer Doms und der Stadt an.

Kiss, August, geb. 1802 in Paprotzan bei Pless/OS, gest. 1865 in Berlin. Bildhauer. Schöpfer der Reiterstatue Friedrichs des Großen (1847) und Friedrich Wilhelms III. (1861) in Breslau sowie zahlreicher anderer Denkmäler, vor allem in Berlin.

Kittlitztreben (poln. *Trzebień*), auf dem rechten Boberufer im Kreise Bunzlau gelegenes Schloß. 1600–1603 gebaut. 1717 umgebaut. Der barocke Schmuck wurde später abgetragen und

Altar der Kirche zu Klitschdorf

nach Fürstenstein zum Bau des sogenannten „Alten Schlosses" gebracht. Nach dem Krieg verwüstet.

Klabund, Pseudonym für Henschke, Alfred, geb. 1890 in Crossen an der Oder, gest. 1928 in Davos. Schlesischer Dichter des Expressionismus. Besonders bekannt durch seine Nachdichtungen aus dem Chinesischen: „Kreidekreis", „Li-Tai-Pe", Lyrik „Morgenrot" 1913, „Das heiße Herz" 1922, „Die Harfenjule" 1927. Romane: „Moreau" 1915, „Bracke" 1918, „Spuk" 1921, „Pjotrp 1923, „Borgia" 1928.

Klahr, bedeutende Bildhauerfamilie in der Grafschaft Glatz, die in Bad Landeck und der Umgebung wirkte: *Klahr, Michael d.Ä.* (1693–1742), *Klahr, Michael d.J.* (1727–1807). Von Michael Klahr d.Ä. stammt die barocke Dreifaltigkeitssäule in Landeck. Beide Bildhauer haben zahlreiche Figuren für die Kirchen der Grafschaft hergestellt, die in ihrer bewegten Ausgestaltung zu den besten Barockplastiken Deutschlands zählen.

Klein-Öls (poln. *Oleśnica Mała*), Dorf und Schloß 12 km südlich von Ohlau. Frühere Templer-Kommende. Der preußische König verlieh im Jahre 1815 dem General Yorck von Wartenburg die Herrschaft Klein-Öls. Das Rittergut war ein Mustergut. Herrlich war der große, jedem Besucher offenstehende Park mit seinen alten Bäumen, in dem sich das Mausoleum der Familie mit dem Grabe des Feldmarschalls befand. Der Entwurf zu diesem Mausoleum stammt von Carl Ferdinand Langhans. Das Schloß war mit wertvollen Gemälden und Plastiken ausgestattet.

Klein Schnellendorf (poln. *Przydroże Małe*), Dorf und Schloß im Kreise Falkenberg. Hier schloß König Friedrich der Große am 9.10.1741 mit Graf Wilhelm Reinhard v. Neipperg eine Konvention, nach der große Teile Schlesiens an Preußen fallen sollten. Die Preußen versprachen hierfür, den Krieg nur zum Schein fortzuführen, damit die österreichische Armee dem von den Truppen Frankreichs und Bayerns bedrohten Wien zu Hilfe eilen konnte. Im Hof des 1736 erbauten Barockschlosses stand deshalb ein Standbild Friedrichs des Großen.

Klemperer, Otto, geb. 1885 in Breslau, gest. 1973 in Zürich. Bedeutender Dirigent. Bis 1933 Leiter der Staatsoper Berlin. Nach 1933 in Amerika, leitete nach Kriegsende das Londoner Philharmonische Orchester.

Klepper, Jochen, 1903 in Beuthen geb., gest. 1942 in Berlin. Erzähler und Lyriker. Nach Theologiestudium Journalist in Berlin. Mit seiner jüdischen Frau und deren Tochter schied er freiwillig aus dem Leben, um beide vor dem KZ zu bewahren. Klepper ist der Repräsentant des preußisch-nationalen und christlichen Idealismus gegen den Nationalsozialismus.
Am bekanntesten ist sein Roman „Der Vater". Weiterhin schrieb er „Der Kahn der fröhlichen Leute" sowie Tagebücher, Briefe und Kirchenlieder.

Klings, Karl, 1867–1940. Geboren in Gesess bei Neisse. Dialektdichter des Grottkauer und

Patschkauer Landes. Kinderlieder, Gedichte über Kinder und Spukgeschichten.

Klitschdorf (poln. *Kliczków*). In der katholischen Kirche von Klitschdorf im Kreise Bunzlau befindet sich das Epitaph des 1588 verstorbenen Kaspar von Rechenberg mit seiner Familie. Vor dem Kruzifix kniet der Stifter mit seiner Familie. Die in Holz geschnitzten Bilder sind unübertroffen an volkstümlicher Unmittelbarkeit.

Klöden, Otto, geb. 1895 Görlitz, gest. 1982 Reutlingen, Pädagoge, 1968–1972 stellvertretender Vorsitzender der schlesischen Landsmannschaft, Mitbegründer der Stiftung Schlesien, Hannover.

Klodnitz (poln. *Kłodnica*), 2 km östlich von Cosel gelegener Ort. Gelangte zu Bedeutung durch den großen Oderhafen. Der Ort war Sitz des Staatlichen Hafenamtes, einiger Schiffsreedereien und anderer Einrichtungen. 1939: 4900, 1971: 4400 Einwohner.

Klodnitzkanal (poln. *Kanał Kłodnicki*). Der gleichnamige Fluß entspringt 7,5 km südlich von Kattowitz und mündet nach 75 km bei Cosel in die Oder. 1792 begann man unter großen Schwierigkeiten den Bau des Klodnitzkanals, der 1812 beendet wurde. Er besaß eine Länge von 45,7 km, hatte 18 Schleusen und war später für Schiffe bis 100 t geeignet.
Parallel zum alten Klodnitzkanal wurde in den Jahren 1934 bis 1939 eine Großschiffahrtsstraße von Cosel bis Gleiwitz gebaut mit einer Tiefe von 2 m und einer Breite von 37 m, 6 modernen Doppelschleusen, geeignet für Motorschiffe bis zu 750 t. Stauseen garantierten gleichmäßige Wasserhöhe. Geplant war weiterhin, Oder und Donau durch einen Kanal zu verbinden. Entlang des neuen Kanals entstanden bedeutende Industrien. Nach dem Zweiten Weltkriege wurde er weiter ausgebaut. Er ist heute bis zu 41 m breit und 3,5 m tief.

Knippel, Ernst Wilhelm, 1811 in Steinseiffen im Riesengebirge geb., 1900 in Schmiedeberg gest. Lithograph in Schmiedeberg. Zahlreiche kolorierte Lithographien über ganz Schlesien kommen von seiner Hand.

Knurow (poln. *Knurów*). Die Dörfer Knurow und Kriewald gehören zur Gruppe deutschrechtlicher Waldhufendörfer in der Umgebung von Gleiwitz. 1951 wurden beide Dörfer zusammengefaßt und zur Stadt erhoben. Steinkohlenbergbau, Kokerei, Ammoniakfabrik. 1970 wohnten hier 28500 Menschen.

Köben an der Oder (poln. *Chobienia*), am linken Oderufer, 35 km von Wohlau. 1238 erwähnt, 1303 „Städtchen", 1358 „stetil" genannt. 1418 Magdeburger Recht.
Rechteckiger Ring. Stadtpfarrkirche St. Peter und Paul, spätgotisch. Johann Heermann, der bekannte Liederdichter, predigte hier. Achteckige evangelische Fachwerkkirche (nach dem Kriege abgerissen). Renaissanceschloß, 1583–1584 erbaut, mit Umbauten.
Oderschiffahrt und Oderfähre, Ziegelei, Braunkohlenbergbau. 1939: 1400 Einwohner. Nach 1945 Stadtrecht verloren.

Köhler, Willibald, geb. 1886 in Beuthen/OS, gest. 1976 in München. Oberschlesischer Dichter und Literat. Leiter des Eichendorff-Museums in Neisse und nach dem Kriege in Wangen.

Königsdorff-Jastrzemb (poln. *Jastrzębie*

Schloß Klitschdorf

Zdrój), der Ort war vor dem Kriege ein kleines Bad mit einem Kurhaus aus dem Jahre 1861 und einer Kinderheilstätte Marienheim. 1965 wurden zwei Steinkohlengruben in Betrieb genommen. 1963 zur Stadt erhoben. 1970: 4400 Einwohner.

Königshain bei Görlitz: um 1760 erbautes Schloß mit einem Hauptbau und seitlich vorgelagerten Kavaliershäuschen.

Königshütte (poln. *Chorzów*), Nachbarstadt von Kattowitz seit 1868. Entstanden rings um die Redensche Grubengründung „König“ und das Hochofenwerk „Königshütte“ (1797), 1871 mit der „Laurahütte“ verbunden.

1898 schied Königshütte aus dem Kreis Beuthen aus und wurde Stadtkreis. 1921 sprachen sich 74 v.H. für den Verbleib bei Deutschland aus. Gleichwohl kam es zu Polen. 1939 wurde es Großstadt (115000 Einwohner).

Schrotholzkirche St. Laurentius von 1599, evangelische Kirche von 1844. 1970: 151000 Einwohner.

Kohlfurt (poln. *Węgliniec*), Eisenbahnknotenpunkt in der Görlitzer Heide. Von der Eisenbahnlinie Breslau–Berlin zweigte hier die Linie nach Görlitz–Dresden sowie nach Lauban und Hoyerswerda ab. 1911 nahm man hier ein mit Braunkohle gespeistes Kraftwerk in Betrieb. 1939: 2700, 1970: 3600 Einwohner. 1967 zur Stadt erhoben.

Kolende

„So laßt uns schreiben an das Tor,
den Caspar und den Melchior,
dazu den Mohren Balthasar
und dran noch fügt das Neue Jahr.“

Einer der schönsten Bräuche in Schlesien war die Kolende, ein seit dem 13. Jh. bezeugter Umgang des Pfarrers mit den Ministranten in die Familien zur Haussegnung. Dies geschah zwischen Weihnachten und dem Dreikönigstag. Beim Eintreten in ein Haus sangen die Ministranten ein weihnachtliches Lied. Einer von ihnen trug den Weihwasserkessel, der andere schwenkte das Weihrauchfaß. Der Priester segnete das Haus und die Familie mit dem Kreuzzeichen, mit Weihrauch und Weihwasser und schrieb mit geweihter Kreide die Buchstaben C+M+B mit der Jahreszahl an die Türpfosten. Die Abkürzung bedeutet eigentlich „Christus mansionem benedicat“: „Christus

Gleiwitz mit Klodnitzkanal

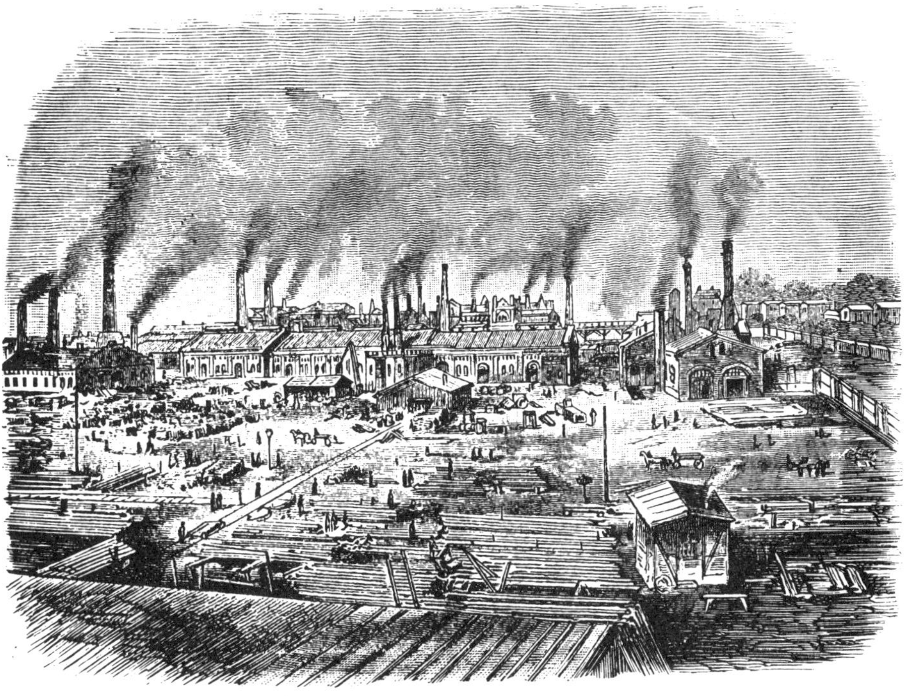

Vereinigte Königs- und Laurahütte

segne dieses Haus“, wird aber gewöhnlich als „Caspar+Melchior+Balthasar“ gedeutet. Kern des Brauches ist der Haussegen. Das Wort „Kolende“ wird vom Lateinischen „Calendae“ abgeleitet, das ist der erste Tag im neuen Jahr.

Auch beim Verlassen des Hauses sangen die Ministranten ein Lied. Beliebt war dabei das uralte, aus dem Jahre 1439 stammende, aus dem Lateinischen übersetzte „Ein Kind geboren zu Bethlehem“, aber auch „Ihr Kinderlein kommet“, „Inmitten der Nacht“ oder die „Heilig Drei König mit ihrem Stern“.

Konrad, Joachim, geb. 1903 in Breslau, gest. 1979 in Bonn. Letzter Pfarrer von St. Elisabeth in Breslau, hielt dort am 30. 6. 1946 die letzte deutsche Predigt. Danach Professor in Münster, 1954 Bonn.

Konrad von Queinfurt, aus Steinkirchen am Queis, gest. 1382 in Löwenberg. Verfaßte eines der schönsten schlesischen Osterlieder.

Walt, loup, sat, kle, grad unde bloumen
die wellent lieben sich zuo dir,
in fröuden siht man sie sich hiute ruomen,
Krist, uf din lop stet al ir gir.
ich waene ob sie kunden sprechen,
an inen wird es niht gebrechen,
sie lobten dich, herre, alle glich.

Konstadt (poln. *Wołczyn*), 12 km von Kreuzburg. 1261 als „Fürstenthal“ erwähnt, 1288 „Concenstat“, 1615 „Constadt“ genannt. Stadt nach dem Lokator Kunz benannt. Planmäßige Stadtanlage mit rechteckigem Ring. Evangelische Pfarrkirche St. Barbara, 2. Hälfte 18. Jh. Landstädtchen mit kleineren Industrieunternehmen. 1939: 3800, 1971: 4600 Einwohner.

Kontopp (poln. *Konotop*), Dorf und dreiflügeliges Schloß mit Wallgraben, das Schloß 1696 erbaut unweit der Nordwestecke des Schlawa-Sees. Katholische Kirche aus dem Anfang des 14. Jh., Bethaus von 1742. 1939: 1300 Einwohner. Hier fanden am Ende des Zweiten Weltkrieges schwere Kämpfe statt.

Konwiarz, Richard, Architekt. Er erbaute die Stadien in Breslau und in Hannover.

Kopisch, August, geb. 1799 in Breslau, gest. 1853 in Berlin. Maler und Dichter. In seinen originellen „Gedichten" sowie in der weiteren Sammlung „Allerlei Geister" zeigte er außerordentliche Sprachgewandtheit, mit der er populäre Schwänke und Streiche sowie Sagen gestaltete. Bekanntgeworden auch als Entdecker der „Blauen Grotte" auf Capri.
Seit 1847 war er vom preußischen König mit der Beschreibung der königlichen Schlösser betraut. Seine Gemälde sind meist Skizzen geblieben. Seine bekanntesten Balladen sind „Des kleinen Volkes Überfahrt", „Die Heinzelmännchen" und „Der Nöck", von Karl Loewe vertont.

Kopp, Georg von, 1837–1914. Bedeutender schlesischer Kardinal und Fürstbischof. Vermittelte die Beilegung des Kulturkampfes.

Koppitz (1936 Schwarzengrund; poln. *Kopice*), neugotisches Schloß und Rittergut des Grafen Hans Ulrich von Schaffgotsch (1831–1915) inmitten eines Landschaftsparks. Für sich und seine Frau ließ er hier in der Nähe der klassizistischen Pfarrkirche eine Grabkapelle errichten.

Korfanty, Wojciech, geb. 1873 Sadzawka/Kattowitz, gest. 1939 Warschau, polnischer Politiker, 1903–1918 Reichtagsabgeordneter. Als Abstimmungskommissar organisierte er 1920/21 die polnischen Aufstände in Oberschlesien, bei denen zahllose unschuldige Zivilisten ermordet wurden. Gegner Pilsudskis.

Korn, Arthur, geb. 1891 in Breslau. Architekt. Studium an der Kunst- und Gewerbeschule in Berlin. 1914 im Stadtplanungsamt Berlin, 1919 Teilhaber von Erich Mendelsohn. Mitglied der „Novembergruppe". Seit 1935 in Jugoslawien, 1937 London. Eigene Schriften u. a. „Analytische und utopische Architektur", „Glas im Bau und als Gebrauchsgegenstand".

Korn, Johann Jakob, 1732 aus der Gegend von Coburg nach Breslau zugezogen, entwickelte er sich zu einem unternehmenden Verleger. Er besorgte die Erstausgabe von Günthers Gedichten. Er und sein Sohn *Wilhelm Gottlieb* gaben Gellert, Gottsched, Lessing, Schmolck, die Karschin u. a. heraus, ebenso auch das große schlesische Gesangbuch von 1778. 1741 hatte Korn das größte schlesische Zeitungsunternehmen gegründet, die mit einem Privileg von Friedrich dem Großen ausgestattete „Schlesische privilegierte Staats-, Kriegs- und Friedenszeitung", später „Schlesische Zeitung".
Der Bergstadtverlag Wilhelm Gottlieb Korn befand sich nach 1945 in München und hat bedeutende Werke zur schlesischen Kunst- und Kulturgeschichte herausgegeben.

Korneck, Friedrich Albert, geb. 1813 in Breslau, gest. 1905 in Berlin. Hofmaler der Hohenzollern. Im Breslauer Dom Altarbild „Anna und Maria".

Koschentin (poln. *Koszęcin*). Die Fürsten zu Hohenlohe-Ingelfingen, die seit 1804 die Herrschaft besaßen, erbauten 1829–1830 unter Verwendung älterer Teile aus dem Anfang des 17. Jh. das neue klassizistische Schloß. Im Süden von Koschentin befindet sich die Filialkirche zur Heiligen Dreifaltigkeit, ein Holzbau von 1724 mit Altären und Figuren des 16. und 18. Jh. Mittelpunkt eines ausgedehnten waldreichen Grundbesitzes mit 5 Rittergütern und 19 Ortschaften, um 1910 weit über 200 qkm.

Infolge einiger Industriebetriebe ist Koschentin seit 1958 stadtartige Siedlung. 1970: 4400 Einwohner.

Kosler, Alois Maria, geb. 1901 Tichau/OS., Schriftsteller und Literaturkritiker. „Die preußische Volksschulpolitik in Oberschlesien 1742–1848" (1929), „Profil der Dichtung Oberschlesiens" (1956), „Der deutsche Beitrag Oberschlesiens zur deutschen Kultur" (1972).

Kostau (poln. *Kostów*), Schlößchen im Tale der Prosna, Krs. Kreuzburg, aus dem Ausgang des 18. Jh., 1897 umgestaltet. Das Schloß brannte 1955 ab.

Kostenthal (poln. *Gościęcin*), frühe deutsche Siedlung im Kreise Cosel/OS (1221). Die Mundart weist auf fränkische Herkunft der Siedler. Schrotholzkirche von 1661 sowie Wallfahrtskirche St. Brixen.

Kotzenau (poln. *Chocianów*), 24 km westlich von Lüben in der niederschlesischen Heide. Um 1300 Burg und Ort nachgewiesen. 1713 Stadt. Kleinstadt mit rechteckigem Markt. Schloß Klein-Kotzenau, zweigeschossige, um einen kleinen Innenhof gruppierte Vierflügelanlage mit großem vorgelagerten Portikus und Turm, mit Park und Orangerie, 1728–1732 durch Martin Frantz anstelle eines Schlosses aus dem 17. Jh. mit mittelalterlichen Grundmauern erbaut. Bei Kriegsende teilweise ausgebrannt. Reizvolle Treppenanlage im Innern.
Eisenhüttenwerk (Marienhütte), Metallgießerei und Armaturenfabrik, Sägewerk und Ziegelei.

Krappitz

1945 blieb die Stadt unzerstört. 1939: 4300, 1970: 5000 Einwohner.

de Kowa, Victor, geb. 1903 in Hohkirch bei Görlitz, gest. 1973. Bekannter Bühnen- und Filmschauspieler.

Kowalski, Ludwig Peter, geb. 1891 in Königshütte, gest. 1967 in Berlin. Schüler von Poelzig. Ab 1927 Leiter der Studienabteilung der Breslauer Kunstgewerbeschule. Seit 1949 in Berlin. Hier schuf er bedeutende Glaswände und Glasfenster, ferner Fresken, Ölbilder und Aquarelle.

Krappitz (poln. *Krapkowice*), 24 km südlich von Oppeln, an der Mündung der Hotzenplotz in die Oder. Dörfliche Siedlung aus dem 13. Jh. 1294 Neumarkter Stadtrecht. Planmäßige Stadtanlage mit quadratischem Ring. Reste der alten Stadtmauer (Oberturm). Pfarrkirche St. Nikolai, um 1400, später umgebaut. Großartige Kalksteinbrüche mit Kalkwerken, Teppichherstellung und Zellstoffabrik, Papierfabriken, Oderschiffahrt. Barockes Schloß von 1678 mit Arkadenhof, später umgebaut, am Rande der Innenstadt. 1939: 5600, 1975: 15700 Einwohner (mit Eingemeindungen).

Kraschnitz (poln. *Krośnice*), moderne Heil- und Pflegeanstalt. Deutsches Samariter-Ordensstift, Diakonissenhaus und Diakonenanstalt. Graf Adalbert v. d. Recke v. Volmerstein gründete 1860 hier zunächst ein Samariter-Ordensstift, in dem behinderte Kinder betreut wurden. Hierzu rief er Pflegepersonal aus der Diakonissenanstalt Neuendettelsau herbei. Das Schloß wurde 1785 gebaut und später für Zwecke der Anstalt umgebaut.

Kratzkau (poln. *Kraskòw*), Rokoko-Schloß 12 km nordöstlich von Schweidnitz. 1746 errichtet von einem italienischen Architekten. Park von Lenné um 1845 angelegt. Schönes Schloßportal, getragen und verziert von Karyatiden.

Krause. Unter einer „Krause" Gurken oder Honig versteht der Schlesier ein Glasgefäß, insbesondere wird diese Bezeichnung auch für Weckgläser angewandt. Möglicherweise ist diese Bezeichnung aus dem angekrausten Papierverschluß entstanden.

Kreisau (poln. *Krzyżowa*), Besitz des Feldmarschalls Helmut von Moltke, der in Kreisau beigesetzt ist, in der Nähe von Schweidnitz. Schlichter Bau mit barockgewalmtem Dach. Der Besitz blieb der Familie erhalten bis zum Jahre 1945. Letzter Gutsherr war James Graf von Moltke, Mittelpunkt des Widerstandes gegen Hitler im sogenannten Kreisauer Kreis. Nach dem 20. Juli 1944 wurde er hingerichtet. Das Schloß ist nach 1945 verwahrlost, jedoch erhalten.

Kreisauer Kreis. Widerstandsgruppe gegen Hitler, genannt nach Schloß Kreisau. Bereitete

Schloß Kratzkau

Schloß Kreisau

eine Erneuerung Deutschlands nach dem Sturz Hitlers vor. Schlesische Blutzeugen nach dem Attentat vom 20. 7. 1944: James von Moltke, Michael Graf von Matuschka, Peter Graf Yorck von Wartenberg, Dietrich Bonhoeffer, Erich Fellgiebel, Erwin von Witzleben u. a.

Kreppelhof (poln. *Grodztwo*), unmittelbar nördlich von Landeshut gelegenes Renaissanceschloß, Terrassenvorbau und Turm aus dem 19. Jh. Nach dem Kriege zerstört.

Kretscham, schlesische Bezeichnung für Gasthaus (poln. *karczma*). Als „Kretschmer" bezeichnete man den Gastwirt.

Kretschmer, Dora Lotti, geb. 1884 in Görlitz. Schlesische Schriftstellerin. Mitglied der Breslauer Dichterschule.

Kreuzburg/OS (poln. *Kluczbork*). Kreisstadt 85 km südöstlich von Breslau an der Stober. 1252 von den Breslauer Kreuzherren vom roten Stern gegründet. 1274 Flämisches, 1426 Magdeburger Recht. Geburtsort des Schriftstellers Gustav Freytag, dessen Geburtshaus Museum wurde.

Marktsiedlung mit rechteckigem Ring. Reste eines Tors und der alten Stadtmauern blieben bis zur Gegenwart erhalten. 1737 Neubau des Rathauses, Barockgiebelhäuser „Zwölf Apostel", Schloß aus dem Jahre 1590 mit mehreren Umbauten, zuletzt 1720, daneben Mauerturm des 15./16. Jh., Stadtkirche St. Salvator, 14. Jh., umgestaltet im 18. Jh., Diakonissenmutterhaus.

Landwirtschaft, Holzstiftfabrik, Zuckerfabrik, Dampfmühlen, Zementwaren, Kunststeinfabrik, Ziegelei, Kalksandsteinwerk, Brunnenbauerei, Maschinenfabriken u. a. Bedeutender Eisenbahn-

Vor dem Kretscham

knotenpunkt. Eisenbahnausbesserungswerk. 1945 nach der Besetzung wurde die Stadt zu 25 v. H. abgebrannt. 1921 stimmten 96,3 v. H. der Bevölkerung für Deutschland. 1939: 11700, 1975: 19900 Einwohner.

Krieblowitz (seit 1937 Blüchersruh; poln. *Krobielowice*), 22 km südwestlich von Breslau gelegenes Schloß und Gut des Feldmarschalls Blücher. Renaissance-Anlage aus dem 16. Jh., 1702–1704 erweitert, später wiederholt umgebaut. Blücher starb hier 1819 und wurde im Park des Schlosses in einem Mausoleum beigesetzt. Im Schloß befanden sich zahlreiche Erinnerungsstücke an den „Marschall Vorwärts".

Krister, Carl, geb. 1801 Neisse, gest. 1869, Begründer der Krister Porzellanindustrie in Waldenburg.

Kroatzbeere, mundartliche Bezeichnung der Wildbrombeere in der Grafschaft Glatz. Moritz Thienelt produzierte seit 1907 in Schlegel/Grafschaft Glatz unter diesem Namen einen Waldbrombeer-Likör, der auch nach dem Krieg, in Holzbüttgen produziert, als eine schlesische Spezialität sich großer Beliebtheit erfreut.

Krummhübel (poln. *Karpacz*), Luftkurort und Wintersportplatz am Nordfuß der Schneekoppe. Der Ort zieht sich im Tal der Lomnitz tief in das Gebirge hinein. Ursprünglich wohl Holzfällersiedlung. Bekannt wurde Krummhübel auch durch die Laboranten (Laienapotheker), die ihre Kräuterarzneien bis nach Polen und Rußland vertrieben. Heute gibt es einen Lift von der Teichmann-Baude oberhalb Krummhübels bis auf den Kamm. Der Ort ist im Kriege nicht zerstört worden. Ca. 5600 Einwohner.

Kruse, Käthe, geb. 1883 in Breslau, gest. 1969. Als Frau des Berliner Bildhauers Max Kruse hatte sie die Idee, ihre Kinder in Puppen nachzubilden, die in ihrem kindlichen Ausdruck und ihrer Natürlichkeit Kinderherzen höher schlagen ließen. Damit fand sie einen derartigen Anklang bei großen und kleinen Kindern, daß sie als „Puppenmutter" Weltruhm erlangte. Millionen Kinder auf der ganzen Erde lieben ihre Käthe-Kruse-Puppen.

Kubierschky, Erich, geb. 1854 Frankenstein, Maler: Gebirgslandschaften, Riesengebirge.

Kuckuck. Dem Ruf des Kuckucks wurde von altersher eine besondere Bedeutung zugemessen. Beim Schreien des Kuckucks muß man die eingesteckten Geldmünzen schütteln, um das ganze Jahr ausreichend Geld zu haben. Man zählt die einzelnen Rufe, um festzustellen, wie lange man noch zu leben hat.

Kudlich, Hans, geb. 1823 Lobenstein bei Jägerndorf, gest. 1917 Hoboken, Politiker und Arzt. Kämpfte für Aufhebung der bäuerlichen Erbuntertänigkeit in Österreich.

Kuhlmann, Quirinus, geb. 1651 in Breslau, 1689 in Moskau als Ketzer verbrannt. Schwarmgeist und weitgereister Weltverbesserer. Unter dem Einfluß von Jakob Böhme versucht er, eine Weltreligion zu schaffen sowie eine 5. Monarchie, das Tausendjährige Reich. Er schreibt acht Odenbücher eines „Kühlpsalters", die eigenartigste Dichtung des deutschen Barock, und führt ein ekstatisches Leben zwischen Liebe, Unruhe und fixen Ideen. Seine glühende Sprachgewalt macht ihn gleichwohl zum größten Sprachschöpfer des Barock. Sein Ende ist ein Scheiterhaufen im orthodoxen Rußland.

Kuhn, Walter, geb. 1903 Bielitz, gest. 1983 Salzburg, 1936 Professor für deutsche Volkskunde und ostdeutsches Volkstum, erforschte die Siedlungs- und Volkstumsgeschichte.

Kulturwerk Schlesien, Stiftung zur Pflege des

Kreuzburg (v. l.): Rathaus, Gustav Freytags Geburtshaus, Kath. Kirche

schlesischen Kulturerbes in Würzburg. Kulturelle Vierteljahresschrift „Schlesien“.

Kunern (poln. *Konary*), Dorf im Kreise Wohlau. 1799 errichtete Franz Carl Achard hier die erste Rübenzuckerfabrik der Erde. Seine Grabstätte auf dem bei Kunern gelegenen Friedhof von Herrnmotschelnitz ist unversehrt erhalten. Das Gebäude der Zuckerfabrik wurde 1945 zerstört. Ein Gedenkstein erinnert an Achard und die durch ihn ins Leben gerufene Zuckerrübenindustrie.

Kupferberg/Riesengebirge (poln. *Miedzianka*), kleinste Stadt Schlesiens, 19 km südöstlich der Kreisstadt Hirschberg, am Bober gelegen. Alte Bergbaustadt, seit 1311 nachgewiesen. 1577 freie Bergstadt. Schloß. Katholische Pfarrkirche von 1824 erhalten. Brauerei, Gebirgslandwirtschaft, Fremdenverkehr. 1939: 637 Einwohner, 1945 Stadtrecht verloren. Im Kriege nicht beschädigt, aber nach dem Kriege weitgehend abgerissen.

Schloßeinfahrt Krieblowitz

Blüchers Grabmal zu Krieblowitz

Kupke, Georg, geb. 1926 Breslau, Maler und Grafiker, lebt in Berlin.

Kupper, Annelies, geb. 1906 Glatz, gest. 1988 München, Kammersängerin und bis 1971 Professorin an der Musikhochschule in München.

Kurpiun, Robert, 1869—1943. Oberschlesischer Dichter, der mit seinen beiden naturalistischen Romanen „Der Mutter Blut“ (1909) und „Das schwarze Weib“ (1915) die oberschlesische Literatur stark beeinflußte.

Kynast. Über dem wildromantischen Höllengrund steht auf steiler Höhe die sagenumwobene Ruine der Burg Kynast. Vom Turm großartige Aussicht zum Gebirgskamm, in der Tiefe die berühmte Mauer, auf der nach der Sage Roß und Reiter die Burg umritten und von der sich die Burgherrin nach verschmähter Liebe hinabstürz-

te. Theodor Körner und Friedrich Rückert haben dies in einer Ballade besungen.
Der Kynast war ursprünglich im Besitz der Bolkonen und seit dem hohen Mittelalter Besitz der Familie Schaffgotsch. Baubeginn angeblich 1292. Im 14. Jh. Umbau der Burg. Seit 1635, nachdem Hans Ulrich von Schaffgotsch auf Befehl des Kaisers in Regensburg hingerichtet wurde, ist der Kynast von der Familie nicht mehr bewohnt worden. 1675 schlug der Blitz in die Gebäude. Die Trümmer der Burg gehören zum kleinen Teil ins 15., zum größeren Teil ins 16. Jh. Als wertvoller Bauteil blieb eine spätgotische Erkerkapelle erhalten. Die Burgruine ist auch heute noch ein beliebtes Wanderziel für Touristen.

Sie geigen wohl um den alten Berg,
Der liegt so totenstille,
Zerbrochen Brück' und Mauerwerk
In seiner Waldeshülle.

Ein Fahrender, heb ich mich hinan,
Zu Hof hin will ich reiten.
Walther, der liederreiche Mann,
Wandert an meiner Seiten.

Gerhart Hauptmann
1899 auf Burg Kynast

Kynsburg (poln. *Zamek Grodno*). Gründung wahrscheinlich 1278, erstmals als „Kinsberg" 1315 beurkundet. Ausbau im 14. und 15. Jh., Umbauten im 16. Jh. Alte Burgruine, malerisch gelegen über dem Weistritz-Tal. Der Burgeingang mit dem Sgraffitoputz ist von kunstgeschichtlicher Bedeutung. Die Ruine ist von Sagen umwoben. Zu ihrer Zerstörung seit dem 18. Jh. hat weitgehend beigetragen, daß nach der Sage ein Schatz in der Burg verborgen sein soll. Ein schwedischer Oberst soll in einem Pfeiler der Burg ein goldenes Eselfüllen gefunden haben mit der Aufschrift: „Gold ist mein Futter, nicht weit hiervon steht meine Mutter". Um die Erhaltung der Ruine hat sich Professor J. G. Büsching 1819 verdient gemacht. Durch den Bau der Schlesiertalsperre bei Kynau 1912–1914 wurde die Kynsburg ein besonders beliebtes Touristenziel. Inneneinrichtung nach 1945 zerstört.

Laasan (poln. *Łażany*), Siedlung aus dem 13. Jh., 14 km nördlich von Schweidnitz. Wasserschloß, 1720 unter Verwendung älterer Teile der Renaissance aus der zweiten Hälfte des 16. Jh. im Barockstil erbaut, seit 1945 Ruine. Hier führte die älteste eiserne Brücke von Schlesien (1796 in Malapane gegossen) über das Striegauer Wasser.

Laband (poln. *Łabędy*), Industriestadt an der Klodnitz, 6 km nordwestlich von Gleiwitz. Hier befindet sich die Herminenhütte sowie ein Nikkelwerk. 1939: 8200, 1961: 15600 Einwohner.

Laband, Paul, geb. 1838 Breslau, gest. 1918 Straßburg, Germanist und Staatsrechtler. Werke: „Das Magdeburg-Breslauer systematische Schöffenrecht" (1863), „Das Staatsrecht des Deutschen Reiches" (1876/82).

Käthe-Kruse-Puppen

Labern, schlesisches Zeitwort für viel, gern und belanglos reden, auch für „sabbern" (Laberlätzel).

Laboranten. Die schlesischen Laboranten sammelten Kräuter im Gebirge und stellten hieraus Medizin her, die sie auf den Märkten vertrieben. Aus diesen Kräuterdestillaten entwickelten sich die schlesischen Kräuterliköre, deren bekannteste, der „Stonsdorfer" und die „Kroatzbeere", heute in ganz Deutschland gern getrunken werden.

Der letzte Laborant war August Zölfel (1789–1884). Er wurde von Kaiser Wilhelm I. mit dem Kronenorden IV. Klasse dekoriert. Fontane, der seine Sommerferien neunmal im Riesengebirge verbrachte, verfaßte eine Erzählung über ihn, wie überhaupt eine ganze Reihe seiner Romane und Erzählungen im Riesengebirge spielen.

Lähn (poln. *Wleń*), 19 km südöstlich von Löwenberg, am Bober. Planmäßige Stadtanlage mit rechteckigem Ring. Der Sage nach 1214 von Heinrich I. und seiner Gemahlin Hedwig gegründet und 1242 als deutsche Stadt ausgesetzt. Sägewerk, Möbelfabrik, Fremdenverkehr (Luftkurort). Früher berühmter Taubenmarkt. Über der Stadt die Burgruine Lähnhaus, 1646 zerstört, Hedwigskapelle von 1662, unterhalb der Burgruine barockes Schloß mit Barockpark. 1939 : 1500, 1970 : 1800 Einwohner.

Lamsdorf (poln. *Łambinowice*), Dorf im Kreise Falkenberg/OS. Standort eines Truppenübungsplatzes. Hier befand sich 1945 eines der polnischen Konzentrationslager, in dem zahllose Deutsche umgebracht wurden. Der historischen Wahrheit wegen sei deshalb auch dieser Name als Beispiel für viele andere genannt.

Burg Kynast vor dem Jahr 1675

Die Kynsburg

Lanckoronski, Leo Graf, geb. 1884 in Mauschwitz Kreis Falkenberg, gest. 1969 in Frankfurt. Jurist, Schriftsteller und Numismatiker. Seine „Kulinarischen Lehr- und Wanderjahre“, die er unter dem Namen „Beda von Müller“ herausgab, stellen ein farbiges und reizvolles Kaleidoskop des gesellschaftlichen Lebens und schlesischer Kultur- und Sittengeschichte um 1900 dar.

Landeshauptmann. Das Amt eines Landeshauptmanns kommt bald nach 1300 nach Schlesien, zunächst zur vorübergehenden Vertretung der Fürsten. In Breslau erscheint 1336 der erste ständige Landeshauptmann. Im Laufe des 14. Jh. findet dieses Amt in Schlesien allgemein Eingang. Der Landeshauptmann vertritt den Fürsten in der Verwaltung, der Rechtspflege und dem militärischen Kommando.

Landeshut i. Schles. (poln. *Kamienna Góra*), Kreisstadt in einer Mulde zwischen dem Riesengebirge und dem Waldenburger Bergland, im Flußwinkel zwischen Bober und Zieder gelegen. Mitte des 13. Jh. als deutsche Stadt ausgesetzt. Stadtanlage mit rechteckigem Ring. Laubenhäu-

Landeshut

ser am Ring. Katholische Pfarrkirche St. Peter und Paul mit mittelalterlichem Chor (1294), vierschiffigem Langhaus mit Emporen (16. Jh.) aus der evangelischen Zeit. Vor den damaligen Toren der Stadt wurde von 1709–1717 von Martin Frantz die evangelische Gnadenkirche zur Hl. Dreifaltigkeit gebaut. Der Landeshuter Bau unterscheidet sich von dem Hirschberger dadurch, daß auf das Fünf-Turm-Motiv verzichtet worden ist. Zwei Emporen, Orgel von Ignatius Menzel (1723), barocke Gruftkapellen. Kirche nach dem Krieg neu gestaltet. Altar und Orgel neu. Alte Orgel in Warschau.

Renaissance-Schloß (Kreppelhof) nach dem Kriege zerstört.

Bedeutende Textilfabriken, insbesondere Leinenherstellung, Leder- und Schuhindustrie, Maschinenbauanstalt und andere Industriezweige. Die Stadt blieb im Kriege unzerstört. 1939: 13500, 1975: 21600 Einwohner.

Landeshuter Paß, südlich von Landeshut liegende Senke. Wichtige Naturstraße zwischen Schlesien und Böhmen.

Landsberg/OS (poln. *Gorzów Śląski*), 18 km nördlich von Rosenberg, an der Prosna, unmittelbar an der polnischen Grenze. 1241 als deutsche Stadt gegründet. Herzogtum Breslau, nach mehrfachem Besitzwechsel 1368 Herzogtum Oppeln, 1742 preußisch. Barocker Herrenhof der Herrschaft Landsberg aus dem 18. Jh. Ackerbau und Handwerk. 1939: 3000, 1971: 2600 Einwohner.

Landsmannschaften. Die vertriebenen Schlesier werden politisch durch die Landsmannschaften vertreten. Für Schlesier gibt es die Landsmannschaft Schlesien Nieder- und Oberschlesien e.V., Haus Schlesien, Heisterbacherrott, 5330 Königswinter 41 und die Landsmannschaft der Oberschlesier, 4030 Ratingen-Hösel.

Im Gegensatz zu anderen Vertriebenengruppen in der Welt sind die politischen Aktivitäten der deutschen Vertriebenenverbände ausschließlich auf Gewaltlosigkeit gestützt und als durchaus maßvoll zu bezeichnen.

Landvogtei, Richteramt im mittelalterlichen Schlesien in einer deutschrechtlichen Stadt oder einem Landbezirk, das die höhere Gerichtsbarkeit umfaßte. Anfangs stand die Landvogtei häufig in Personalunion mit der städtischen Erbvogtei. Seit dem Ende des 13. Jh. gingen die Befugnisse der Landvogtei allmählich auf die Weichbildstädte und in den ländlichen Bezirken auf Kirche und Adel über.

Lang, Vinzenz (Longinius Eleutherius), gest. 1503. Schüler von Konrad Celtes. Erhielt als erster Schlesier von Maximilian I. im Jahre 1499 den kaiserlichen Dichterlorbeer.

Lange, Horst, geb. 1904 in Liegnitz, gest. 1971 in München. Schriftsteller. Romane: „Schwarze Weide" (1937), „Ulanenpatrouille" (1940), „Schwert zwischen uns" (1952), „Verlöschende Feuer" (1956). Gedichte „Nachtgesang" (1928), „Aus dumpfen Fluten kam Gesang" (1958).

Langenbielau (poln. *Bielawa*), 6 km südwestlich von Reichenbach/Eulengebirge. 1288 erstmals genannt, 1924 Stadtrecht. Schloß aus dem Jahre 1598. Langgestrecktes Weberdorf. Hier hat sich im 19. Jh. eine umfangreiche Textilindustrie entwickelt mit größtem Baumwoll-Textilbetrieb Schlesiens. Die Stadt ist besonders bekannt geworden durch die große Webernot und 1844 durch den Weberaufstand. 1842–1843 wurde zur Behebung der Webernot die sogenannte „Hungerstraße" gebaut.

Langer, Georg, geb. 1869 in Breslau, gest. 1945 in Lampersdorf/Neumarkt. Jurist und Schriftsteller. Bekanntgeworden vor allem sein Juristenroman „Richter Wichura" (1928), in dem er die Situation der oberschlesischen Rechtspflege um 1844 schildert, ferner „Christel Materns weiße Seele".

Langer, Hans-Claus, geb. 1903 Tost, Komponist, Oper, Lieder, Chöre.

Langhans, Carl Ferdinand, geb. 1781 in Breslau, gest. 1869 in Berlin. Architekt. Sohn von Carl Gotthard Langhans. Er baute in Breslau u. a. die alte Börse und die Elftausend-Jungfrauen-Kirche.

Langhans, Carl Gotthard, geb. 1733 in Landeshut, gest. 1808 in Grüneiche bei Breslau. Architekt. Er errichtete in Breslau das Hatzfeldsche Palais, das Tauentzien-Denkmal, die Bürgerwerder-Kasernen und zahlreiche andere Bauten. 1788 Baudirektor in Berlin. Sein bekanntestes Werk ist das Brandenburger Tor in Berlin.

Langner, Ilse (verh. Siebert), geb. 1899 Breslau, gest. 1986 Darmstadt, Schriftstellerin. Dramen: „Iphigenie kehrt heim" (1948), „Das Wunder von Amerika" (1951); Romane: „Die purpurne Stadt" (1952), „Sonntagsausflug nach Chartres" (1956), „Die Zyklopen" (1960).

Laskowitz (1937: Markstädt; poln. *Laskowice Oławskie*); das Schloß gehört zu den ältesten schlesischen Herrensitzen. Ursprünglich im Jahre 1558 erbaut, wurde es 1779 umgestaltet. Beispiel für den frühen Klassizismus. Im Kriege nicht zerstört.

Landeshut

Lassalle, Ferdinand, geb. 1825 in Breslau, gest. 1864 in Genf. Er studierte in Breslau und Berlin Philosophie und Geschichte. Mitarbeiter der „Neuen Rheinischen Zeitung" von Karl Marx. 1863 gründete er den „Allgemeinen deutschen Arbeiterverein". Im gleichen Jahr zieht sich Lassalle von Karl Marx zurück, weil er kein radikaler Anhänger des Klassenkampfgedankens war, sondern einen Sozialismus auf nationalstaatlicher Grundlage errichten wollte. Er starb in einem Duell und wurde auf dem Jüdischen Friedhof in Breslau begraben.

Lauban (poln. *Lubań*), Kreisstadt am linken Queisufer im Isergebirgsvorland. Anfang des 13. Jh. fester Grenzort der Oberlausitz gegen Schlesien. Mittelpunkt für deutsche Waldhufendörfer. Magdeburger Stadtrecht. Zunächst böhmisch, 1253 Brandenburg, 1319 Jauer, 1337 mit Herzogtum Jauer unter böhmische Oberlehnshoheit, 1526 mit Böhmen an Habsburg, 1635 Kursachsen, 1815 preußisch. Seit 1346 Mitglied des Sechsstädtebundes.

Planmäßige Stadtanlage mit rechteckigem Ring, befestigt mit einer Doppelmauer und vier Stadtto-

Lauban

Leobschütz, Altes Gymnasium

ren, die vollständig erhalten sind, Krämer- und Brüderturm. Neues Rathaus 1539 mit 60 m hohem Turm, alter Rathausturm auf der Ringmitte. 1573 Errichtung eines Kornhauses, 1591 Bau eines Gymnasiums. Renaissancehäuser der Leinenhandelsherren, große Barockbauten.

Bedeutende Textilindustrie, vor allen Dingen für die Herstellung von Taschentüchern, täglich über 400000 Stück. „Lauban wischt der ganzen Welt die Nase".

1939: 16500, 1975: 20800 Einwohner. 1945 Schlacht um Lauban. Stadt zu 45 v. H. zerstört. Zwischen Lauban und Greiffenberg liegen die Queistalsperren von Marklissa und Goldentraum.

Laube, Heinrich, geb. 1806 in Sprottau, gest. 1884 in Wien. Schriftsteller und Dramatiker. Besuch des Gymnasiums in Glogau, bewegte Studienjahre in Halle und Breslau. Die Bekanntschaft mit einem jungen polnischen Offizier (der später in Warschau fiel) bestärkte seinen Glauben an ein junges, freies Europa. „Das junge Europa" ist der Titel eines großen dreiteiligen Romanwerks der Wanderjahre. Der zweite Teil dieses Romans ist in einem Berliner Gefängnis geschrieben. 1 1/2 Jahre Festungshaft verbringt er bei seinem Freunde, dem Fürsten Pückler, in Muskau. Hier verfaßt er eine „Geschichte der deutschen Literatur". Neben politischen Schriften wendet er sich dem Drama zu und schreibt zahlreiche Dramen wie „Struensee", „Graf Essex". 1849 wurde er als künstlerischer Leiter an das Burgtheater in Wien berufen. Er führte dieses Institut zur künstlerischen Vollendung. Seine beste Leistung ist der Roman „Der deutsche „Krieg", der im Dreißigjährigen Kriege spielt.

Lauterbach, Heinrich, geb. 1893 in Breslau, gest. 1973 in Biberach an der Riß. Architekt. Schüler von Poelzig, Initiator der Werkbund-Ausstellung und -Siedlung in Breslau 1929 und gemeinsam mit Adolf Rading künstlerischer Leiter. Lehrauftrag an der Kunstakademie in Breslau. Nach dem Kriege in Kassel.

Lederer, Hugo, 1871–1940. Bildhauer. Schuf den Breslauer Fechterbrunnen.

Lederindustrie war insbesondere in Brieg, Jau-

Annakirche in Leobschütz

er und Niesky sowie in Greiffenberg zu Hause.

Leerbeutel, eleganter Stadtteil im Norden Breslaus und beliebtes Ausflugsziel mit großem Schwimmbad.

Leinenweberei. Die schlesische Leinenweberei verdankt ihre Entstehung der Bevölkerungsdichte und den klimatischen Verhältnissen der landwirtschaftlich wenig zu nutzenden Gebirgsgegenden der Lausitz, des Riesen- und Eulengebirges. Das Hirschberger Tal hatte durch die Technik des „Schleyerleinens" den größten Anteil an der ländlichen Hausweberei. Sie bildete die Grundlage der schlesischen Textilindustrie. Zentrum der schlesischen Damastweberei war Schmiedeberg. Der Weber kaufte den Rohstoff aus eigenen Mitteln und verkaufte die Fertigware an die städtischen Leinenkaufleute zum Bleichen und Appretieren. Später schalteten sich zwischen Spinner und Weber die Garnhändler ein.
Die Struktur dieser Wirtschaftsform führte zur Ausnutzung der Weber, besonders bei der rückläufigen Konjunktur am Anfang des 19. Jh. Es kam zu großen Hungersnöten, die der preußische Staat in der frühkapitalistischen Epoche nicht beheben konnte. Bettina von Arnim hat auf diese Mißstände hingewiesen. Heine hat sein berühmtes Gedicht über die schlesischen Weber verfaßt, Gerhart Hauptmann greift das Thema Ende des 19. Jh. noch einmal auf.
Zu Bedeutung gelangte auch die schlesische Baumwollweberei. Im Verlauf des 17. und 18. Jh. kommt es zu immer größerer Vielseitigkeit, bis im 19. Jh. die Industrialisierung der Handweberei ein Ende bereitete.

Leipe (poln. *Lipa*), Dorf 9 km nordwestlich von Bolkenhain, mit Burgruine.

Lenders, Ludolf, geb. 1927 Breslau, Maler, Fachhochschule Köln.

Lendzin (poln. *Lędziny*), Industriestadt bei Pless mit zwei Kohlengruben. St. Clemenskirche von 1769–1772. 1940: 3600, 1970: 12800 Einwohner. Stadtrecht seit 1966.

Leobschütz (poln. *Głubczyce*), Kreisstadt, 115 km südöstlich von Breslau, am Ostrande der Sudeten in der fruchtbaren Lößniederung der Zinna. Neben dem mährischen Ort Glubcici 1187 Stadt mit deutschem Recht, zunächst zu Mähren gehörend. Mehrfach eigenes Fürstentum, ab 1318 unter böhmischer, ab 1526 unter Habsburger Oberhoheit, 1523–1622 Brandenburg-Ansbach, bis 1742 in der Hand der Liechtensteiner, danach preußisch. Planmäßige Stadtanlage mit vier Marktplätzen: dreieckiger Ring, rechteckiger Roßmarkt, viereckiger Sperlingsring und langgestreckter Töpfermarkt.
Katholische Pfarrkirche der Geburt Mariens aus dem 13. und 14. Jh., 1903–1907 umgebaut, so daß der ursprüngliche Kernbau nur schwer zu erkennen ist. Alle Umbauten überdauert haben die Portale auf der Süd-, West- und Nordseite aus dem 13. Jh. Fabian- und Sebastiankapelle (1501). Das Franziskanerkloster von 1448 (umgebaut 1753–1770) erhielt 1758 eine prächtige Barockkirche. Mariensäule am Ring von 1738, St. Annen-Kirche von 1776, evangelische Kirche von 1792. Stadtmauer (9 Mauertürme) und stattliche Ringhäuser zeugen von früherer Blüte als Weberstadt. Rathaus, älteste Teile 1383, mit Turm von 1570 (Ruine seit 1945).
Im Jahre 1667 wurde die protestantische Stadt im Zuge der Gegenreformation besonders hart behandelt. 800 Familien wanderten aus. Die Stadt erholte sich hiervon erst unter der preußischen Regierung.
In der Umgebung reiche Bauerndörfer und die Brüdergemeinde Gnadenfeld. Wollwarenfabriken, Posamentenherstellung, Bauindustrie, Sägemühlen, Brauereien u. a. Industrieunternehmen. 1939: 13800, 1975: 12200 Einwohner.

Leppich, Johannes, geb. 1915 in Ratibor als Sohn eines Gefängnisaufsehers. Jesuitenpater. Als Straßenmissionar begeistert er die Menschen zu tatkräftigem Christentum, wobei er sich für die Deutschen in Mittel- und Ostdeutschland ebenso einsetzt wie für die Dritte Welt. Hauptwerke: „Christus auf der Reeperbahn".

Kloster Leubus

Piastenburg zu Liegnitz

Lerge. Das Wort „Lerge“ gehört zum Breslauer. Dem Nichtbreslauer wird der Nuancenreichtum und die Vielgestaltigkeit dieses Wortes verschlossen bleiben. Das Wort kann substantivisch und adverbial als Ausruf, Fluch und Anerkennung benutzt werden.
Beispielsweise war eine „tälsche Lerge“ ein dummer Kerl, eine „tolle Lerge“ nahezu das Gegenteil. „Der Kalle is eene Lerge“ konnte, je nach Betonung, Lob, Verachtung, Liebe und Spott bedeuten.

Leschczin (poln. *Leszczyny*), 8 km nordöstlich von Rybnik gelegene Industriestadt mit umliegenden Kohlengruben und einer Holzkirche von 1606. 1931: rd. 2300, 1970: 12100 Einwohner. Seit 1962 Stadt.

Leschnitz (1936 Bergstadt; poln. *Leśnica*), Kleinstadt am Fuße des Annaberges, wahrscheinlich um 1217 gegründet. Kirche aus dem 15. Jh. Obstbau und Obsthandel. 1939: 3300, 1971: 2800 Einwohner.

Leschnitzer, Georg, geb. 1885 in Tarnowitz/OS, gest. 1947 in Tel Aviv. Bildhauer und Architekt. Mitglied der „Novembergruppe“, an deren

Ausstellungen er sich 1919–1921 beteiligte. Aufsatz: „Über die Tragik des heutigen Kunstschaffens" (1920).

Lessendorf (poln. *Lasocin*), anmutiges Schlößchen im östlichen Teil des Kreises Freystadt aus dem 17. Jh.

Lessing, Karl Friedrich, geb. 1808 in Breslau, gest. 1880 in Karlsruhe. Historien- und Landschaftsmaler. Großneffe des Dichters Gotthold Ephraim Lessing.

Leubus (poln. *Lubiąż*) im Kreise Wohlau, unmittelbar an der Oder gelegene größte und älteste schlesische Klosteranlage, zugleich wohl das größte sakrale europäische Barockmonument überhaupt. Herzog Boleslaus der Lange gründete das Kloster 1163 (Stiftungsurkunde 1175) und holte Zisterziensermönche aus Pforta an der Saale. Dieses Kloster spielte eine besondere Rolle bei der Entwicklung des schlesischen Raumes.

Leubus war das Mutterkloster von Heinrichau (1222) und Kamenz (1247). Mit Mönchen aus Heinrichau wurde 1292 Grüssau besetzt. Diese Klöster gründeten auf ihrem Klosterbesitz zahlreiche deutsche Dörfer. Der Bau der Marienkirche wurde 1340 geweiht. Ihr gerader Chorschluß entspricht zisterziensischer Tradition. Die Fürstenkapelle, gestiftet 1312, mit der Grabtumba Herzog Boleslaus III., steht der Kreuzkirche in Breslau nahe.

Das Kloster wurde in den Hussitenkriegen und im Dreißigjährigen Krieg schwer verwüstet. Die grundlegende Erneuerung erfolgte von 1672 bis 1729, wobei die gotische Kirche erhalten blieb und eine zweitürmige vorgeblendete Front erhielt, an die sich nördlich der Abtflügel und südseitig das Konventsgebäude anfügt. Das Innere der Kirche besaß eine kostbare Barockausstattung mit Gemälden und Fresken von Michael Willmann, den Apostelmartyrien und dem herrlichen Engelsgestühl von Steinle. Innerhalb des Klostergebäudes ist der Fürstensaal (1734–1738) hervorzuheben, ein Gemeinschaftswerk von Franz Joseph Mangold (Plastik) und C. Ph. Benthum (Malerei). Er stellt die Apotheose auf das Haus Habsburg dar. Bemerkenswert ferner die kostbar ausgestatteten Räume des Sommerrefektoriums, 1733 durch Felix Anton Scheffler ausgemalt, sowie die Bibliothek, 1734–1738 von Christian Philipp Benthum mit einem Deckengemälde versehen. Kunsthistorische Bedeutung besitzt die Leubuser Pietà von 1340/50 (heute Warschau), desgleichen die barocke Jakobskirche (1696–1729).

Nach der Säkularisierung wurden die Klostergebäude als Heil- und Pflegeanstalt genutzt. In den Wirtschaftsgebäuden war ein Landesgestüt untergebracht. Nach dem Kriege wurden das Kloster

Wachtelkorb in Liegnitz

und die Kirche verwüstet, dabei fiel die herrliche Barockausstattung der Kirche dem Vandalismus zum Opfer. Zur Zeit bemühen sich die polnischen Behörden um die Wiederherstellung der Anlage.

Leubus-Städtel. Weinbergkirche. 1734 durch Martin Frantz errichtete Barockkirche mit reicher Innenausstattung. Bildhauerische Ausstattung von Mangold, Hochaltarbild von Benthum. Dekkengemälde von Ignaz Axter und Johan Anton Felder.

Leutelt, Gustav, geb. 1860 in Josefsthal bei Gablonz, gest. 1947 bei Gotha. Böhmisch-schlesischer Schriftsteller in der Nachfolge Adalbert Stifters.

Liebfrauenkirche in Liegnitz

Leuthen (poln. *Lutynia*), Dorf nordwestlich Breslaus, in der Nähe von Deutsch-Lissa, berühmtes Schlachtfeld, wo Friedrich der Große am 5. Dezember 1757 einen entscheidenden Sieg über die Österreicher erkämpfte. Um den mauerumwehrten Kirchhof wurde erbittert gekämpft. Entscheidend für den Sieg war die „Schiefe Schlachtordnung", durch die es Friedrich gelang, die zahlenmäßig weit überlegenen Österreicher zu schlagen. Nach der Schlacht stimmte das preußische Heer den Choral „Nun danket alle Gott" an, der seither als „Choral von Leuthen" bekannt ist. In der Nähe der Kirche befand sich das Museum.

Lewin (Hummelstadt; poln. *Lewin Kłodzki*), kleines Landstädtchen in der Grafschaft Glatz, in den Ausläufern der Hohen Mense und der Heuscheuer gelegen. 1340 als Kirchort erwähnt. Deutsches Stadtrecht seit 1400. 1939 in „Hummelstadt" umbenannt (nach dem über der Stadt liegenden Hummelschloß).
Landstadt mit rechteckigem Ring. Pfarrkirche St. Michael von 1576. Strumpf- und Süßwarenfabrik, Glasveredelung, Stickschule seit 1897. Die Stadt blieb im Kriege unzerstört. 1939: 1000, 1961: 1300 Einwohner.

Lichnowsky, Felix, Fürst, geb. 1814 Troppau, ermordet 1848 Frankfurt, Parlamentarier, 1848 Abgeordneter der Frankfurter Nationalversammlung.

Lichnowsky, Karl Max, geb. 1860 Kreuzenort bei Ratibor, gest. 1928 Berlin. Diplomat. Botschafter in London ab 1912. Vertreter einer deutsch-britischen Verständigung. Hauptwerk: „Auf dem Wege zum Abgrund" (1927).

Liebau (poln. *Lubawka*), 10 km südwestlich von Landeshut, an der Paßstraße nach Böhmen, an Schwarzbach und Bober. Gründung Ende des 13. Jh. mit Magdeburger Stadtrecht. 1292–1810 Besitz des Klosters Grüssau.
Planmäßige Stadtanlage mit langgestrecktem rechteckigem Ring. Laubenhäuser. Pfarrkirche zu St. Maria im Tal, spätgotischer Hallenbau mit

Portal an der Oberkirche zu Liegnitz

barocker Innenausstattung, Rathaus von 1781. Textilindustrie, Glashütte, Möbelfabrik, Fremdenverkehr, Wintersportplatz. 1939: 5700, 1970: 6600 Einwohner.

Liebeneiner, Wolfgang, geb. 1905 Liebau, gest. 1987 Wien. Schriftsteller und Filmregisseur. Filme: „Der Mustergatte", „Ich klage an", „Großstadtmelodie", „Liebe 47" u. a.

Liebenthal (poln. *Lubomierz*), 15 km südwestlich von Löwenberg im Isergebirgsvorland. 1278 Dorf Liebenthal, in der zweiten Hälfte 14. Jh. Ausbau zur gleichnamigen deutschen Stadt mit Magdeburger Recht. Ovale Stadtanlage mit langgestrecktem Marktplatz und Laubenhäusern längs der durchgehenden Straße Greiffenberg–Liebenthal–Löwenberg. Leinwandhaus, barocke Klosterkirche der Benediktinerinnen (1730). 1939: 1700, 1969: 1600 Einwohner.

Liegnitz (poln. *Legnica*), Kreis- und Regierungshauptstadt, 60 km nordwestlich von Breslau. 1149 Marktort, 1175 herzogliche Burg, zwischen 1242 und 1252 als deutsche Stadt ausgesetzt, 1250 Magdeburger Recht. 1163 Herzogtum Breslau, 1248 Herzogtum Liegnitz, 1311 Herzogtum Liegnitz-Brieg, 1329 mit Herzogtum Liegnitz-Brieg unter böhmische Oberlehnshoheit, 1526 mit Böhmen an Habsburg. 1742 preußisch.

Planmäßige Stadtanlage, rechteckiger Ring, mit Häuserblock in der Mitte. Befestigtes *Piastenschloß* 1175, 1530 im Stil der Renaissance umgebaut, nach Schloßbrand Erneuerung im Sinne Schinkels (1835). Renaissancebauten: Haus „Wachtelkorb" und die „Heringsbuden" (acht schmale Giebelhäuschen) auf dem Ring. Reste der Stadtmauer sowie der Glogauer und Haynauer Torturm sind erhalten.

Die ältere der beiden mittelalterlichen Kirchen in Liegnitz ist die evangelische *Niederkirche* (Liebfrauenkirche). Sie soll bereits 1192 einen Vorgän-

An der kath. Kirche zu Liegnitz

gerbau gehabt haben. Neubau des 14. und 15. Jh. Diese Kirche brannte infolge Blitzschlags 1822 völlig aus. Nach den Plänen von Theinert wieder aufgebaut.

Oberkirche (Pfarrkirche St. Peter und Paul): Die künstlerisch bedeutendere Kirche entstand im 14. Jh. Eine Ende 19. Jh. durchgeführte Restaurierung verlieh dem Äußeren den Charakter eines neugotischen Neubaus, zwei 80 m hohe Türme, deren nördlicher noch die Haube von 1650 trägt. Das Innere vermittelt jedoch den Prototyp der schlesischen Pseudobasilika mit Ähnlichkeiten zu der Breslauer Elisabethkirche. Nordportal 15. Jh. Anbetung der Könige; Westportal 16. Jh. Schöne Ausstattung, reichgeschmückte Kanzel von 1588, Barockaltar von 1767, Epitaphien, mittelalterliche Plastiken und Altäre. Der Taufkessel in versilbertem Bronzeguß vom Ende des 13. Jh. verdient besondere Erwähnung, ebenso die große Marienfigur aus Sandstein aus dem 14. Jh.

Liegnitz, Johanniskirche

1700–1706 Bau des *Jesuitenkollegiums* durch Johann Georg Knoll und Martin Frantz.

Ein Höhepunkt des schlesischen Barocks ist die katholische Pfarrkirche St. Johannes. Nachdem die mittelalterliche Kirche wegen Baufälligkeit 1714 abgerissen war, erfolgte ein glanzvoller barocker Neubau bis 1727 nach dem Vorbilde des Klosters Banz. Diese Kirche zeigt in ihrer bewegten Fassade Verwandtschaft mit den böhmischen Barockbauten von Kilian Ignaz Dientzenhofer. 1744 und 1793 stürzten die Gewölbe ein. Die wiederhergestellte Gewölbekonstruktion wurde erheblich vereinfacht ausgeführt. In dieser Kirche ruht der bekannte Schulmann Valentin Trotzendorf. Der Kirche angeschlossen ist die Piastengruft, welche die Herzogin Luise von Liegnitz 1677 durch den Wiener Bildhauer Matthias Rauchmiller erbauen ließ. Das künstlerische Programm für diesen Bau geht auf den Dichter Caspar von Lohenstein zurück.

Die Barockkirche St. Mauritius wurde 1701–1723 errichtet (heute Aula eines Lehrerseminars). 1707–1714 entstand ein neues Franziskanerkloster, 1728 das Leubuser Haus am Kohlmarkt (heute Museum), 1726–1738 gegenüber dem Jesuitenkollegium die *Ritterakademie*, eine berühmte Bildungsstätte für den schlesischen Adel, seit 1811 Gymnasium auch für Bürgerliche. Das Rathaus wurde 1737—1741 von Franz Michael Scheerhofer erbaut. Die besonders schöne Front weist auf den Liegnitzer Baumeister Martin

Schloß Löwen

Frantz hin. Neben dem Rathaus steht seit 1731 der Neptunbrunnen.
Das von Langhans 1842 erbaute *Stadttheater* ist kürzlich renoviert worden. Das städtische Gymnasium, 1309 gegründet, ist das älteste Schlesiens. Die Stadt ist Mittelpunkt des Gemüsebaus. Saure Gurken (Liegnitzer Gurken) und Sauerkrautherstellung, früher größte Fabrik Deutschlands. Daneben gab es zahlreiche andere industrielle Unternehmen, Wollwarenfabriken, Maschinenbau, holzverarbeitende Industrie, Klavierbau, Spielwaren- und Papierindustrie. Durch ihre Funktion als Regierungshauptstadt gab es außerdem eine große Anzahl bedeutender Behörden. Durch den Bau einer Kupferhütte unmittelbar vor den Toren ist die Schönheit der Stadt sehr beeinträchtigt worden, jedoch sind die gärtnerischen Anlagen, die der Stadt den Namen „Gartenstadt Schlesiens" gaben, auch heute noch sehenswert.
Das Innere der Stadt wurde *nach* dem Kriege stark zerstört, der Aufbau erfolgt nur sehr zögernd, wobei ein großer Teil der alten Häuser durch moderne Bauten und Hochhäuser ersetzt wurde, was das schöne Stadtbild erheblich beeinträchtigt. 1939: 84000, 1976: 83000 Einwohner.

Liegnitzer Bomben, schlesisches Weihnachtsgebäck. Man nehme 250 g Zucker, 5 Eier, 140 g Zitronat, 5 g Zimt, 5 g Nelken, 1 Prise Pfeffer, 1 Messerspitze Kardamon, 350 g Honig, 125 g Butter, 1/16 Liter Rum oder Arrak, 15 g Pottasche in 2 Eßlöffeln Rosenwasser gelöst, 50 g Kakao, 500 g Mehl, 125 g Korinthen, nach Belieben 125 g Man-

Löwenberg vom Hospitalberge

deln oder Nüsse. Zum Guß 250g Schokolade, 350–400g Puderzucker, 3 Eßlöffel Kakao, Wasser nach Bedarf.

Zucker und Eier eine halbe Stunde lang schaumig rühren. Würflig geschnittenes Zitronat, die Gewürze, den mit Butter zusammen gelösten, abgekühlten Honig, Arrak oder Rum zufügen, die in Rosenwasser gelöste Pottasche durch ein Sieb dazu gießen, Kakao und Mehl dazugeben, Korinthen beimischen, Schwarzblechringe von 6–7 cm Höhe und 7–8 cm Durchmesser an einer Seite mit Butterbrotpapier abschließen. Rand und Boden fetten. Die Formen werden bis reichlich zur Hälfte mit Teig gefüllt, auf einem Blech 20–30 Minuten bei schwacher Hitze gebacken. Heiß stürzen und mit dickem Schokoladenguß übergießen.

Linke, Eberhard, geb. 1937 Lauban, lebt in Saulheim. Bildhauer und Maler.

Linke-Hofmann-Werke, 1939 größte Waggon- und Lokomotiv-Fabrik Europas in Breslau.

Lipinsky-Gottersdorf, Hans, geb. 1920 in Leschnitz, lebt seit 1953 als freier Schriftsteller in Köln. Landwirtschaftslehre, Kriegsteilnahme, Gefangenschaft, arbeitete u. a. als Bauarbeiter und Kranführer. Größter Erfolg sein 1968 erschienener Roman „Die Prosna-Preußen“, weitere Werke: „Wanderungen im dunklen Wind“,

„Fremde Gräser“ u. a. Hauptpreisträger 1977 des Kulturpreises Schlesien des Landes Niedersachsen.

Lipsa, schlichtes Herrenhaus im Kreise Hoyerswerda (Lindenort) aus der Mitte des 18. Jh. inmitten eines ausgedehnten gepflegten Parks.

Lisska (Lischka), Johann Christoph, geb. 1650 in Breslau, gest. 1712 in Leubus. Schüler und Stiefsohn Michael Willmanns und Spitzenrepräsentant des Hochbarocks. Er gab der Malerei in Schlesien und Böhmen durch die Farbigkeit seines weichen Stils neue Impulse.

Lobe, Theodor, geb. 1833 in Ratibor, gest. 1905 bei Dresden. Schauspieler und Theaterdirektor. Er baute in Breslau auf der Lessingstraße das „Lobe-Theater“, die bedeutendste Schauspielbühne Ostdeutschlands. Von 1869–1935 wurden auf dieser Bühne die deutschen Dramen von Lessing bis Gerhart Hauptmann gespielt. Das Theater ist im Zweiten Weltkrieg zerstört worden.

Lobris (poln. *Luboradz*), Schloß in der Nähe von Jauer. Vierflügelbau mit unregelmäßigem Hof aus dem Ende des 16. und dem 17. Jh. Außenbau vollständig mit Sgraffito-Quaderputz versehen. Innenräume mit Festsaal und Herrenzimmer der Spätrenaissance.

Löbe, Paul, geb. 1875 in Liegnitz, gest. 1967 in Bonn. Bekannter Politiker der Sozialdemokratischen Partei. 1920–1933 Reichstagspräsident. 1949 Mitglied des Bundestages und Alterspräsident.

Löwen (poln. *Lewin Brzeski*), kleines Landstädtchen, 18 km südöstlich von Brieg, auf dem linken Oderufer. 1284 Stadtgründung. Planmäßige Stadtanlage mit rechteckigem Ring, Stadtpfarrkirche Peter und Paul 14. Jh., mit Ausbauten des 16. und 17. Jh., spätklassizistisches Rathaus von

Rathaus und Markt in Löwenberg

1837. Schloß aus dem Jahre 1722. Die Stadt war 1586 und im Dreißigjährigen Kriege vollständig abgebrannt. Im letzten Kriege wurde sie erheblich zerstört, das Schloß ist 1955 abgebrannt. Wirtschaftlicher Aufschwung im 19. Jh. mit der Eisenbahnstrecke Breslau–Oppeln. Maschinen- und Landmaschinenfabrik, Ofenfabrik, Zuckerfabrik, sowie andere kleinere Industrien. 1939: 4000, 1969: rd. 5000 Einwohner.

Löwenberg (poln. *Lwówek Śląski*), Kreisstadt am Rande des Bober-Katzbach-Gebirges, auf dem linken Boberufer. 1217 mit deutschem Recht als Stadt ausgesetzt. 1278–1291 Herzogtum Löwenberg. Löwenberger Recht diente auch anderen Städten als Rechtsgrundlage.

Planmäßige Stadtanlage mit rechteckigem Ring. Stadtmauer und Stadttore teilweise erhalten.

Alte Gasse in Löwenberg

Schönes Rathaus (1522–1546), 1903–1905 von Poelzig restauriert. Im Innern Grabstein des Christoph von Falkenberg, gestorben 1536, sowie die Deckplatte einer Grabtumba mit einem fürstlichen Ehepaar (um 1390), „Ritter und Nonne" genannt. Bürgerhäuser aus dem 15. und 16. Jh. Die bedeutende Pfarrkirche Mariae Himmelfahrt stammt mit ihrem doppeltürmigen Westbau noch aus der romanischen Epoche. Bemerkenswert das Tympanon mit der Marienkrönung (um 1270). Das Kirchenschiff ist eine spätgotische Hallenkirche. Heilige-Kreuz-Kapelle mit holzgeschnitzter Grablegung (von 1493), evangelisches Bethaus (1747).

Die Stadt war bereits seit 1525 evangelisch, 1629 setzte die Gegenreformation durch die Liechtensteiner Dragoner ein, vor denen die Bevölkerung flüchtete. 1631 kam es zum „Löwenberger Weiberkrieg", als die Frauen rekatholisiert werden sollten. Nach dem Dreißigjährigen Krieg war die Stadt weitgehend zerstört und ihre wirtschaftliche Grundlage vernichtet.

Berühmt ist die Schleifkanne der Löwenberger Tuchmacher von 1523, die sich im Nationalmuseum in Breslau befindet. Nach dem Niedergang der Weberei im 19. Jh. Landwirtschaft, Handwerk, Sandsteingewinnung und Fremdenverkehr. Das Brandenburger Tor und das Reichstagsgebäude in Berlin sind aus Löwenberger Sandstein erbaut. 1939: 6300, 1969: 6500 Einwohner.

Löwenmadonnen. Zwischen 1360 und 1380 entstehen in Schlesien die sogenannten „Löwenmadonnen", d. h. Madonnen, die mit dem Jesuskind über einem oder mehreren Löwen thronen. Den Löwen wird ein unterschiedlicher Sinngehalt gegeben. Man hält sie für einen Teil des salomonischen Löwenthrones als Stützen und Diener der Macht des göttlichen Salomon oder als Sinnbild des überwundenen Bösen, so wie dies auch auf mittelalterlichen Tumbengräbern dargestellt wird. Auch eine Deutung des Löwen aus dem

Stamme Juda, aus dem Christus hervorgegangen ist, wäre denkbar.
Diese Löwenmadonnen stellen einen Höhepunkt der Mariendarstellung im 14. Jahrhundert dar. Im Nationalmuseum in Breslau Löwenmadonna aus Hermsdorf, im Diözesanmuseum die Muttergottes aus St. Matthias in Breslau, eine weitere Muttergottes über den Löwen aus dem Glatzer Bergland im Germanischen Nationalmuseum in Nürnberg.

Löwenstein, Rudolf, geb. 1819 in Breslau, gest. 1891 in Berlin. Gründete 1848 zusammen mit Kalisch den „Kladderadatsch", das neben dem „Simplizissimus" bedeutendste politisch-satirische Witzblatt.

Logau, Friedrich von, geb. 1604 in Brockut bei Nimptsch, gest. 1655 in Liegnitz. Epigrammdichter. Der Verfall des Vaterlandes, öffentliche Mißstände und der Niedergang der deutschen Kultur im Dreißigjährigen Kriege beeinflußten die Sinngedichte Logaus.

Gewaffneter Friede
Krieg hat den Harnisch weggelegt,
Der Friede zieht ihn an;
Wir wissen, was der Krieg verübt,
Wer weiß, was Friede kann?

Gottes Wort
Der Hammer, Gottes Wort,
Schlägt auf der Herzen Stein.
Jetzt aber will der Stein
Des Hammers Hammer sein.

Lohe, linker Nebenfluß der Oder, mündet bei Breslau in die Oder.

Lohe (poln. *Ślęza*), Dorf und Schloß 10 km südlich von Breslau, ältester Teil Wohnturm. Die Zier des Wohntraktes bilden drei Zwerchgiebel mit Voluten und Greifenköpfen.

Lohenstein, Daniel, Casper, geb. 1635 in Nimptsch, gest. 1683 in Breslau. Barockdichter der sog. Zweiten Schlesischen Dichterschule.

Madonna auf dem Löwenthron
Glatzer Bergland, um 1370

Die Stadt Loslau

„Rom soll gar kein Joch
Mehr einer Herrschaft tragen.
Was nützt es, Gut und Blut

Für aller Heil zu sagen,
Wenn nicht die Freiheit soll
Der Tugend Lorbeer sein."

So ruft Lohenstein in seiner „Epicharis". Er hat sechs Tragödien, Gedichte und den Roman „Arminius" geschrieben, war ein glänzender Jurist, Syndikus und Obersyndikus der Stadtrepublik Breslau, was etwa der heutigen Stellung eines Oberstadtdirektors entspricht. Breslaus Bürgermeister war, als Lohenstein das Amt des Obersyndikus innehatte, zeitweise Hofmann von Hofmannswaldau, ein anderer schlesischer Barockdichter. Lohensteins Dramen galten bisher als schwülstig und nicht aufführbar. Neuerdings kam es jedoch zu Aufführungen seiner „Epicharis" in Köln und seiner „Agrippina" in Wuppertal.

„Des Menschen Lebenslauf
Gleicht einer Irrebahn,
Aus Einfalt irrt ein Kind,
Ein Weiser durch Begierde,
Des Alters Irrweg ist
Ein falschgesetzter Wahn,
Des Geizes schimmernd Erz,
Der Geilheit fremde Zierde.
Jedwedes Laster fehlt
Und fällt vom Mittel ab,
Sucht einen Abweg ihm
Zum eigenen Verderben.
Ja, nicht der Hundertste
Weiß seinen Weg ins Grab,
Er kennt ja wohl die Not,
Doch nicht die Art zu sterben."

Lommel, Ludwig Manfred, geb. 1891 in Jauer, gest. 1962. Bekannter Humorist und Vortragskünstler. Mit seinem „Sender Runxendorf" und seinen Gestalten „Paul und Pauline Neugebauer" gehört er zu den bedeutenden deutschen Humoristen des 20. Jh.

Lomnitz (poln. *Łomnica*), im Kreise Hirschberg, an der Lomnitz gelegenes Dorf mit schönem Schloß, mit älteren Bauteilen wahrscheinlich von Martin Frantz barock verändert. Im 19. Jh. gestaltete der Architekt Tollberg bei Schonung der Bausubstanz das Gebäude neu. Die zwei gedrungenen Zwiebeltürme geben dem Bauwerk einen anheimelnden Reiz. Das Schloß ist nach 1945 zur Ruine verfallen. Besitzer des Schlosses waren ursprünglich die Familie von Zedlitz, später die Kaufleute Mentzel aus Hirschberg, die der evangelischen Kirche von 1750 eine schöne Orgel stifteten. Im Oberdorf liegt die katholische Kirche von 1369 mit einem Westturm Ende 15. Jh.

Loslau (poln. *Wodzisław Śląski*), im südlichen Oberschlesien gelegene Stadt rechts der Oder, 1265 als Markt erwähnt, vor 1300 planmäßige Stadtgründung mit quadratischem Marktplatz.

Ihre wirtschaftliche Bedeutung war gering. Sie lebte vom Handwerk, von der Landwirtschaft und seit dem 15. Jh. von der Teichwirtschaft. Infolge der Industrialisierung Oberschlesiens begann im 19. Jh. ein Aufstieg. Im Zweiten Weltkrieg wurde Loslau erheblich zerstört. 1931: 4900, 1970: 25600 Einwohner. Ein großer Teil der Bevölkerung ist im Kohlenbergbau beschäftigt.

Lublinitz (1941 Loben; poln. *Lubliniec*), Stadtgründung um 1300 mit rechteckigem Markt als planmäßige Stadtanlage an der Handelsstraße Breslau–Kreuzburg–Krakau. Pfarrkirche St. Nikolai (1576–1590 erbaut unter Verwendung älterer Bauteile), spätbarocke Karl-Borromäus-Kapelle an der Pfarrkirche von 1648, Holzkirche St. Anna von 1653. Schloß aus dem 17. Jh.
Die Volksabstimmung 1921 ergab im Kreise Lublinitz 15400 Stimmen für Deutschland und 13600 Stimmen für Polen. Bei der Teilung von Oberschlesien blieb nur knapp ein Drittel des Kreisgebietes deutsch. Seit 1941 sind beide Kreisteile wieder vereint, seit 1945 unter polnischer Verwaltung.
Die Kreisbehörden brachten im 19. Jh. eine gewisse Belebung. Außerdem Errichtung einer Kammwollspinnerei und einer Landmaschinenfabrik. 1931 : 8500, 1941 : 10300, 1961 : 19800 Einwohner.

Lubos, Arno, geb. 1928 in Beuthen/OS. Schriftsteller und Literaturhistoriker: Schlesische Literaturgeschichte. Roman: Schwiebus (1980).

Lubowitz (pol. *Łubowice*)

Aus alten Wipfeln das Schloß,
Es schimmert zu Tale
Wie aus verwunschener Zeit.
Der Mond füllt blau
Die moosige Brunnenschale
Mit Einsamkeit.

Friedrich Bischoff

Dorf und Schloß. Geburtshaus Josephs von Eichendorff. 1785 erbaute der Vater des Dichters ein langgestrecktes Herrenhaus auf der Uferhöhe links der Oder. 1945 zerstört. In der Dichtung Eichendorffs wurde Lubowitz zum Urbild verlorener Heimat.

An meinen Bruder

Gedenkst du noch des Gartens
Und Schlosses über'm Wald,
Des träumenden Erwartens,
Ob's denn nicht Frühling bald?

Wie sind wir doch im Wandern
Seitdem so weit zerstreut!
Frägt einer nach dem andern,
Doch niemand gibt Bescheid.

Nun steht das Schloß
Im Abendrote tief,
Als ob dort traumestrunken
Der alte Spielmann schlief.

Und fremde Leute gehen
Im Garten vor dem Haus.
Doch über'm Garten sehen
Nach uns die Wipfel aus.

Joseph von Eichendorff

Ludwig, Emil (eigentlich Cohn), geb. 1881 in Breslau, gest. 1948 in Ascona. Schriftsteller. Nach der Verbrennung seiner Bücher 1933 lebte er in der Schweiz. Biographien (u. a. Bismarck, Goethe, Napoleon, Rembrandt). Im Exil mehrere zeitkritische Werke.

Schloß Lubowitz

Lübchen (poln. *Lubów*), Schloß in der Oderniederung des Kreises Guhrau mit aufwendigen klassizistischen Portalen.

Lüben (poln. *Lubin*), Kreisstadt am Ortsrand der niederschlesischen Heide. 1259 erwähnt, um 1290 Aussetzung als Stadt mit Magdeburger Stadtrecht an einer wichtigen Handelsstraße. Pfarrkirche St. Marien, 14./15. Jh., mit freistehendem Glockenturm. Ihr großer Altarschrein (Tod Mariens, umgeben von 12 Aposteln) von 1523 heute im Breslauer Dom als Hochaltar. Schloßkapelle (1249) mit Tympanon (Außenmauern erhalten), Rathaus (1768), Stadtmauer, Glogauer Torturm. Die Stadt wurde bei Kriegsende stark zerstört, die alten Gebäude sind größtenteils verschwunden. Landwirtschaft, Handwerk, Verkehr, Ziegelei, Sägewerk, Parkettindustrie, Zukkerfabrik, Gurken- und Sauerkrautfabrik, Klavierfabrik, heute vor allem Saiteninstrumente.

Partie aus Lüben

Nach dem Kriege erlebte die Stadt durch die Erschließung der Kupfererzlager einen starken Aufschwung. 1939: 10800, 1975: 47700 Einwohner.

Lützow, Ludwig Adolf Wilhelm Freiherr von, 1782–1834. Preußischer Offizier. Er stellte im Februar 1813 in Breslau das Lützowsche Freicorps auf, dem sich bedeutende Männer wie Jahn, Friesen und Körner anschlossen. Diese Truppe hatte die Aufgabe, im Rücken des Feindes Krieg zu führen. Besonders bekannt wurde Theodor Körners Lied „Was glänzt dort im Walde im Sonnenschein". Körner fiel als Lützows Adjutant bei Schwerin.

Lukaschek, Hans, geb. 1885 in Breslau, gest. 1960 Freiburg. Politiker des Zentrums und Jurist. 1916 Bürgermeister von Rybnik, Landrat. Mitglied der Gemischten Kommission für Oberschlesien. 1927 Oberbürgermeister von Hindenburg. 1929 Oberpräsident von Oberschlesien, 1933 entlassen. Nach dem Kriege Bundesvertriebenenminister.

Lusche, schlesisches Wort für Pfütze (u lang, sch wie Journal).

Maibaum. Der Brauch, am 1. Mai oder zu Pfingsten einen Maibaum zu setzen, war vor allen Dingen in der Breslauer Ebene, um Leobschütz und in Österreichisch-Schlesien bekannt. Daneben gab es verschiedentlich den Brauch, daß Burschen ihren Mädchen zu dieser Zeit einen Baum vors Tor oder womöglich aufs Dach setzten. Diese Bäume waren mit bunten Papierschleifen verziert. Mitunter wurde auch aus dem Maibaum eine Kletterstange für junge Burschen.

Malapane (poln. *Ozimek*), Stadt am gleichnamigen rechten Nebenfluß der Oder sowie Sitz einer Eisenhütte. Diese wurde 1753 von Friedrich dem Großen als erste Neuanlage einer Eisenhütte unter damals modernen Gesichtspunkten gegründet. Hier wurden 1783 die ersten Eisengeschütze in Preußen hergestellt. Vor den Befreiungskriegen war sie die wichtigste Waffenschmiede der preußischen Armee. Bekannt wurde die Hütte durch ihren Kunsteisenguß. Goethe besuchte sie im Jahre 1790. 1796 wurde hier die Brücke über das Striegauer Wasser in Laasan/Krs. Schweidnitz gegossen. Sie war die erste gußeiserne Bogenbrücke in Deutschland. Spätklassizistische evangelische Kirche von Schinkel (1819). 1939 : 4000, 1971 : 5000 Einwohner. Stadtrecht seit 1962.

Malkwitz (1937 Waldtal; poln. *Małkowice*), 17 km südwestlich von Breslau. Dorf mit gotischer Pfarrkirche St. Trinitatis aus dem späten 14. Jh. Bemerkenswert ist das Friedhofsportal.

Mallmitz (poln. *Małomice*), im Kreise Sprottau am Bober gelegene Stadt. Ursprünglich Heidedorf. Schloß (Ende 17. Jh.), nach 1945 abgetragen. Erhalten Gruftkapelle von 1737.
Industrieansiedlung um 1600. Entwicklung nach Eisenbahnanschluß 1875. Seit 1969 Stadt. 1939: 3200, 1970: 3700 Einwohner.

Maltsch (poln. *Malczyce*), im Kreise Neumarkt an der Oder gelegene alte dörfliche Siedlung. Zu wirtschaftlicher Bedeutung gelangte sie als Umschlagplatz für die Waldenburger Kohle. Die preußische Regierung ließ ab 1780 die sogenannte „Kohlenstraße" von Waldenburg nach Maltsch errichten. Hierauf entstanden staatliche und private Steinkohleniederlassungen in Maltsch.
1895 wurde die Bahnlinie Striegau–Maltsch erbaut und anschließend ein reichsbahneigener Umschlaghafen. 1941 betrug der Umschlag 1 Mio. t. Außer Kohle wurden Granit aus der Striegauer Gegend und Landwirtschaftsprodukte in Maltsch verladen. Diese dienten insbesondere der Versorgung von Berlin. Seit 1896 große Zukkerfabrik, 1911 Errichtung einer Zellulosefabrik, außerdem zahlreiche Speditionsfirmen. 1939: 3400 Einwohner, 1977: 3100 Einwohner.

Manso, Johann Kaspar Friedrich, geb. 1760 in Zella, gest. 1826 in Breslau. Historiker. Ab 1790 Prorektor und später Rektor des Magdalenums in Breslau. Werke: Sparta (1800/05), „Konstantin d. Gr." (1817), „Geschichte des preußischen Staates seit dem Hubertusburger Frieden" (1819/20).

Mariensäule, Ring zu Glatz

Marbach, Gotthard Oswald, geb. 1810 in Jauer, gest. 1890 in Leipzig. Dichter und Schriftsteller. Gedichte unter dem Namen „Silesius Minor", Trauerspiele, Übersetzungen.

Mariensäulen. Ausgehend von Rom, wo im Jahre 1584 erstmals eine Bildsäule mit der Figur der Gottesmutter im Freien aufgestellt wurde, verbreitete sich die Mariensäule schnell über ganz Deutschland und damit auch über Schlesien. Insgesamt wurden in Schlesien im 17. und 18. Jh. etwa 120 Mariensäulen und nach 1800 weitere 60 aufgestellt.
Die erste Mariensäule in Schlesien wurde auf dem Klosterplatz in Leubus errichtet. Abt Arnold Freiberger ließ nach dem Beispiel der Münchner Mariensäule eine hohe, schlanke korinthische

Straße in Marklissa

Säule meißeln und darauf das Standbild der Gottesmutter errichten. Vier Heiligenfiguren umgeben den Sockel. Ähnliche Säulen stehen in Glatz und in Mittelwalde.

Im allgemeinen wurde in Schlesien ein mäßig hohes Podest bevorzugt, Beispiele hierfür sind die Mariensäulen in Ottmachau (1712), Oberglogau (1670), Albendorf (1682). 1694 wurde auf dem Vorplatz des Breslauer Doms die barocke Mariensäule errichtet. Die im Jahre 1698 in Heinrichau aufgestellte Dreifaltigkeitssäule zeigt im Gegensatz hierzu die völlige Lösung vom Erdboden durch einen hohen Säulenschaft, entsprechend der berühmten Dreifaltigkeitssäule in Wien. Dieser künstlerischen Tendenz folgten die 1725 errichtete Mariensäule der Stadt Ratibor und die Wolkensäule in Habelschwerdt.

Zu den besonders bekannten Mariensäulen gehören die von Hirschberg (1712) von Thomas Weißfeld, Frankenstein und Wartha (1721), Reinerz (1725) und Wohlau (1731).

Marklissa (poln. *Leśna*), 11 km südwestlich von Lauban, am linken Ufer des Queis. 1144 nachgewiesen. Marktort für deutsche Waldhufendörfer an der Straße Friedland–Lauban. 1329 als Waldstadt erwähnt. Planmäßige Stadtanlage mit rechteckigem Ring. Bis zum Bau der Talsperren Marklissa und Goldentraum mehrfach von Hochwasserkatastrophen heimgesucht. Stadtpfarrkirche mit Bauteilen aus dem Ende des 16. Jahrhunderts.

Basaltwerke, Sägewerke Spinnerei und Weberei, älteste Kammgarnspinnerei Deutschlands. 1939: 2200, 1969: 4900 Einwohner.

St. Martin. Neben der Martinsgans gab es in Schlesien am Martinstag zum Andenken an den Heiligen sog. Martinihörnchen, ein mit Mandelsplittern bestreutes Gebäck in Form eines Hufeisens. Nach der Legende war St. Martin seinen Verfolgern dadurch entkommen, daß er die Hufeisen seines Pferdes umdrehte.

Marxdorf, (poln. *Garncarsko*), 35 km südwestlich von Breslau gelegenes Dorf. Bis 1954 befand sich unmittelbar an der Hauptstraße einer der sogenannten „Zobtenlöwen" aus dem 12. Jh., der heute im Museum von Zobten zu sehen ist.

Matzkirch (poln. *Maciowakrze*), Kreis Cosel. Pfarrkirche 1754–1773 durch Michael Clement erbaut. Spätbarocker Saalbau mit eingezogenem Chor, Ausmalung durch Franz Anton Sebastiani bis 1776.

Mauer (poln. *Pilchowice*). 1902–1912 wurde bei der kleinen Ortschaft die Bobertalsperre von Mauer gebaut. Sie hat 50 Mio. cbm Stauraum, das Kraftwerk hatte eine durchschnittliche Jahresleistung von 20 Mio. kWh.

Meckauer, Walter, geb. 1889 in Breslau, gest.

1966 in München. Schlesischer Dichter. 1933 emigriert. Roman „Viel Wasser floß den Strom hinab": „Ja, ja ihr könnt mer's glooben, unsereener trägt nicht blußig unser kleenes gemütliches Land uff der Hucke, nee, ich meine, ganz Europa und vielleicht noch China dazu. So mecht mer sprechen. Eben deswegen nenn ich mich einen Schlesier." Weitere Werke: „Die Bücher des Kaisers Wutai", „Mädchen in der Fürsorge", „Gestern in fremden Städten". Lyrik, Erzählungen, Komödien.

Meffersdorf, Schloß im Kreise Lauban. 1767 wurde das schlichte, aber sehr gefällige dreiflügelige Schloß, das in seinen Einzelheiten bereits dem Rokoko zuzurechnen ist, erbaut.

Meidner, Ludwig, geb. 1884 in Bernstadt, gest. 1967 in Darmstadt. Maler und Dichter des Expressionismus. 1902–1905 Studium an der Kunstakademie in Breslau, 1906–1907 Académie Julian, Paris, 1907 Berlin. 1933 als „entartet" verboten. 1939 emigriert, kehrte er bereits 1952 nach Deutschland zurück. Im Dichten und Malen ist er der Expressionist der Apokalypse.

Meistersinger. Im 16. Jh. gibt es unter dem Einfluß der süddeutschen Meistersinger auch in Schlesien eine entsprechende Dichtung. Der Glatzer Kürschner Hieronymus Linck und der Görlitzer Adam Puschmann sind hier zu nennen. Linck wurde als Schwenckfelder vertrieben. Puschmann kam nach langen Wanderungen nach Breslau, wo er Sprach- und Rechenmeister wurde. Seine zahlreichen Gedichte und sein „Gründlicher Bericht des deutschen Meistergesangs" bewahren die Gebräuche der Meistersinger. Dieser läßt sich noch bis zum Ende des 17. Jh. verfolgen.

Mendelssohn, Arnold Ludwig, geb. 1855 in Ratibor, gest. 1933 in Darmstadt. Bedeutender Musikschriftsteller und -pädagoge. Erneuerer der evangelischen Kirchenmusik. Lehrer von Hindemith.

Mense, Carlo, geb. 1886 in Rheine, 1965 in Rhöndorf gest. Von 1925–1932 Professor für Malerei an der Breslauer Akademie. 1933 Rom-Preis, 1937 als „entartet" verfemt.

Menzel, Adolph von, geb. 1815 in Breslau, gest. 1905 in Berlin. Einer der bedeutendsten Maler und Illustratoren des 19. Jh. Er schuf etwa 700 Gemälde und Zeichnungen. Seit 1853 Professor und Mitglied der Akademie in Berlin. Sein Hauptwerk ist „Das Eisenwalzwerk in Königshütte" (1875), am bekanntesten „Das Flötenkonzert Friedrichs des Großen" (1825), ferner seine Illustrationen zu Kuglers „Geschichte Friedrichs des Großen" (1840/42), „Die Armee Friedrichs des Großen" (1851).

Menzel, Gerhard, geb. 1894 in Waldenburg. Bühnenschriftsteller, Filmautor. Mehrere erfolgreiche Bühnenstücke. Mit Hans Schweikart Inszenierung von Puschkins „Der Postmeister" für die Bühne. Romane.

Menzel, Ignaz, gest. 1730 Breslau, Organist und Orgelbauer, erhalten Orgel der Kirche der Barmherzigen Brüder in Breslau.

Menzel, Karl Adolf, geb. 1784 in Grünberg,

Adolf von Menzel

dort gest. 1855 Historiker. „Geschichte der Deutschen“, „Neuere Geschichte der Deutschen von der Reformation bis zur Bundesakte“, „Topographische Chronik von Breslau“, „Geschichte Schlesiens“.

Menzel, Wilhelm, geb. 1898 in Obersteinkirch bei Lauban, gest. 1980, von den Schlesiern liebevoll „Menzelwillem“ genannt.

„Is fährt eim Lande rimm a Moan
Und lernt die Leute singa,
Die ganza Lieder, die a koan,
A redt ins olle freindlich oan
Und schläsch (schlesisch) fer olla Dinga.

Ernst Schenke

Studium Leipzig und Breslau, Dozent für Volkskunde in Hirschberg, Professor für deutsche Sprache in Dortmund. Der führende Streiter für schlesisches Volkslied und schlesische Mundart. Liedersammlung: „Singt ock a wing“, „A Packsla schiene schläs'sche Sacha“, „Hausbacken Brut“, „Schlesischer Guckkasten“, „Mundart und Mundartdichtung in Schlesien“.

Menzel, Wolfgang, geb. 1798 in Waldenburg, gest. 1873 in Stuttgart. Kultur- und Literaturhistoriker. Er leitete die Redaktion des Literaturteils im „Morgenblatt“ des Cotta-Verlags. U. a. „Geschichte der Deutschen“ 1824, „Deutsche Literatur“ 1818. Zwischen Heinrich Heine und Menzel entwickelte sich eine erbitterte literarische Auseinandersetzung. 1829 verfaßt Menzel das dramatische Märchen „Rübezahl“.

Merian, *Matthäus der Ältere* 1593–1650; *Mat-*

Schloß zu Miechowitz

Schloß in Mittelwalde

thäus der Jüngere 1621–1687. Im 17. Jh. schuf die Künstlerfamilie in Frankfurt am Main die „Topographia Germaniae" von 1642–1688 in 30 Bänden. Der Band Böhmen, Mähren, Schlesien erschien 1650, der Beschreibung Böhmens einschließlich der Grafschaft Glatz sind 86 Folio-Seiten gewidmet, Mähren 30 und Schlesien 76 Seiten. Der Band enthält je eine Karte von Böhmen, Mähren und Schlesien und 38 Karten, Pläne und Ansichten.

Michelsdorf (poln. *Miscowice*), Kreis Landeshut. Hier befindet sich ein „Fürstenkretscham" genanntes Umgebindeholzhaus auf mächtigem Sockelmauerwerk. Das Sockelgeschoß soll bereits 1012 errichtet worden sein. Hier trafen sich Freiherr vom Stein und Fürst Hardenberg im Jahre 1813 zu geheimen Zusammenkünften. Außerdem im Dorf zwei bemerkenswerte Kirchenbauten, das evangelische Bethaus nach dem Krieg verwahrlost und Ruine.

Michelsdorf (poln. *Michalice*), Kreis Namslau, malerische Schrotholzkirche St. Michael aus dem 17. Jh. 1614 durch den Zimmermann Miller erbaut und 1624–1663 reich in bäuerlicher Art ausgemalt. Die Kirche stellt ein eindrucksvolles Beispiel des Schrotholzbaus auf der rechten Oderseite dar.

Middeldorpf, Albrecht Theodor, geb. 1824 in Breslau, gest. 1868 dort. Berühmter Breslauer Chirurg und Begründer der Galvanokaustik.

Mongolenschlacht

Miechowitz (1936 Mechtal; poln. *Miechowice*), Dorf und Schloß der Familie Tiele-Winckler. Hier errichtete Eva v. Tiele-Winckler die berühmten Miechowitzer Schwesternanstalten.

Mikulicz-Radecki, Johann von, geb. 1850 in Czernowitz, gest. 1905 in Breslau. Berühmter Breslauer Chirurg und Leiter der Breslauer Chirurgischen Klinik, deren Weltruf er begründete. Er errichtete den ersten aseptischen Operationssaal aus Kacheln und Stahl. Dieser ist 1945 erhalten geblieben.

Militsch (poln. *Milicz*), Kreisstadt 55 km nördlich von Breslau, am Südufer der Bartsch. Um 1300 deutsches Stadtrecht für einen bereits 1155 urkundlich genannten Ort. 1709–1714 evangelische Gnadenkirche zum Heiligen Kreuz mit einer Rokokokanzel, 1818 katholische Pfarrkirche mit vier spätgotischen Halbreliefs.
Landwirtschaft, Handwerk und bedeutende Karpfenzucht. 1939: 5400, 1970: 7500 Einwohner.

Militsch, Schloß, in der zweiten Hälfte des 18. Jh. von Carl Gottfried Geißler errichtetes klassizistisches Schloß bei Militsch. Der langgestreckte Bau ist zweigeschossig und wird in der Mitte durch eine große Kuppel mit Laterne unterbrochen. Der kuppelgekrönte Baukörper wird beherrscht durch ein prächtiges Portal. An den beiden Flügelenden des Schlosses springen gleichfalls Ecktürme hervor. Dieses Schloß erinnert an Trachenberg, ist aber durch seine Harmonie geschlossener. Der Schloßpark war vor 1800 der erste und einzige englische Garten in Schlesien.

Minkowsky (1937: Seydlitzruh; poln. *Minkowskie*), Dorf und Schloß, 23 km von Ohlau entfernt. Hier baute der berühmte Reitergeneral Friedrichs des Großen, Friedrich Wilhelm von Seydlitz (1721–1773) auf seinem Gut ein Rokoko-Schloß. Der Bau wurde von seiner Tochter bis 1784 vollendet. In dem das Schloß umgebenden Park ist Seydlitz beerdigt. Das Grab ist ein Werk des Breslauer Bildhauers Gottfried Stein.

Mitschke-Collande, Constantin von, geb. 1884 in Collande/Krs. Militsch, gest. 1956 in Nürnberg. Maler, Studium der Architektur in München und Dresden. 1919 Gründung der „Sezession Dresden", Kontakte zum „Bauhaus" und der Gruppe „Junges Rheinland". Galt nach 1933 als „entartet".

Mittelwalde (poln. *Międzylesie*), 18 km südöstlich von Habelschwerdt, an der Glatzer Neiße, im Südzipfel der Grafschaft Glatz. Um 1294 gegründet. Stadtrecht seit 1394. Die Stadt wurde bei den Hussiteneinfällen Anfang des 15. Jh. zerstört. Pfarrkirche Corpus Christi, gotisch,

1595 ausgebaut, 1643 barock ausgestaltet mit Schiffskanzel. Barbarakirche (17. Jh.), Ring mit Barockhäusern, Mariensäule von 1698, Holzlaubenhäuser „Sieben Brüder". Das Schloß ist in seinem Hauptkern etwa 600 Jahre alt und wurde durch Neubauten Ende des 17. Jh. vergrößert. Landwirtschaft, Handel, geringe Industrie. 1939: 2600, 1970: 2500 Einwohner.

Model, Hanns, geb. 1908 Posottendorf-Leschwitz bei Görlitz, Glaskünstler.

Modlau (poln. *Modła*), im Kreise Bunzlau gelegenes Dorf und Renaissanceschloß. In den Jahren 1564–1567 errichtet. Das Schloß ist eine Ruine.

Möbelherstellung. 1939: 12400 Betriebe mit 51800 Arbeitern mit den Schwerpunkten in Breslau, Görlitz und Glogau.

Mohnklöße. Man nehme 250g blauen oder weißen Mohn, 1/8 bis 1/4 Liter Wasser oder Milch mit 1–2 Eßlöffeln Zucker gesüßt, 40g Sultaninen, 40g Mandeln, 12–16 Zwieback- oder Semmelscheiben.

Der gequetschte Mohn wird mit kochendem Zuckerwasser oder kochender, gesüßter Milch übergossen, so daß ein fester Brei entsteht. Mit in wenig Wasser gequollenen Sultaninen und grob gewiegten Mandeln mischen, nach Geschmack süßen und etwas Rum zugießen. Semmelscheiben oder Zwieback werden mit heißem Zuckerwasser oder heißer gesüßter Milch beträufelt und ab-

Mongolenschlacht bei Liegnitz 1241

wechselnd mit dem Mohnbrei in eine Schüssel geschichtet. Oberste Lage Mohn. Kaltstellen, mit Milch oder Sahne servieren.
Fülleborn, ein Lehrer am Elisabet-Gymnasium in Breslau, hat eine lange Ode über die Mohnklöße geschrieben, aus der folgende Stelle entnommen wird:

„Aber warum ist solches Gericht
Nur wenigen Kreisen
Außer Silesias Grenzen bekannt?

Kloster Wahlstatt

Saxoniens Söhnen mundet es selten;
Es schmäht die edle Süße der Märker.

Doch du schweigest; es ziemt dir nicht,
Vergraute Papiere mühsam zu durchspähn
Und manche dürftige Chronik,
Ob Augustus zuerst Mohnklößel aß
Oder Bolko?"

Mohnstollen. Man nehme 500g Mehl, 35gHefe, 1/4 Liter Milch, 100 g Butter, 60g Zucker, 1/2 Teelöffel Salz, 50g Butter zum Bestreichen, und zur Füllung 250g Mohn, 200g Zucker, 50g Korinthen, 50g Sultaninen, 25g Mandeln, Zuckerguß von 150g Puderzucker. Wasser nach Bedarf. Der aufgegangene Vorteig wird mit zerlassener Butter, Zucker und Salz verrührt und verknetet. Der aufgegangene Hauptteig zu einem Rechteck ausgerollt (ungefähr 1 cm dick mit der Mohnfüllung bestreichen, 1–2 cm vom Rand bleiben unbestrichen), alsdann zusammenrollen. Auf vorbereitetem Blech muß der Stollen dann ein drittes Mal aufgehen, ehe er in 1/2 bis 3/4 Stunde bei erst stärkerer, dann schwächer werdender Hitze gebacken wird. Der heiße Stollen wird mit Zuckerguß bepinselt. Behandlung des Mohns wie bei den Mohnklößen.

Moibanus, Ambrosius, 1494–1554. Reformator und evangelischer Geistlicher an der Elisabethkirche. Er war Verfasser eines Katechismus für die Jugend, zu dem Philipp Melanchthon das Vorwort schrieb.

Molinari, alte schlesische Kaufmannsfamilie. Ihr Haus auf der Albrechtstraße bildet den Mittelpunkt in Gustav Freytags Roman „Soll und Haben". Die kreuzgewölbten altertümlichen Verkaufsräume erinnern an vergangene Zeiten. Das Haus ist teilweise erhalten.

Moll, Oskar, geb. 1875 in Brieg, gest. 1947 in Berlin. Spätimpressionistischer Maler, Leiter der Breslauer Akademie 1926–1931. Seine mit malerischer Leichtigkeit geschaffenen Stilleben und Landschaften gehören zu den bedeutenden Wer-

Hüttenanlage

ken des beginnenden 20. Jh.

Mollwitz (poln. *Małujowice*), durch die Schlacht im Ersten Schlesischen Krieg (1741) bekanntgewordenes Dorf bei Brieg mit kunsthistorisch bedeutender Kirche aus der ersten Hälfte des 14. Jh. Mittelalterliche Ausmalung des 14. Jh. vollständig erhalten. Von besonderer Qualität das Weltgericht, die Triumphbogenwand und die Anbetung des Kindes. Die heutige Bretterdecke entstammt dem 16. Jh., über der Holzdecke liegen ebenfalls Fresken des 14. Jh.

Moltke, Helmuth Graf von, geb. 1800 Parchim, gest. 1891 Berlin. Preußischer Feldmarschall. Er führte die preußischen Kriege 1864 gegen Dänemark, 1866 gegen Österreich und 1870/71 gegen Frankreich zum Siege. Kaiser Wilhelm I. verlieh ihm als Dank das Gut Kreisau in Schlesien, wo er begraben ist.

Moltke, Helmut James Graf von, geb. 1907 Kreisau, gest. 1945. Jurist. Deutscher Widerstandskämpfer, 1945 in Plötzensee hingerichtet, obwohl er selbst aus religiösen Bedenken Gegner des Attentats war. Der sogenannte „Kreisauer Kreis“ war ein geistiges Zentrum des Widerstandes gegen Hitler.

Molzahn, Johannes, geb. 1892 in Duisburg, gest. 1965 in München. Bedeutender Maler der Breslauer Avantgarde. Malte monumentale, zunächst vom Kubismus und Futurismus beeinflußte Architektur. 1933 aus dem Staatsdienst an der Akademie in Breslau entlassen. 1938 emigrierte er in die USA, lehrte zeitweise am „New Bauhaus“ in Chicago. Rückkehr nach Deutschland Ende der Fünfziger Jahre nach München. Seine Frau *Ilse Molzahn* ist vor allem durch ihren Kindheitsroman „Der schwarze Storch“ bekanntgeworden.

Mondschütz (poln. *Mojęcice*), Dorf und Schloß bei Wohlau. Bis 1620 wurde das schöne, von einem breiten Burggraben umgebene Renaissanceschloß errichtet. Im 15. Jh. wurde eine Kirche aus Findlingssteinen und Ziegelmauerwerk erbaut, diese im 16. Jh. erweitert und in der Spätrenaissance reich ausgemalt. Schloß und Kirche sind erhalten.

Mongoleneinfall. 1241 fiel ein Nebenheer der Mongolen auf dem Vorstoß nach dem Westen sengend und brennend in Schlesien ein. Bei Wahlstatt, unweit Liegnitz, stellte sich Herzog Heinrich II. mit seinen deutschen und polnischen Rittern den Eindringlingen entgegen. Obwohl der Herzog besiegt wurde und fiel, zogen sich die Mongolen nach der Schlacht wieder aus Schlesien

Münsterberg

zurück, um sich mit dem Hauptheer zu vereinigen. Die Mutter des Herzogs, die hl. Hedwig, errichtete auf dem Schlachtfeld ein Kloster. Diese Schlacht bei Wahlstatt lebt in den Herzen der Schlesier als die Rettung Europas vor den asiatischen Mongolen fort, obwohl ihre Bedeutung sicher wesentlich geringer war.

Montanindustrie. Am Ausgang des 18. Jh. ist Oberschlesien das erste geschlossene Industrierevier des europäischen Festlandes. Erst um die Mitte des 19. Jh. gelingt es anderen Revieren, den oberschlesischen Vorsprung einzuholen. 1913 wurden in Oberschlesien 22,6 v. H. der deutschen Steinkohle gefördert. Hinzu kam die niederschlesische Steinkohlenindustrie in Waldenburg, Neurode und Landeshut.
Durch die 1922 durchgeführte Teilung verlor Oberschlesien eine Grundfläche von 322000 Hektar mit etwa 1 Mio. Einwohner. Dadurch gingen 74 v. H. der gesamten Steinkohlenförderung, 96 v. H. der Eisenerzförderung und 81,9 v. H. der Zinkerzförderung verloren. Die Deutschland verbleibende oberschlesische Montanindustrie mußte damit vollständig umgestellt werden. 1939 erreichte die oberschlesische Steinkohlenförderung wieder 27 Mio. Tonnen.
Schlesien erzeugte bis zum Ersten Weltkrieg 60 v. H. der Zink- und 23 v. H. der Bleiproduktion Deutschlands. 1936 erzeugte Oberschlesien wieder 31 v. H. der Bleizinkerze mit Bleiinhalt und 53 v. H. der Bleizinkerze mit Zinkinhalt. Außer den Steinkohlenrevieren gibt es das niederschlesische Braunkohlenrevier in der niederschlesischen und Lausitzer Heide mit 2300 Beschäftigten und einer durchschnittlichen Jahreserzeugung von etwa 2 Mio. Tonnen im Jahre 1939.

Morgenstern, Carl Ernst, Vater von Christian M., geb. 1847 München, gest. 1928 Wolfshau. Professor, Maler insbesondere des Riesengebirges.

Morgenstern, Christian, geb. 1871 in München, gest. 1914 in Meran. Der Dichter verlebte einen entscheidenden Teil seiner Jugend in Breslau, wo sein Vater Carl Ernst Morgenstern Kunstmaler und Lehrer an der Kunstakademie war. Das Abitur bestand er am Sorauer Gymnasium 1892. Jurastudium in Breslau, wo er Vorlesungen bei Felix Dahn und Werner Sombart hörte. Der spätere Lebensweg des an Tuberkulose leidenden Dichters führte ihn aus Schlesien hinaus, jedoch ist seine Dichtung, die aus tiefempfundener Lyrik und den bekannteren grotesk-ironischen Gedichten besteht, sicher auch von diesem Lande her geprägt worden. Für die Jugend hat Morgenstern die Märchen von Rübezahl bearbeitet (1909).

Am Ring in Münsterberg

Leierkasten aus der Grafschaft Glatz

Muche, Georg, geb. 1895 in Querfurt, gest. 1987. Lehrer am Bauhaus bis 1927, anschließend an der Breslauer Akademie der Künste. Vertreter der Breslauer Avantgarde.

Mühler, Heinrich von, geb. 1813 in Brieg, gest. 1874 in Potsdam. Dichter des bekannten Studentenliedes „Grad aus dem Wirtshaus nun komm' ich heraus". Später preußischer Kultusminister (1862–1872).

Mühsam, Paul, geb. 1905 Brandenburg, gest. 1960 Israel, Lyriker und Essayist, bis 1933 Görlitz. Werke: „Gespräche mit Gott" (1919), „Worte an meine Tochter" (1920), „Der ewige Jude" (1924), „Tao, der Sinn des Lebens" (1931), „Stufen zum Licht" (1933).

Müller, Julius, geb. 1801 in Brieg, gest. 1878 in Halle. Theologe, Hauptwerk: „Die christliche Lehre von der Sünde", 1839.

Müller, Karl Otfried („Griechenmüller"), 1797 geboren in Brieg, gestorben 1840 in Athen. Altphilologe. Hauptforschungsgebiete: Griechische Stammesgeschichte und Mythologie, verfaßte das erste systematische „Handbuch der Archäologie der Kunst" (Breslau 1830), „Denkmäler der alten Kunst" sowie „Geschichte der griechischen Literatur bis Alexander d. Gr."

Im Park zu Muskau

Mueller, Otto, geb. 1874 in Liebau, gest. 1930 in Breslau. Maler und Graphiker des Expressionismus. Mitglied der „Brücke“ bis zu seinem Tod. Professor an der Akademie in Breslau. Freundschaftlich verbunden mit Erich Heckel. Mueller gestaltete, hingegeben an seine Träume, immer wieder grazile Mädchenakte unter Bäumen oder Motive aus dem Leben der Zigeuner, so daß er vielfach „Zigeuner-Mueller“ genannt wurde. „Irgendein leises Lächeln schwebt über seinen Bildern, versöhnend durch den seligen Wohlklang seiner Harmonie“ (O. Moll).

Müller, Wilhelm, 1794–1827, Dichter. Ballade „Der Glockenguß zu Breslau“.

Müller-Breslau, Georg, 1856–1911. Kunstmaler, besonders des Riesengebirges. Gemälde im Besitz des Breslauer Museums.

Müller-Osten, Kurt, geb. 1905 Breslau, evangelischer Pfarrer, Liederdichter (evangelisches Gesangbuch).

Münsterberg (poln. *Ziębice*), 18 km südöstlich von Frankenstein. Vor 1253 als deutsche Stadt auf einem 1241 zerstörten Dorf gegründet. 1253 als „Munsterberck“ erwähnt. Zeitweilig Piastenresidenz. 1344 Einung der schlesischen Städte in Münsterberg. 1428 fiel der letzte souveräne Herzog im Kampf gegen die Hussiten. Blüte im 16. Jh. Stadtanlage mit rechteckigem Ring. Reste der Stadtmauer erhalten. Rathaus mit Renaissanceturm. In Münsterberg stehen sich zwei für Schlesien typische Kirchenbauten gegenüber: die durch Umbau des Schlosses durch den Bauinspektor Neidhardt von Gneisenau, einem Schüler von Carl Gotthard Langhans, entstandene evangelische Kirche (1797), welche den Typus der rationalistischen Saalkirche verkörpert, sowie die katholische Pfarrkirche St. Maria und Georg. 1265–1275 wurde anstelle einer romanischen Kirche ein zweischiffiges Langhaus erbaut, dem 1484 der überhöhte Chor hinzugefügt wurde. Der

Kath. Kirche in Namslau

Glockenturm steht frei neben dem Gebäude. Zu erwähnen ist ferner die Marien-Kapelle (1420–1423) und die Begräbniskirche (1606). Bedeutende Ton- und Steinzeugwarenfabriken (nach 1885 wurden Berlin und Breslau mit Münsterberger Tonröhren kanalisiert), Nahrungsmittelindustrie, Zuckerfabrik und andere Industrien, Landwirtschaft, Handwerk. 1939: 9000, 1975: 10600 Einwohner.

Münsterberg, Johannes Otto von, geb. 1360 in Münsterberg, gest. 1416 in Leipzig. Magister in Prag und erster Rektor der Universität Leipzig. Aufgrund des Kuttenberger Dekrets von 1409 zogen die deutschen Studenten der Reichsuniversität Prag unter Führung von Johannes Otto von Münsterberg und Johannes Hofmann von Schweidnitz nach Leipzig. Für die kulturelle Bindung Schlesiens an Böhmen wirkte sich dies negativ aus, da die schlesischen Studenten nun nicht mehr in Prag, sondern in Leipzig und anderen deutschen Universitäten studierten.

Münzen. Die Münzkunde Schlesiens zählt zu den interessantesten, aber auch schwierigsten Gebieten der Numismatik. Dies liegt an der Aufspaltung des Landes in eine Anzahl unabhängiger Herzogtümer und dem mehrfachen Wechsel der Inhaber des böhmischen Thrones, der seit Beginn des 14. Jahrhunderts die Lehnshoheit über die schlesischen Länder innehatte. Der Übergang dieser Hoheit im 18. Jahrhundert an Preußen

Altes Schloß in Namslau

setzte dieser Vielfalt ein Ende, war jedoch auch Vorbote für das Aufhören selbständiger schlesischer Münzprägungen. Erst im 20. Jahrhundert gab es wieder einige staatliche Münzen, die wegen ihrer klaren Bezüge der schlesischen Numismatik zuzurechnen sind. Auch die örtlichen Notgeld-Ausgaben der 20er Jahre zählen dazu. Einen besonderen Raum innerhalb der schlesischen Numismatik nehmen die Medaillen ein. Sie beziehen sich teils auf geschichtliche Ereignisse, teils auf Personen.

Münzer, Adolf, geb. 1870 in Pless, gest. 1952 in Holzhausen am Ammersee. Maler, Professor. „Münzersaal“ im Haus Oberschlesien in Gleiwitz.

Musikinstrumente. Bis in die jüngste Zeit zogen Musikanten durch die Breslauer Höfe als Geiger oder Trompeter. Der Leierkasten war bis

Klosterhof in Naumburg am Queis

Kriegsende verbreitet. Ein altes Musikinstrument im Riesengebirge war die „Trompta maria“, ein Saiteninstrument mit einer einzigen langen und starken Darmsaite, die über einen Steg lief, dessen einer Fuß bei jeder Schwingung der Saite auf den Schallkasten aufschlug. Bis ins vorige Jahrhundert wurde im Gebirge auch die „Drehleier“ noch gespielt, eine Gitarre mit zwei Saiten, die durch eine Art Klaviatur an der Seite des Halses verkürzbar waren, unten über ein durch eine Kurbel drehbares, mit Kolophonium bestrichenes Rad liefen. Die Saiten wurden von der Klaviatur nicht berührt und nur vom Rad angestrichen. Sie summten und wurden deshalb auch Hummeln genannt.

Im Gebirge waren die Harfenmädchen und Zitherspieler zu Hause. Zu einem zünftigen Baudenabend gehörten das Zitherspiel und die zahlreichen schlesischen Volkslieder. Insgesamt befaßten sich 1939 etwa 1000 Personen mit der Herstellung von Musikinstrumenten. Die Liegnitzer Klaviere und Flügel besaßen Weltgeltung.

Muskau, vor 1200 kirchlicher Mittelpunkt, 1429 „Stetchin“ genannt. Langgestreckte Stadtform mit rechteckigem Ring.

Braunkohlenbergbau, Tonindustrie, zwei Glashütten sowie andere Industrie und Landwirtschaft, Fremdenverkehr. Im Kriege nicht zerstört. 1939: 4800, 1965: 5200 Einwohner.

Muskau, Schloß des Fürsten Pückler mit einem 4000 Morgen umfassenden Park. Bedeutendste deutsche Parkanlage des 19. Jh. Die Anregung zur Landschaftsgärtnerei empfing Pückler in England. Das Schloß ist ein Neubau des 19. Jh. Beim Einmarsch der Russen brannte es 1945 vollständig aus. Der Park wird durch die Neiße getrennt.

1845 mußte Pückler das verschuldete Muskau verkaufen. Er übersiedelte nach Branitz bei Cottbus, wo er noch einmal einen wundervollen Park anlegte.

Mutius, Dagmar von, geb. 1919 Oslo, lebt in Heidelberg, Schriftstellerin. Erzählungen, Es-

Neisse, Rathaus und Kämmerei

says: „Draußen der Nachtwind", „Wandel des Spiels", „Einladung in ein altes Haus".

Mützel, Heinrich, 1797 in Brieg geb., 1868 in Gnadenfeld gest. Seine Zeichnungen und Stiche von Breslau sind ein wertvolles städtebauliches Dokument.

Myslowitz (poln. *Mysłowice*), Industriestadt an der Przemsa in Oberschlesien. Bis 1917 grenzten hier die Kaiserreiche Deutschland, Österreich und Rußland aneinander: „Dreikaiserreichsekke". Die deutschrechtliche Stadt ist vor 1360 gegründet.
Im 19. Jh. begann die Industrialisierung mit der Errichtung von 4 Kohlengruben und 3 Hütten. Nach dem Zweiten Weltkrieg wurde Myslowitz, das 1931 22000 Einwohner hatte, vergrößert und zum Stadtkreis erhoben. 1970 : 44700 Einwohner.

Nahrungs- und Genußmittelindustrie. 1939 stellten 20159 Betriebe mit 91800 Beschäftigten Nahrungs- und Genußmittel in Schlesien her.

Namslau (poln. *Namysłów*), 58 km östlich von Breslau, am linken Ufer der Weide. Vor 1270 Stadtgründung mit deutschem Recht. Planmäßige Stadtanlage mit rechteckigem Ring. Rathaus (1374—1378); Wahrzeichen der Stadt der Rathausturm mit seiner schönen Renaissancehaube (um 1625).
Spätgotische Pfarrkirche St. Peter und Paul, Hallenkirche, 2 Bauabschnitte, 1. und 2. Hälfte des 15. Jh., spätgotische Franziskanerkirche, klassizistische evangelische Kirche (1963 abgebrochen). Teile der Stadtmauer erhalten.
Das befestigte Schloß seit 1703 Kommende des Deutschen Ordens. Seit 1895 gehörte es der Brauerei Haselbach. Ihr letzter Besitzer, Albrecht Haselbach, trug dort die große Sammlung schlesischer Landschafts- und Städteansichten zusammen.
Industrie auf Landwirtschaft abgestimmt: Mühlen, Sägewerke, Ziegelei, Maschinenfabrik. Nach 1945 Elektromotoren, Holzfertighäuser. 1939: 8200, 1975: 12400 Einwohner.

Naselwitz (1937: Steinberge; poln. *Nasławice*), Dorf 32,5 km südwestlich von Breslau. Evangelische Pfarrkirche mit einem bedeutenden Freskenzyklus im Chor aus dem Jahre 1474 (1945 zerstört).

Nathe, Christoph, geb. 1753 Niederbielau,

Glockenturm zu Neisse

gest. 1806 Schadewalde bei Marklissa, Landschaftszeichner, insbesondere des Riesengebirges.

Naumann, Hans, geb. 1886 Görlitz, gest. 1951 Bonn. Literaturhistoriker, Romane und Gedichte über das deutsche Germanen- und Rittertum. Werke: „Erlösung" (Gedichte 1907), „Der Staufische Ritter" (1936), „Deutsche Kultur im Zeitalter des Rittertums" (1938).

Naumburg am Bober (poln. *Nowogród Bobrzyński*), 30 km nordwestlich der Kreisstadt Freystadt, am rechten Boberufer. Um 1217 Ordensniederlassung der Augustiner Chorherren, Gründung der Stadt nicht geklärt. Magdeburger Stadtrecht. 1263 Stadtanlage mit quadratischem Ring. Schloß auf den Mauern einer alten Burg 1602 errichtet, 1796–1798 letzter Ausbau. Burgkirche, Klosterkirche, ev. Bethaus (nach 1945 abgetragen).
Landwirtschaft, Handwerk, Fischerei, etwas Industrie. 1939: 1300, 1961: 1000 Einwohner.

Naumburg am Queis (poln. *Nowogrodziec*), 15 km südwestlich von Bunzlau, am rechten Queisufer. 1233 mit Löwenberger Recht gegründet. 1247 Kloster der Magdalenerinnen. Planmäßige Stadtanlage mit rechteckigem Ring und Laubenhäusern. Rathaus aus dem Jahre 1656 mit Umbauten. Reste der Stadtmauer erhalten. Pfarrkirche 1789–1793. Evangelisches Predigerseminar, seit 1936 Tagungen der „Naumburger Synode" der Schlesischen Bekennenden Kirche.
Tongruben, Tonwarenerzeugung, Töpfereien. 1939: 2200, 1970: 2300 Einwohner.

Neiße, Name dreier Flüsse: die *Lausitzer* oder *Görlitzer Neiße*, die heute die Grenze zwischen der DDR und den polnisch besetzten Ostgebieten bildet, entspringt oberhalb Reichenberg im südlichen Isergebirge und mündet nach einem Lauf von 225 km bei Ratzdorf im Kreise Guben in die Oder; die *Glatzer Neiße* entspringt dem Glatzer Schneegebirge, durchbricht das Glatzer Gebirge im Wartha-Paß und mündet unterhalb Schurgast nach einem Lauf von 195 km in die Oder; die *Wütende Neiße*, ein Nebenfluß der Katzbach.

Neisse (poln. *Nysa*), 70 km südöstlich von Breslau, am Fuße der Sudeten, rechts der Glatzer Neiße. Ortsgründung wahrscheinlich um 1215, 1223 deutsche Stadt mit flämischem Recht. Schönes altes Stadtbild, genannt das „schlesische Rom". Von 1198–1810 unterstand die Stadt dem Bistum Breslau. Im 18. und 19. Jh. bedeutende preußische Festung. In der 1809 eingerichteten königlichen Gewehrfabrik wurden Gewehre für die Befreiungskriege hergestellt. Bedeutende Garnisonstadt: Infanterie, Artillerieregimenter, Pioniere.
Viereckiger Ring. Mehrere Stadttore erhalten. 1604 *Ratswaage* (Kämmerei), schöner Renaissancegiebel mit Flächenmalerei nach niederländi-

schem Vorbild (Malerei im Kriege zerstört). 1729 Vollendung des *Bischofspalais* – zuletzt Amts- und Landgericht –, 1686 Anlage des *„Schönen Brunnen“* durch den Hofschlosser Wilhelm Helleweg, 1852 Stadttheater.

Bedeutende Kirchen. *Pfarrkirche St. Jakobi:* Der heutige Bau geht auf einen vollständigen Neubau, der 1392 begonnen wurde, zurück. Es handelt sich um eine große neunjochige Hallenkirche, Chor und Langhaus werden allseitig von Kapellen umzogen. Den Chor vollendete 1420 Meister Peter von Frankenstein. Ein gewaltiger Dachstuhl, den 1551 Meister Michel errichtete, überdeckt die drei Schiffe. Ihn schließt nach Westen ein Staffelgiebel ab, 1554 vollendet. Neben diesem großen Bauwerk steht ein klotziger, unvollendeter Glockenturm, der von 1474–1516 erbaut wurde. Die Kirche ist reich an Epitaphien und Grabmälern, so für Bischof Wenzel (1382–1417) mit zwei bronzenen Heiligenfigürchen, Balthasar v. Promnitz (1562) und Caspar v. Logau (1574). Sie wurde vor dem Zweiten Weltkrieg sorgfältig wiederhergestellt, jedoch im Jahre 1945 stark beschädigt. In der Zwischenzeit ist sie im wesentlichen restauriert worden. Heute ragt sie gewaltig aus der Freifläche der nicht mehr bestehenden Altstadt empor.

Sogenannte *Bürgerkirche* (14. Jh./1743 umgebaut), *Barbarakirche* (ev. Pfarrkirche), 14. Jh. *Kreuzherrenkloster* und *Kirche Peter und Paul*: barocke Kloster- und Kirchenanlage, 1719 durch den Hofbaumeister Michael Klein begonnen. Der Innenraum der Kirche wurde von Felix Anton und Christoph Thomas Scheffler 1730–1731 ausgemalt. Nach der Säkularisierung zogen Borromäerinnen in die Klosterräume und nutzten die Gebäude als Krankenhaus. 1945 wurde die Anlage stark beschädigt, ist jedoch in der Zwischenzeit weitgehend wiederhergestellt worden.

Ehemalige *Jesuitenkirche* der Himmelfahrt Mariens (1688–1692), 1709 Errichtung des *Kollegiengebäudes*, dem sich 1722–1725 ein Erweiterungsbau (Gymnasium Carolinum) anschloß. Der Kirchenraum entspricht römischen Vorbildern einer Emporensaalkirche in vereinfachter Form. Hochaltar Mariae Himmelfahrt. Das Kollegiengebäude mit dem ehemaligen Refektorium und der durch zwei Geschosse reichenden Bibliothek zeigt die für Schlesien charakteristische, durch große Pilaster flach gegliederte Front. Bemerkenswert das prunkvolle Portal, das die beiden Gebäude verbindet.

Im 16. und 17. Jh. war Neisse neben seinem Garn- und Leinenhandel vor allem durch den Handel mit österreichischen und ungarischen Weinen berühmt. Die Industrie der Stadt bestand aus einer Hartsteinschleiferei, Betonwarenfabrik,

Brunnen und Giebelhäuser auf der Brüderstraße in Neisse

Ziegelei, Bauindustrie, Eisengießerei, Maschinenbau, Apparatebau, Orgelbauanstalt, Honigkuchenfabriken (Neisser Konfekt) und zahlreichen anderen industriellen Unternehmen, die vor allem das umliegende landwirtschaftliche Gebiet versorgten. Kunstgewerblich war die Stadt auf ungewöhnlicher Höhe. Neisser Goldschmiede sind seit dem Mittelalter bekannt. Im 16. Jh. sind die berühmten Neisser Schüsseln entstanden, deren schönste, eine Kreuzigungsgruppe mit farbigen Glasuren, im Altertumsmuseum in Breslau gezeigt wurde. Berühmt waren auch die Zinngießer mit ihren Schleifkannen und Birnenkrügen. Die Stadt wurde 1945 stark zerstört und ist nur teilweise wiederaufgebaut worden. 1939 : 37900, 1975 : 37300 Einwohner.

Neisser, Albert, geb. 1855 in Schweidnitz, gest. 1916 in Breslau. Dermatologe. Entdeckte 1879 den Gonococcus als Erreger des Trippers. Gründete 1902 die Deutsche Gesellschaft zur Bekämpfung der Geschlechtskrankheiten.
1905–1907 leitete er die deutsche Syphilis-Expedition nach Java. Sein Haus auf der Fürstenstraße in Breslau war ein Mittelpunkt gesellschaftlichen und künstlerischen Lebens. Er vermachte dieses der Stadt als Museum. Gerhart Hauptmann hat in seinem „Narr in Christo Emanuel Quint" ein Gartenidyll festgehalten und der Gestalt des Pro-

Neues Schloß zu Neudeck

fessors Mendel Neissers Züge gegeben.

Neisser Jesusleben. Beschreibung des Lebens und der Lehre Christi in deutscher Prosa aus dem Jahre 1330. Der Name des Neisser Verfassers ist unbekannt.

Neisser Konfekt, bekannter schlesischer Pfefferkuchen. Man nehme 500g Honig, 500g Zukker, 1 Teelöffel Zimt, 1 Teelöffel Nelken, 1 Teelöffel Kardamon, 1 kg Mehl, 250g Mandeln oder Nußkerne, 50g Zitronat, 2 Eier, 15g Pottasche in 4 Eßlöffeln Wasser gelöst. Zuckerguß von 250g Puderzucker, Wasser nach Bedarf. Spritzglasur von 60g Puderzucker, 1/2 Eiweiß.
Die mit der Schale durch die Mühle gedrehten Mandeln oder Nußkerne und das in feine Würfel geschnittene Zitronat werden unter das Mehl gemischt. Der Teig wird unter Hinzunahme von Mehl so lange geknetet, bis er blank ist und nicht mehr klebt. Bei großen Teigmassen ist die Masse zum Kneten zu teilen. Aus dem 1/2 cm dick ausgerollten Teig werden verschiedene Formen ausgestochen, die nach dem Backen mit Zuckerguß bepinselt, nach dem Trocknen mit Spritzglasur verziert werden. Die Kuchen können auch mit Schokoladenguß überzogen werden.

Nephrit. Der „schlesische Edelstein" wird in Jordansmühl in Schlesien gefunden. Der Halbedelstein wurde bereits in der Steinzeit zu Beilen und Äxten verarbeitet. Seit den frühen 30er Jahren wird der Stein vor allen Dingen für Schmuckgegenstände verwendet. Für viele Schlesier ist er ein Andenken an ihre schlesische Heimat. Er wird heute in Idar-Oberstein bei der Firma Dalheimer verarbeitet.

Nepomuk, Johann von, Schutzpatron Böhmens. 1393 von König Wenzel IV. von Böhmen in die Moldau gestürzt. 1729 heiliggesprochen. Die Verehrung des Heiligen fand auch in Schlesien Eingang, weil er als Opfer des Beichtgeheimnisses galt und durch seinen Märtyrertod ein Zeichen gegen die Willkür der Fürsten gesetzt hatte. Besonders zahlreiche Nepomukstandbilder befinden sich in der Grafschaft Glatz, am bekanntesten die Statue auf der mittelalterlichen Brücke von Glatz. Eine Nepomuksäule von Urbansky befindet sich vor der Matthias-Gymnasialkirche in Breslau, die schönste Statue des Heiligen steht vor der Kreuzkirche in Breslau, nach einem Entwurf von Tausch, ausgeführt von Johann Albrecht Siegwitz.

Neudeck (poln. *Świerklaniec*), 7 km ostwärts von Tarnowitz gelegener Sitz der Grafen (später Fürsten) Henckel von Donnersmarck, der um 1625 von ihnen erworben wurde.
Das Alte Schloß geht auf eine Grenzbefestigung des 11. Jhs. zurück. Es wurde als Wasserburg unweit der späteren schlesisch-polnischen Grenze, der Brinitza, an der Straße von Beuthen nach Tschenstochau erbaut. 1670/80 wurde es umgestaltet, im 18. Jh. wie auch Anfang des 19. Jh. erweitert, bekam, angelehnt an den Tudorstil, eine Vorburg und die beiden achteckigen Türme.
Das Neue Schloß wurde 1868/75 nach dem Vorbild des bei Paris gelegenen Schlosses Pontchartrain errichtet. Der große Park mit seinen Kanälen, Brücken, Wasserfällen und dem See ist nach Plänen von Lenné im englischen Stil angelegt worden.
1945 wurden die beiden Schlösser zerstört und eingeebnet. Nur Teile der Außenanlagen des Neuen Schlosses, wie Bassins mit Skulpturen kämpfender, wasserspeiender Tiere, Balustraden und die breiten Treppen, die zum See führen, sind noch vorhanden.
Das im Park gelegene Kavalierhaus, die ev. Kirche, der die Berliner Kirche Monbijou als Vorbild diente, das Mausoleum, Gärtnerei und Dominium, Krankenhaus und Beamtenhäuser blieben erhalten.

Neuhaus (poln. *Nowy Dwór*), Burgruine bei Waldenburg-Dittersbach auf dem Schloßberg, von Herzog Bolko II. 1330 erbaut, jedoch vermutlich schon älter, war sie eine Grenzfestung gegen Böhmen.

Glockenturm in Neumarkt

Neukirch (poln. *Nowy Kościół*). 7 km nordwestlich von Schönau liegt an der Katzbach auf einem Berg eine von einer Mauer umgebene alte Kirche aus der Mitte des 13. Jh. Spätromanisches Baudenkmal des Katzbachtals. Das im 19. Jh. erbaute Schloß ist seit 1945 Ruine.

Neumann, Clemens, geb. 1873 Tütz, gest. 1928 Neisse. Mitbegründer des Quickborn, Leiter des Neisser Heimatgartens. Verfasser des Liederbuches „Der Spielmann".

Neumann, Kaspar, 1648 in Breslau geb., gest. 1715 in Breslau. Theologe und Reisebegleiter des Erbprinzen von Sachsen. Bekannt sind seine Kirchenlieder und sein kleines Gebetbuch „Kern aller Dinge", das in sämtliche europäische Sprachen übersetzt wurde. Seine Bedeutung für die Geschichte der Statistik liegt darin, daß er aus den Breslauer Kirchenbüchern das bevölkerungsstatistische Material ermittelte, auf Grund dessen Halley die erste wissenschaftliche Sterbetafel berechnete.

Neumarkt (poln. *Środa Śląska*), Kreisstadt, 30 km nordwestlich von Breslau. „Novum Forum". Um 1220 als deutsche Stadt ausgesetzt. 1235 Haller Rechtsmitteilung auf Bitte des Herzogs. Das „ius noviforense" (Neumarkter Recht) ist ein für schlesische Verhältnisse umgebildetes Hallesches Recht, das für über 500 Städte bis an den Bug und in die Ukraine maßgebend wurde. Planmäßige Stadtanlage mit rechteckigem Ring an einer alten Handelsstraße (Hohe Straße). Stadtmauer fast völlig erhalten. 1283 Rathaus und Kaufhaus erbaut. Heutiger Rathausbau 15./16. Jh. Der Rathausturm trug das Geläut für die im 18. Jh. errichtete evangelische Kirche. Stadtpfarrkirche St. Andreas, älteste Stadtpfarrkirche Schlesiens, mehrfach erneuert und ausgebaut, der 34 m hohe freistehende Glockenturm zugleich Wehrturm. Langhaus spätromantische Pfeilerbasilika, der hohe gotische Chor aus dem 14. Jh. Ferner zu erwähnen die gotische Hallenkirche zum hl. Kreuz und die romanische Marienkirche.
Wirtschaft: Handel, Landwirtschaft, Handwerk, geringe Industrien im 19. Jh. Tabakanbau und Verarbeitung. 1939: 6500, 1970: 7200 Einwohner.

Neumittelwalde (poln. *Międzybórz*), 12 km östlich von Groß Wartenberg. 1637 Erhebung eines alten Marktfleckens zur Stadt Mittelwalde. 1886 „Neumittelwalde". Evangelische Kirche von 1836, Turm 1635. Weinbau im 18. Jh. durch württembergische Einwanderer. 1939: 1600, 1969: 1500 Einwohner.

Neundorf (poln. *Nowa Wieś*), Dorf in der Grafschaft Glatz. Pfarrkirche Mariä Himmelfahrt, 1702–1751. Hochaltar mit Figuren von Michael Klahr d. J., ebenso Kanzel aus dem Jahre 1795.

Neunhertz, Georg Wilhelm, geb. 1689 in Breslau, gest. 1749 in Prag. Maler. Gehört zu den Verbreitern des Frührokokos in Mittel- und Osteuropa. Enkelsohn Michael Willmanns, in dessen Werkstatt in Leubus er aufwuchs.

Neurode (poln. *Nowa Ruda*), 22 km nordwestlich von Glatz, am Rande des Eulengebirges. Vor 1336 Stadtgründung mit deutschem Recht. Planmäßige Anlage, rechteckiger Ring mit Rathaus, Schloß (1796 umgebaut); Oberstadt und Unterstadt mit Laubenhäusern, Brüderkirche Mariä Himmelfahrt, Anf. 16. Jh., Hl. Kreuzkirche (1728), die übrigen Kirchen Neubauten, 3 Pestkapellen auf dem Wege zum Annaberg mit Annakapelle (1680).

Kohlen- und Tonwerke (größtes Chamotteerzeugungswerk der Welt), Großdruckerei, Kunstanstalten, Fremdenverkehr. 1939: 10000, 1975: 26500 Einwohner. Im Kriege unzerstört.

Neusalz/Oder (poln. *Nowa Sól*), 11 km nordöstlich von Freystadt, am linken Oderufer. 1563 Gründung einer Salzsiederei „Zum neuen Saltze". Das 1573 erbaute Salzamtmannshaus ist das heutige Rathaus. St. Michaeliskirche (1591–1597). 1743 Erhebung zur königlichen Immediatstadt. Neubau der eigentlichen Stadt in friderizianischer Zeit. Die Ansiedlung der Herrnhuter gab der Stadt zusätzlich wirtschaftlichen Auftrieb. Um das 1768/69 errichtete Bethaus entstand die Brüdergemeindesiedlung mit ihren Chorhäusern und Gewerbebauten.

Eisenhütten- und Emaillierwerke, Bessemer-Stahlwerk, Eisengießereien (Geschirr, Öfen, bedeutender Eisen-Kunstguß), Maschinen- und

Schloß zu Neurode

Pumpenbauanstalt, Schiffswerft, Textilwerke (Leinenspinnerei, Baumwolle, Sisal), Borsteneinrichtereien, Leimfabrik und andere Industrien. 1897 Ausbau eines modernen Oderhafens. 1939: 17300, 1975: 36400 Einwohner. 1950 hat Neusalz von Freystadt die Funktionen als Kreisstadt übernommen.

Neustadt/OS (poln. *Prudnik*), Kreisstadt, 95 km südöstlich von Breslau, am Fuße der Bischofskoppe. Tor zur „Gebirgsecke". 1279 mit deutschem Recht gegründet. Stadt in Anlehnung an die Burg Wogendrossel angelegt, mit rechteckigem Ring in der Stadtmitte. Altstadt mit Türmen und Mauern. Pfarrkirche (1738), Mariensäule (1694), Adlerbrunnen (1696), Nepomuksäule (1733), Rathaus (1732), Kirche und Kloster der Barmherzigen Brüder (1783).
Beherrschendes Unternehmen der Stadt ist seit 1855 die bedeutende Damast- und Leinenwarenfabrik Fränkel mit ihren bekannten Wohlfahrtseinrichtungen. Leder- und Schuhwarenfabrikation (10 Fabriken), Fahnenfabrik, Brauerei, Zukkerfabrik und andere Industrien. Garnisonstadt. Starke Zerstörungen 1945. 1939: 17200, 1975: 21800 Einwohner.

Neustädtel (poln. *Nowe Miasteczko*), 13 km südöstlich von Freystadt, links der Oder. Um 1290 als deutsche Stadt gegründet. Planmäßige Stadtanlage mit rechteckigem Ring. Katholische Stadtpfarrkirche, 15. Jh., im 18. Jh. erneuert, evangelische Kirche von 1784/85. Im Mittelalter blühende Agrarstadt. Von den Zerstörungen im Dreißigjährigen Kriege und dem anschließenden Druck der Gegenreformation hat sich Neustädtel nie wieder erholt. Landwirtschaft und etwas Industrie. 1939: 1700, 1970: 2900 Einwohner.

Nimptsch

Nick, Dagmar, geb. 1926 in Breslau. Lyrikerin. 1933–1943 Berlin. Nach dem Krieg Studium der Graphologie und Psychologie in München. 10 Jahre Köln, 4 Jahre Israel. Lebt als Schriftstellerin in Langensteinbach/Baden. Lyrik, Prosa, Hörspiele.

Nick, Edmund, 1891 in Reichenberg/Böhmen geb., gest. 1974. Seit 1919 Kapellmeister in Breslau, 1922 musikalischer Leiter der Gerhart-Hauptmann-Festspiele. Musikalischer Leiter der Schlesischen Funkstunde in Breslau von 1924–1933. Er gab der Frühzeit des Rundfunks in Deutschland beispielhafte Impulse.
Nick schrieb zahlreiche Bühnenmusiken, u. a. zu „Und Pippa tanzt" von Gerhart Hauptmann. Seine Operette „Das Halsband der Königin" und sein musikalisches Lustspiel „Das kleine Hofkonzert" sowie seine Lieder „Über die Oder" nach den Worten von Friedrich Bischoff haben ihn bekanntgemacht.

Nickisch, Alfred, geb. 1872 in Bischdorf bei Breslau, gest. 1948 in Bamberg. Maler des Riesengebirges.

Nicolaier, Arthur, geb. 1862 in Cosel, gest. 1942 in Berlin (Selbstmord). Internist, Professor in Göttingen. 1884 entdeckte er den Tetanusbazillus. Sein Hauptarbeitsgebiet war die Erforschung der Übertragung von Krankheiten vom Tier auf den Menschen.

Nieder-Heidersdorf (poln. *Woslień*), zwischen 1715 und 1720 erbauter Herrensitz im Kreise Lauban.

Nieder-Moys, südlich von Görlitz. Schlichtes, aber außerordentlich geräumiges ländliches Her-

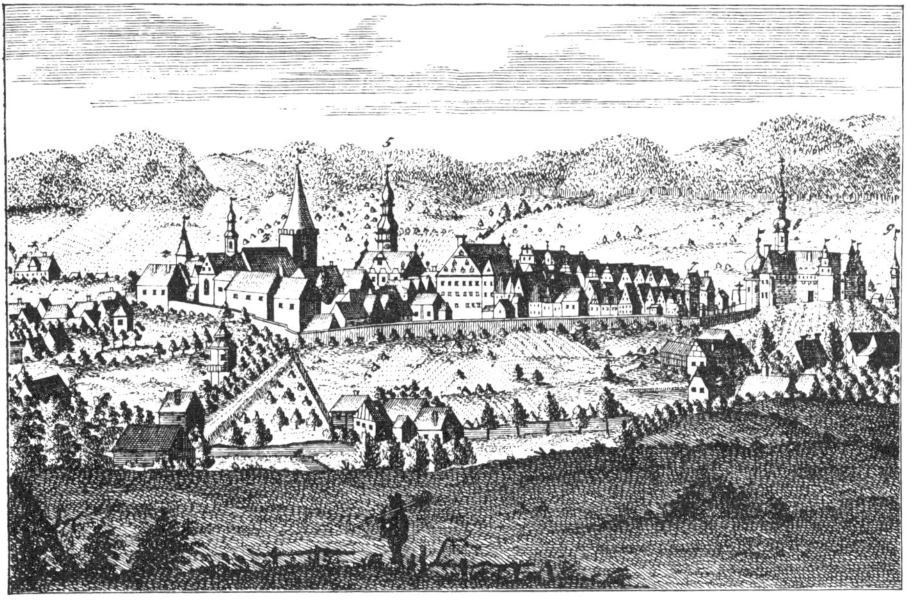

Das alte Nimptsch

renhaus. 1745 quartierte sich hier Friedrich der Große ein.

Niedere Straße. Nach der Teilung der wettinischen Lande 1485 versuchte das ernestinische Kursachsen, die Transporte zwischen Leipzig und Breslau über Torgau–Spremberg–Muskau –Priebus–Sagan–Sprottau–Lüben–Parchwitz zu leiten. Dieser Verkehrsweg wurde im Gegensatz zur sogenannten Hohen Straße „Niedere Straße" genannt.

Niederschwedeldorf (poln. *Szalejów Dolny*). Im Kreise Glatz gelegenes Dorf, ursprünglich im Besitz des Augustinerordens, nach 1597 des Jesuitenordens. Ernst Freiherr von Münchhausen erbaute 1840 das Schloß und wandelte die ehemalige Klosterbrauerei in eine Zuckerfabrik um, die noch heute in Betrieb ist. Im Schloß befanden sich bedeutende Kunstsammlungen. Das Schloß ist erhalten. Es wird gegenwärtig als landwirtschaftliche Schule genutzt. Die Familiengruft der Familie von Münchhausen ist ausgeplündert und verwahrlost. Ebenso befindet sich der weite Park in einem schlechten Zustand. Pfarrkirche Simon und Judas, Annakirche, Magdalenenkapelle. Altar einer heiligen Sippe (1550) mit Altglatzer Trachten.

Niekisch, Ernst, geb. 1889 in Trebnitz, gest. 1967 in Berlin. Politiker und Publizist. Seit 1917 Mitglied der SPD. 1927–1934 Herausgeber der Zeitschrift „Der Widerstand". 1937 wegen Hochverrats zu Zuchthaus verurteilt. Nach 1945 Mitglied der KPD bzw. SED. Professor an der Humboldt-Universität in Ost-Berlin. Legte 1954 nach dem Volksaufstand vom 17. Juni 1953 sämtliche Ämter nieder, schied aus der SED aus und siedelte nach Westberlin über. Werke: „Hitler,

Oberglogau

ein deutsches Verhängnis" (1932), „Erinnerungen eines deutschen Revolutionärs".

Niekrawietz, Hans, geb. 1896 in Oppeln, gest. 1983 in Wangen im Allgäu. Dichter der „Oderlieder". Roman: „Der Wind weht von der Oder" (1961). Sozialkritische Gedichte über den industriellen Menschen in Oberschlesien.

Niesky, kleinere Stadt 13 km südwestlich von Rothenburg, in der Nähe der Lausitzer Neiße. 1742 von protestantischen Flüchtlingen aus Böhmen gegründet, seit 1760 Niederlassung der Herrnhuter Brüdergemeine, die das Schulwesen der Stadt stark geprägt hat.
Die Stadt wird durch Landwirtschaft und in neuerer Zeit durch Industrie geprägt. Braunkohlenbergbau, Eisengießerei, Maschinen- und Motorenbau, Fahrzeugbau, Stahlbau, Schmuckwarenindustrie u. a. 1939 : 7700, 1965 : 9300 Einwohner. Gehört heute zum Gebiet der DDR.

Nikolai (poln. *Mikołów*), Industriestadt in Ostoberschlesien, 12 km von Kattowitz. Deutschrechtliche Stadt um 1287, Pfarrkirche St. Adalbert (16. Jh.). Kohlengruben, Eisengießerei, Chemische Industrie, Transformatorenwerk. Seit 1922 polnisch. 1931 : 11500, 1948 : 12800 Einwohner.

Nikolaus von Cosel, geb. 1390 in Cosel. Verfaßte ein Merkbuch in deutscher Sprache für Predigt, Gebet und Kirchenlied, eine einzigartige Quelle der Volksfrömmigkeit seiner Epoche. Original Universitätsbibliothek Berlin.

Nikolaus von Jauer, gest. 1435 in Heidelberg. Theologe. 1397 Rektor der Universität Prag, 1402 Universität Heidelberg, die er auf dem Konzil zu Konstanz vertrat. Setzte sich für eine sittliche Erneuerung der Geistlichkeit ein.

Nimmersath (poln. *Płonina*), am Südhang des Katzbachgebirges liegt auf steiler Höhe 7 km westlich von Bolkenhain die von Sagen umwobene Burg mit einem achteckigen Turm. Unterhalb von ihr entstand 1545 ein Renaissanceschloß, das 1800 erweitert wurde. Im 19. Jh. wurde dieses Schloß mehrfach umgebaut.

Nimptsch (poln. *Niemcza*), die älteste, namentlich bekannte Stadt Schlesiens in den Vorbergen des Eulengebirges, 14 km östlich von Reichenbach. Sie liegt auf einem steilen Bergkegel über dem Tale der Lohe an der Straße, die Breslau

über Glatz mit Böhmen verbindet. Die heutige Stadt schließt sich an eine bereits 1000 v. Chr. bestehende Befestigung an. 400 n. Chr. errichteten Silinger hier ein befestigtes Zentrum, die einzige bekannte spätgermanische Burg Ostdeutschlands.
Diese Burg spielt bereits um das Jahr 990 in den böhmisch-polnischen Auseinandersetzungen eine Rolle. In der Chronik des Bischofs Thietmar von Merseburg ist „Nemzi" im Jahre 1017 schon genannt. Dieses slawische Wort, das soviel wie „stumm" bedeutet, zeigt, daß die Stadt bei der slawischen Einwanderung von Germanen besiedelt war, die sich mit den Slawen wegen der Sprachbarriere nicht verständigen konnten. Der Name ist heute in den meisten slawischen Sprachen der Name für „deutsch" geworden. In den Hussitenkriegen fiel die Burg für einige Jahre in tschechische Hände. 1434 zerstörten die Breslauer die Mauern und Türme der Stadt völlig. 1585 Wiederaufbau durch Herzog Georg II. von Brieg. 1633 von den Schweden besetzt und von Wallenstein belagert. 1735 brannte das Schloß ab. Die einzelnen Flügel der Burg sind verschiedenen Alters, bestimmen aber das Bild schon seit vielen Jahrhunderten. Sgraffito-Putz 1933 erneuert. In dem Komplex waren die Räume des Amtsgerichtes und das Heimatmuseum untergebracht. Heute befindet sich hier eine Bekleidungsfabrik. Die Stadtmauer ist teilweise erhalten. Die spätbarokken und klassizistischen Häuser am Ring sind restauriert. Das Renaissanceoktogon am Schloß und die Hedwigskirche sind verfallen und abgetragen. Die Stadt wurde bei Kriegsende nicht zerstört. 1933: 3300, 1969: 3800 Einwohner.

Nissen, Rudolf, geb. 1896 Neisse, Chirurg in Basel, Träger der Ernst-von-Bergmann-Plakette.

Nowak, Hans, 1897–1958 s. Zivier, Georg.

Nowinski, Alfred, geb. 1881, gest. 1933. Oberschlesischer Lyriker.

Nucius, Johannes, geb. 1560 in Görlitz, gest. 1620 in Himmelwitz. Abt von Himmelwitz und Meister der polyphonen Motette. Durch seine Kompositionen und ein musiktheoretisches Werk gehört er zu den Begründern der musikalisch-rhetorischen Formenlehre.

Ober Gläsersdorf bei Lüben (poln. *Szklary Górne*). In der katholischen Kirche, die aus dem Anfang des 16. Jh. stammt, befinden sich beiderseits im Chor hervorragende Epitaphien für die adligen Besitzer von Gläsersdorf aus den Jahren 1501 bis 1615. Sehr gute plastische Arbeiten, individuell im Ausdruck, Anordnung verwandt der Stiftskirche in Stuttgart.

Oberglogau (poln. *Głogówek*), 23 km nordöstlich von Neustadt/OS, am östlichen Ufer der Hotzenplotz, inmitten eines fruchtbaren Lößgebietes. 1275 Erhebung des bereits 1212 erwähnten gleichnamigen Dorfes zur Stadt. Ratsverfassung

Schloßportal zu Oberglogau

als zweite schlesische Stadt nach Breslau. 1373 Magdeburger Stadtrecht.
Planmäßige Stadtanlage mit rechteckigem Ring in der Stadtmitte. Bedeutendes Schloß. Pfarrkirche St. Bartholomäus, Ende 14. Jh., prachtvolle Barockausstattung (1775–1781), Stuck und Malerei von Sebastini (Schebasta), Figuren von Schubert. Grabkapelle der Familie Oppersdorff mit Epitaph des Georg von Oppersdorf, gest. 1651. Erhalten sind ferner das Minoritenkloster mit gotischer, barockisierter Kirche (1264–1810), Kirche St. Nikolaus (16.–18. Jh.), Rathaus (1608), Mariensäule (1677), Wasserkunst (1597), Lehmkirchel (18. Jh.) und barocke Bürgerhäuser am Ring.
Die Stadt besaß im 19. Jh. eine bedeutende Leinenweberei. Die Wirtschaftsstruktur ist durch die umliegende Landwirtschaft bestimmt. Zuckerfabrik, Backwarenfabrik, Dampfmaschinen, Ziegelei. 1939: 7500, 1969: 6300 Einwohner.

Oberglogau, Schloß, Sitz des Reichsgrafen Oppersdorff. Das Schloß reicht in seiner Baugeschichte bis etwa 1250 zurück und wurde seit dem 16. Jh. um- und ausgebaut. Umgestaltungen im 19. Jh. Ludwig van Beethoven weilte 1806 hier und widmete seine Vierte Sinfonie in B-Dur Graf Franz Joachim Wenzel von Oppersdorff.

Obernigk (poln. *Oborniki Śląskie*), Ausflugsort der Breslauer bei Trebnitz, bekannt durch seinen herrlichen Buchenwald. Holtei hat Obernigk mehrfach besungen. Er wohnte zeitweise hier und ist 1821 auch in Obernigk getraut worden. 1939: 4400, 1970: 5700 Einwohner. Seit 1945 Stadtrecht.

Alte Holzkirche in Obernigk

Oberschlesien. Gebiet im Südosten Schlesiens mit den Verwaltungsgebieten Oppeln und Kattowitz. Geschichtlich war Oberschlesien immer Teil Schlesiens. Infolge dynastischer Zersplitterung der Piasten setzte um 1200 eine Sonderentwicklung ein. Zwischen Gleiwitz im Westen und Myslowitz im Osten entstand seit dem 18. Jh. auf der Basis bedeutender Steinkohlenvorkommen das oberschlesische Industriegebiet mit der Verhüttung von Eisenerzen und NE-Metallen (vor allem Zinkerzen). Von 1919–1934 und 1941–1945 war Oberschlesien eine Provinz.

Oberschlesische Volksabstimmung. Der Erstentwurf der Versailler Friedensvertrages sah vor, daß Oberschlesien ohne Volksbefragung an Polen abgetreten wird. Aufgrund von Protesten der deutschen Bevölkerung verfügte § 88 des Friedensvertrages eine Volksabstimmung. Hierauf versuchten die Polen in einem von außen nach Oberschlesien hineingetragenen Aufstand, eine Abtretung Oberschlesiens ohne Abstimmung zu erreichen. Hierbei wurden mindestens 1500 Deutsche, teilweise auf bestialische Weise, ermordet. Es war das erstemal im deutsch-polnischen Verhältnis, daß derartige Morde nur aus Gründen der Volkszugehörigkeit begangen wurden.
Ab 31. 1. 1920 besetzten interalliierte Truppen das Land: Franzosen, Engländer und Italiener. Ein zweiter Polenputsch beginnt am 20. 8. 1920. Die Volksabstimmung wird durch Propaganda und Terror vorbereitet. Hierbei werden die Polen von der französischen Besatzungsmacht unterstützt. Trotzdem endet der Abstimmungstag 20. 3. 1921 mit einem 59,6 v. H.-Entscheid für Deutschland. Am 2. 5. 1921 bricht darauf ein dritter Polenputsch aus, in dem Polen nochmals versucht, entgegen dem Abstimmungsergebnis das Land an

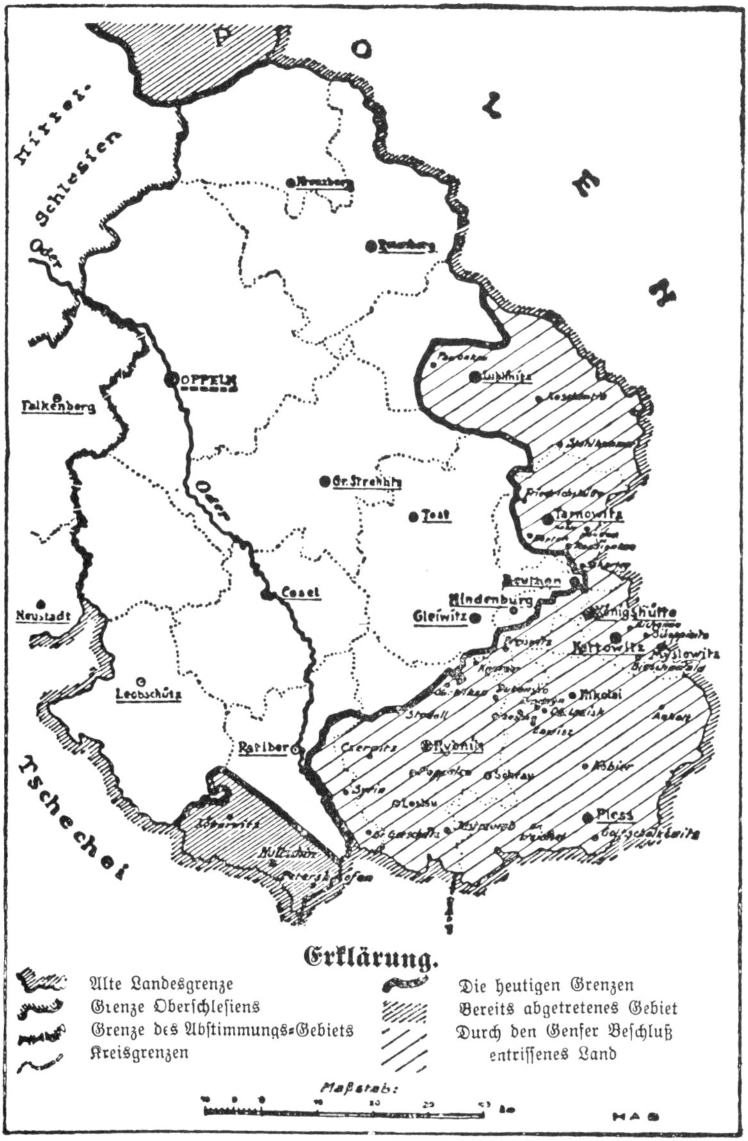

Teilung Oberschlesiens nach der Volksabstimmung

Altes Schloß zu Ober-Waldenburg

sich zu bringen. Im „Selbstschutz“ organisieren sich die Deutschen gegen den polnischen Terror, am 21. 5. 1921 wird von deutschen Freiwilligen der von den Polen besetzte Annaberg gestürmt. Am 20. 10. 1921 beschließt eine Botschafterkonferenz in Genf entgegen dem Abstimmungsergebnis die Teilung Oberschlesiens. Die wirtschaftlich wichtigeren Teile des Industriegebietes mit den Städten Tarnowitz, Königshütte, Bismarckhütte, Kattowitz, Myslowitz und Rybnik werden dem polnischen Staat einverleibt. 1920 war bereits das Hultschiner Ländchen in den Besitz der Tschechoslowakei übergegangen, obwohl dort in einer freiwilligen Volksabstimmung 93,7 v. H. der Bevölkerung sich für Deutschland erklärt hatten.

Diese Spaltung Schlesiens wurde von allen Deutschen als eine Ungerechtigkeit empfunden und war eine der Ursachen des Zweiten Weltkrieges. Der deutschgebliebene Teil Oberschlesiens entschied sich am 3. 9. 1922 mit 90 %iger Mehrheit für den Verbleib bei Preußen und gegen die Bildung eines eigenen Landes Oberschlesien.

Oberschwedeldorf (poln. *Szalejów Górny*), Dorf in der Grafschaft Glatz, malerische Pfarrkirche St. Georg, schon 1269 bestehend, 1798 umgebaut, freistehender Glockenturm. Pietà Anfang des 15. Jh., Schöne Madonna aus dem 15. Jh.

Ober-Stephansdorf (poln. *Szczepanów*), nördlich von Neumarkt. Urkundlich in der ersten Hälfte des 14. Jh. bezeugt. Das 1690 erbaute

Schloß steht am Übergang der Renaissance zum Barock. Dem älteren Dreiflügelbau wurde zwischen den Türmen ein barocker Fassadenflügel vorgesetzt.

Ober-Tschirnau, Schloß (poln. *Czernina Górna*). Im mittelschlesischen Kreis Guhrau liegt das Schloß „Ober-Tschirnau" (Ober-Lesten). Das Schloß steht auf den Resten einer Wasserburg des 14. Jh. Seine Mauern sind ungewöhnlich dick. Um 1700 wurde das Schloß völlig umgebaut. Die runden Ecktürme der Vorderfront sind 1705 errichtet worden.

Ober Waldenburg. Dorf und Renaissanceschloß bei Waldenburg, 1606–1628 errichtet, 1882 und 1922/1923 erweitert. 1934 wurde Ober-Waldenburg mit 5000 Einwohnern nach Waldenburg eingemeindet.

Oder. Die Lebensader Schlesiens durchfließt das gesamte Land von Südosten nach Nordwesten. Die Oder ist einer der Hauptströme Deutschlands. Sie entspringt am Lieselberg im mährischen Odergebirge und mündet bei Stettin in die Ostsee. Die wichtigsten Nebenflüsse *rechts*: Klodnitz, Malapane, Stober, Weide, Bartsch, Warthe mit Netze; *links*: Oppa, Zinna, Hotzenplotz, Glatzer Neiße, Ohle, Lohe, Weistritz, Katzbach, Bober mit dem Queis, die Lausitzer Neiße. Die Oder ist 907 km lang. Ihr Einzugsgebiet umfaßt 119000 qkm. An etwa 280 Tagen im Jahr von 600-Tonnen-Schiffen befahrbar.

Schloß und Odertor zu Glogau

Durch den Oder-Havel-Kanal und den Warthe-Netze-Bromberger Kanal ist die Verbindung zum Elbe- und Weichsel-System hergestellt. Geplant ist eine Oder-Donau-Verbindung zwischen der Oder bei Cosel und der Donau bei Preßburg. Das Gefälle des Stromes ist bedeutend, besonders in Schlesien, wo es oberhalb Brieg auf 10 km mehr als 4 m, unterhalb bis zur Brandenburgischen Grenze 3–4 m beträgt. Das starke Gefälle und der Umstand, daß dem Strom mehrere reißende Gebirgsflüsse zufließen, welche insbesondere bei der Schneeschmelze bedeutende Wassermassen zuführen, haben früher immer wieder zu Hochwasserkatastrophen geführt. Durch den Bau zahlreicher Talsperren und den Bau von Umgehungskanälen bei Breslau ist diese Gefahr heute weitgehend gebannt. Mehrere Stauseen sorgen dafür,

Martin Opitz von Boberfeld

daß die Oder bei Niedrigwasser in den Sommermonaten schiffbar bleibt.

Oderschiffahrt. Am 1. 1. 1939 gab es auf der Oder 610 Schiffe mit eigener Triebkraft und 39 000 t Tragfähigkeit sowie 2700 Schiffe ohne eigene Triebkraft mit einer Tragfähigkeit von 970 000 t. Schlesien hatte einen Anteil von 10,7 v. H. an den deutschen Binnenschiffen mit eigener Triebkraft und besaß über ein Fünftel aller deutschen Binnenschiffe ohne eigene Triebkraft. Infolge der unregelmäßigen Stromverhältnisse hatte sich auf der Oder das 55m lange und 8m breite Fahrzeug eingebürgert, das bei einem Tiefgang von 1,40 m 400 t aufnehmen konnte, bei voller Beladung mit 600 Tonnen einen Tiefgang von 1,70 m erreichte. Der Ausdruck „Oderkahn" wurde scherzhaft auch für großes Schuhwerk verwandt. Bei der Talfahrt entfielen 2/3 auf Kohlentransporte, 1/3 auf Zement, Eisen, Zucker, Getreide und Mühlenfabrikate. Stromaufwärts wurden vor allem schwedische Erze transportiert.

Oels (poln. *Oleśnica*), Kreisstadt, 25 km nordöstlich von Breslau. Eine der ältesten schlesischen Städte mit deutschem Stadtrecht seit 1255. Planmäßige Stadtanlage mit rechteckigem Ring. Ursprünglich gehörte Oels zum Fürstentum Breslau. Seit 1309 Sitz der Piasten. Seit 1320 Residenz Konrad I., 1495–1647 Haus Podiebrad, 1647 Übergang an den Herzog Sylvius Nimrod von Württemberg, der dadurch der Stifter der Linie Württemberg-Oels wurde. 1884 fiel das Fürstentum an die Krone Preußens. Oels war seit der Reformation das protestantische Gegengewicht gegen die übrigen vom Kaiser abhängigen schlesischen Herrschaften.

Das Schloß, zwischen 1558 und 1617 in zwei Bauabschnitten erbaut, ist ein schönes Beispiel der Renaissance (nach dem Krieg restauriert). Es beherbergte eine wertvolle Bibliothek. Spätgotische Schloßkirche mit Grabtumba Herzog Johanns und dessen Gemahlin Christina (1557), Fürstengruft-Kapelle (1698). Propstkirche (heute

MARTINI
OPITII

Buch von der Deutschen Poeterey.

In welchem alle jhre eigen-
schafft vnd zuegehör gründt-
lich erzehlet/ vnd mit exem-
peln außgeführet wird.

Gedruckt in der Fürstlichen
Stadt Brieg/ bey Augustino
Gründern.
In Verlegung David Müllers Buch-
händlers in Breßlaw. 1624.

Buch von der deutschen Poeterey

Oppeln mit Mühlgraben

Ruine), letztere aus zwei nebeneinanderliegenden kleineren Kirchen umgewandelt. Katholische Pfarrkirche (1744), barock. Erhalten aus dem 15. Jh. der Breslauer Torturm und Teile der Stadtmauer. Letzter deutscher Besitzer des Schlosses war der 1951 verstorbene Kronprinz Wilhelm v. Preußen. Der Besitz umfaßte 8 Rittergüter mit 8000 ha Wald und Ländereien.

Oels besaß ein Gymnasium mit alter Tradition (seit 1594). Von 1692–1707 war hier Johann Sinapius (1657–1725) Pro-Rector. Er schrieb eine „Olsnographia" und „Schlesische Curiositäten". In der Stadt befanden sich ein Reichsbahnausbesserungswerk, Möbelfabriken, eine Schuhfabrik, eine Zementfabrik sowie andere Industrien, die mit der umliegenden Landwirtschaft in Zusammenhang standen. Garnisonsstadt: Jäger-Btl.

Die Stadt bietet heute einen verhältnismäßig erfreulichen Anblick. 1939: 18200, 1975: 32100 Einwohner.

Ohlau (poln. *Oława*), 25 km südöstlich von Breslau in der fruchtbaren Ebene gelegene Kreisstadt, an einem Oderübergang, zwischen Oder und Ohle. Beide Flüsse fließen bis Breslau nebeneinander. Bei Ohlau führte die Hohe Straße über die Ohle. 1144 Kirchort, vor 1234 deutscher Marktort, ab 1241 Magdeburger Recht. Wiederholt Residenz schlesischer Herzöge (1441, 1654). Planmäßige Stadtanlage mit fast quadratischem Ring. In der Mitte Rathaus mit barockem Rathausturm von 1668, auf dem sich die Kunstuhr „Der Tod von Ohlau" befindet. Barockes Herzogsschloß. Pfarrkirche St. Blasius (1587) mit frühgotischem Chor von 1300. Rochuskapelle (1706).

Die Struktur der Stadt wurde durch die umliegende wohlhabende Landwirtschaft, die Oderschifffahrt sowie durch industrielle Unternehmen bestimmt. Tabakanbau, Maschinenfabrik, Zinkwarenfabrik, Chemische Fabriken u. a. 1842 fährt die erste schlesische Eisenbahn zwischen Breslau und Ohlau. Berühmt war die Ohlauer Gänseleberpastete. Garnisonsstadt: Husarenrgt. von Schill. 1939: 13100, 1975: 24700 Einwohner.

Ohle, linker Nebenfluß der Oder. Sie umschloß einstmals als ältester Stadtgraben die Stadt Breslau. 1866 wurde die Ohle-Mündung verlegt und aus hygienischen Gründen der schlammige

Marktplatz in Oppeln

Flußlauf im Stadtinnern zugeschüttet. In dem Roman „Soll und Haben“ von Gustav Freytag spielt die mittelalterliche Atmosphäre der Ohlen eine entscheidende Rolle. Leider sind die alten Häuser an den Ohlen durch Kriegseinwirkung verlorengegangen.

Olmützer Vertrag. 1479 trat König Wladislaus von Böhmen in einem in Olmütz geschlossenen Vertrag die Nebenländer der böhmischen Krone, also auch Schlesien, an König Matthias von Ungarn ab. Das bedeutete die Trennung Schlesiens von Böhmen.

Opitz, Martin, geb. 1597 in Bunzlau, gest. 1639 in Danzig. Seit 1614 Schüler des Magdalenen-Gymnasiums in Breslau. Studien in Frankfurt an der Oder und Heidelberg. Aufenthalt in Holland und Jütland. 1621 Rückkehr nach Liegnitz. 1622 folgte er einem Ruf nach Weißenburg in Siebenbürgen, wo er am Gymnasium unterrichtete. 1623 Rückkehr nach Liegnitz. Kaiser Ferdinand II. schmückte den bekannten Dichter mit eigener Hand mit dem Lorbeer. Er starb in Danzig an der Pest.
Seine Gedichte erlebten zahlreiche Auflagen. Sein Ruhm gründete sich auf die Form seiner Gedichte und sein bahnbrechendes Büchlein „Von der deutschen Poeterey“. Mitten im Grauen des Dreißigjährigen Krieges verschaffte er der deutschen

Altes Schloß zu Oppeln (19. Jh.)

Sprache und Poesie neue Geltung. Für die Rheinländer ist Opitz als Herausgeber des Anno-Liedes von besonderem Interesse.

Oppeln (poln. *Opole*), Regierungshauptstadt, unmittelbar an der Oder gelegen, 82 km von Breslau. „Grüne Brückenstadt" (10 Brücken). 10. Jh. Gauhauptburg der Opolanen, vor 1217 Gründung einer deutschen Stadt, 1327 Neumarkter Recht, 1288–1532 Herzogtum Oppeln, 1327 böhmische Oberlehnshoheit, 1526 mit Böhmen an Habsburg, 1742 preußisch, ab 1816 Regierungshauptstadt.
Der Grundriß der Stadt ist ein unregelmäßiges Rechteck, der Stadtmittelpunkt ist ein annähernd quadratischer Ring. Von dem Piastenschloß der gotische Rundturm erhalten. Rathaus mit Turm, Zinnenbekrönung (1844). Katholische Pfarrkirche zum Heiligen Kreuz, seit 1972 Kathedralkirche. Sie soll ein Stück vom Heiligen Kreuz besessen haben. Hierauf deutet auch das Kreuz im Oppelner Stadtwappen. Westteil der alten Kirche (Chor 1447 vollendet) in der heutigen Hallenkirche erhalten, Typ der Breslauer Sandkirche. 1882 und 1897 restauriert und verändert. Vor dem Zweiten Weltkrieg durchgreifende Erneuerung des Innenraums und der barocken Ausstattung. Ferner Adalbertkirche, älteste Kirche Oberschlesiens, und evangelische Pfarrkirche, fr. Minoritenkirche aus dem 14. Jh., Grabplatten für Bolko I., II. und III.
Die Struktur der Stadt ist durch Handel, Handwerk, Verwaltung und Industrie sowie durch die Lage als Verkehrsknotenpunkt gekennzeichnet. Garnisonsstadt. Besondere Bedeutung hat die Zementindustrie mit Beton-, Kunststein- sowie Kalkwerken. 1921 stimmten 95 v. H. der Bevölkerung für Deutschland. Die heutige Wojewodschaft Oppeln umfaßt die früheren Kreise Brieg und Namslau. Seit 1972 Sitz einer selbständigen Diözese. 1945 wurde die Stadt verhältnismäßig geringfügig zerstört. 1939: 50500, 1975: 106000 Einwohner.

Die Mädchen rächen sich zu Ostern

Optik und Feinmechanik. 7330 Beschäftigte stellten 1939 optische Geräte, Uhren und feinmechanische Apparate her.

Ortsnamen. Unter der Benennung schlesischer Dörfer und Städte finden wir sowohl slawische wie deutsche Namen. Aus der germanischen Siedlungsepoche ist die bekannteste Namensgebung die des Berges „Siling", die auf den germanischen Stamm der Silinger hinweist, der auch im Wort Schlesien enthalten ist. Oppeln wiederum wird auf den slawischen Stamm der Opolanen zurückgeführt.
Entsprechend der Wirtschaftsstruktur der slawisch-polnischen Epoche geben viele Namen einen Hinweis auf die Tätigkeit der dort seinerzeit ansässigen Bevölkerung, z. B. Strehlitz auf „Jäger", Bobrownik auf „Biberfänger". Ebenso deuten die deutschen Bezeichnungen vielfach auf die Tätigkeit der Einwohner hin, wie die Namen „Goldberg", „Silberberg" und „Kupferberg" auf den dort betriebenen Bergbau, Bezeichnungen wie „Steinseifen" auf die Art der Metallgewinnung, „Schmiedeberg" auf die Eisenverarbeitung. Wolfshau und Schreiberhau sind Ortsnamen der späten Rodungen im Riesengebirge. Andere Namen wiederum geben Hinweise auf die Herkunft der Siedler wie Reichenbach im Eulengebirge – Reichenbach/Vogtland, Naumburg am Queis – Naumburg/Saale, Reinerz und Rückers auf gleichnamige Dörfer in Hessen. Auch die Namen der Bäche Steine und Kressenbach weisen auf Siedler aus der Fuldaer Gegend hin. Die „Kresse"

Ottmachau

ist in Hessen und in Schlesien ein kleiner Fisch, der sonst Gründling genannt wird.
Andere Namen sind auf Gründer zurückzuführen, wie Breslau auf Wratislaw von Böhmen und Bunzlau auf Boleslaw von Böhmen, ferner Abtsdorf, Herzogswalde, Bisch(ofs)dorf und Vogtsdorf. Die häufige Bezeichnung „Schreibersdorf" oder „Schreibendorf" weist darauf hin, daß der Besitzer des Dorfes ein Notar oder Kanzler, volkstümlich „Schreiber" genannt, war.
Die geographisch-militärische Situation findet in Namen wie Landeshut ihren Ausdruck. Namen mit der Vorsilbe „Wüste", wie Wüstegiersdorf und Wüstewaltersdorf, deuten auf Zerstörungen in den Hussitenkriegen und im Dreißigjährigen Krieg hin.
Bei der Neugründung von Dörfern und Städten blieben vielfach die polnischen Orte bestehen. Diese wurden dann mit dem Zusatz „Alt", zum Beispiel „Alt-Jauer" gekennzeichnet oder mit einem anderen Beinamen, wie z. B. „Klein-Tinz", „Wenig-Nossen", „Polnisch-Wette" oder „Windisch-Marchwitz".

Orzesche (poln. *Orzesze*), Industriestadt 15 km westlich von Tichau. Hier baute Franz v. Winckler 1838 aufgrund von Toneisensteinvorkommen die Marien-Eisenhütte. Außerdem befindet sich hier seit 1719 Glasindustrie, ferner werden Steinkohlen gewonnen. Seit 1962 Stadt. 1931: 5200, 1970: 9600 Einwohner.

Ossowski, Leonie, geb. 1925 Röhrsdorf, lebt in Berlin, Schriftstellerin. „Weichselkirschen" (1976), „Liebe ist kein Argument" (1981). Hörspiele, Erzählungen.

Ostern gehörte schon zu den heiligen Zeiten, lange bevor das Christentum aufkam. Osterwasser galt als heilig. In der Karwoche war das Wäschewaschen verboten. Man holte Karfreitagswasser aus einem fließenden Bach, dabei durfte jedoch nicht gesprochen werden. Diesem Wasser, das nicht verderben konnte, wurden heilende Eigenschaften zugesprochen. Ein Bad im Bach vor Sonnenaufgang galt als besonders heilkräftig. In vielen Teilen Schlesiens bespritzten die jungen Mädchen am zweiten Osterfeiertag die Burschen, mitunter auch umgekehrt. Traditionelles Gebäck zu Ostern waren Brezeln, in Oberschlesien gab es Gaalbrutl, gelbe Brotel, in Warmbrunn wurden zum Tallsackmarkt am Palmsonntag Tallsäcke gebacken.

Osteuropa-Institut, 1918 gegründet im Haus Carl Gotthard Langhans auf dem Sande (1945 zerstört). Die Bibliothek umfaßte 60000 Bände.

Oswitz (poln. *Wrocław-Osobowice*). Der heutige Breslauer Vorort ist durch zwei vorgeschichtliche Baudenkmäler bemerkenswert, die sogenannte „Schwedenschanze" und den Kapellenberg, 1 km nördlich des Dorfes. Bei beiden handelt es sich um Ringwälle aus der Bronzezeit, die etwa 1200 v. Chr. entstanden sind. Mit den Schweden haben diese Anlagen nichts zu tun. Auf der Schwedenschanze befand sich ein Aussichtsturm, ein beliebtes Ausflugsziel.

Ottmachau (poln. *Otmuchów*), Stadt, 35 km von Grottkau, an der Glatzer Neiße. 1115 als Kastell erwähnt, 1254 als deutscher Marktort gegründet. Seit 1290 Herzogtum Neiße und bis 1810 Bistumsland.

Planmäßig angelegte Stadtanlage mit quadratischem Ring und barocken Bürgerhäusern. In der Mitte Rathaus und Häuserblock. Barocke Pfarrkirche St. Nikolaus von Joh. Peter Tobler (1690–1693) mit Hochaltarbild von Willmann, Kirche St. Anna (15. Jh.), Hl.-Kreuz-Kapelle (1751), Mariensäule (1734).

Die Talsperre mit 20 qkm Staufläche und 143 Mill. cbm Stauinhalt, die im Jahre 1933 fertiggestellt wurde, machte die Stadt zu einem Fremdenverkehrsmittelpunkt. Bedeutende Zuckerfabrik, Spiritus- und Preßhefefabrik. 1939: 5000, 1971: 4400 Einwohner.

Ottmachau, Schloß. Die hoch auf einem Hügel über der Neiße errichtete Burg diente den Breslauer Bischöfen wiederholt als Aufenthalt. Der Bau stammt im wesentlichen aus dem 16. Jh. Der preußische König Friedrich Wilhelm III. schenkte 1820 Schloß und Herrschaft seinem Minister Wilhelm von Humboldt. Nach dem Bau des Stausees ging das Schloß in den Besitz der Stadt Ottmachau über. Im Kriege nicht zerstört.

Palko, Franz Xaver Karl, geb. 1724 in Breslau, gest. 1777 in München. Schlesischer Maler, der vor allem in Böhmen und Sachsen tätig geworden ist.

Panthenau (poln. *Pątnów*), Schloß, westlich von Liegnitz. Von der ursprünglichen Anlage nichts erhalten. Kurz vor 1800 Errichtung eines Schlosses mit zwei Flügeln. Klassizistischer Portikus mit sechs Säulen. 1945 zerstört.

Papierindustrie. 1939 waren 748 Betriebe mit 17200 Personen mit der Erzeugung von Papier beschäftigt. Schwerpunkt war das Riesengebirge.

Parchau (poln. *Parchów*), reizvolles Landschlößchen aus dem 18. Jh., nördlich von Kotzenau. Das Schloß blieb beim Zusammenbruch 1945 unzerstört.

Parchwitz (poln. *Prochowice*), kleine Stadt, 17 km nordöstlich von Liegnitz, an einer Furt durch die Katzbach entstanden. 1217 erste Nennung, um 1293 Magdeburger Recht.

Marktsiedlung mit großem Ring. Durch die umliegende Landwirtschaft geprägt. Pfarrkirche St. Andreas, Schloß aus dem 16./17. Jh., Turm von 1422, Renaissanceportale. Vor der Schlacht bei Leuthen versammelte Friedrich der Große seine Truppen in und um Parchwitz und hielt auf dem nahen Schäferberge die bekannte Rede an seine Offiziere.

1939: 2800, 1970: 2700 Einwohner.

Partsch, Joseph, geb. 1851 Schreiberhau, gest. 1925 Bad Brambach, Geograf. Hauptwerke: „Schlesien" (1896/1911), „Mitteleuropa" (1904), „Die Hohe Tatra" (1923).

Patenschaften. Nach dem Kriege haben Länder und Gemeinden der Bundesrepublik Patenschaften für Ostdeutschland übernommen, so Niedersachsen für Schlesien, Nordrhein-Westfalen für Oberschlesien. Köln ist die Patenstadt Breslaus. In Hannover besteht eine Stiftung Schlesien, die das schlesische Erbe pflegt.

Schloß Panthenau

Patschkau (poln. *Paczków*), Stadt, 24 km westlich von Neisse, am rechten Ufer der Glatzer Neiße. 1254 mit deutschem Stadtrecht gegründet. 1290 zum Herzogtum Neisse (Bistumsland Neisse-Ottmachau). Stadtanlage mit rechteckigem Ring. Die mittelalterliche Befestigung der Stadt ist mit dem durchgehenden Mauerzug, 10 Mauertürmen und 3 Tortürmen aus dem 14. Jh. hervorragend erhalten. Erweiterung der Befestigungen im 16. Jh. Rathaus und Renaissance-Bürgerhäuser aus dem 16. Jh. Die Stadt wurde deshalb das „schlesische Rothenburg" genannt.
Peter von Patschkau ließ sich 1340 eine deutsche Übersetzung der Psalmen schreiben.
Die katholische Pfarrkirche St. Mariae, Johannes Baptistae et Evangelistae ist um 1400 anstelle einer älteren Kirche entstanden. Der Pfeilertypus stimmt mit dem Breslauer Längspfeiler überein, was sich aus der Zugehörigkeit Patschkaus zum Breslauer Bistumsland erklären läßt. Eine Bauinschrift gibt das Jahr 1472 für die Gewölbe des Mittelschiffs an. Jedes der Schiffe hat ein eigenes Dach. Zur Zeit des Breslauer Bischofs Jakob von Salza (1530) wurde der Bau mit einem aufgemauerten Wehrgeschoß mit Schwalbenschwanzzinnen versehen.
In der Nähe die Kirche in Alt-Patschkau, deren spätgotischer Altar (1494) der vielen Figuren wegen, die ihn schmückten, als „Mannla"-Altar sehr volkstümlich war. In Schlesien war die Redewendung gebräuchlich: „Such mich in Patschkau", wenn man von jemand nichts wissen wollte. Das mag auf die Lage Patschkaus im westlichen Zipfel des Bischofslandes zurückzuführen sein. 1939: 7500, 1971: 8100 Einwohner.

Paulskirchenparlament. Unter den Parlamentariern des ersten deutschen Parlaments in Frankfurt am Main 1848 befanden sich zahlreiche Schlesier, die nach dessen Auflösung Verfolgungen erdulden mußten:
Felix Fürst Lichnowsky, in Frankfurt von Linksradikalen ermordet,
Rösler, Gymnasiallehrer aus Oels, 8 Jahre Zuchthaus, dann USA,
Gutsbesitzer Schlöffel aus Halbendorf, Todesurteil, später Weinwirt in den USA,
Schmidt aus Löwenberg, Todesurteil, Redakteur und Erzieher in den USA,
Pfarrer Schöne, seines Amtes enthoben,
Referendar Schramm aus Striegau, Festungshaft, Emigrant in London,
Stadtgerichtsrat Simon aus Breslau, Zuchthaus, Flüchtling in Zürich,
Pastor Töbe aus Namslau, des Amtes enthoben, seine Privatschule geschlossen,
Schriftsteller Wolff aus Breslau, Emigrant in London und USA,
Rektor Zorn aus Festenberg, Amtsenthebung, mit Frau und sieben Kindern in tiefstem Elend,
Bügerschullehrer Behnsch aus Breslau, Amtsenthebung,
Schriftsetzer Brüll aus Breslau, Auswanderung nach den USA,
Dr. phil. Elsner aus Breslau, Amtsenthebung,

Schloß Parchwitz

Bürgermeister Goltz aus Brieg, Amtsenthebung,
Buchhändler Lewysohn aus Grünberg, verhaftet und verurteilt,
Bürgermeister Matthäi aus Lauban, von der Regierung als Bürgermeister nicht bestätigt,
Stadtgerichtsrat Pflücker aus Breslau, ohne Pension entlassen,
Professor Nees von Esenbeck aus Breslau, ohne Pension entlassen.

Peilau (poln. *Piława*), wahrscheinlich vor 1219 ausgesetztes Waldhufendorf am Rande des Eulengebirges. Die ungewöhnliche Größe der Gemeinde führte zur Unterteilung in mehrere Ortsteile. Seit 1743 hat die Herrnhuter Brüdergemeinde auf dem Boden von Ober Peilau die Gemeinde Gnadenfrei gegründet. In Niederpeilau befindet sich ein 1718 errichtetes schönes barockes Schlößchen mit älteren Bauteilen des 17. Jh. Hier wohnte während der Reichenbacher Verhandlungen mit Österreich wegen eines Bündnisses gegen Napoleon im Jahre 1813 der preußische Staatskanzler Hardenberg. Das Schloß ist erhalten, jedoch recht verwahrlost, der Turm beseitigt.

Peintner, Johann Blasius, Barockbaumeister. Ließ sich 1702 in Breslau nieder und wurde Fürstbischöflicher Hofbaumeister. Sein bedeutendstes Bauwerk das Orphantropheum. Mitwirkung am Bau der Universität. Das Brüderkloster ist sein Werk, der Kirchenbau von St. Mauritius wird ihm zugeschrieben. Er starb 1732 und wurde in der Vinzenzkirche beigesetzt.

Peiskretscham (poln. *Pyskowice*), an der Hohen Straße von Breslau nach Krakau, die hier den Fluß Drama überwand, entstand frühzeitig ein Rasthaus. Hieraus entwickelte sich die etwa 1260 mit deutschem Recht ausgesetzte Stadt. Der Name weist auf den Rastplatz hin. Der Grundriß der Stadt war oval mit einem rechteckigen Ring und regelmäßiger Straßenführung.
Die katholische Pfarrkirche St. Nikolaus aus der zweiten Hälfte des 15. Jh., nach Bränden 1622 und 1822 mit barocken und neugotischen Elementen wiederhergestellt. Turm von 1827. Rathaus nach Brand 1866 im Tudorstil umgebaut. Begräbniskirche St. Stanislaus, neugotischer Steinbau, 1865–1868 anstelle einer Schrotholzkirche errichtet.
Die Bedeutung der Stadt wird seit dem 19. Jh. durch den großen Verschiebebahnhof bestimmt. Außerdem wurde hier Sand abgebaggert, der in den Gruben für Spülversatzzwecke benötigt wurde. Nach 1922 nahm Peiskretscham viele Flüchtlinge aus dem polnisch gewordenen Teil Oberschlesiens auf. 1921 stimmten fast 74 v. H. für den

St. Johannes in Patschkau

Patschkau, am Neisser Tor

Verbleib bei Deutschland. 1939: 7700, 1975: 23000 Einwohner.

Penzig (poln. *Pieńsk*), in der Görlitzer Heide gelegener Ort. Hier entstand im 19. Jh. auf der Grundlage der Braunkohle als Energieträger eine bedeutende Glasindustrie. Die Betriebe werden unter polnischer Verwaltung weitergeführt. Penzig ist heute einer der größten Glasindustrieproduktionsorte im polnischen Bereich. 1939: 7300, 1970: 5300 Einwohner.

Peregrinus von Ratibor, um 1260 in der Nähe von Ratibor geboren. Seine ausgezeichneten Predigten wenden sich an den einfachen Bauern. Die menschlichen Schwächen und die Sündhaftigkeit seiner Mitmenschen schildert er mit derbem Humor. Daneben schrieb er eine Reihe Legenden, von denen einige als oberschlesisches Volksgut erhalten geblieben sind.

Pest. Wie andere Teile Deutschlands und Europas, so wurde auch Schlesien wiederholt von schweren Pestepidemien heimgesucht. Erstmalig trat die Pest 1348 in Europa auf. 1464 suchte eine schwere Pestepidemie Schlesien heim. Diese wurde noch übertroffen von der Pest des Jahres 1568, als allein in Breslau etwa 8000 Menschen ums Leben kamen.

Am schlimmsten wütete die Seuche jedoch 1633 im Dreißigjährigen Kriege. Damals starben allein in Breslau 13231 Menschen an der Pest. Damit fiel ein Drittel der Breslauer Bevölkerung der Krankheit zum Opfer. Hierzu schreibt die Chronik von Daniel Gomolcky:

„Anno 1633, nachdeme zwey Jahr, und mehr vorhero durch den Soldaten aller Vorrath aufgezehret worden, eine grosse Theurung, und grausamer Hunger entstanden, daß davon viel 100 Menschen und Vieh auf den Strassen umgefallen, und gestorben, auch die in der Schlacht bey Schweidnitz zwischen denen Kayserl. und Königl. Schwedischen Völkern gebliebenen Menschen, und Vieh lange unbegraben liegen blieben, ist von dem Gestanck der todten Cörper eine solche Pestilenz entstanden, daß nur in Breßlau alleine was unter der Stadt-Jurisdiction gestorben, 13231 Persohnen jung und alte gezehlet worden sind, ohne was auf Römisch-Catholischer Seithen gestorben. Im ganzen Land Schlesien aber sind gezehlet worden, so an der Pest gestorben zusammen jung und alt 36000. Persohnen. An der St. Barbara Kirchen stehet von der Pest folgendes Epitaphium, welches Christoph Tschonder, Burger und Wein-Brenner aufrichten lassen, worauf folgende Verse stehen:

Als man zehlet sechzehn hundert Jahr,
Und drey- und dreyßig nihmt eben wahr,
Traff Breßlau grosse Sterbens-Noth,
Daß dahingerafft wurden durch den Todt,
An Mann, Weib, Kind, jung, und alt,
Man über dreyzehntausend zahlt;
Darunter war auch dieser Mann,
Der allhier wollt sein Grabmahl han."

Petersdorf (poln. *Piechowice*), 14 km südwestlich von Hirschberg liegt der langgestreckte Ort. Hier befindet sich ein Zentrum der schlesischen Bleikristallherstellung, ferner sind hier Papier-, Kunstseiden- und elektrotechnische Fabriken angesiedelt. 1967 zur Stadt erhoben. 1939: 4400, 1970: 4900 Einwohner.

Peterswaldau (poln. *Pieszyce*), bedeutender Weberort am Fuße des Eulengebirges. Hier entzündete sich 1844 der durch die große Not hervorgerufene Weberaufstand, den Gerhart Hauptmann in seinem Drama festgehalten hat. Nachdem der Fabrikant Zwanziger einen Arbeiter, der das Weberlied „Das Blutgericht" gesungen hatte, der Polizei übergab, wurde seine Fabrik von der erregten Masse demoliert. Der Aufstand breitete sich rasch aus. Er wurde durch Militär unterdrückt.
Das Schloß in Peterswaldau ist ein dreiflügliger Barockbau aus dem Jahre 1710 mit älteren Bauteilen, nach 1945 völlig verwahrlost. Stadtrecht seit 1962. 1939: 7000, 1970: 9100 Einwohner.

Peterwitz (poln. *Stoszowice*), 5 km nordwestlich von Frankenstein gelegenes Dorf und Schloß,

Schloßportal zu Liegnitz

dieses im 16. Jh. errichtet, im 17.–18. Jh. ausgebaut mit Änderungen im 19. Jh. 1964–1966 restauriert.

Peterwitz (poln. *Piotrowice Świdnickie*), Kreis Schweidnitz, Dorf und Renaissance-Wasserschloß. Vier Türmchen an den Ecken, stattliches Portal mit Wappen und Sgraffiti. Das Schloß ist zum großen Teil zerstört.

Petry, Ludwig, geb. 1908, Historiker, Gründer des Instituts für Landeskunde Mainz, Vorsitzender Historische Kommission für Schlesien. Zahlreiche Veröffentlichungen über schlesische Geschichte.

Peuckert, Will Erich, geb. 1895 in Töppendorf, Kreis Goldberg, gest. 1969. Bedeutender schlesischer Volkstumsforscher und Schriftsteller. Seine Werke empfangen ihr Gedankengut aus der mystisch-philosophischen Überlieferung Schlesiens („Leben Jakob Böhmes", 1924). Roman: „Schwarzer Adler unter Silbermond". Er schreibt, 1945 vorausahnend: „Man könnte dies Schlesien von der Karte tilgen, könnte es zerreißen. Man könnte die Schlesier aus dem Lande treiben oder sie verpflanzen. Das Wesen Schlesien aber würde fort und fort bestehen. Wir schüfen

Georg Wilhelm, letzter Piast

Schloß Plagwitz

ein Schlesien, das in uns vorhanden ist."

Pfeiffer, Richard, geb. 1858 Breslau, gest. 1945 Bad Landeck. Bakteriologe an der Universität Breslau, entdeckte Influenzabazillus, entwickelte Cholera-Diagnostik. Nach ihm benannt „Pfeiffersches Drüsenfieber".

Pfingstbräuche. Zu Pfingsten wurde früher zum erstenmal im Jahr das Vieh ausgetrieben. Die Hirten ließen, wenn das Vieh wieder auf die Weide gebracht wurde, Pfingstfeuer auflodern. Der Leitstier wurde besonders geputzt. Hieran schließt die Redensart „Geputzt wie ein Pfingstochse", mundartlich „a Pfingstuchse" an. Am Abend des ersten Feiertages wurde von den Hütejungen peitschenknallend angezeigt, daß man am anderen Morgen zum erstenmal austreibt. Der letzte beim Austrieb wurde als „Rauchfieß" beschimpft, in grünes Laub gekleidet und unter Peitschenknallen nachmittags durchs Dorf geführt. In jedem Gehöft wurde hierbei eine Gabe erbeten. Dieses Rauchfieß-Austreiben schlief ein, als man zur Stallfütterung überging. Vielfach ist es jedoch als Mummenschanz erhalten geblieben.
Fast in ganz Schlesien fanden Wettrennen und Wettreiten statt. Mitunter wurde der Sieger beim Wettreiten „Pfingstkönig", der schlechteste „Rauchfieß". Diesem sang man in Oswitz bei Breslau zu:

„Wer woar denn der Moan, der Moan,
der do hinten nouch koam?
Rauchfieß, Rauchfieß,
oller Leuten Oaschwisch.“

Der König mußte am Pfingstbaum hinaufklettern und den Maien herunterholen, in der Zwischenzeit eilte der Rauchfieß ins Wirtshaus, wo er dem Brauch nach 30 Semmeln anbeißen und vier Flaschen Kornbranntwein antrinken mußte. War er damit zu Ende, bevor der König den Maibaum hatte, mußte dieser alles bezahlen, andernfalls hatte der Rauchfieß die Kosten zu übernehmen. Den Pfingstbaum durfte der König vor seinem Hofe bis zum nächsten Jahr aufstellen.
Meist wurde in Schlesien der Maibaum erst zu Pfingsten gesetzt. Auch die Kirchen wurden mit „Maien“ geschmückt, rechts und links vom Altar standen oft zwei Birken. In Breslau stellte man an Pfingsten auch im Hauseingang ein Birkenbäumchen auf oder schmückte ihn mit Kalmus, einem rohrartigen Aronstabgewächs. Das zu dieser Zeit stattfindende Volksfest hieß „Pfingstpaschen“.

Pfeil, Carl Friedrich von, 1695–1767, Mitbegründer des Schlesischen Pietismus. Schuf in Dirsdorf ein geistliches Zentrum der Brüdergemeinde.

Pfeil und Klein-Ellguth, Joachim, Graf von, geb. 1857 Neurode, gest. 1924 Friedersdorf bei Lauban. Afrikaforscher. Mit Dr. Peters beteiligt am Erwerb Deutsch Ostafrikas. Hauptwerk: „Zur Erwerbung von Deutsch-Ostafrika“ (1907).

Piasten, polnisch-schlesisches Herrschergeschlecht. Schenkte Polen 24 Könige, Schlesien 123 Herzöge und der Kirche 6 Erzbischöfe. Die Reihe der piastischen Könige von Polen endete 1370 mit Kasimir III. dem Großen.
Die Seitenlinie der piastischen Herzöge von Schlesien erlosch mit dem Tod des jungen Herzogs Georg Wilhelm 1675. Er ist zusammen mit seinen Eltern in der Piastengruft in Liegnitz beerdigt.

Piersig, Johannes, Professor, Organist Breslau Elisabethkirche.

Pilchowitz (1936 Bilchengrund; poln. *Pilchowice*), Dorf und Schloß, 12 km südwestlich von Gleiwitz. Schloß 1770–1780 ausgebaut. Es diente ab 1858 als Strafanstalt, 1867–1921 als Lehrerseminar und seit 1922 als Kinderheim. Seit 1945 Ruine.
Spätbarocke Pfarrkirche St. Johannes-der-Täufer (1779–1780), außerdem befindet sich hier ein Kloster der Barmherzigen Brüder.

Pilgramsdorf (poln. *Pielgrzymka*), Dorf und Schloß, 7 km westlich von Goldberg. Alte Ordenskommende. 1721 in barocker Form schlicht erneuert. Das Schloß beherbergte im Dreißigjährigen Kriege Wallenstein, im Siebenjährigen Kriege Friedrich den Großen und in den Freiheitskriegen vor und nach der Schlacht an der Katzbach die Generäle Blücher und McDonald. Am Ende des Zweiten Weltkrieges wurde das Schloß von den Russen zerstört.

Stickmuster aus Pless

Kirche mit schönem Sandsteinportal, ursprünglich erste Hälfte des 13. Jh., als evangelische Grenzkirche im 16.–18. Jh. ausgebaut.

Piltsch (poln. *Pilszcz*), Dorf 6 km nördlich Troppau, deutsche Siedlung aus dem 13. Jh. Sie bildet den Südausläufer der alten deutschen Sprachinsel um Katscher. Pfarrkirche aus dem 16. Jh., sie wurde 1777 barock aus- und umgestaltet.

Pinkus, Max, 1857–1934. Bedeutender Industrieller und Mäzen der schlesischen Literatur. Inhaber der Fränkelschen Leinenfabrik mit über 4000 Beschäftigten. Freund Gerhart Hauptmanns, der ihm mit dem Requiem „Die Finsternis" ein Denkmal setzte. Lebt in der Gestalt Clausens in „Vor Sonnenuntergang" und im Schauspiel „Die Schwarze Maske" fort. Seine Schlesien-Bücherei umfaßte 25 000 Bände, darunter 13 000 Bände in Erstausgaben, ferner ein umfassendes Hauptmann-Archiv.

Piontek, Ferdinand, geb. 5. 11. 1878 in Leobschütz, zum Priester geweiht am 20. 6. 1903 in Breslau, anschließend Kaplan in Berlin-Weißensee und Lichterfelde, zum Kapitelsvikar gewählt am 16. 7. 1945 in Breslau, zum Bischof geweiht am 24. 6. 1959 in Görlitz, gest. 1963 in Görlitz.

Piontek, Heinz, geb. 1925 in Kreuzburg/OS, lebt in München. Schriftsteller und Journalist. Georg-Büchner-Preisträger. Mehrere Bände Lyrik, Prosa, eine Essay-Sammlung, ein Band Übersetzungen, Hörspiele und Anthologien. Roman: „Die mittleren Jahre" (1967), „Dichterleben" (1976).

Pitschen (poln. *Byczyna*), Städtchen 16 km nördlich von Kreuzburg. Deutschrechtliche Stadt vor 1260 anstelle einer älteren slawischen Siedlung, angelegt auf einem nach Norden abfallenden Hügel mit ovalem Grundriß, regelmäßigem Straßennetz und rechteckigem Ring. Fast die gesamte Stadtmauer des 15. und 16. Jh. mit zwei Tortürmen und dem Sandturm sind erhalten. Das Rathaus, das nach einem Brand 1757 in barock-klassizistischer Form wiederaufgebaut worden war, wurde 1945 Ruine.
Pfarrkirche St. Nikolaus, Ende des 14. Jh., aus der gleichen Zeit St.-Hedwigs-Kapelle. 1588 kam es hier zur Schlacht im Streit um die polnische Krone zwischen dem Habsburger Erzherzog Maximilian und Sigismund Wasa von Schweden.

Schloß Pless

In den Pleßschen Forsten

Maximilian wurde geschlagen, die Stadt von den Polen geplündert und niedergebrannt. 1767 entstand die katholische barocke Dreifaltigkeitskirche.
1921 sprachen sich 97 v. H. der Bevölkerung für Deutschland aus. Die Wirtschaftsstruktur der Stadt ist bestimmt durch das umliegende landwirtschaftliche Gebiet. 1939: 3000, 1971: 2400 Einwohner.

Pitschen (poln. *Pyszczyn*), Kreis Neumarkt, Dorf und Schloß am Nordwesthange des Pitschenberges. Das weithin sichtbare Schloß wurde 1727 durch H.G. von Spaetgen errichtet. Graf Heinrich Gottfried Matuschka (1734–1779) verfaßte hier seine „Flora Silesiaca" 1776.

Pjerron, oberschlesisches Gegenstück zu dem in Niederschlesien üblichen Ausdruck „Lerge". Auch hier legt der Oberschlesier seine ganze Kraft von Liebe oder Verachtung in diese Bezeichnung. Pjerronje wird als Fluch, Bewunderung oder Erstaunen in OS nahezu ständig benutzt.

Pläswitz (poln. *Pielaszkowice*), Dorf und Renaissanceschloß aus dem 16. Jh. Weiterer Ausbau im 17. Jh.

Plagwitz (poln. *Płakowice*), bedeutendes schlesisches Adelsschloß des 16. Jh., im Kreis Löwenberg. Den Eingang des dreigeschossigen Baues schmückt ein schönes Renaissanceportal. Der Arkadenhof wurde später geschlossen. Im 19. Jh. wurde hier eine Provinzial-Heil- und Pflegeanstalt errichtet.

Pless (poln. *Pszczyna*), Kreisstadt in der Nähe von Kattowitz, wenige Kilometer nördlich der Weichsel. 1276 deutsche Stadtgründung, 1327 als civitas Plesna bezeugt. Kleine, längliche Stadtanlage mit rechteckigem Marktplatz. Katholische und evangelische Kirchen aus dem 18. Jh., ebenso Rathaus. Umbauten im 19. und 20. Jh., Wohnhäuser aus dem 18. und Anfang 19. Jh.
Mittelpunkt eines Agrargebietes am Südrand des oberschlesischen Industriereviers, Maschinenbau, Museum für Innenarchitektur. 1939: 8000, 1970: 17990 Einwohner.

Pless, Fürstengeschlecht aus dem schlesischen Uradel, das seit 1185 urkundlich unter dem Namen von Hochberg erwähnt ist. Hans Heinrich X., Graf von Hochberg (1806–1855), wurde 1850 zum Fürsten von Pless erhoben.
Die Standesherrschaft Pless bestand seit dem Jahre 1447. Der Kohlenbergbau im Plesser Revier begann bereits 1754, erlangte größere Bedeutung jedoch erst im 19. Jh. Vor dem Ersten Weltkrieg besaßen die Fürsten von Pless eines der größten Vermögen Deutschlands, 51000 ha Grundbesitz, Steinkohlengruben in Ober- und Niederschlesien (Waldenburg).

Schloß Primkenau

Hans Heinrich X. berief den Bergmeister Brade, der den Übergang vom Klein- zum Großbetrieb vollzog. Hans Heinrich XI. (1833–1907) legte den Grund für die spätere moderne Entwicklung des Plesser Reviers. Er errichtete zahlreiche soziale Einrichtungen für seine Arbeiter. Hans Heinrich XV. (1861–1938) bewahrte und festigte den Besitz in der schwierigen Zeit nach dem Ersten Weltkrieg. 1945 wurde der umfangreiche Grundbesitz enteignet.

Pless, Schloß. Die dreiflügelige Anlage geht auf den von Christian Jahne 1743–1767 errichteten Bau zurück. Umbau 1847 sowie weitgehende Umgestaltung 1870–1874. Torhaus von 1687. 78 ha großer Schloßpark mit Teichen. Hier ein 1800 errichteter klassizistischer Bau „Ludwigswunsch" benannt nach Prinz Ludwig von Anhalt-Köthen (gest. 1841). Von 1915–1917 war das Schloß Pless Großes Hauptquartier Kaiser Wilhelms II. Heute Museum für Innenausstattung.

Podiebrad. Evangelische Böhmen gründeten nach dem Siebenjährigen Kriege diesen Ort in der Nähe der älteren böhmischen Siedlung Hussinetz im Kreise Strehlen. Sie nannten ihr Dorf nach dem „Ketzerkönig" Georg von Podiebrad. 1945 wurden sie mit ihren deutschen Landsleuten vertrieben.

Podiebrad, Georg von, König von Böhmen (1458–1471). 1448 riß er als Hauptmann von Ostböhmen die Macht an sich. 1452 Landesverweser von Böhmen, 1458 von den böhmischen Ständen zum König gewählt. Ein Teil Schlesiens unter Führung von Breslau erkannte ihn nicht an und wählte 1469 den ungarischen König Matthias Corvinus zum König von Böhmen. Die Söhne Georgs waren Herzöge von Münsterberg und Troppau. In Münsterberg und Oels regierte dieses Fürstenhaus, das über weibliche Glieder der

Familie zunächst in einer Württemberger, dann in einer Braunschweiger Linie bis gegen Ende des 19. Jh. fortlebte.

Poelzig, Hans, geb. 1869 in Berlin, gest. 1936. Seit 1900 Lehrer für Stilkunde an der Kunstschule in Breslau. Seit 1903 Direktor. Dort wirkte er bis 1916 und setzte ein großzügiges Programm unter gleichzeitiger Umwandlung der Schule in eine Akademie für Kunst und Kunstgewerbe durch. Zahlreiche Gebäude in Schlesien erinnern an sein Wirken, so das von ihm umgestaltete Rathaus in Löwenberg. Er benutzte die Möglichkeiten des modernen Stahlbetonskelettbaus in dem Geschäftshaus an der Junkernstraße in Breslau ebenso wie im Wertheim-Bau in Berlin. Die Ausstellungsgebäude auf dem Messegelände in Breslau sind sein Werk. Von ihm stammt auch die Dorfkirche in Maltsch. Sein berühmtestes Werk war der Bau des Großen Schauspielhauses in Berlin.

Pogarell, Preczlaus von, Bischof von Breslau von 1341–1376, aus Habendorf im Eulengebirge. Er ließ von 1354–1361 an den Chor des Breslauer Doms eine Marienkapelle anbauen, den sogenannten Kleinchor. In seinem Mittelpunkt ruht der Bischof in einer kostbaren Tumba. Dieses Grab steht in enger künstlerischer Beziehung zu den Přemysliden-Grabmälern im Veitsdom auf dem Hradschin in Prag, die aus der Werkstatt des Dombaumeisters Peter Parler aus Schwäbisch Gmünd stammen.

Pohl, Gerhart, geb. 1902 Trachenberg, gest. 1966 Berlin. Schriftsteller. Besonders bekanntgeworden durch sein Werk über das Schaffen Gerhart Hauptmanns.

Pohlschildern (poln. *Szczytniki nad Kaczawą*), 1713 erbautes Schloß bei Liegnitz. Prunkstück des Hauses ist ein prächtiges Portal.

Polkwitz (1937: Heerwegen; poln. *Polkowice*), Stadt an der Handelsstraße Breslau – Lüben – Polkwitz – Glogau. Stadtgründung vor 1291 nach deutschem Recht. Planmäßige Stadtanlage mit quadratischem Hauptmarkt und einem Salzring. Brände und der Dreißigjährige Krieg verursachten einen wirtschaftlichen Niedergang.
Katholische St. Michaelskirche sowie Rathaus nach dem Dreißigjährigen Krieg wiederaufgebaut. Der neue Teil des Rathauses wurde 1852–53 im italienischen Palazzostil umgebaut.
Nach dem Kriege hat Polkwitz sich infolge der Ausweitung des Kupferbergbaues günstig entwickelt, so daß es 1967 das 1945 verlorene Stadtrecht zurückerhielt. 1939: 1600, 1971: 10600 Einwohner.

Porzellan. In der Lausitz schon 1808 Porzellanfabrik Carl Tuppach in Tiefenfurt, in Oberschlesien erste Porzellanfabrik Reinhold Schlegel-

Papageienkanne aus Glinitz

milch 1869 in Tillowitz. Zentrum der schlesischen Porzellanindustrie im Gebiet um Waldenburg. Hier gründete Carl Franz Krister aus Thüringen 1831 die erste Porzellanfabrik. Es folgten: 1845 C. Tielsch & Co., Altwasser, 1849 Franz Prause, Niedersalzbrunn, 1859 Josef Schachtel, Sophienau bei Charlottenbrunn, 1860 August Rappsilber, Königszelt, 1871 Paul Rauschert, Schmiedeberg, 1873 C. Walter & Co., Stanowitz, 1882 Hermann Ohme, Niedersalzbrunn, K. Steinmann, Tiefenfurt und 1883 P. Donath, Tiefenfurt. Um die Jahrhundertwende erzeugten fünfzehn Fabriken mit 8000 Beschäftigten 22000 t Porzellan jährlich. Exportquote 50 bis 75 v. H. Steigende Zölle behinderten jedoch den Absatz über die östlichen und südöstlichen Grenzen. Nach dem Ersten Weltkrieg mußten bis 1934 fünf Werke stillgelegt werden, die restlichen zehn konnten nur die Hälfte ihrer Kapazität ausnutzen; der Export ging auf 15 bis 20 v. H. zurück. Die Porzellanfabrik C. Tielsch & Co. wurde 1918 zu einer Abteilung der Hutschenreuther AG, Hohenberg, die Krister Porzellanmanufaktur ging 1921 mit der Rosenthal Porzellan-AG eine Fusion ein. 1952 wurde der Betrieb in Landstuhl in der Pfalz wieder aufgenommen. Die schlesischen Porzellanfabriken erzeugten überwiegend Gebrauchsgeschirr, einige von ihnen außerdem Hotelporzellan.

Fayenceplatte mit durchbrochenem Rand der Manufaktur Proskau

Prausnitz (poln. *Prusice*), 28 km südwestlich von Militsch, in einem Tal nördlich der Trebnitzer Berge. Deutsche Stadtgründung vor 1287 anschließend an einen polnischen Marktort. Planmäßige Stadtanlage mit quadratischem Ring. Renaissance-Rathaus (16. Jh.) und Schloß. Stadtpfarrkirche St. Jakobus aus dem 15. Jh. mit einem spätmittelalterlichen Holzkruzifix, Marmorsarkophag des kaiserlichen Feldmarschalls Melchior Graf von Hatzfeld, gestaltet 1658 von Achilles Kern. Evangelisches Bethaus 1742. Nach 1945 Stadtrecht verloren. Schuhindustrie, Zigarrenherstellung. 1939: 2000, 1961: 1400 Einwohner.

Preseka oder Hag war die Bezeichnung für ein Landesverteidigungssystem, den Grenzverhau. Hierzu wurden in den Grenzwäldern die Bäume in Mannshöhe geknickt und miteinander verbunden. Die Preseka umschloß vor der deutschen Besiedlung nahezu das gesamte schlesische Gebiet, außerdem gab es mehrere Unterteilungen. Ein Teil der Grenzwälder hat sich bis auf den heutigen Tag erhalten.

Prieborn (poln. *Przeworno*), 15 km südöstlich von Strehlen. Bekannt durch die Steinbrüche, aus denen der feine graue Prieborner Marmor stammt, der das Material für zahlreiche schlesische Kunstwerke bildet.

Priebus (poln. *Przewóz*), 20 km nördlich von Rothenburg (Oberlausitz), östlich der Lausitzer Neiße, inmitten der Priebuser Heide. Planmäßige Stadtanlage mit Ringmauern. Teile der Stadtbefestigung erhalten. Burg im Nordwesten der Stadt. 1564 Rathaus. Stadtpfarrkirche aus dem 15. Jh. Evangelische Zufluchtskirche in Podrosche (Grenzkirch), 1755 Errichtung eines evangelischen Bethauses. Stadtrecht nach 1945 verloren. Holzwaren- und Papierfabriken sowie Arbeitskleidungs-Konfektionsbetrieb. 1939: 1300, 1960: um 1000 Einwohner.

Prießnitz, Vinzenz, geb. 1799 in Gräfenberg/Altvatergebirge, dort gest. 1851. Heilkundiger von internationalem Ruf. Begründer der Kaltwasserkur. Nach ihm benannt der Prießnitzumschlag und die Prießnitzkur.

Primkenau (poln. *Przemków*), Schloß, zuletzt im Besitz der Herzöge zu Schleswig-Augustenburg. 1853 durch Umbau dem Zeitgeschmack angepaßt. Nach dem letzten Kriege vernichtet, die Grabstätte der Herzöge wurde geplündert. Auf dem Schlosse ist Kaiserin Auguste Victoria, die sehr populäre Gemahlin des letzten deutschen Kaisers Wilhelm II., aufgewachsen.

Proskau/OS (poln. *Prószków*), Marktflecken und Schloß am Flüßchen Proska in Oberschlesien. Der Ort ist bekanntgeworden durch seine 1763 von Graf Leopold von Proskau errichtete Fayence-Manufaktur, die 1783 von Friedrich dem Großen angekauft wurde. Diese Manufaktur kam nach 1770 zu einer besonderen Blüte. Sie stellte Geschirre mit roten, blauen und bunten Blüten, Früchten, Tieren und Figuren her, ferner plastische Gegenstände wie Putten als Leuchtenträger, Papageienkannen usw. Die Fayence-Erzeugung erlosch 1793. Von allen Fayencefabriken Deutschlands im 18. Jh. war Proskau die Manufaktur mit dem formenreichsten Programm. Bis 1850 wurde hier noch Steingut produziert. Kennzeichen bis 1769 lateinisches P in Schreibschrift, bis 1783 DP, später großes lateinisches P. Die späteren Vasen zeigen auf der Unterseite das Wort Proskau in Großbuchstaben. Das Schloß ist eine Renaissanceanlage des 16. Jh. mit Arkadeninnenhof, 1677–1683 durch den italienischen Architekten Johann Seregno umgestaltet. Barocke katholische Pfarrkirche St. Georg. Lehranstalt für Obst- und Gartenbau und milchwirtschaftliches Institut. 1939: 2500, 1961: 2400 Einwohner.

Proske, Karl, Kirchenmusiker, geb. 1794 Gröbnig, gest. 1861 Regensburg. Förderer der Palestrina-Renaissance.

Protsch-Weide (1937: Weide; poln. *Pracze Widawskie*), Dorf, 8 km nördlich von Breslau. Schöne klassizistische Kirche unter Verwendung mittelalterlicher Bauteile.

Przywara, Erich, geb. 1889 Kattowitz, gest. 1972 Pullach, katholischer Theologe. Hauptwerke: „Religionsphilosophie“ (1926), „Analogia Entis“ (1932), „Das Geheimnis Kierkegaards“ (1929), „Deus semper maior“ (1939/41).

Pschow (poln. *Pszów*), 12 km südwestlich Rybnik gelegenes Industriestädtchen mit spätbarocker Pfarr- und Wallfahrtskirche, 1743–1746 von Friedrich Gans erbaut. Seit 1922 polnisch. 1954 Stadterhebung. 1931: 6900, 1970: 12900 Einwohner.

Pückler-Muskau, Hermann Ludwig Heinrich, Fürst von, geb. 1785 in Muskau, gest. 1871 in Branitz bei Cottbus. Schriftsteller und bedeutendster Gartenkünstler Deutschlands. Verheiratet mit einer Tochter des Fürsten von Hardenberg. Nach Studium englischer Anlagen schuf er den Park in Muskau, die umgebende Landschaft schloß er in die gärtnerischen Anlagen ein.
Durch seinen exzentrischen Lebenswandel verarmt, mußte er Muskau verkaufen und errichtete in Branitz noch einmal ein unerreichtes Muster der freien Gartengestaltung. Auch auf andere Parkanlagen hatte Pückler entscheidenden Einfluß.
Durch seine Reisewerke, in denen er die anmutige Leichtfertigkeit des 18. Jh. mit dem literarischen Ton des 19. Jh. verbindet, schafft er sich ein weiteres Denkmal. Seine 1828 geschriebenen „Briefe eines Verstorbenen“ geben ein lebhaftes Bild der englischen Verhältnisse dieser Epoche und vergleichen sie mit den deutschen Zuständen jener Zeit. Bekannt ist heute noch jedermann das Fürst-Pückler-Eis.

Puschkau (poln. *Pastuchów*), Renaissance-Wasserschloß und Dorf, 7 km südöstlich von Striegau. Der Wohnturm wurde 1935 restauriert.

Puttkamer, Alberta von, geb. 1849 in Glogau, gest. 1923. Lyrikerin und Balladendichterin.

Puschkau bei Striegau

Quaritz (1937: Oberquell; poln. *Gaworzyce*), Dorf im Kreise Glogau und Schloß aus dem Barock (1706) mit klassizistischen Stilelementen. Durch Kriegseinwirkung nicht zerstört. Im 18. Jh. wurde Quaritz durch Spukgeschichten bekannt.
Im Dorf katholische Kirche, 1336 erstmals erwähnt, aus Feldsteinen erbaut, ferner eine 1743 massiv erbaute evangelische Kirche.

Quast, Ferdinand von, 1807–1877. Konservator der Kunstdenkmäler, Geheimer Regierungsrat im Kultusministerium in Berlin. Zwischen 1832 und 1873 bereiste Quast häufig Schlesien, wobei er umfassendes Material schlesischer Baudenkmale, insgesamt 190 Blatt mit 344 Zeichnungen, sammelte.

Queitsch (1937: Leukirch; poln. *Kwieciszów*), Dorf 31 km südwestlich von Breslau mit katholischer Kirche St. Stanislaus. Wehrkirche aus der Mitte des 13. Jh. Älteste im ursprünglichen Zustand erhaltene Kirche in der Umgebung Breslaus. Bemerkenswertes Hauptportal. Die Pfeiler des Portals ruhen auf zwei Granitlöwen, die zur Hälfte eingemauert sind und die Köpfe einander zuwenden. Die Wehrmauer des Friedhofs ist aus Bruchsteinen gefügt.

Quempas-Singen, der uralte, wohl bis ins 13. Jh. zurückreichende Brauch, beim Weihnachtsgottesdienst das lateinisch-deutsche Mischlied „Quem pastores laudavere – Den die Hirten lobeten sehre“ zu singen, kam vermutlich aus Böhmen nach Schlesien. Im mittelalterlichen Gottesdienst aller kirchlichen Hochfeste war es üblich, in die von den Klerikern gesungenen lateinischen Hymnen und Sequenzen Strophen deutscher Kirchenlieder für das Volk einzuschieben. So ist das Quempas-Singen ein Abkömmling dieser Praxis, die sich bis in unsere Tage lebendig erhalten hat. Der erste Druck des Quempas erfolgte 1555 in Breslau im Kirchengesangbuch des Schlesiers Valentin Triller.

Quickborn, katholische Jugendbewegung, 1909 aus abstinenten Schülerkreisen in Schlesien unter Führung Bernhard Strehlers entstanden. Mittelpunkt war die 1919 erworbene Burg Rothenfels a. M.

Rabe, Lorenz, lat. Corvinus, Laurentius, Ratsherrensohn aus Neumarkt. Rektor und Stadtschreiber in Schweidnitz, später in Breslau. Lehrer und Prediger der antiken Bildung, Verfasser der 1496 abgeschlossenen „Carminum structura“, in der er die Dichtung als Ausfluß der Gelehrsamkeit darstellt.

Rabengebirge, Bergzug zwischen Riesen- und Heuscheuergebirge, aus Porphyr bestehend. Höchster Punkt: Königshaner Spitzberg, 879 m.

Rackschütz (poln. *Rakoszyce*), südlich von Oberstephansdorf liegendes Schloß. Auf sehr alten Grundmauern klassizistisch umgebaut.

Raczeks, Breslauer Burschenschaft, die in ihrem Wappen das Eiserne Kreuz und den Zobtenberg trug. Sie trugen rote Stürmer und schwarzrot-goldenes Band. Lassalle war Mitglied dieser Burschenschaft.

Radau (poln. *Rodawie*), Dorf und Schloß im Kreis Rosenberg. 1848–1852 errichtetes Herrenhaus im klassizistischen Stil. Erbaut von Baumeister Roch, einem Schüler Schinkels.

Radecke, Robert, Dichter des Liedes „Aus der Jugendzeit“. Grab in Waldenburg (eingeebnet).

Rading, Adolf, geb. 1888 Berlin, gest. 1957 London, Architekt, 1919 bis 1932 Lehrer und Professor an der Breslauer Kunstakademie. Mehrere Bauten in Breslau erhalten: Oranienstraße, Appartementhaus Werkbundausstellung Scheitnig.

Radzionkau (poln. *Radzionków*), im Kreise Tarnowitz gelegener Industrieort mit Kohlengrube und Zinkhütte. 1941: 17000, 1970: 28000 Einwohner. Seit 1951 Stadtrecht.

Raschdorf, Julius, Baumeister, geb. 1823 Pleß, gest. 1914 Berlin, 1878 Professor an der Berliner Bauakademie. Baute den Berliner Dom und das Wallraf-Richartz-Museum Köln (1894/1904).

Rätsel. Wie in anderen Teilen Deutschlands gab es auch in Schlesien mundartliche Rätselfragen, meist scherzhafter Natur, z. B. „Gickerle gackerle ging iebersch Ackerle; ging nie ehndr heem, bis de Sunne nie scheen“ (Reif), oder „’s hoot a Looch und macht a Looch, un zieht an langa Schwanz anooch“ (Nähnadel). Ferner: „Untn wie a Stabl; aubn wie a Radl; e dr Mitt a Wirtshoas; durt kumm veil Gäste roas“. Anwort: „Das Mohheetla“ (die Mohnkapsel). „Wu leit dr Hoase om wärmsten?“ Antwort: „Ei dr Broatfonne“.

Rakette, Egon Heinrich, geb. 1909 in Ratibor. Schriftsteller. Bis 1969 Vorsitzender des „Wangener Kreises“. Romane: „Drei Söhne“, „Planwagen“, „Anka“, „Schymanowitz“, „Die Bürgerfabrik“ u. a.; Gedichte, Erzählungen.

Rathen (poln. *Ratno*), Dorf und altes Schloß im Norden der Grafschaft Glatz auf einem Felsvorsprung über der Posna. Schlichter, rechteckiger Bau. Urkundlich seit 1347 bekannt. Entstanden als böhmische Landwehr gegen Polen. Renaissance-Zinnenkranz von 1563. Seit 1945 verfallen.

Ratibor/OS (poln. *Racibórz*), Kreisstadt an einem der ältesten Flußübergänge an beiden Seiten der Oder. 1108 erwähnt, seit 1217 Markt, 1235 als deutsche Stadt gegründet, 1299 Magdeburger Stadtrecht. 1241 überschritten hier die Mongolen den Strom. Von 1281–1532 Hauptstadt des Herzogtums Ratibor. Nach häufigem Besitzwechsel seit 1823 wiederum Herzogtum Ratibor. Südöstlichste Stadt des Deutschen Reiches.

Rechteckige Stadtsiedlung mit viereckigem Ring und Neumarkt. Renaissanceschloß mit Schloßkapelle aus dem 13. Jh., Mariensäule auf dem Ring, Reste der Stadtmauer erhalten (Stockhausturm 16. Jh.).

Die katholische Liebfrauenkirche St. Mariae Himmelfahrt, die Dominikanerkirche St. Jakobi und die Dominikanerinnenkirche reichen geschichtlich in das 13. Jh. zurück, ohne daß sich an den heutigen Gebäuden Reste ihrer frühen Entstehungszeit erhalten hätten. Bemerkenswert jedoch Turm der Liebfrauenkirche (1588) sowie der Hohe Chor (1286) mit Hochaltar (1656) und Chorgestühl (1653), Monstranz von 1495. Nach einem Brand wurden die Gewölbe des Mittelalters bis 1592 wiederhergestellt. Die Schloßkapelle der ehemaligen herzoglichen Burg, dem Heiligen Erzbischof Thomas von Canterbury geweiht, gehört mit der Hedwigskapelle in Trebnitz und dem Chor der Kreuzkirche in Breslau zu den wichtigsten Beispielen frühgotischer Bauten Schlesiens. Begräbniskirche (1832).

Alte Holzkirche in Ratibor

9 km von Ratibor Schloß Lubowitz, Geburtsort Eichendorffs.

Vom Kreise Ratibor kam 1920 das Hultschiner Ländchen an die Tschechoslowakei, 1921 der südöstliche Teil rechts der Oder an Polen. 1945 wurde die Stadt zu fast 80 v. H. zerstört.

Maschinenfabriken, Nahrungsmittelindustrie, Magnesitbergbau. Die Fruchtbarkeit der Oderauen machte Ratibor zum Gemüselieferanten des „Kohlenpotts“. 1939: 50000, 1975: 45900 Einwohner.

Ratiborer Handschriftensammlung des Notars Nikolaus von Oberglogau. Um 1400. Aus den Kanzleibogen und Briefkonzepten, in denen diese Handschrift eingebunden ist, geht hervor, daß um 1400 in Ratibor die Amtssprache Deutsch war.

Rauchmiller, Matthias, geb. 1645, gest. 1686. Baumeister der Piastengruft in Liegnitz nach einer Idee des Dichters Lohenstein. Die von Rauchmiller geschaffenen Figuren des Herzogs Christian, der Herzogin Luise, der Herzogin Charlotte sowie des jungverstorbenen Herzogs Georg Wilhelm stehen in einem Wechselgespräch, dessen lateinische Verse von Lohenstein verfaßt sind. Die Totenklage geht auf den frühen Tod des letzten Herzogs Georg Wilhelm zurück; die Herzogin bleibt allein zurück. Die einzige Tochter Charlotte entzweit sich mit der Mutter. Dieses Schicksal der letzten Herzogsfamilie hat der Künstler im Stile seiner Zeit überzeugend dargestellt.

In Breslau hat Rauchmiller in der Maria-Magdalenenkirche Epitaphien für die Patrizier Adam Kaspar von Arzat (gest. 1677) und Octavius Pestaluzzi geschaffen. In einer alten Chronik des Jahres 1731 von Daniel Gomolcky lesen wir hierüber: „Unter denen Epitaphiis ist sehr wohl zu sehen das Artzatische, darauf die Statuen, alle andere der Kunst nach übertreffen; der Meister davon hat Matthias Rauchmüller geheissen, aus Tyrol gebürtig... von eben diesem Meister noch ein Epitaphium einem Jungen Herren Pestalucy zum Andencken aufgerichtet."

Rauden (poln. *Rudy*). 1252 gründete Herzog Wladislaw von Oppeln-Ratibor ein Kloster, das sich so rasch entwickelte, daß es seinerseits 1280 ein Tochterkloster in Himmelwitz gründen konnte. Die ersten Zisterziensermönche kamen aus Jedrzejów im Bistum Krakau. 1616 wurde das Kloster in die schlesische Ordensprovinz aufgenommen.

1671 Neubau des Konventsgebäudes und Barokkisierung der nach dem Vorbild von Clairvaux II errichteten kreuzförmigen Basilika mit rechteckigem Chorabschluß aus der zweiten Hälfte des 13. Jh. Die barocken Umgestaltungen sind im Zweiten Weltkrieg zerstört worden, so daß nach der polnischen Restaurierung das ursprüngliche Raumbild wiederhergestellt ist.

Nach der Säkularisierung war Rauden Sitz des Herzogs von Ratibor. Klosterkirche wurde Pfarrkirche des Dorfes Groß Rauden.

Raudten (poln. *Rudna*), 16 km nordöstlich von Lüben. Um 1300 als deutsche Stadt gegründet. 1339 Nennung des Weichbildes Raudten. Bei Alt Raudten liegen 3 slawische Burgwälle. Planmäßige Stadtanlage mit rechteckigem Ring. Pfarrkirche St. Katharina, 15.–16. Jh., Turm 1793. Ziegelei und Kartoffelflockenfabrik. 1939: 1900, 1961: 1150 Einwohner.

Raupach, Ernst Benjamin Salomo, geb. 1784 in Straupitz bei Liegnitz, gest. 1852 in Berlin. Schrieb 117 historische Dramen, Trauerspiele und Lustspiele. Er war neben Holtei im vorigen

Graf Reden

Jahrhundert einer der beiden großen Repräsentanten des neuen Breslauer Schauspielhauses.

Ravenstein, Paul von, geb. 1854 Breslau, gest. 1938 Karlsruhe. Landschaftsmaler.

Reden, Friedrich Wilhelm Graf von, 1752–1815. Seit 1778 Oberberghauptmann von, Schlesien. Später Nachfolger des Ministers von Heynitz als Leiter der gesamten Bergwerksindustrie in Preußen. Begründer der oberschlesischen Hüttenindustrie. Durch Einführung englischer Maschinen und Fertigungsmethoden, die er in England selber studierte, entwickelte er den schlesischen Kohle- und Erzbergbau und nahm den ersten Kokshochofen Deutschlands in Betrieb. Durch sein enges Verhältnis zum Freiherrn von Stein gehörte er auch zu den Männern, die für Preußens Befreiung von der Napoleonischen Herrschaft wirkten. Als 1808 Freiherr v. Stein vor Napoleon fliehen mußte, brachte er ihn im Schlitten über das verschneite Gebirge nach Böhmen. Reden ist auch der Gründer der Buchwalder Bibelgesellschaft, die später mit der Preußischen Hauptbibelgesellschaft vereinigt wurde.

Zu den Besuchern der schlesischen Bergwerke gehörte auch Herzog Karl August von Sachsen-Weimar mit seinem Minister Goethe, der in Tarnowitz sein berühmtes Epigramm „Fern von gebildeten Menschen..." schrieb.

Die religiösen und sozialen Bestrebungen wurden nach seinem Tode von seiner Witwe Friederike, geb. Freiin von Riedesel (1774–1854) weitergeführt. Diese stand in besonders freundschaftlichem Verhältnis zum preußischen Königshaus. Prinz Wilhelm kaufte 1822 das benachbarte

Der Ring in Reichenbach

Fischbach, Friedrich Wilhelm III. erwarb 1832 von den Erben Gneisenaus das benachbarte Erdmannsdorf. Die Gräfin Reden gab den Anstoß, daß den aus Tirol ausgewanderten protestantischen Zillertalern bei Erdmannsdorf königlicher Grundbesitz zur Ansiedlung überlassen wurde. Noch heute finden wir die im Tiroler Stil erbauten Bauernhäuser.

Außerdem erbaute sie 1842–1844 unweit von Buchwald in Brückenberg die Kirche Wang, deren Holzteile König Friedrich Wilhelm IV. beim Abbruch in Norwegen erworben hatte. Als die Gräfin 1854 starb, wurde sie vom König durch ein Denkmal auf dem Vorplatz der Kirche Wang geehrt. Dieses Denkmal ist von den Polen nicht zerstört worden.

Rehdiger, Thomas von, geb. 1540 in Breslau, gest. 1576 in Köln. Breslauer Patrizier, der sehr früh durch Unfall starb. Er vermachte seine gesamte Bücherei der Stadt und schuf damit den Grundstock zur Stadtbibliothek.

Reibnitz (poln. *Rybnica*). 9 km westlich von Hirschberg liegt das Dorf Reibnitz mit der Schloßruine Lausepelz, der Rest eines aus dem 16. Jh. stammenden Hochschlosses. Die katholische Kirche wird bereits 1393 erwähnt. Der jetzige Bau stammt aus dem 15. Jh. mit kreuzgewölbtem zweijochigem Chor und spätgotischen Rippen. Er enthält einige Ausstattungsstücke des 17. Jh. Evangelisches Bethaus von 1747 in Fachwerk. Reiche Ausstattung aus der zweiten Hälfte des 18. Jh. wurde nach 1945 nach Warschau verschleppt, die Kirche selbst nach dem Zweiten Weltkrieg abgerissen.

Reichenbach/Eulengebirge (poln. *Dzierżoniów*), in der Ebene vor dem Eulengebirge gelegene Kreisstadt. Mittelteil eines Siedlungsbandes von 4,5 km Breite und 20 km Länge, an einer wichtigen Handelsstraße am Gebirgsrand. Ihre Lage auf einer Anhöhe mit dem Blick auf den Gebirgskamm gibt der Stadt einen besonderen Reiz. Wahrscheinlich um 1230 von Deutschen aus Reichenbach im Vogtland gegründet, die auch das Tuchmacher- und Leinenweberhandwerk als künftige wirtschaftliche Grundlage mitbrachten. Bis 1290 gehörte Reichenbach zum Herzogtum Breslau und kam dann an die Bolkonen von Schweidnitz-Jauer. Diese förderten die Stadt nach Kräften, jedoch führten die Hussiteneinfälle, Pest und Raubrittertum in den folgenden Jahrhunderten zu einem Niedergang. Erst der Bund der königlichen Städte in Schlesien vom Jahre 1510 brachte neue Sicherheit und damit wirtschaftlichen Aufschwung. Im Jahre 1813 fanden hier die Bündnisverhandlungen zwischen Österreich, Preußen und Rußland statt. Das Gebäude an der Nordseite des Ringes, in dem die Konvention abgeschlossen wurde, ist nach dem Kriege abgerissen worden. Im 19. Jh. kam es bei den Auseinandersetzungen zwischen Hand- und Maschinenwebstuhl in den Eulengebirgstälern zu schweren Aufständen, die aus der Not der Bevölkerung entstanden waren.

Großer rechteckiger Ring mit Rathaus in der Mitte. Tuchhalle 16.–18. Jh. Spätgotische Pfarrkirche St. Georg mit Renaissancehaube aus den Jahren 1567–1588. An der Nordwestecke des Turmes im 1. Geschoß das Wahrzeichen der Stadt: eine sitzende männliche Figur, volkstümlich als Mönch bezeichnet. Rathausturm (1616), Renaissanceportale an Häusern am Ring. Evangelische Kirche nach einem Plan von Langhans, 1795–1797 von Kirchenbaumeister Gärtner erbaut. Evangelischer klassizistischer Friedhof seit 1805 (Sadebeck-Stiftung), Stadtmauer großenteils erhalten.

Bereits im Mittelalter besaß Reichenbach eine starke wirtschaftliche Position, im 17. Jh. Zentrum der Barchentherstellung. Die Wirtschaft der Stadt war ganz auf die Textilindustrie ausgerichtet. Die Firma Sadebeck, gegründet im 18. Jh. durch Friedrich Sadebeck, gehörte zu den Begründern der modernen schlesischen Textilindustrie. Sein Sohn August Sadebeck verfaßte eine Chronik von Reichenbach und vermachte seine umfangreichen Sammlungen der Stadt. Außerdem Elektroindustrie (Rundfunkgeräte). Stadt im Kriege nicht zerstört. 1939: 17300, 1975: 35400 Einwohner.

Reichenbach (Oberlausitz), 14 km westlich von Görlitz. Rechteckiger Ring in der Stadtmitte. Stadtgründung um 1200. Stadtpfarrkirche St. Johannes, Baubeginn 13. Jh., St. Anna Anfang 16. Jh.

Blaugranitwerke, Hartsteinschleiferei, Chemi-

Aus Reichenbach

sche Fabriken und Hartglaswerke. 1939: 2800 Einwohner. Nach 1945 DDR.

Reichenstein (poln. *Złoty Stok*), 18 km südöstlich von Frankenstein, am Nordostabhang des Reichensteiner Gebirges. Alte Bergstadt. Die bekannten Kaufherren Welser, Imhof, Thurzo und Fugger waren hier am Bergbau, der sich vor allem auf Gold erstreckte, beteiligt. 1529 waren 145 Schächte, Stollen und Gräben in Betrieb. Die Erschöpfung der Vorkommen führte in der zweiten Hälfte des 16. Jh. zum Niedergang. 1291 erstmals unter dem Namen „Richinstein" urkundlich erwähnt. Vor 1344 Stadtrecht. Ring in der Stadtmitte. Unbefestigt. Salvatorkirche, Baubeginn 14. Jh., Neubau 1570.
Arsenikbergwerk (bis 1961), Chemische Industrie, Sprengstoffindustrie, Kalkwerke, Holzwarenherstellung, Sommerfrische. 1939: 2600, 1970: 3100 Einwohner.

Alt-Reichenstein

Reichstag von Breslau. König Sigismund hielt 1420 einen Reichstag in Breslau ab. Auf diesem ließ er 23 der Anstifter des Aufstandes gegen den Rat der Stadt Breslau hinrichten. Dieser Reichstag war der einzige, der in Breslau je abgehalten wurde.

Reichthal (poln. *Rychtal*), im Kreise Namslau gelegene kleine Landstadt, ursprünglich Besitz des Deutschen Ritterordens, seit 1245 bischöflicher Halt. Stadtgründung zwischen 1250 und 1270. Die deutschen Siedler nahmen im Spätmittelalter die polnische Sprache an. Gleichwohl bekannte sich die Bevölkerung weiterhin zum Deutschtum. Obwohl die Bevölkerung sich zu 95 v. H. für den Verbleib beim Deutschen Reich aussprach, wurde die Stadt nach dem Ersten Weltkrieg Polen zugeteilt. Die Herauslösung aus Schlesien besiegelte den Niedergang der Stadt. 1961 hatte das Dorf nur noch 1100 Einwohner.

Reimswaldau (poln. *Rybnica Leśna*), Kreis Waldenburg. Kirche und Turm dieses Dorfes bilden eine der malerischsten dörflichen Bauanlagen Schlesiens. Der Fachwerkbau mit Schindeldach und Dachreiter entstand um 1600, der freistehende Glockenturm ist zugleich Durchfahrt zu dem von einer Felssteinmauer umzogenen Friedhof.

Reinelt, Johannes – Dichtername Philo vom Walde, geb. 1858 in Kreuzendorf bei Leobschütz, gest. 1906 in Breslau. Zartfühlender Mundartdichter mit sozialer Motivation. Seine Gedichte machen ein Stück Seele des Volkes gegenwärtig. Epos „Leutenot" (1900), 5 Sammlungen von Gedichten „Aus der Heemte" (1883), „Schlä'sches Bilderbüchel" (1885), „A Singvägerle" (1886), „Vagantenlieder" (1888), „Sonntagskinder" (1904).

Reiner, Wenzel Lorenz, geb. 1689 in Prag, gest. 1743 dort. 1725–1726 schuf Reiner in Breslau die Fresko-Malerei in der Hochbergkapelle.

Reiners, Ludwig, geb. 1896 Ratibor, gest. 1957 München, Textilkaufmann und Schriftsteller: „Stilkunst“, „Der sichere Weg zum guten Deutsch“, „Bismarck“.

Reinhardt, Sebastian Carl Christoph, 1738–1827. Maler. Künstlerischer Entdecker des Riesengebirges. Vorläufer der Romantik.

Reitsch, Hanna, geb. 1912 in Hirschberg, gest. 1979 in Frankfurt/M. Pilotin im Segel- und Motorflug. Zahlreiche Weltbestleistungen. Im Kriege Testfliegerin bei der Luftwaffe. Schrieb u. a.: „Das Unzerstörbare in meinem Leben“.

Rengersdorf (poln. *Krosnowice*), Grafschaft Glatz. Malerische Kirche, schindelgedeckter Gang an der inneren Kirchenmauer, St. Jakobus d. Ä., 1326 erwähnt, 1698 und 1729–1734 umgebaut. Hochaltar und Kanzel 1794 von Michael Klahr d. J., Marienkrönungsschrein.

Retcliffe, Sir John, eigentlich Hermann Goedsche, geb. 1815 in Trachenberg, gest. 1878 in Warmbrunn. Erfolgsautor. Sein nach dem Krimkrieg entstandener Roman „Sebastopol“ (1856) hatte beachtlichen Erfolg. In 30 weiteren Romanen brachte er weltgeschichtliche Ereignisse zur Darstellung.

Reusner, Esaias, geb. 1636 in Löwenberg, gest. 1679 in Berlin, bedeutender Komponist und Lautenist. Zahlreiche Kompositionen: „Hundert geistliche Melodien Evangelischer Lieder“ (1676), „Delitiae Testudinis“ (1667), „Neue Lautenfrüchte“ (1676).

Richter, (Adrian) Ludwig, geb. 1803 in Dresden, gest. 1884 dort. Deutscher Maler und Zeichner. Illustrierte das Sammelwerk „Das malerische und romantische Deutschland“, dessen 6. Sektion den Band enthielt „Wanderungen durch das Riesengebirge und die Grafschaft Glatz“, 1841.

Richthofen, Bolko Freiherr von, geb. 1899 in Merschütz. Historiker, 1926 Landesarchäologe von Oberschlesien. Er befaßte sich besonders mit der Lausitzer Kultur (1400 v. Chr.) und anderen Themen der schlesischen Geschichte. 1929 Professor in Königsberg und Leipzig.

Alte Baude im Riesengebirge

Richthofen, Ferdinand Freiherr von, geb. 1833 in Carlsruhe/OS, gest. 1905 in Berlin. Bedeutender Geologe und Geograph. Reisen in Ostasien, Studien in Kalifornien. Er errichtete in Berlin das Geographische Institut und das Institut für Meereskunde. Sein Werk über China berücksichtigt neben der Natur des Landes auch das Wirken des Menschen. Sein „Führer für Forschungsreisende“ ist die erste Darstellung der Geomorphologie.

Richthofen, Gertrud Freifrau von, 1830–1890. Lyrikerin. Sie gründete zusammen mit ihrem Mann eine Rettungsanstalt für verwahrloste Kinder. Ihr Büchlein „Kinderherberge“ gibt einen Einblick in dieses Werk.

Richthofen, Manfred Freiherr von, geb. 1892 in Breslau, gefallen 1918 Vaux sur Somme. Berühmtester deutscher Kampfflieger des Ersten Weltkrieges, nach 80 Luftsiegen gefallen. Er schrieb „Der rote Kampfflieger“. Für viele Soldaten verkörperte er im Inferno der Materialschlachten den Typ des ritterlichen Soldaten und Offiziers.

Rickert, Christian, geb. 1940 Breslau, seit 1974 Berlin, Maler, Grafiker und Kunsterzieher.

Riesengebirge, das eigentliche Hochgebirge der Sudeten. Der Name kommt wahrscheinlich

Langstieliger Enzian auf dem Riesengebirgskamm

von den sog. „risen", Gleitrinnen, in denen das geschlagene Holz zu Tal befördert wurde. Es erstreckt sich von den Quellen des Großen Zakken bis zum Ursprung des Bober. Es hat eine Länge von 37 und eine Breite von 25 km, so daß es im ganzen 1110 qkm umfaßt. Von der südlichen Seite steigt das Riesengebirge nur allmählich an, dagegen fällt es an der Nordseite steil in das 1000 m tiefer gelegene Hirschberger Tal ab. Der Kamm hat eine durchschnittliche Höhe von 1250 m. Er wird überragt von einigen Kuppen: Reifträger 1362 m, Hohes Rad 1509 m, Große Sturmhaube 1424 m, Kleine Sturmhaube 1440 m, Schneekoppe 1603 m, Schwarze Koppe 1407 m. Über diesen Hauptkamm des Gebirges zieht sich die schlesisch-böhmische Landesgrenze. Südlich davon verlaufen die böhmischen Kämme, durchbrochen von der Talschlucht der Elbe, welche bei dem Hinabstürzen in den tiefen Elbgrund den Elbfall bildet. Über den böhmischen Kämmen erheben sich der Brunnberg 1555 m südwestlich der Schneekoppe und der Ziegenrücken 1419 m. Vom Südwesthang der Schneekoppe zieht sich der 400 m tiefe romantische Riesengrund nach Aupa hinab. Nordwestlich der Schneekoppe befinden sich die großartigen Felsenschluchten der Kleinen und Großen Schneegrube am Hohen Rad.

Die Gewässer der Nordhänge fließen sämtlich zum Bober. Unter ihnen sind der Zacken, das Zackerle und die Kochel, die durch ihre Wasserfälle bekannt sind, hervorzuheben.

Das Hauptgestein des Riesengebirges ist Granit. Auf dem Untergrund sind zahlreiche Gesteinsgruppen erhalten, die sich zu pittoresken Felsenmassen und Einzelfelsen erheben, so der Mittagsstein an der Seite der Kleinen Sturmhaube, die Mädelsteine und die Rübezahlkanzel unweit der Schneegrubenbaude. Der Granit wird von einzelnen Porphyrgängen durchsetzt. Auch Basalt tritt südöstlich vom Kynast auf. Früher wurde im Riesengebirge Bergbau betrieben.

Das Riesengebirge ist bis etwa 500 m mit Mischwald, anschließend bis etwa 1250 m mit Nadelwald bewachsen, darüber erhebt sich die Hochgebirgsregion mit Knieholz und charakteristischen Staudengewächsen. Auf den hochgelegenen Torfmooren breiten sich nordische Pflanzentypen aus. Über 1400 m hört die Knieholzregion auf. Diese Gegend ist nur noch von Flechten und einigen typischen alpinen Pflanzen bewachsen.

In Krummhübel und in Schreiberhau führen heute zwei Lifte bis auf den Kamm. Von der böhmischen Seite kann man die Schneekoppe mit einem Lift von Petzer erreichen.

In der schlesischen Sagenwelt ist das Riesengebirge das Reich Rübezahls, der als Berggeist die Wanderer neckt und den Armen hilft. Das Riesengebirge ist seit dem Zeitalter der Romantik ein besonderer Anziehungspunkt für die deutsche Landschaftsmalerei. Besonders bekannt sind die Bilder von Ludwig Richter und Caspar David Friedrich, der hier seine Hauptwerke schuf.

Riesengebirglers Heimatlied. „Blaue Berge, grüne Täler...", das Lied vom Riesengebirge wird heute noch von Schlesiern gesungen. Es stammt von Othmar Fiebiger, der 1972 verstorben ist.

Riesengebirgsverein, 1880 durch Theodor Donat gegründet mit Sitz in Hirschberg. Der Riesengebirgsverein hat sich um die Erschließung des Riesen- und Isergebirges, die Anlegung von Wegen und die Bezeichnung durch Wegweisermarkierungen sehr verdient gemacht.

Ring, Marktplatz in den schlesischen Stadtanlagen. Im Polnischen wird der Ring als „Rynek" bezeichnet.

Ring, Max, geb. 1817 in Zauditz bei Ratibor, gest. 1901 in Berlin. Sozialkritiker und Arzt. 1857 beim Ausbruch des Hungertyphus schrieb er Gedichte über die Armut der Bauern in Schlesien, ferner Romane, in denen er soziale Themen behandelte. 1850 siedelte er nach Berlin über.

Rinke, Walter, geb. 1895 in Kattowitz. Nach Studium der Volkswirtschaft Direktor der Oberschles. Versicherungsanstalten. 1946 Ministerialrat, 1953 Bundestagsabgeordneter. Gründete 1946 „Vereinigung der Schlesier" in München als Keimzelle der späteren Landsmannschaft Schlesien, deren erster Vorsitzender er ab 1950 war.

Ritsche, hochdeutsch: Fußbank.

Röhricht, Georg – lateinisch Calaminus, 1547–1595, aus Silberberg. Schrieb lateinische Dramen: Helis (1591) und Rudolphottocarus.

Röhricht, Wolf, geb. 1886 in Liegnitz, gest. 1953 in München. Bedeutender Meister des Aquarells. Seit 1911 in Berlin Mitglied der Berliner Sezession und des Künstlerbundes Schlesien. Seit 1945 in München. Mitglied der Münchner Sezession.

Rößler, Hans, 1889–1965, aus Naselwitz am Zobten. Schlesischer Mundartdichter. Sein Gedicht- und Geschichtenbuch „Heemte, guldne Heemte" ist am bekanntesten geworden.

Rössler, Robert, geb. 1838, gest 1883. Schlesischer Mundartdichter. Begründer der schlesischen Prosadichtung, Rektor der Höheren Bürgerschule in Striegau und Direktor des Realgymnasiums in Sprottau. In seinen schlesischen Dorfgeschichten zeichnet er mit Liebe und Sorgfalt schlesische Charaktere.

Rogau-Rosenau (poln. *Rogów Sobocki*), 30 km südwestlich von Breslau. Katholische Pfarrkirche St. Johannes der Täufer aus dem Anfang des 15. Jh. In der evangelischen Kirche aus dem Jahre 1795 wurde am 27. März 1813 das Lützowsche Freicorps durch Pastor Peters eingesegnet. In dem Dorf befindet sich weiterhin ein Schloß sowie eine Staupsäule in der Dorfmitte.

Hörnerschlittenfahrt

Riesengebirge. Schneegruben mit Hohem Rad

Rohnstock (poln. *Roztoka*), Schloß im Kreise Jauer mit Umbauten um 1870. Es erinnert in seiner Turmfront stark an Klein-Kotzenau. Besonders schöner Schloßpark mit einem ansprechenden Renaissanceportal.

Romanik. Romanische Bauten sind in Schlesien nicht allzu häufig. Die deutsche Besiedlung setzte in breitem Umfang erst nach 1200 ein. Sie bringt dementsprechend aus Deutschland bereits gotische Bauformen mit. Gleichwohl findet man in den frühen deutschen Siedlungsgebieten noch Kirchen mit romanischen Stilelementen. Als Beispiel seien die Ägidienkirche in Breslau, die Dorfkirchen im Katzbachtal (Kirchenruine Neukirch, Kirche Schönau) sowie die Pfarrkirchen St. Maria in Goldberg und Mariae Himmelfahrt in Löwenberg genannt, ferner die Burgkapelle in Teschen. Von der Plastik sind das Portal der Magdalenenkirche (aus dem ehemaligen Vinzenzkloster) in Breslau, die Säulen vor dem Breslauer Dom und die Johannesfigur an dessen Nordseite, die Madonnenfigur in Wartha, ferner die Zobtenlöwen und ein Kelch von Alt-Lomnitz Kreis Habelschwerdt zu erwähnen.

Romantik in Schlesien. Nach den Stein-Hardenbergschen Reformen und der preußischen Erhebung gegen Napoleon, deren Ausgangspunkt Schlesien war, richtete sich die Hoffnung aller Deutschen auf die Verwirklichung der nationalen Einheit. Die politische Begeisterung der Jugend war begleitet von einem neuen Naturgefühl. Das deutsche Mittelalter mit seinen Burgen und Städten erschloß sich dem Wanderer, der aus seinem romantischen Gefühl heraus die Welt neu entdeckte.

Frühzeitig war das Riesengebirge Gegenstand der Naturbeobachtung für Maler und Dichter. Caspar David Friedrich und Ludwig Richter gaben dem romantischen Gefühl für die bis dahin völlig unerschlossene Gebirgsgegend Ausdruck. In Eichendorff fand die Romantik in Schlesien durch das Volksliedhafte und Reine seiner Dichtung

Rogau mit dem Zobten

einen tiefen Ausdruck und gleichzeitig die deutsche Dichtung einen neuen Höhepunkt.

Die Baukunst erhielt neue Impulse. Das preußische Königshaus baute Schlösser am Fuße des Riesengebirges, und zahlreiche andere Grundbesitzer gestalteten ihre Wohnsitze im romantischen Zeitgeschmack um. Auf dem „alten“ Schloß Fürstenstein, das als künstliche Ruine erbaut wurde, fand sogar ein Ritterturnier statt.

Die politischen Erwartungen erfüllten sich nicht. Die nationale Bewegung erstickte in der Restaurationspolitik Metternichs. Die etwa gleichzeitig einsetzende Industrialisierung brachte der handwerklich arbeitenden Bevölkerung, insbesondere im schlesischen Gebirge und im Waldenburger Bergland, große Not. Was blieb, war zunächst eine tiefe Resignation. Insgesamt gesehen war jedoch diese Epoche für die kulturelle Entwicklung Schlesiens von großer Bedeutung.

Romberg (poln. *Samotwór*), von Carl Gotthard Langhans etwa 1790 errichtetes klassizistisches Schloß, 14 km westlich von Breslau, an der Weistritz. Vorbild für den Bau ist das Werk Palladios. Schöner Saal. Nach der Hofseite beiderseits Kavaliershäuser.

Ronge, Johannes, geb. 1813 Bischofswalde, gest. 1887 Wien. Begründer des Deutsch-Katholizismus.

Rosenberg/OS (poln. *Olesno*), Kreisstadt in Oberschlesien, am Ursprung der Stober. 1226 Zollstätte Olesno, Gründung der deutschen Stadt vor 1267, 1310 zum ersten Mal als „civitas Rosenberk" bezeichnet. Regelmäßige Stadtanlage mit großem, fast viereckigem Ring. Herzogliche Burg westlich des Ringes, als katholische Pfarrei benutzt. Mariensäule 1698. In der Nähe die Wallfahrtskirche St. Anna, eine malerische Gruppe von Schrotholzkirchen aus verschiedenen Bauepochen. Mit dem älteren, steildachigen Bau von 1518 (Sakristei von 1707) ist ein Zentralbau von 1668 verbunden. Diese barocke Zimmermannsschöpfung geht wahrscheinlich auf den Gleiwitzer Zimmermeister Sempek zurück. Rathaus von 1820, ferner Schrotholzkirchen St. Rochus (1718) und Alt Rosenberg (1680). Volksabstimmung 1921: 3300 für Deutschland, 473 Stimmen für Polen.
Handwerk, Handel, geringe Industrie. 1939: 7300, 1969: 8400 Einwohner.

Rosenthal-Mörschelwitz (seit 1937 Rosenborn; poln. *Mirosławice*), Dorf, 27 km südwestlich von Breslau mit klassizistischem Schlößchen und schönem englischem Park. Der gegliederte Bau ist durch schöne Reliefs verziert. Das Äußere nach dem Krieg restauriert.

Rothacker, Gottfried, eigentlich Bruno Nowak. Geb. 1901 in Troppau, gest. 1940. Sudetenschlesischer Schriftsteller. Sein Roman „Das Dorf an der Grenze" (1932) wurde seinerzeit viel gelesen. Es schildert den Kampf eines deutschen Dorfes in der Tschechoslowakei.

Rothenburg (Oberlausitz), Kreisstadt am Rande der Lausitzer Heide. Vor 1268 Verleihung des Stadtrechts. Planmäßige Stadtanlage mit rechteckigem Ring. Altes Schloß aus dem Jahre 1568 mit Umbauten und Park. Bedeutende Einrichtungen der evang. Kirche: Martinshof, Martin-Ulrich-Haus.
Ofen- und Töpferwarenproduktion, Handwerk, geringe Industrie. 1939: 2000 Einwohner. Nach 1945 DDR.

Rothenburg/Oder (poln. *Czerwieńsk*), 12 km nordwestlich von Grünberg, 4 km westlich der Oder. 1690 Verleihung des Stadtrechts an die Gemeinde Nettkow, die im Besitz des Geschlechtes von Rothenburg war. Daher erhielt die Stadt ihren Namen. 1550 Bau eines Schlosses.
Landwirtschaft, Handwerk, Bekleidungsindustrie, Mützenfabrik, Seidenweberei. 1939: 1400, 1970: 2600 Einwohner.

Rother, Wilhelm geb. 1877 in Greiffenberg, gest. 1956 in Duisburg. Mundartdichter, genannt „Queis-Willem". Gedichtsammlung: „Heemteklänge".

Rothsürben (1937: Rothbach; poln. *Żórawina*), in dem 1251 zu deutschem Recht ausgesetzten Ort befindet sich eine bedeutende Pfarrkirche, die Ende des 13. Jh. entstanden ist. In der Reformationszeit Umbau im dekorativen Stil der Spätrenaissance (1597–1602). Im Innern wurden Logen und Emporen eingebaut. Die farbige Ausmalung, die schönen Epitaphien im Innern und die reizvollen Giebel und Anbauten im Äußeren machen diese Kirche zu einem besonderen Kunstwerk. Besonders bemerkenswert ein in Bronze gegossener Christus an der Staupsäule von Adrian de Vries (heute in Warschau).

Rottmayr (von Rosenbrunn), Johann Michael, 1654–1730. Barockmaler. Schuf neben bedeutenden Werken, vor allen Dingen in Salzburg, die Fresken der Breslauer Matthiaskirche.

Ruda (poln. *Ruda Śląska*), Kreisstadt im Zentrum des oberschlesischen Industriereviers. Zusammenfassung mehrerer Industriesiedlungen. Nach der Teilung Oberschlesiens 1922 fiel Ruda an Polen.
Die industrielle Entwicklung ist mit den Namen Ballestrem und Godulla verbunden. Sie schufen die Kohlengruben und Zinkhütten. Nach dem Tode von Karl Godulla gelangte sein Besitz durch die Heirat seiner Adoptivtochter Johanna Gryczik mit dem Grafen Hans Ulrich Schaffgotsch an diese Familie. Auch die Familie Henckel von Donnersmarck war im Rudaer Gebiet durch Industriebetriebe vertreten.
Nach dem Zweiten Weltkrieg wurden die Kohlengruben weiter ausgebaut sowie neue Wohnsiedlungen geschaffen. Gegenwärtig steht in Ruda die Kohlenindustrie im Vordergrund: 8 Gruben, 2 Kokereien, 2 Elektrizitätswerke. Die größte Anlage bildet nach wie vor die Friedenshütte. 1959 wurde der heutige Stadtkreis Ruda gebildet. Er hatte 1970 142000 Einwohner, 1930 waren es 120500.

Rudel, Hans-Ullrich, geb. 1916 Konradswaldau, Fliegeroffizier des Zweiten Weltkrieges.

Rudelstadt (poln. *Ciechanowice*), Städtchen im Vorland des Landeshuter Kammes. 1754 wurde das frühere „Rudelsdorf" zur Bergstadt erhoben und umbenannt. Die Stadt besaß vier Gruben zur Förderung von kupfer- und arsenhaltigen Erzen. Seit dem 18. Jh. ging der Bergbau und damit die Bedeutung der Stadt zurück.
Pfarrkirche aus dem 14. Jh., 1577 umgebaut. Schloß von 1846 auf künstlicher Insel. 1939: 1500, 1961: 1400 Einwohner.

Rudolf. Aus Rauden ist eine um 1250 entstandene Schrift des Mönchs Rudolf bekannt. Sie umfaßt zeitkritische Gedanken und Lebensschilderungen, in denen durch Aufzeichnungen des damaligen Aberglaubens eine in Deutschland einzigartige Bauernvolkskunde geschaffen wird.

Rübezahl, der Herr der schlesischen Berge, gewaltiger Berggeist, Kobold, Schalk und hilfreicher Freund der Armen. „Das Geheimnis um Rübezahl ist alt wie die moosigen, grünspiegelnden Felsen, die in die feuchten Gebirgsschluchten hängen, alt wie die Bergquellen selber..." (Carl Hauptmann). Der Name Rübezahl taucht Mitte des 16. Jh. auf. Sicher dürfte jedoch schon früher die Furcht vor dem unzugänglichen Gebirge mit seinen plötzlichen Wetterstürzen zur Sagenbildung Anlaß gegeben haben.
Ein Gedicht von Franz von Koeckritz aus dem Jahre 1565 erwähnt einen Ribicinia im Lomnitzgrund als Gebirgsgespenst. In einer Abhandlung des Pfarrers Hondorff aus dem Jahre 1568 wird Rübezahl als ein böser Geist dargestellt, der die

Berggeist Rübezahl

Sagan, Kath. Pfarrkirche St. Mariae

Menschen aus Boshaftigkeit im Gebirge vom rechten Wege abbringt. Auch Merian erwähnt Rübezahl zu Beginn des 17. Jh.
1662 brachte Prätorius ein Buch unter dem Titel „Daemonologia Ribunzalii Silesii" heraus. Nach den Erzählungen von Prätorius ist Rübezahl eine Art Erdgeist und Kobold, ein Herr der unterirdischen Schätze. Seitdem ist die Gestalt nicht allein mehr der unheimliche Berggeist, sondern trägt auch schalkhafte Züge. 1783 gibt Karl August Musäus seine fünf Legenden vom Rübezahl heraus. Der Name Rübezahl ist schwer zu deuten. Möglicherweise handelt es sich um eine Verballhornung aus Rauh und Zagel = Schwanz. Eine zweifelsfreie Deutung ist nicht möglich.
Das Wunschdenken der Gebirgsschlesier hat bei allem Respekt, den sie dem Geist entgegenbrachten, aus Rübezahl einen gemütvollen, gutmütigen Mann, erfüllt von großem Gerechtigkeitssinn, gemacht, der die Schwere des Lebens der Armen auszugleichen suchte. In der Malerei haben vor allem die Romantiker Rübezahl dargestellt, so Ludwig Richter und Moritz von Schwindt, dessen bekanntestes Rübezahlbild aus dem Jahre 1851 in der Schack-Galerie in München zu finden ist. Max Slevogt illustrierte 1907 die Märchen vom Rübezahl von Musäus. In der Literatur hat die Gestalt Rübezahls zu allen Zeiten Ausdruck gefunden. Von Martin Opitz über Ferdinand Freiligrath bis zu den schlesischen Märchen von Georg Gustav Fülleborn (1789), weiter in einem Schauspiel von Kotzebue (1803) und Fouqué (1804) bis hin zu Gerhart Hauptmann und seinem Bruder Carl Hauptmann mit seinem Rübezahlbuch (1915). Die Polen haben ihn als Pan Liczyrzepa übernommen. In den Herzen der Schlesier lebt er fort als ihr Schutzgeist, der über das deutsche Riesengebirge wacht.

Rückers (poln. *Szczytna*), 20 km südwestlich von Glatz gelegener Ort, der insbesondere durch seine Kristallglasherstellung bekanntgeworden ist. Nach 1945 wurde hier eine Glasfachschule eingerichtet. Pfarrkirche Johannes d. T. (1721). Der Ort wird überragt von der Burg Waldstein. Diese ist nach 1827 aus älteren Ruinen erbaut worden und diente bis 1940 als Missionsschule. Nach dem Kriege Verwendung als Pflegeheim. 1939: 4500, 1970: 5100 Einwohner.

Ruhland, 28 km westlich der Kreisstadt Hoyerswerda an der Schwarzen Elster. Vor 1200 Kirchort, 1317 Fischerdorf „Rulant". 1397 Stadtrecht erwiesen. Planmäßige Stadtanlage mit fast quadratischem Ring.
Landwirtschaft, Handwerk, Braunkohlenbergbau, Hydrierwerk. 1939: 4000 Einwohner. Nach dem Kriege DDR.

Rummelsberg (poln. *Romanów*), 393 m hoch, ist die höchste Erhebung der Strehlener Berge. Auf dem Gipfel stand eine frühgeschichtliche Befestigung, von der noch ein doppelter Wallring zu sehen ist. Die spätere Burg wurde schon im 15. Jh. eingerissen.

Rybnik, Kreisstadt in Ostoberschlesien, 25 km östlich von Ratibor. Bis Anfang des 19. Jh. war Rybnik ein unbedeutendes Ackerstädtchen mit Teichwirtschaft (Rybnik = Fischteich). Rathaus (1823), barock-klassizistische Pfarrkirche

(1798–1801), Schloß (später Gerichtsgebäude) von 1789 mit älteren Bauteilen.
Im 19. Jh. entwickelten sich hier bedeutende Industrieunternehmen: Eisenhütten, Maschinenindustrie, Kohlengruben. Die Stadt fiel 1922 an Polen. 1970: 43500 Einwohner.

Rydultau (poln. *Rydułtowy*), Industriestadt 9 km südwestlich von Rybnik. Abbau von Steinkohle, Sandstein, Lehm und Gips. Seit 1951 Stadt. 1937: 15000, 1970: 19400 Einwohner.

Saabor (Fürsteneich; poln. *Zabór*), Schloß im Kreise Grünberg, Baubeginn 1677. 1745 n. Brand umgestaltet. Barockisierung unter sächsischem Einfluß. Gesamtanlage mit kreisrundem Vorplatz, der von sechs Kavaliershäusern umgeben ist. Parkanlage mit Blick vom Schloß zum See. Letzte Eigentümerin war die zweite Gemahlin Kaiser Wilhelm II., Hermine. Das Schloß wurde 1945 völlig geplündert. Der unbeschädigte Bau wird als Kinderheim verwendet.

Saarau (poln. *Żarów*), Industrieort an der Eisenbahnlinie Breslau – Freiburg mit Braunkohlenbergbau, Chamotteindustrie und einer bedeutenden chemischen Fabrik. 1939: 3600, 1970: 6100 Einwohner. Stadtrecht seit 1954.

Sabais, Heinz Winfried, geb. 1922 in Breslau, gest. 1981 in Darmstadt. Politiker und Schriftsteller. Studierte im und nach dem Krieg Germanistik, Zeitungswissenschaft und Philosophie, 1945–1948 Journalist und Verlagslektor. Bis 1953 Goethe- und Schiller-Archiv Weimar, dann Deutsche Akademie für Sprache und Dichtung Darmstadt, seit 1971 Oberbürgermeister von Darmstadt. Gedichte „Und über allem sei die Liebe“ 1947, „Mein Acker ist die Zeit“ (1948), Essays, Prosawerke.

Sabel, Robert, geb. 1860 in Lindenau bei Grottkau, gest. 1911. Leiter des Vereins zur Pflege schlesischer Mundart und Dichtung, Sammler älterer und zeitgenössischer Mundartdichtung und schlesischer Märchen und Sagen. Als Verfasser dreier Mundartbücher gehört er zu den besten Dichtern in schlesischer Mundart um die Jahrhundertwende.

Saebisch, Valentin von, 1577–1657. Stadtbaumeister in Breslau. Er war am Umbau der Südseite des Rathauses und an zahlreichen anderen schlesischen Bauten (Friedenskirche in Schweidnitz) beteiligt.

Sachs, Julius, geb. 1832 Breslau, gest. 1897 Würzburg. Botaniker. Mitbegründer der modernen Pflanzenphysiologie. Hauptwerke: „Experimentalphysiologie“ (1865), „Lehrbuch der Botanik“ (1874).

Sächsisch Haugsdorf (poln. *Nawojów Łużycki*), in der Nähe von Lauban gelegenes Renaissanceschlößchen, 1570–1571 erbaut.

Säkularisierung. Aufgrund des Säkularisierungsediktes vom 30.10.1810 wurden Klöster und Stifte aufgehoben und Kirchen- und Ordens-

Kreuzkirche in Sagan

besitz durch den Staat eingezogen. Die Säkularisierung in Schlesien holte eine Entwicklung nach, die in den übrigen deutschen, auch nichtpreußischen Gebieten bereits vorher vollzogen war.

Sagan (poln. *Żagań*), Stadt am Bober, an einer Kreuzung von Handelsstraßen. In der ersten Hälfte des 13. Jh. unter Herzog Heinrich I. als deutsche Stadt ausgesetzt. 1397 unabhängiges Fürstentum. 1628–1634 Besitz des Herzogs von Wallenstein.
Planmäßige Stadtanlage mit rechteckigem Ring. 1280 nach Norden durch „Neuen Ring" erweitert. Rathaus 1486, Rathausturm 1340. Wallenstein begann die ungewöhnlich großzügige Schloßanlage. Johannes Kepler weilte 1628–1630 an seinem Hofe und errrichtete auf dem Hospital ein Observatorium. Baumeister der Schloßanlage war der Italiener Vincentio Boccaci. Das Schloß steht am Anfang einer Reihe italienisch-schlesischer Schloßbauten. Der Bau wurde durch Wallensteins Ermordung 1634 unterbrochen. 1674 von Fürst Lobkowitz durch Antonio de la Porta

Friedrich von Sallet

fortgeführt, 1693 vollendet, wenn auch äußerlich stilistisch verändert. Das Innere des Schlosses war glanzvoll ausgestattet. Das Schloß selbst ist von Gärten und einem Park umgeben. Es ist bei Kriegsende ausgebrannt, in der Zwischenzeit wieder aufgebaut. Im Innern Theater, Konzertsaal und Bibliothek.
Im Schloß residierte bis 1800 Herzog Peter Biron von Kurland, bis 1839 Herzogin Wilhelmine und ab 1844 Dorothea Herzogin von Sagan Prinzessin von Kurland, die Nichte Talleyrands, die zur Zeit Napoleons I. und der Restitution eine einflußreiche Rolle am französischen Hofe spielte. Sie schuf den schönen Schloßpark. Unter den Möbeln des Schlosses befand sich der Tisch, an dem 1815 die Beschlüsse des Wiener Kongresses unterzeichnet wurden. Zur Herrschaft Sagan gehörten 1937 über 23 000 ha Grundbesitz, überwiegend Wald.
Kunsthistorisch bedeutende katholische Pfarrkirche St. Marien, die ehemalige Stiftskirche der Augustiner Chorherren. Der spätmittelalterliche Bau, im 14. Jh. als Hallenkirche errichtet, blieb bei dem großen Brand von 1486 erhalten. Barokkisierung des Innenraums durch Martin Frantz 1732–1738. Den Turm ließ der bekannte Pädagoge Abt Felbinger 1769 mit dem ersten Blitzableiter Schlesiens versehen. Die Klostergebäude mit der barocken Bibliothek wurden nach 1810 als Pfarrhaus und Amtsgericht genutzt. In Sagan befand sich außerdem eine der 1709 errichteten Gnadenkirchen, die 1965, obwohl nur wenig beschädigt, gesprengt wurde. Neben dem Bergelkirchlein westlich des Bobers, 1444 aus Stein und im 17. Jh. umgebaut, befindet sich ein Heiliges Grab, 1598 nach dem Görlitzer Vorbild erbaut. Die Kirche St. Peter und Paul (später Jesuitenkirche) und die barocken Kolleg-, Seminar- und Schulgebäude (nach Plänen von Porta 1689–1697) dienten später als Gymnasium, Gymnasialkirche und Museum. Stattliche Bürgerhäuser am Ring.
Bedeutende Textilindustrie, Schuhindustrie, Ma-

schinenfabrik, Papierfabriken, Vereinigte Tonwerke, Eisenbahnknotenpunkt. 1939: 22700, 1975: 22800 Einwohner.

Sakrau (poln. *Zakrzów*). 10 km nordöstlich von Breslau wurden 1886 in Sakrau drei wandalische Fürstengräber aus der ersten Hälfte des 4. Jh. n. Ch. entdeckt. Die Gräber waren reich mit Beigaben ausgestattet, mit Gold- und Silberschmuck (Fibeln, Finger- und Halsringe, Anhänger und Schnallen) sowie mit Tafelgeschirr und Geräten, Keramiken u. a. Der Fund ist im Ethnographischen Museum im Breslauer Schloß ausgestellt.

Sallet, Friedrich von, geb. 1812 in Neisse, gest. 1843 in Reichau. Lyriker und Dichter. Schrieb tiefempfundene, aus dem Volkstum kommende Gedichte. Roman: „Kontraste und Paradoxen".

Sauerbruch, Ernst Ferdinand (1875–1951), Professor der Chirurgie, entwickelte in Breslau die Grundlagen der Thoraxchirurgie.

Schaffgotsch. Die Schaffgotsch gehören dem fränkischen Uradel an. Gotsche Schoff erwarb die Stammsitze Kynast, Greiffenberg, Warmbrunn und Schmiedeberg. Hans Ulrich Graf Schaffgotsch wurde 1635 als General Wallensteins hingerichtet. Später teilte sich die Familie in zwei Linien.

Der wirtschaftliche Aufschwung der Koppitzer Linie begann mit seinem Nachkommen Hans Ulrich Graf Schaffgotsch (1831–1915). Er heiratete 1858 Johanna Gryczik, die Universalerbin des oberschlesischen Zinkkönigs Godulla. Die Heirat des Grafen mit der Pflegetochter Godullas ist ein modernes Märchen. Johanna Gryczik, 1842 geboren, war von Karl Godulla in sein Haus aufgenommen und adoptiert worden. Sie erhielt eine ausgezeichnete Erziehung in Breslau. Vor seinem Tode 1848 hatte Godulla die damals 6jährige Pflegetochter testamentarisch zur Universalerbin eingesetzt. Von Friedrich Wilhelm IV. wurde sie als Johanna Gryczik von Schomberg-Godulla geadelt. Die Gräfin-Johanna-Grube

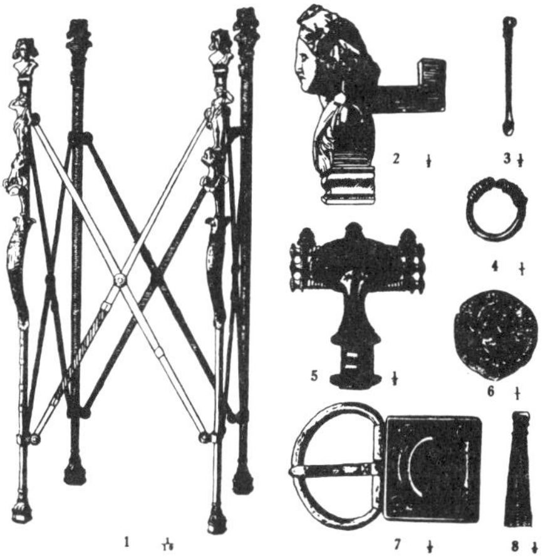

Funde aus Sakraus Fürstengräbern

(1945 die größte Kohlengrube Europas) erinnert an sie.

Schall, Karl, 1780–1833. Ihm verdankt Breslau den Ruf, eines der bedeutendsten deutschen Theater zu haben. Er berief den jungen Ludwig Devrient nach Breslau. Bedeutend sind seine Theaterkritiken, mit denen er den Geschmack des Publikums weiterbildete. Den Neubau des Breslauer Theaters, für den er sich unermüdlich einsetzte, hat Schall nicht mehr erlebt.

Scharoun, Hans, geb. 1893 in Bremen, gest. 1972 in Berlin. Bedeutender Architekt, Lehrer an der Breslauer Akademie (1925–1932). Schuf in Breslau bedeutende moderne Bauten (Wohnheim in Scheitnig, 1929). Er betont das Wesen der Bauaufgabe vom Zweck her.

Schatzel, Johannes Anton, führte mit F.A. Scheffler von 1729 an die Stuckarbeiten an der Universität aus.

Schaubert, Gustav Eduard, geb. 1804 Breslau, gest. 1860 Breslau, Architekt und Archäologe, zusammen mit Roß Wiedererrichtung des Nike-

Windmühle am Schlawaer See

Tempels auf der Athener Akropolis, Entdecker der Polychromie der griechischen Tempel.

Schefer, Leopold, 1784–1862. Unter dem Einfluß Pücklers stehender Lyriker, der das mystische Erbe der Lausitz weitergeführt hat.

Scheffler, Christoph Thomas, geb. 1691 in Mainburg, gest. 1761 in Augsburg. Fresko-Maler. 1730 Ausmalung der Kreuzherrenkirche in Neisse zusammen mit seinem Bruder Felix Anton.

Scheffler, Felix Anton, Bruder von Christoph Thomas Scheffler, geb 1701 in München, gest. 1760 in Prag. Als Fresko-Maler gestaltete er das Treppenhaus der Universität und die Totenkapelle am Dom in Breslau, zusammen mit seinem Bruder die Kreuzherrenkirche St. Peter und Paul in Neisse, ferner das Innere des Schlosses Fürstenstein. Außerdem war er in Leubus, Lissa, Hirschberg, Neustadt/OS und Glatz tätig.

Scheffler, Johannes, siehe Angelus Silesius.

Scheiner, Christoph, geb. 1573, gest. 1650 in Neisse. Rektor des Jesuitenkollegs in Neisse. Entdecker der Sonnenflecken.

Schenke, Ernst, geb. 1896 in Nimptsch, gest. 1982 in Recklinghausen. Schlesischer Mundartdichter. Seit 1933 freier Schriftsteller in Schieferstein am Zobten. Gedichte, Hörspiele, Kurzgeschichten, Romane, ferner Kantaten. Seine Lieder sind immer wieder vertont worden, so von Karl Sczuka, Gerhard Strecke, Ernst August Völkel und Edmund Nick. „Zwölf Geschichten in Schlesisch“, „Lacht, Ihr Leute“, „Das heitere Ernst-Schenke-Buch“.

Schenke hat die Mundart in der Redeweise des Volkes angewandt. Seine Bilder halten sich an den einfachen Dingen fest. Damit entspricht er dem schlesischen Volkscharakter, der das „Gemittliche“ liebt und selbst das Tragische mit einem gewissen Humor verbindet. Das scheinbar Belanglose, das „Numperne“ gewinnt bei ihm Gestalt und Leben.

Scherffenstein, Wenzel Scherffer von, geb. 1603 in Leobschütz, gest. 1674 in Brieg. Verfaßte in bewußtem Gegensatz zur gekünstelten Barockdichtung Hofmann von Hofmannwaldaus 11 Bände „Geist- und Weltliche Gedichte“ (1652).

Scheyer, Ernst, geb. 1900 in Breslau. Professor für Kunstgeschichte und vergleichende Kulturgeschichte an der Wayne-Universität in Detroit. Zahlreiche Werke über schlesische Kunstgeschichte.

Schian, Martin, 1869–1944, evangelischer Theologe, Professor für praktische Theologie. 1935 Störung seiner Vorlesungen durch NS-Studenten.

Schiffer, Eugen, geb. 1860 in Breslau, gest. 1954. Reichsfinanzminister (1919) und Reichsjustizminister (1919–1921). 1921/22 leitete er in Genf die Wirtschaftsverhandlungen mit Polen.

Schildau (poln. *Wojanów*), neben den Schlössern Fischbach und Erdmannsdorf der dritte der Hohenzollernschen Sommersitze im Hirschberger Tal. Das Schloß liegt gegenüber von Lomnitz am Bober. 1299 erstmalig genannt. Friedrich Wilhelm III. kaufte es 1839. Er schenkte Schildau seiner Tochter, Prinzessin Luise der Niederlande, welche den das Schloß umgebenden Park anlegen ließ. Die Parkanlagen von Schildau und Lomnitz bildeten den Anfang der einmalig schönen Landschaftsgestaltung im Hirschberger Tal.

Schimmel-Falkenau, Walter, geb. 1895 in Grottkau, gest. 1971 in Berlin. Verfasser preußischer Geschichtsromane sowie von Romanen aus dem schlesischen kulturgeschichtlichen Milieu.

Schlanz (poln. *Wierzbice*), Gut und Schloß 17,5 km südwestlich von Breslau. Barockes Schloß mit einem berühmten französischen Garten. Heutige Anlage aus dem 18. Jh., Teile aus dem 16. Jh. Gut und Schloß heute Versuchsgut der landwirtschafltichen Fakultät der Universität Breslau.

Schlause (poln. *Służejów*), 5 km südwestlich von Münsterberg liegt das alte Schloß Schlause, ein wuchtiger Renaissance-Bau mit einem 50 m hohen Turm über dem Haupteingang.

Schlawa (1937: Schlesiersee; poln. *Sława*), 25 km nördlich von Glogau, am Ostzipfel des gleichnamigen Sees. 1312 als Distriktsmittelpunkt „Slawa“ erwähnt. Offene Stadt mit rechteckigem Ring in der Stadtmitte. 1735 barocker Neubau des gräflichen Schlosses. Pfarrkirche St. Nikolaus (14. Jh. mit Umbauten).
Kalksandstein, Ziegelwerke, Landwirtschaft, Handwerk, Grenzverkehr. 1939: 1600, 1969: 2700 Einwohner.

Schlegel (poln. *Słupiec*), alte Bergbausiedlung mit Förderung von Steinkohle und feuerfestem Schieferton, 5 km südöstlich von Neurode. Schloß von 1685, im 19. Jh. umgebaut, nach 1945 verfallen. 1939: 3700, 1970: 7800 Einwohner.

Schleiermacher, Friedrich Ernst Daniel, geb. 1768 in Breslau, gest. 1834 in Berlin. Bedeutender evangelischer Theologe und Religionsphilosoph, Hauptvertreter der religiösen Romantik. In seinen „Reden“ und in seiner „Glaubenslehre“ eröffnete er eine neue individualistische und liberale theologische Richtung, Religiosität aus dem subjektiven Empfinden heraus im Gegensatz zu den von der Aufklärung vertretenen Ideen. Schrittmacher der „Union“, des Zusammenschlusses von Lutheranern und Reformierten.

Schlemmer, Oskar, geb. 1888 in Stuttgart, gest. 1943 in Baden-Baden. Maler der Breslauer Avantgarde. 1929–1932 Lehrer an der Breslauer Kunstakademie.

Schlesische Dichterschulen. Mitten im Grauen des Dreißigjährigen Krieges, in einer Zeit, in der auch in Schlesien die Furie des Krieges und die Pest die Bevölkerung entsetzlich heimsuchen, erhebt sich hier die deutsche Literatur zu einem neuen Höhepunkt. Hierbei unterscheidet man in der Literaturgeschichte vielfach eine Erste und eine Zweite Schlesische Dichterschule, obwohl diese Unterscheidung wissenschaftlich kaum zu vertreten ist.

Friedrich Ernst Daniel Schleiermacher

Die zur Ersten Schlesischen Dichterschule gehörenden Dichter Opitz, Logau und Gryphius geben der deutschen Dichtung und Sprache neuen Anstoß, wenn auch zwischen der etwas sterilen Dichtkunst von Opitz, der bedeutenden dramatischen Dichtung von Gryphius und den tiefempfundenen Epigrammen von Logau kaum ein Zusammenhang besteht.

Die sogenannte Zweite Schlesische Dichterschule mit Hofmannswaldau und Lohenstein ist typische Dichtung des Barock. Ihr Einfluß auf die Zeitgenossen war beträchtlich. Neuerdings werden Versuche unternommen, die Lohensteinschen Dramen in gekürzter Form wieder aufzuführen.

Schlesische Farben: weiß-gelb längsgestreift, Oberschlesien gelb-blau.

Schlesischer Adler, schlesisches Bewährungsabzeichen, gestiftet 1919 vom Generalkommandeur des VI. Armeekorps, in zwei Klassen. Der Orden bestand aus einem Adler aus schwarzem Eisen, auf dessen Brust ein silberner Halbmond mit Kreuz erschien. In den Fängen trug der Adler ein Schild mit der Aufschrift „Für Schlesien". Der Orden wurde für Verdienste um den Grenzschutz verliehen.

Schlesische Funkstunde, wurde 1924 im Oberbergamt in Breslau ins Leben gerufen. Sie siedelte später in die Oberpostdirektion und schließlich in das neue Sendegebäude in Breslau-Krietern über. Der Sendeturm befindet sich in Rothsürben.

Schlesische Gesellschaft für Vaterländische Kultur, Vereinigung zur Pflege der Wissenschaft.

Einzug Friedrichs in Breslau

Schlesische Mundarten

Sitz in Breslau an der Oder (Matthiaskunst).

Schlesische Kriege. 1740–1742. Erster Schlesischer Krieg; beendigt durch den Frieden von Breslau. Schlesien und das Glatzer Land fallen an Preußen.

1744–1745 Zweiter Schlesischer Krieg, beendigt durch den Frieden von Dresden.

1756–1763 Dritter Schlesischer Krieg (Siebenjähriger Krieg). Dieser Krieg bringt Preußen an den Rand des Ruins. Dennoch gelingt es Friedrich dem Großen nach einer bereits fast aussichtslosen Lage, sich zu behaupten. Im Frieden von Hubertusburg behält er Schlesien und die Grafschaft Glatz.

Schlesische Landschaft, älteste deutsche Bodenkreditanstalt (1770). Friedrich der Große richtete zur Entwicklung der Landwirtschaft in Schlesien nach dem Plan des Berliner Kaufmanns Büring eine Bodenkreditanstalt ein, die dem Grundbesitz unkündbare, hypothekarische Tilgungskredite gewährte. Ursprünglich waren die Pfandbriefe nur durch einen bestimmten Grundbesitz gesichert. Später hat man den gesamten Hypothekenbestand des Instituts als Deckungsstock dem Pfandbriefbesitz gegenübergestellt.

Die „Landschaften“, die zunächst für ganz Preußen eingerichtet wurden, sind das Vorbild für die heutigen öffentlich-rechtlichen und privaten Realkreditinstitute. Der Pfandbrief ist heute noch das meistgekaufte Wertpapier.

Schlesische Mundart erstreckt sich, räumlich gesehen, nicht nur auf die Provinz Schlesien. Insgesamt sprachen fast 7 Mio Menschen die schlesische Sprache, die Provinz Schlesien bildete lediglich den Mittelpunkt eines größeren Sprachgebietes.

Im Westen, d. h. im Gebiet von Görlitz, Löbau, Bautzen und Zittau sowie in der Niederlausitz, hat sich die Sprache auch heute noch erhalten. Im Süden erstreckte sich die schlesische Sprachgemeinschaft über die Sudeten hinaus nach Sudetenschlesien. Im Osten sprachen die Grenzstriche der früheren Provinz Posen schlesisch. In Oberschlesien gab es mehrere geschlossene Stadt- und Dorfsiedlungen, die zur schlesischen Mundart gehörten, z. B. Kreuzburg mit Konstadt, Groß Strehlitz, Oppeln, Guttentag, Oberglogau, Cosel, Ratibor, Gleiwitz, Hindenburg, Beuthen. Weiterhin gehörten zur schlesischen Sprachgemeinschaft die in Polen und der Slowakei liegenden Sprachinseln, z. B. Bielitz und die Zips.

Eine schlesische Gemeinsprache besteht bereits seit dem 14. Jh. Dabei haben sich eine ganze Reihe von Teilmundarten herausgebildet. In der Umgebung von Breslau wurde die Kräuter-Mundart (Kräuter = Gemüsebauern) gesprochen, westlich von Liegnitz im Raume Görlitz – Bunzlau die Oberlausitzer Mundart. Südlich hiervon, etwa im Raume von Reichenberg, nordböhmisch. Hieran schließt sich östlich über den gesamten Kamm der Sudeten von Hirschberg bis nach Leobschütz, nördlich bis etwa Zobten, das „Gebirgsschlesische“ an, welches sich in der Grafschaft Glatz zum „Glätzischen“ entwickelte. Nördlich von Breslau, im Raum von Glogau – Militsch wurde das „Neiderländische“ gesprochen, östlich von Breslau im Raume Grottkau – Brieg – Namslau die Mundart des Brieg-Grottkauer Landes. Östlich von Oppeln wird Oberschlesisch gesprochen, wobei einzelne Sprachinseln den westlichen Mundarten zuzurechnen sind.

Die schlesischen Mundarten unterscheiden sich deutlich insbesondere auch von dem weiter westlich gesprochenen Obersächsisch, sowohl was die Stimmführung wie auch die lautlichen Hauptmerkmale anbelangt. Allen schlesischen Teilmundarten gemeinsam ist eine Umformung bestimmter Vokale, wie z. B. „Schaf“ in „Schoof“, „groß“ in „gruuß“, „Busch“ in „Pusch“, „Mühle“ in „Miile“. Bestimmte kurze Vokale werden gedehnt, z. B. „Tisch“ in „Tisch“, oder „Loch“ in „Looch“, andere lange Vokale werden verkürzt: „Hut“ in „Hutt“, „Büchlein“ in „Bichel“. Außerdem sind bestimmte germanische Urformen erhalten. Beispiel: „im Topfe“, schlesisch „aim Tuppe“. Vielfach steht statt zu erwartendem „b“ und „d“ „p“ und „t“: Bauer = Paur, brüllen = prilln, dumm = tumm. Daneben gibt es im Schlesischen Gemeinsamkeiten des Wortschatzes, die kennzeichnend sind für die Mundart. So heißt „komm doch“ schlesisch „kumm ocke“ oder „kumm ock“ (althochdeutsch: okkeret oder okkert). Die Gefühlswelt des Schlesiers kommt auch in seiner Vorliebe für Verkleinerungen sowie in der Ausdruckskraft der Synonyma zum Ausdruck. Der Schlesier spricht, wenn er den Mund meint, „von der Gusche, Schnute, Klabatschker“ oder von der „Muppe“ oder „Floppe“.

Im Gebirgsschlesischen wird bei Substantiven und Verben „en“ zu „a“, z. B. Kirschen = Kerscha, essen = assa, laufen = loofa. Die Verkleinerungssilbe „lein, im übrigen Schlesien „el“, wird zu „la. Bäumchen = Beemla, Töpfchen = Tippla. Das Neiderländische weicht von den übrigen schlesischen Mundarten auffallend ab. Vielfach werden Vokale zu Diphtongen umgeformt. Dies kennzeichnet eine Gedicht von Arthur Schoke:

Derr Graußknaicht

Eich bei a Graußknaicht vau alem Schlaag,
Eich schoff und schuffte a ganze Taag.
Eich huo kenn Sunntich is ganze Jauhr
Froet ock meen Poer, ’s wirklich wauhr.

Professor Walther Mitzka hat sich nach dem Kriege mit der Wanderung einzelner Wörter aus den deutschen Altgebieten in die Neugebiete Schlesiens befaßt und einen Sprachatlas erarbeitet, der wissenschaftliche Aufschlüsse über die Herkunft und Verbreitung der einzelnen Wörter gibt. Außerdem ist er der Verfasser eines schlesischen Wörterbuches.

Von den hier geschilderten Mundarten unterscheidet sich das Oberschlesische wesentlich. Es ist gekennzeichnet durch ein volkstümlich gesprochenes hartes Hochdeutsch, das sich im Tonfall unverkennbar als Oberschlesisch erweist. Vielfach wird auch eine deutsch-polnische Mischsprache, das sogenannte „Wasserpolnisch" gesprochen. Es wäre jedoch grundverkehrt, hieraus zu schließen, daß der Oberschlesier ein Deutscher 2. Klasse ist. Im Kampf um sein Deutschtum hat sich der Oberschlesier, insbesondere nach dem Ersten Weltkrieg, besonders bewährt.

Schlesische Volkszeitung, vor 1869 „Breslauer Hausblätter für das Volk". Erste katholische Tagespresse des deutschen Ostens.

Schlesische Zeitung. 1741 gründete Johann Jakob Korn die mit einem Privileg Friedrichs des Großen ausgestattete „Schlesische Privilegierte Staaats-, Kriegs- und Friedenszeitung", später „Schlesische Zeitung", bis Kriegsende das größte und angesehenste Nachrichtenblatt Schlesiens. Friedrich der Große schrieb selbst Berichte über seine kriegerische Tätigkeit in dieser Zeitung unter dem Titel „Relation eines vornehmen preußischen Offiziers". Am 17. März 1813 wurde in diesem Blatt der Aufruf „An mein Volk" veröffentlicht.

Schlesisches Himmelreich. Man nehme ein

Neuhof bei Schmiedeberg

halbes Pfund Rauchfleisch, ¾ bis 1 Liter kaltes Wasser, 375 g Backobst, ¾ Liter Wasser zum Einweichen. Semmelklöße oder Kartoffelklöße als Beigabe. 40 g Fett, 30 g Mehl.
Das gewaschene Backobst wird am Vorabend eingeweicht. Das Fleisch wird eine halbe Stunde gekocht. Das Backobst wird mit dem Einweichwasser hinzugefügt, in 25–30 Minuten fast gar gekocht. Die Kartoffel- oder Semmelklöße läßt man im Gericht einmal aufkochen und dann 10–15 Minuten lang ziehen. Die Flüssigkeit durch eine Mehlschwitze bündig machen. Das Fleisch wird in Würfel geschnitten und unter Obst und Klöße gemischt.
Kalorienwert für 4 Personen: 3324.

Schlichtingsheim (poln. *Szlichtyngowa*), zwischen Glogau und Fraustadt, etwa 1,5 km jenseits der alten schlesisch-großpolnischen Grenze, liegt das kleine Handwerkerstädtchen. Es wurde von protestantischen Flüchtlingen während des Dreißigjährigen Krieges gegründet. Bis 1945 waren die Bewohner fast ausschließlich Deutsche. Die evangelische Fachwerkskirche aus der Gründungszeit hat sich erhalten. 1939: 1000, 1970: 1200 Einwohner.

Schmialek, Bruno, geb. 1888 in Lazisk bei Pleß, gest. 1963 in Erlangen. Expressionistischer Maler, Schüler bei Otto Mueller. Im Dritten Reich als „entartet" bezeichnet.

Schmidt, Arno, geb. 1914 in Hamburg, gest. 1979 in Celle. Schriftsteller. Jugend in Schlesien und Norddeutschland, kaufmännischer Angestellter. Kriegsdienst.
Nach dem Kriege trat er als Schriftsteller der damaligen Avantgarde hervor. Sein „Leviathan" (1949) erregte durch antinationalistische und antireligiöse Aussagen Aufmerksamkeit. „Brands Haide" (1951), „Aus dem Leben eines Fauns" (1953), „Das steinerne Herz" (1956), „Die Gelehrtenrepublik" (1957), „Kaff" (1960), „Kühe in Halbtrauer" (1964), „Zettels Traum" (1970). Die Werke „Die Schule der Atheisten" (1972), „Abend mit Goldrand" (1975) erschienen als großformatige Typoskripte.
Sein Werk, von Expressionismus und Realismus geprägt, gehört zu dem Eigenartigsten, was nach dem Kriege in deutscher Sprache geschrieben worden ist.

Schmidt, Paul Georg, geb. 1902 in Hindenburg. Bekannter Arzt und Forscher auf dem Gebiet der Lungenheilkunde.

Schmiedeberg im Riesengebirge (poln. *Kowary*), 15 km südöstlich von Hirschberg am Fuße der Schneekoppe. 1303 bis 1313 als Bergwerksort genannt, 1369 als „Smedewerk" bezeichnet, 1513 zur Stadt erhoben, 1527 Stadtprivileg bestätigt, 1717 als „freie Bergstadt" bezeichnet.
Früher drei Gemeindeteile längs der Paßstraße nach Böhmen. Der Ring ist ein Teil der Hauptstraße. Rathaus aus dem Jahre 1786–89. Schloß der Grundherrschaft in Neuhof bei Schmiedeberg, außerdem Schloß Ruhberg bei Unterschmiedeberg. Besitz der Familie Radziwill. Elisa (1803–1834), der „Engel von Ruhberg", war die Jugendliebe Kaiser Wilhelm I. Von Kommerzienrat Gebauer angelegte Parkanlagen mit Teich, die dieser mit Hilfe von Arbeitslosen 1825 auf eigene Kosten schuf. Katholische Pfarrkirche, spätgotisch, mit alter Marienfigur an der Westseite des Turmes, evangelische Kirche von 1745 mit reicher barocker Ausstattung und Engler-Orgel (1959 abgebrannt).
Die Stadt war bis ins 19. Jh. ein Hauptort der Leinwandindustrie. Alte Paßstraße von Schlesien nach Böhmen. Handel an der Paßstraße, bedeutende Textilindustrie, Teppichfabrik, Erzbergbau, Metallwarenfabrikation, Porzellanfabrik. Im Kriege nicht zerstört. 1939: 6600, 1975: 11600 Einwohner.

Schmolck, Benjamin, geb. 1672 in Brauchitschdorf, gest. 1737 in Schweidnitz. Evangelischer Pastor in Schweidnitz. Dichtete nahezu 1200 Lieder, vornehmlich geistlichen Inhalts. Eines seiner bekanntesten ist: „Tut mir auf die schöne Pforte". Im Schlesischen Gesangbuch waren 41 seiner Lieder abgedruckt.

Schnabel, Josef Ignatz, geb. 1767 in Paritz bei Naumburg/Queis, gest. 1831 in Breslau. Komponist und Domkapellmeister in Breslau. Unter seiner Leitung wurde „Transeamus usque Bethlehem" zum Weihnachts-Choral des Breslauer Doms. Er schrieb 219 Werke.

Schnallenstein (poln. *Szczerba*), Burgruine im Habelschwerdter Gebirge, 1428 von den Hussiten erobert und zerstört. Bis 1945 im Besitz einer Nebenlinie der Hohenzollern.

Schneekoppe (poln. *Śnieżka*), höchster Berg des Riesengebirges und Schlesiens, 1605 m. Koppenwanderungen gehörten schon seit dem 16. Jh. zu den touristischen Höhepunkten, insbesondere zur Beobachtung des Sonnenaufgangs. Goethe bestieg die Koppe am 15. September 1790.

Heute führt von der schlesischen Seite ein Lift auf den Koppenplan, von der böhmischen Seite sogar bis auf die Koppe selbst, so daß einer Koppenbesteigung viel vom romantischen Reiz genommen ist.

Das älteste Gebäude auf der Koppe ist die Lau-

Die Schneekoppe

Die Schneegruben im Riesengebirge

rentius-Kapelle, die Graf Christoph Leopold Schaffgotsch 1665 errichten ließ und welche der Grüssauer Abt Bernhard Rosa geweiht hat. Diese Kapelle diente später als Herberge; seit dem Bau der beiden Bauden ist sie heute wieder dem Gottesdienst vorbehalten.

Schodrok, Karl, geb. 1890 in Neisse, gest. 1978 in Würzburg. Herausgeber und Publizist, Eichendorff-Forscher, Schulrat. Seit 1923 Herausgeber der Zeitschrift „Der Oberschlesier", Gründer des Eichendorff-Almanachs „Aurora" 1929, Mitbegründer der Eichendorffstiftung und des Eichendorff-Museums im Sterbehaus des Dichters in Neisse. Nach dem Kriege Herausgeber der Kulturzeitschrift „Schlesien".

Schömberg (poln. *Chełmsko Śląskie*), Stadt 14 km südlich der Kreisstadt Landeshut im Ziedertal, an der „Garnstraße" von Landeshut nach Trautenau. Offene, unbefestigte Ackerbürger- und Weberstadt mit rechteckigem Ring, Bänken der Bäcker und Fleischer in der Mitte, Pranger und Staupsäule. Rathaus (1687) an der Westseite des Platzes. Schömberg gehörte bis 1810 zum Kloster Grüssau. Unter Abt Bernhard Rosa

(1670–1691) erhielt es seine schönen Barockbauten. Pfarrkirche St. Joseph (1670–1691), barocke Laubenhäuser am Ring. 1707 Bau der Webersiedlungen „Zwölf Apostel“ und „Sieben Brüder“, 1713 Stockhaus, Hospital aus dem Jahre 1735. Südöstlich davon die berühmten Adersbacher und Wekelsdorfer Felsen.
Mehrere große Textilwerke. Herstellung besonderer Wurstspezialitäten. Fremdenverkehr. Nach 1945 stark vernachlässigt und verfallen. 1939: 2100, 1970: 1800 Einwohner.

Schöneich, Horst, geb. 1921 Breslau, lebt in Grünstadt. Bildhauer.

Schönaich-Carolath, Emil Prinz von, 1852 in Breslau geb., gest. 1908 in Haseldorf/Holstein. Verfasser spätromantischer formvollendeter Lieder, Balladen und Gedichte. Gesammelte Werke, 7 Bände (1907).

Schönau (poln. *Świerzawa*), Städtchen im Kreise Goldberg, im oberen Katzbachtal. Wahrscheinlich schon vor 1241 mit Löwenberger Recht gegründet. St. Johanneskirche, vor 1250 aus der

Laubengang am Schömberger Markt

romanischen Epoche. In der ersten Hälfte des 15. Jh. entstand die Kirche zu Mariä Himmelfahrt. Das Renaissanceschloß von Alt Schönau sowie der mittelalterliche Wohnturm in Röversdorf bei Schönau sind weitere bemerkenswerte Baudenkmäler. Oberhalb von Schönau hat man einen der schönsten Ausblicke auf das gesamte Riesengebirgspanorama. Schönau ist ein bescheidenes Handwerker- und Ackerbaustädtchen. 1939: 2000 Einwohner, 1970 die gleiche Einwohnerzahl. Im Kriege nicht zerstört.

Schoenawa, Anton Magnus, 1810–1888. Gründer der Hoffnungshütte in Ratibor-Hammer.

Schönberg (Oberlausitz; poln. *Sulików*), 15 km südwestlich von Lauban. 1234 als Kirchort genannt, 1268 deutsche Stadt mit Magdeburg-Görlitzer Stadtrecht. Rechteckiger Ring als Stadtmittelpunkt, Holzlaubenhäuser. 1523–27 Bau eines Renaissance-Schlößchens. 1684 erweitert. 1651 Errichtung einer Neustadt durch böhmische Flüchtlinge.

Braunauer Straße in Schömberg

Basaltwerke, Bauindustrie, Zigarrenherstellung. 1939: 2000 Einwohner.

Schöne Madonna. Im 14. Jh. kommt es in Schlesien zu einem Höhepunkt der sakralen Bildhauerei Deutschlands. Besonders charakteristisch sind die sogenannten „Löwenmadonnen" (s. dort). Seit der Mitte des 14. Jh. entstanden diese grazilen Figuren, lieblich und voller Eleganz. Besonders bemerkenswert ist die Löwenmadonna aus Rengersdorf in der Grafschaft Glatz (um 1360/70) aus einer mittelschlesischen Werkstatt (Germanisches Nationalmuseum Nürnberg). Auch der Typ der sog. „Schönen Madonna" hat in Schlesien seinen Höhepunkt. Hervorzuheben ist die Breslauer Schöne Madonna aus St. Elisabeth (etwa 1380), die sich heute in Warschau befindet. Sie strahlt unvergleichliche Ruhe und Hoheit aus. Die Schlesier nennen sie liebevoll die „Schöne Breslauerin". Sie war einer der Höhepunkte der Kölner Parler-Ausstellung im Jahre 1979. Von der Hand desselben Meisters stammt die Kalkstein-Pietà aus der Elisabethkirche sowie der Schlußstein mit dem Kopf der heiligen Hedwig aus der Kreuzkirche, ferner die Schönen Madonnen in Thorn und im Landesmuseum in Bonn.

Schönjohnsdorf (poln. *Witostowice*), Dorf und Schloß in der Nähe von Heinrichau. Die mittelalterliche Wasserburg mit Turm, Schloßkapelle, Kasematten und Wehrgang, mit innerem und äußerem Wassergraben, Wirtschaftshof und Wehrmauer gehörte zu den schönsten und besterhaltenen Anlagen dieser Art in Schlesien. Das Schloß ist seit dem Kriege verwahrlost und dem Verfall preisgegeben.

Schönwald (poln. *Bojków*). Ursprünglich Teil einer größeren deutschen Siedlungsgruppe, hatte Schönwald sich als rein deutsches Dorf in der Nähe von Gleiwitz erhalten. Es ist bereits 1269 urkundlich erwähnt. Die Mundart der Schönwälder war ein altertümlicher deutscher Dialekt. Bekannt war Schönwald durch seine Volkstrachten. Schönwälder Stickereien waren weit über

Schlesien hinaus bekannt.

Scholtis, August, geb. 1901 in Bolatitz/OS, gest. 1969 in Berlin. Erzähler, Dramatiker, Lyriker und Übersetzer mit sozialkritischem Akzent. Gelernter Maurer. War 7 Jahre Kanzleischreiber des Fürsten Lichnowsky, dann in Verwaltungen und Banken tätig. Seit 1928 Journalist und Schriftsteller. Seine Hauptwerke: „Ostwind“, „Baba und ihre Kinder“, „Schlesischer Totentanz“, „Ein Herr aus Bolatitz“, „Reise nach Polen“.

Scholz, Lorenz, Arzt. Legte 1588 den ersten Botanischen Garten in Breslau an.

Schomberg (poln. *Chruszczów*), Städtchen und Schloß. Karl Godulla ließ sich von1841–1845 das Schloß Schomberg, 2 km südwestlich von Beuthen, erbauen, bewohnte es jedoch nicht selbst, sondern lebte weiterhin nebenan in einem bescheidenen ländlichen Hause.
Die dort 1869 gegründetet Hohenzollern-Grube (heute Szombierk) und die Gräfin-Johanna-Schachtanlage in Bobrek waren nach 1922 die größten Steinkohlengruben in Westoberschlesien (1933: 5400, 1958: 5800 Beschäftigte). Das Kraftwerk in Schomberg hatte 1940 eine Leistung von 84 Megawatt. 1939: 7400 Einwohner. 1951 Beuthen angeschlossen.

Schosnitz (1937: Reichbergen; poln. *Sośnica*), 21,5 km südwestlich von Breslau. Dorf mit bedeutender Pfarrkirche „Zur Erhöhung des Heiligen Kreuzes“. Bau aus dem 14. Jh. Heilige Stiege aus dem Jahre 1776.

Schoss, mittelalterliche Bezeichnung der Grundsteuer, die auf dem zinsbaren Bauern- und Gärtnerlande sowie auf dem städtischen Grundbesitz lastete.

Schräbsdorf (poln. *Bobolice*), 5 km nordöstlich von Frankenstein gelegenes Schloß, 1615 erbaut.

Schreckendorf (poln. *Strachocin*), Dorf am Nordabhang des Glatzer Schneegebirges, bereits seit 1264 als erstes urkundlich bezeugtes Dorf in

Schöne Madonna aus Breslau

Schönwälder Tracht

der Grafschaft Glatz bekannt. Geweihte Kirche St. Maternus, seit 1325 als Pfarrkirche belegt.
Die hier gelegene „Oranienhütte", die mit starker Unterstützung der Prinzessin Marianne der Niederlande 1864 eingerichtet wurde, war ein führendes Unternehmen der Glasschleiferei. Ab 1959 Ausbau des nunmehr „Niederschlesische Kristallwerke" genannten Betriebes. 1939: 1500 Einwohner. Ab 1960 zu Seitenberg gehörend.

Schreiberhau (poln. *Szklarska Poręba*), großes Dorf zwischen dem Riesen- und Isergebirgskamm mit Nieder-, Mittel- und Oberdorf und einer Anzahl „Kolonien", über eine Fläche von mehr als 75 qkm verstreut. Auf Schreiberhauer Grund befanden sich 6 Bahnhöfe: Nieder-, Mittel- und Oberschreiberhau, Josephinenhütte, Jakobstal und Strickerhäuser.
Bereits 1366 wird urkundlich die Glashütte in „Schribirshau" genannt. Die Glasindustrie bildet auch noch bis zur Gegenwart neben dem Fremdenverkehr den bedeutendsten Wirtschaftszweig mit der bekanntesten deutschen Glashütte, der Josephinenhütte. Seit 1870 machte der Fremdenverkehr den Ort zum meistbesuchten Luftkurort und Wintersportplatz im westlichen Riesengebirge mit Sprungschanze und Bob-Bahn. Ein Sessellift führt heute von Oberschreiberhau auf den Reifträger.
Im Niederdorf die malerisch gelegene katholische Kapelle von 1652. 1755 wurde in Nieder-Schreiberhau die evangelische Bethauskirche eingeweiht. Auf dem 100 m oberhalb gelegenen Friedhof ist Carl Hauptmann beigesetzt. Marlene Poelzig schuf sein Grabmal, das erst kürzlich zerstört wurde. Das Wohnhaus der Brüder Hauptmann, in dem diese bis 1900 gemeinsam lebten und das Carl Hauptmann später allein bewohnte, war bis Kriegsende als Gedenkstätte eingerichtet.
Die Josephinenhütte, die auf die Familie Preußler zurückgeht, befindet sich im Ortsteil Mariental. Die Hütte arbeitet heute unter dem Namen „Julia-Hütte", während die Schaffgotsche „Josephinenhütte" jetzt in Schwäbisch-Gmünd ihren Sitz hat. 1939: 7600, 1970: 7220 Einwohner.

Schrotholzkirchen, typische in Holzbauweise im schlesischen und vor allen Dingen oberschlesischen Raum errichtete Kirchen aus grob behauenen Balken, die einen besonderen malerischen Reiz besitzen. Beispiel hierfür die bedeutende St. Anna-Kirche in Rosenberg, ferner die im Scheitniger Park in Breslau und diejenige im Park von Beuthen, die beide ursprünglich an anderer Stelle standen.

Schrothkur. Johann Schroth, gest. 1856, aus Lindewiese bei Gräfenberg, entwickelte 1817 ein Naturheilverfahren, das aus Dunstwickeln, speziellen Kurspeisen (Semmeln und Wein) und dem periodischen Wechsel von Trocken- und Trinktagen besteht. Heute an mehreren Orten in Deutschland und Österreich angewandt.

Schulen. Die zahlreichen berühmten Schulen Schlesiens werden bei den Städten erwähnt. In Breslau stammten die Gymnasien zu Maria Magdalena und Elisabet bereits aus den Jahren 1267 und 1293. Die Ritterakademie in Liegnitz war eine berühmte Bildungsstätte für den Schlesischen Adel, seit 1811 auch für Bürgerliche.

Schultheiß, Schulze, Scholz, lat. *Lokator*. Die Besiedlung Schlesiens zwischen 1200 und 1350 erfolgte aufgrund von Verträgen des Landesherrn mit einem „Lokator". Diese Lokationsverträge sind die rechtliche und wirtschaftliche Grundlage für die Siedlungsarbeit, deren Endzweck die Schaffung eines deutschen Dorfes oder einer deutschen Stadt war. Dem Lokator oblag es, neue Siedler in ihrer alten Heimat anzuwerben, sie in die neue Heimat zu bringen, für Unterbringung und einstweiligen Unterhalt zu sorgen, die Ausmessung der Hofstätten und Hufen zu leiten und den Bau der neuen Heimstätten zu überwachen. Hierfür war nicht nur zielbewußte Energie, sondern auch eine finanzielle Grundlage erforderlich. In Nordost-Schlesien wurde aus dem Lokator der Erbschulze oder Erbrichter (eigentlich „Schuldheiß", neulateinisch „sculdarius", derjenige, der die Mitglieder einer Gemeinde zur Leistung ihrer „Schuldigkeit" anzuhalten hat, also Schuld heischt.) Vor den urbar gemachten Hufen standen

St. Lukasmühle in Oberschreiberhau-Mariental

ihm eine bis zwei, mitunter auch drei bis fünf frei von Zins zur Eigenwirtschaft zu. Außerdem hatte er das Recht, die Dorfschänke (Krug, Kretscham) zu halten, dort Bier auszuschenken, teilweise sogar Bier zu brauen. Er durfte Handwerker halten und hatte, falls Wasser vorhanden war, das Recht zum Betriebe einer Mühle. Die wirtschaftliche Vorrangstellung verband sich mit gewissen rechtlichen Funktionen. Der Erbschulze übte im Dorf die Polizeigewalt und die niedere Gerichtsbarkeit aus (Gerichtskretscham). Er fungierte bei der hohen Gerichtsbarkeit als Gerichtsbeisitzer. Er war auch der Steuereinnehmer des Dorfes.
Das städtische Gegenstück zum Schulzenamt war die Erbvogtei. Das Amt des Erbschulzen wie überhaupt das freie Bauerntum erlebte in der neueren Geschichte einen ständigen Niedergang. Dennoch gab es bis 1945 noch Erbschultiseien, freilich mit eingeschränkten Rechten, als bäuerliche Musterwirtschaften.

Schrotholzkirche im Beuthener Stadtpark

Schummel, Johann Gottlieb, 1748 in Seidorf bei Hirschberg geb., 1813 in Breslau gest. Verfasser von Reisebeschreibungen „Reise durch Schlesien im Juli und August 1791". Schummel war auch ein bedeutender Pädagoge, der pädagogische Briefe an schlesische Schulmänner herausgab.

Schurgast (poln. *Skorogoszcz*), 16 km nordöstlich von Falkenberg/OS, an einem Knie der Glatzer Neiße, 6,5 km vor Einmündung in die Oder. 1223 Ort erstmals erwähnt. Ab 1251 als „Schurgast" bezeichnet. Stadtform durch Handelsstraße bestimmt, Ring als Mittelpunkt. Rathaus, Brücke über die Neiße.
Landwirtschaft, Handwerk, Korbwarenfabrikation, Durchgangsverkehr. 1939: 1200, 1961: 750 Einwohner (1945 Stadtrecht verloren).

Schwarz, Gerhard, geb. 1902 Reußendorf, Organist, Komponist, heute Düsseldorf.

Schwarzbach (poln. *Czarne*), 3 km südöstlich von Hirschberg gelegenes zweigeschossiges Renaissanceschloß aus dem Jahre 1559 mit einem viergeschossigen Turm und einem schönen Portal, umschlossen vom Schwarzbach und einem künstlichen Wassergraben.

Schwarzwaldau (poln. *Czarny Bór*), 9 km südöstlich von Landeshut gelegenes Dorf und Schloß. Neubau um 1784 nach Schloßbrand. Das Schloß ist bei Kriegsende erhalten geblieben.

Schwedenschanze. Bei den in Schlesien vielfach anzutreffenden „Schwedenschanzen" handelt es sich zumeist nicht um Befestigungsanlagen des Dreißigjährigen Krieges, sondern um Ringwälle, die in die Steinzeit, die Lausitzer Kultur oder in die slawische Siedlungsepoche zurückreichen. Schanzen, die erwiesenermaßen von Schweden errichtet worden sind: die Schwedenschanze bei Steinau an der Oder und die Würbenschanze. Die Erinnerung an die Schweden im Dreißigjährigen Kriege und ihre Greueltaten, die von den Kaiserlichen allerdings oft noch überboten wurden, lebt in dem Namen „Schwedenschanze“ fort. Noch bis zum Ende des 19. Jh. sang man den Vers:

„Bet, Kindel, bet,
Morgen kommt dr Schwed,
Morgen kommt der Oxenstern,
Wird die Kindlein beten lern.“

Insgesamt gab es über 50 Anlagen, die man als „Schwedenschanze“ bezeichnete.

Schwedler, Johann Christoph, 1672 bei Löwenberg geb., 1730 in Greiffenberg gest. Pfarrer in Greiffenberg. Bedeutender Pietist, der insbesondere durch seine ekstatischen Predigten hervorgetreten ist. Für den Gemeindegesang schrieb er 400 Lieder.

Schweidnitz (poln. *Świdnica*), Kreisstadt, 50 km südwestlich von Breslau, am Fuße des Eulengebirges, in der fruchtbaren Ebene gelegen. Stadtgründung um 1243, 1260 Neumarkter Recht. 1291–1392 Herzogtum Schweidnitz. Die Stadt war Residenz der Piasten und bis 1867 eine der wichtigsten Festungen und Garnisonsstädte Schlesiens (1914: 1. Schles. Grenadierrgt., 2. Schles. Feldart.-Rgt.). 1427 konnte sie sich erfolgreich gegen die Hussiten verteidigen. 1642 wurde sie von den Schweden und 1741 von den Preußen erobert. Sie wechselte in den Schlesischen Kriegen mehrfach den Besitzer. Im Dreißigjährigen Krieg sehr zerstört und verarmt; 1648 standen noch etwa 118 elende Hütten, von etwa 200 Menschen bewohnt.

Reizvolle alte Stadt, viereckiger Ring mit Rathaus (1717–1720) und Kaufhaus. Schöne alte Bürgerhäuser, im Kriege nicht zerstört. Die ehemaligen Festungswerke sind 1867 in einen Park umgewandelt worden.

Kunsthistorisch bemerkenswert ist die katholische Pfarrkirche St. Stanislaus und Wenzel. Im 14. Jh. anstelle einer älteren, 1250 erstmals genannten Kirche errichteter gotischer Bau. Unter dem Chor befindet sich als Krypta ein zehnseitiger Zentralraum mit Mittelsäule, darüber erhebt sich die steil aufragende sechsjochige Basilika, an

Gerichtskretscham in Seifersdorf

der von 1330 bis in das 15. Jh. gebaut wurde. Der Turm wurde im Jahre 1565 von dem Breslauer Zimmermeister Georg Stellauf errichtet, der auch den Breslauer Rathausturm ausgeführt hat. Er ist mit 103 m der höchste Kirchturm Schlesiens. Im 16. Jh. wurde die Basilika zur Halle ausgebaut. Im Dreißigjährigen Krieg mußte die Kirche an die Katholiken zurückgegeben werden. Die Jesuiten barockisierten das Innere. Der großartige Marientodaltar aus der Schule des Veit Stoß wurde zwar verdrängt, blieb jedoch erhalten. Evangelische gotische Barbara-Kirche, Heilige-Kreuz-Kirche und Kommende (1720).

Die baugeschichtlich bedeutendste der drei Friedenskirchen ist die in Schweidnitz. Sie ist ein technisches Meisterstück des Tischlermeisters Andreas Kempner nach dem Entwurf von Valentin von Saebisch. Der freistehende hölzerne Glockenturm durfte erst 1710 erbaut werden. Der Innenraum ist allseitig von Emporen umzogen, deren Stützen die flache Decke tragen. Die Kirche wurde 1693 durch die Maler Süßenbach und Kalitschke ausgemalt, die Logen mit Schnitzwerk reich dekoriert. Die Kirche blieb auch im Zweiten Weltkrieg erhalten. Sie ist das schönste Beispiel evangelischer Bekenntnisfreude und Frömmigkeit in Schlesien.

Maschinenfabrik, Eisengießerei, Kesselschmiede, Metallwarenfabriken, Zentralheizungsbau, Landmaschinenherstellung, Radiofabrik, Orgelbauan-

Marktplatz von Schweidnitz 1813

stalt, Elektroindustrie, Brauerei (Schweidnitzer Schöps), Textil- und Lederindustrie. 1939: 39000, 1975: 51600 Einwohner.

Schweidnitzer Keller. In mehreren schlesischen Städten gab es einen sogenannten „Schweidnitzer Keller", d. h. einen Ratskeller, in dem Schweidnitzer Bier ausgeschenkt wurde. Der berühmteste Schweidnitzer Keller – wahrscheinlich der älteste deutsche Ratskeller überhaupt – befindet sich im Breslauer Rathaus. Sein ältester Teil wurde im Jahre 1275 im Untergeschoß des damals begonnenen Rathauses erbaut. Eine Urkunde des Jahres 1273 gibt der Stadt das Recht, innerhalb der Anlage auswärtige Biere auszuschenken. Die Besucher des Schweidnitzer Kellers stammten aus allen Schichten der Bevölkerung: Professoren, Studenten, Kaufleute, Handwerker und Arbeiter. Der Schweidnitzer Keller war nicht nur ein Spiegel des Breslauer Volkslebens, sondern Ausdruck der schlesischen Volksseele überhaupt. In ihm verbanden sich Gemütlichkeit, soziale Verbundenheit mit dem künstlerischen Reiz der gotischen Gewölbe.

Das Schweidnitzer Bier war ein Gerstenbier, das vor allem im 14. und 15. Jh. berühmt war. Während bis zum Ende des 16. Jh. Schweidnitzer Bier in anderen Städten noch seinen Vorrang behaupten konnte, mußte es in Breslau allmählich dem immer beliebter werdenden „Schwarzen Schöps" und nach 1500 auch dem „Weißen

Schöps" des städtischen Brauhauses weichen. Hierbei handelte es sich um ein schmackhaftes Weizenbier.

Schweinhausburg (poln. *Świny*), Burg in der Nähe von Bolkenhain auf dem Rücken des Steinberges, erstmals 1108 genannt. Bolkoburg und Schweinhausburg haben vieles gemeinsam in ihrer Entwicklung. Die Bolkoburg war eine herzogliche Burg, die Schweinhausburg Sitz eines Ritters. Anfang des 14. Jh. gehörte die Schweinhausburg schon den Herren von Schweinichen. Hans von Schweinichen ist durch sein Tagebuch bekannt geworden. Johann Sigismund von Schweinichen, gest. 1644, war ein Beschützer des Mystikers Jakob Böhme.
Aus dem Anfang des 13. Jh. blieben Reste der Burgkirche erhalten. Wohnturm und anliegende Gebäude aus dem 14. u. 15. Jh., Zerstörung im 16. Jh. Um 1650, also kurz nach dem Dreißigjährigen Krieg, ist mehrmals ein Neu- und Ausbau bezeugt. Nach 1702 verfiel die Burg, ist jedoch als Ruine erhalten.

Schweinichen, Hans von, 1552–1616. Der schlesische Junker berichtet mit saftiger Anschaulichkeit über das Leben im Dienste der Liegnitzer Fürsten im ausgehenden 16. Jh. Im Dienste des Liegnitzer Herzogs, der fast immer pleite ist, zieht er durch Deutschland und schildert Land und Leute.

Schwenckfeld, Caspar, geb. 1563 in Greiffenberg, gest. 1609. Bedeutender Arzt und Naturforscher. Grundlegende Werke über Pflanzen, Tiere und Fossilien Schlesiens.

Schwenckfeld, Daniel Caspar von, 1490 in Ossig bei Lüben geb., 1561 in Ulm gest. Bedeutender Theologe. Er predigte Luthers Evangelium in Liegnitz und blieb diesem auch nach seinem Bruch mit dessen theologischen Auffassungen verbunden. Schwenckfeld wendet sich unter dem Eindruck der Hilflosigkeit und Unfreiheit des Menschen der Mystik zu und gewinnt zahlreiche Anhänger. Ausgewiesen und verfolgt, lassen sich die Schwenckfelder mit ihrem Prediger Fabian Eckel am Fuße des Spitzberges in der Nähe von Löwenberg nieder. Hier bildet sich um das Dörfchen Zobten ein neues Schwenckfelder Gemeindeleben heraus, das auf strenge sittliche Zucht achtet. Fedor Sommer und Hermann Stehr haben sich mit der Gottsuche der Schwenckfelder befaßt. Sie beschreiben in dieser ein Stück schlesischen Lebens schlechthin. Noch heute leben Anhänger Schwenckfelds in einer Gemeinschaft in den Vereinigten Staaten.

Schwientochlowitz (poln. *Świętochłowice*), bedeutende Industriestadt in Ost-Oberschlesien. Der Ort ist schon Anfang des 16. Jh. bezeugt, kam 1828 an Graf Carl Lazarus Henckel v. Donnersmarck auf Neudeck und entwickelte sich zusammen mit den Orten Chropaczow und Lipine zu einem bedeutenden Industriekomplex. 1939

Kath. Pfarrkirche in Schweidnitz

hatte Schwientochlowitz rd. 57000 Einwohner. Im selben Jahr wurde die Stadterhebung beschlossen.
Das heutige Schwientochlowitz beherbergt etwa 20 große und mittlere Industriebetriebe. Im Vordergrund stehen die Kohlengruben „Polska", früher „Deutschland", „Śląsk" (= Schlesien) und „Matylda" (= Mathilde), die Eisenhütten „Florian" und „Zgoda" und die Zinkhütte „Silesia". Einwohnerzahl 1970: 57600.

Scianzi, Giacomo, italienischer Maler, Architekt. Etwa um 1680–1700 in Breslau tätig. Er schuf die Elisabeth-Kapelle am Breslauer Dom.

Scorra, Adolf 1880–1943. Oberschlesischer Musiker. Sein Liederbuch „Bei Grubenlicht und Sonnenschein" ist die einzige vollständige Sammlung oberschlesischer Bergmannslieder. Außerdem schrieb er Orchesterwerke, die sich mit dem oberschlesischen Leben befaßten.

Kapelle am Rathaus zu Schweidnitz

Sechs-Städte-Bund. 1346 schlossen sich sechs Städte der Oberlausitz, um der Unsicherheit an den Grenzen und dem Raubrittertum zu begegnen, zum Sechs-Städte-Bund zusammen: Görlitz, Lauban, Löbau, Bautzen, Zittau und Kamenz. Sie verbrieften sich gegenseitig Hilfe „in schlimmen und guten Dingen". Die militärische Stärke dieses Bundes hielt die Friedensbrecher in Schach und ließ Handel und Wandel wieder aufblühen.

Sedlnitzky von Choltitz, Leopold Graf, geb. 1787 Geppersdorf, Fürstbischof von Breslau, ab 1862 evangelisch. Nach ihm benannt: Sedlnitzkysches Johanneum in Breslau.

Seeliger, Ewald Gerhard, 1877 in Rathau bei Brieg geb., gest. 1959. Romane über Christian Günther und Quirinus Kuhlmann sowie zahlreiche Bücher mit schlesischen Motiven.

Seidenberg (poln. *Zawidów*), 22 km südwestlich von Lauban, an der Grenze nach Böhmen. 1188 bischöfliche Burg mit Kirche. 1307 „Sydenberg" nachgewiesen. Wahrscheinlich Mitte des 13. Jh. als deutsche Stadt mit Magdeburg-Görlitzer Recht gegründet. Straßenort mit unregelmäßigem rechteckigem Ring.
Tonwerke, Textilfabriken, Maschinenfabrik, Herstellung von Berufskleidung. 1939: 2650, 1970: 3400 Einwohner.

Seitenberg (poln. *Stronie Śląskie*), im Südosten der Grafschaft Glatz gelegene kleine Stadt, früher Mittelpunkt des seit dem 14. Jh. belegten Eisenerzbaus dieser Gegend. Seit dem 18. Jh. Glasindustrie, Marmorbruch sowie Erholungs- und Kurbetrieb. 1939: 1000, durch Zusammenlegung mehrerer Gemeinden 1967 zur Stadt erhoben, 1970: 5400 Einwohner.

Seitendorf (poln. *Sieroszów*), Kreis Frankenstein. In der Pfarrkirche des Dorfes befindet sich eine Kanzel aus der Mitte des 18. Jh. in Form eines

Schweinhaus

Schiffsrumpfes. Petrus zieht das Segel auf. An Bord stehen zwei Fischer, Jünger Christi. Das Wappen am Bug ist das Wappen der Äbte von Heinrichau und Zircz. Seitendorf war ein Heinrichauer Klosterdorf. Die Thematik bezieht sich auf die Bibelstelle: „Folget mir nach, ich will euch zu Menschenfischern machen". Weitere Schiffskanzeln in Eckersdorf, Mittelwalde, Volpersdorf und in Troplowitz/OS.

Seitsch (poln. *Siciny*), Dorf, nordwestlich von Guhrau. Kunsthistorisch bemerkenswerte Barockkirche St. Martinus, 1736–1740 durch Martin Frantz ausgeführt. Vollendung des Turmes 1777. Der Innenraum entspricht dem der Kirche St. Nikolaus in der Prager Altstadt (von Kilian Ignaz Dientzenhofer). Ausstattung des Inneren durch Mangold und und Benthum. Deckengemälde von Ignaz Axter und Johann Anton Felder.

Seppelt, Franz Xaver, geb. 1883 Breslau, gest. 1956 München, katholischer Kirchenhistoriker. Hauptwerke: „Geschichte des Papsttums" (1931/41), „Papstgeschichte" (1921), „Das Bistum Breslau im Wandel der Jahrhunderte" (1948).

Sibyllenort (poln. *Szczodre*), bedeutendes Schloß im Kreise Oels. Erbauer ist Herzog Christian Ulrich I. Er nannte das Schloß nach seiner zweiten Frau Sibylle Maria Prinzessin zu Sachsen-Merseburg. Zwischen 1792 und 1805 Umbau, seit 1852 Erweiterung des Schlosses im Stile einer klassizistischen Residenz mit kräftigen Rundtürmen. Umgeben von einem herrlichen Park, war Sibyllenort ein Fürstensitz, der gelegentlich das „schlesische Windsor" genannt wurde. Nach dem Ersten Weltkrieg Wohnsitz des letzten sächsischen Königs, Friedrich August III. Er starb hier 1932.

Schloß Sibyllenort

Bei Kriegsende war das Schloß teilweise zerstört. Es ist heute bis auf einen ganz kleinen Teil vollständig abgerissen. Der Park ist verwahrlost.

Siegert, Margarete, geb. Hoppe, geb. 1876 Schmiedeberg, gest. 1965 Isny. Leiterin der Schlesischen Spitzenschulen Hoppe-Siegert bis 1945.

Siegwitz, Johann Albert, aus Bamberg. Schuf die Figuren am Universitätsportal, in der Hochbergkapelle und die Nepomuksäule vor der Kreuzkirche in Breslau.

Siemianowitz/Laurahütte (poln. *Siemianowice Śląskie*). Die Grafen der katholischen Linie Henckel v. Donnersmarck kauften 1718 die Herrschaft und bestimmten sie 1768 zu ihrer Residenz. Graf Lazarus III. (gest. 1805) erbaute 1789 das Schloß. Dieses wurde im 19. Jh. von Karl Friedrich Schinkel ausgebaut. Graf Lazarus III. errichtete hier 1787 das Steinkohlenbergwerk „Glücksgrube" (seit 1871 „Lauragrube"), eines der ersten in Oberschlesien.

Bei Siemianowitz wurden mehrere sogenannte „Kolonien" mit polnischen Zuwanderern gegründet. Einer derartigen Zuwandererfamilie entstammte auch der Polenführer Adalbert (Wojciech) Korfanty (1873–1939). Die Brüder Wilhelm und Richard Fitzner errichteten hier eine Kessel- und Nietenfabrik (1870–1874). 1922 fiel Siemianowitz an Polen. Es erhielt 1932 Stadtrecht. 1970 wohnten hier auf einer stark vergrößerten Fläche 67300 Menschen. Zur gleichen Zeit erhielt es den Status einer Kreisstadt.

Silberberg/Eulengebirge (poln. *Srebrna Góra*), 13 km westlich von Frankenstein, an einem

Paß zwischen Schlesien und der Grafschaft Glatz. Ende des 14. Jh. Erzbergbau, vor allem nach Silber. Durch die Hussitenkriege wurden die Bergleute vertrieben. 1524 Wiederaufnahme des Silberbergbaus, 1536 Verleihung des Stadtrechts. 1765–67 Ausbau zur Festung, die 1860 aufgegeben wurde. Sie wurde 1807 erfolgreich gegen Franzosen, Bayern und Württemberger verteidigt. Von 1834–1837 war hier Fritz Reuter in Haft.
Spinnerei, Weberei, Uhrenfabrik, Fremdenverkehr. 1939: 1200, 1961: 750 Einwohner (Stadtrecht verloren). Im Kriege nicht zerstört.

Silbergleit, Arthur, geb. 1881 Gleiwitz, ermordet 1944 Auschwitz, lyrischer Dichter. Werke: „Flandern" (1916), „Das Füllhorn Gottes" (1919), „Das Farbenfest" (1922), „Orpheus" (1931).

Sintenis, Renée, geb. 1888 in Glatz, gest. 1965 in Berlin. Bildhauerin, seit 1957 an der Berliner Hochschule für Bildende Künste. Schuf hauptsächlich impressionistisch modellierte Tierplastiken, auch Akte, Bildnisbüsten, Holzstiche und Radierungen.

Slawentzitz (1936 Ehrenforst; poln. *Sławięcice*), nahe Cosel, östlich der Oder gelegener Ort und Schloßanlage mit schönem Park. Das alte Schloß wurde um 1830 umgestaltet. Es war die Residenz des Hauses Hohenlohe-Oehringen, eines der großen Industriemagnatengeschlechter Oberschlesiens. 1939: 2500, 1971: 3700 Einwohner (auf dreifacher Fläche).

Sohrau (poln. *Żory*), Stadt in Ostoberschlesien, im Bezirk Kattowitz. Planmäßige Stadtanlage mit Ring, im 13. Jh. gegründet. Magdeburger Stadtrecht. Pfarrkirche, Chor Ende 13. Jh., mehrfach verändert, nach 1945 restauriert. Stadtmauer teilweise erhalten.
Früher bedeutende Tuch- und Leinenweberei. Seit dem 19. Jh. Eisen- und Maschinenindustrie. 1922 kam Sohrau an Polen. 1939: 5900, 1970: 8700 Einwohner.

Sommer, Fedor, 1864 in Hohenfriedeberg geb., gest. 1930. Schriftsteller. Auf genauer heimatkundlicher Forschung beruhende Romane und Erzählungen sowie „Schlesische Landeskunde" und „Geschichte Schlesiens" für den Gebrauch an Schulen. In seiner Romantrilogie „Um Glauben und Heimat" schildert er die Situation des Protestantismus in Schlesien.

Sommersingen. Am Sonntag Lätare zogen in Schlesien die Kinder von Haus zu Haus mit einem „Sommerstecken", einem mit Papierblättern geputzten Stock, der „Schmeckoster" genannt wurde, oder auch nur mit einem Tannenreis „Sommerle". Sie sangen das uralte Zauberlied von der „Goldenen Schnur":

„Die gold'ne Schnur
Geht um das Haus,
Die schöne Frau Wirtin

Festung Silberberg, Donjon

Geht ein und aus.
Sie geht wie eine Tocke
In Ihrem schwarzen Rocke..."

Die ganz Kleinen sangen dazu:

„Summer, Summer, Summer,
Ich bin a kleener Pummer,
Ich bin a kleener Keenich,
Gat mer nich zu wenig."

Die Größeren sangen schon ein längeres Lied:

„Rot Gewand, rot Gewand,
Schöne grüne Linden,
Suchen wir, suchen wir,
Wo wir etwas finden.
Gehn wir in den grünen Wald,
Da sing'n die Vögel jung und alt,
Sie sing'n mit ihrer Stimme.
Frau Wirtin, sind sie drinne,
Sind sie drinn, so komm' Sie raus
Und teil'n sie uns die Gaben aus."

Sommersingen

und weiter:

„Der Herr hat eine hohe Mütze,
Er hat sie voll Dukaten sitze,
Er wird sich wohl bedenken
Zum Sommer mir was schenken."

Der geizigen Frau wurde gesungen:

„Kleine Fischlein, kleine,
Schwimmen auf dem Teiche,
Der Herr ist schön,
Die Frau ist wie 'ne Leiche."

Bei dem noch aus heidnischer Zeit stammenden Brauch handelt es sich um ein symbolhaftes Herbeisingen des Sommers. Hiermit verbunden war in manchen Gegenden bis ins 20. Jh. das sog. Todaustreiben (Vernichten einer Strohpuppe), erstmals auf einer Prager Synode 1366 verboten, 1439 in Grünberg bezeugt. Der polnische Historiker, Kanonikus Dlugosz (gest. 1480), hat diesen Brauch historisch umgedeutet: Mieszko I. habe nach der Annahme des christlichen Glaubens (966) befohlen, die Abbilder der falschen Götzen zu zerbrechen. Die ältesten Abbildungen stammen aus dem Jahre 1733.

Vielleicht ist die Liedstrophe „Ich bin a kleener Pummer" auf die bettelnden Pommernkinder im Dreißigjährigen Krieg zurückzuführen, wie es ja auch in dem Lied vom Maikäfer heißt: „Pommerland ist abgebrannt". Wie diese Pommernkinder des Dreißigjährigen Krieges, so sollten im Jahre 1945 auch die schlesischen Kinder als Flüchtlinge durch Deutschland ziehen.

Geschenkt wurden den Kindern gefärbte Eier, Süßigkeiten und vor allem die traditionelle „Bägel", eine Brezel.

Holtei zitiert das Lied von den roten Rosen in schlesischer Mundart folgendermaßen:

„Rute Rusen, rute
Blühen uf em Stengel,
Der Herr is schien, der Herr is schien,
De Frau is wie a Engel.
Kleene Fischel, kleene
Schwimmen uf em Teiche;

Der Herr is schien, der Herr is schien,
De Frau is wie ne Leiche.
Der Herr, där hot anne huche Mütze,
A hoat se vull Tukaten sitzen,
A wird sich wul bedenken,
A wird mer wul woas schenken?"

Sorauer, Paul, geb. 1839 in Breslau, gest. 1916 in Berlin. Botaniker. Gab das „Handbuch der Pflanzenkrankheiten" heraus (1874) und gründete 1891 die „Zeitschrift für Pflanzenkrankheiten".

Sorma, Agnes, 1865 in Breslau geb., gest. 1927 in den USA. Berühmte Schauspielerin in Breslau und Berlin. Eigentlich Agnes Saremba. Die Mutter war eine Arbeiterwitwe. Unter Max Reinhardt spielt sie die Hauptmannschen Gestalten: Hannele in „Hanneles Himmelfahrt" und das Rautendelein in der „Versunkenen Glocke".

Spätenwalde (poln. *Zalesie*), Dorf in der Grafschaft Glatz. Begräbniskirche St. Anna, eine 1717 erbaute Holzkirche mit einem Glockentürmchen auf dem Schindeldach. Sehenswerte hölzerne Kassettendecke und Orgelbrüstung mit Bildern aus dem Alten und Neuen Testament. In der Vorhalle eine alte holzgeschnitzte Pietà.

Speer, Daniel, geb. 1636 in Breslau, gest. 1707 in Göppingen. Musikant, Komponist und Schriftsteller. Er gab ein Gesangbuch für die württembergischen evangelischen Christen sowie mehrere musikalische Werke heraus. 1683 erschien sein Werk „Ungarischer oder dacianischer Simplicissimus". Hierin schildert er seine Heimatstadt Breslau und gibt eine genaue Beschreibung des Lebens im Breslauer Schweidnitzer Keller.

Speer, Gotthard, geb. 1915 Kunern, Professor für Musik, Begründer der Bergisch-Schlesischen Musiktage in Altenberg (früher Görlitz). Schallplattenedition schlesischer Komponisten.

Spiro, Eugen, geb. 1874 in Breslau, gest. 1972 in New York. Maler, insbesondere Porträtmaler. Ab 1935 in der Emigration. Unter anderem Porträt von Theodor Heuss, 1954.

Rathaus zu Sprottau

Spitzenherstellung. Die eigentliche Spitzenproduktion begann auf Veranlassung Friedrichs II. Sein Minister von Schlabrendorff legte den Klöstern die Gründung und Einrichtung von Manufakturen auf. 1855 führte der Spitzenhändler Wechselmann nach Abschluß eines Vertrages mit dem preußischen Staat die Herstellung sogenannter Nadelspitzen ein. 1859 waren bereits 1400 Arbeiterinnen beschäftigt. Nach Auslaufen des Vertrages mit Wechselmann bildeten sich 1869 in Hirschberg die Schlesische Spitzenmanufaktur Metzner sowie die Schlesischen Spitzenschulen Hoppe-Weinhold in Schmiedeberg (1880) und Hoppe-Siegert in Hirschberg (1904), die bis 1945 bestanden. 1906 entstanden die Schulen für künstlerische Nadelspitzen Bardt-Dobeneck in Hirschberg, die in die Spitzenschulen der Fürstin Pless übergingen. Den künstlerischen Höhepunkt erreichte die schlesische Spitze vor dem Ersten Weltkrieg.

Staupsäule in Habelschwerdt

Sprottau (poln. *Szprotawa*), Kreisstadt 110 km nordwestlich von Breslau, an einem Schnittpunkt wichtiger Straßen. 1260 erwähnt, wahrscheinlich schon nach 1253 als deutsche Stadt mit Magdeburg-Halleschem Recht gegründet.
Marktsiedlung mit fast quadratischem Ring. Rathaus mit zwei Türmen, der größere 1536–1592, der kleinere 1730–1732 von Martin Frantz. Evang. Kirche „Zur Burg Gottes", 1745–1747 aus dem früheren Schloß erbaut, heute Ruine. Katholische Pfarrkirche St. Mariae, bedeutende Hallenkirche unter dem Einfluß brandenburgisch-märkischer Kirchen, vollendet im 16. Jh. In der Gegenreformation rekatholisiert, dient der Bau seitdem als Stadtpfarrkirche. Im Turm befindet sich der älteste datierte Grabstein Schlesiens von 1316. Die Klostergebäude des 1810 säkularisierten Magdalenerinnenklosters aus dem 14.–18. Jh. dienten als Amtsgericht und Heimatmuseum.
Sprottau zählte zu den ehemals preußischen Städten mit dem größten Grundbesitz (10290 ha, davon rd. 7500 ha Forst). Metallfabriken, Klavierfabrik, Textilfabriken. 1939: 12600, 1975: 11300 Einwohner.

Stadtartige Siedlung (poln. *Osiedla*). Seit 1954 werden Industrie- und Arbeitersiedlungen sowie Kur- und Fischereiorte einer bestimmten Größe mit einer stadtähnlichen Verfassung ausgestattet. Voraussetzung ist eine städtische Bebauungsweise, eine Bevölkerungszahl von mehr als 1000 Einwohnern und nichtlandwirtschaftliche Existenzgrundlage bei mehr als zwei Dritteln der Bevölkerung.

Stahlhammer (poln. *Kalety*), Mittelpunkt der Holzverarbeitung im Kreis Lublinitz. Die dort befindliche frühere Eisenhütte wurde von Guido Graf Henckel v. Donnersmarck in eine Zellulosefabrik umgebaut (1882–1884). Außerdem befindet sich hier eine Papierfabrik. Der Ort liegt inmitten umfangreicher Wälder. Seit 1951 Stadt. 1930: 1800, 1970: 7400 Einwohner auf vergrößerter Fläche.

Standesherrschaft, freie, seit Ende des 15. Jh. entstanden landesherrliche Territorien im Besitz nichtfürstlicher Personen und Familien, die diese Bezeichnung erhielten. Die *Minderstandesherrschaften* nahmen eine Mittelstellung zwischen selbständigen Territorien und Grundherrschaften ein. Sie waren direkt dem Kaiserlichen Oberamt in Breslau unterstellt.

Stangen, Karl, geb. 1833 Ziegenhals, gest. 1911 Berlin, gründete 1868 mit seinem Bruder Louis das erste deutsche Reisebüro und organisierte Gesellschaftsreisen in den Orient, rund um die Erde und nach Italien. Mehrere Reisewerke. Gründete 1884 die Zeitschrift „Der Tourist", 1894 „Stangens illustrierte Reise- und Verkehrszeitung".

Stangen, Louis, geb. 1828 Ottmachau, gest. 1876 Bad Charlottenbrunn, Bruder von Karl. Schöpfer der Gesellschaftsreisen in Deutschland.

Staritz, Charlotte, evangelische Theologin, 1942/43 KZ Ravensbrück, gest. 1953 Frankfurt am Main.

Staupsäulen. Die Staupe war die öffentliche Züchtigung mit Ruten, ursprünglich wohl an einem Pfahl, an den der Sträfling zur Auspeitschung gefesselt wurde. Das Wort wurde von den deutschen Siedlern nach Schlesien mitgebracht. Die berühmteste Staupsäule befand sich vor dem Rathaus in Breslau. Leider hat sie den Zusammenbruch 1945 nicht überstanden. Allein in der Umgebung von Breslau gab es vier weitere Staupsäulen: in Gnichwitz, Groß-Tinz, Rothsürben und Rogau-Rosenau. Als Rechtsdenkmal ist der aufgemauerte Galgen bei Kanth zu erwähnen. Außerdem gab es allein in der Umgebung von Breslau 43 Sühnekreuze. Insgesamt hatten sich in Schlesien über 20 Staupsäulen erhalten.

Steffens, Henrik, geb. 1773 in Stavanger (Norw.), gest. 1845 in Berlin. Philosoph, Naturforscher und Dichter. 1811 Professor der Physik in Breslau. Er beteiligte sich mit Wort und Tat an der Freiheitsbewegung von 1813 und kämpfte bis zur Einnahme von Paris mit. Im überfüllten Hörsaal der Universität hielt er eine mitreißende Freiheitsrede auf die „neue Epoche der Geschichte".

Stehr, Hermann, geb. 1864 in Habelschwerdt, gest. 1940 in Oberschreiberhau. Dichter. 1887–1911 Lehrer, danach freier Schriftsteller. Zunächst dem Naturalismus nahestehend, später von der schlesischen Mystik beeinflußt, schildert Stehr in seinen Romanen und Erzählungen den gottsuchenden leidenden Menschen in seiner Einsamkeit. Sein Gesamtwerk ist geprägt von tiefer Versonnenheit und innigem Verbundensein mit Zeit und Umwelt.
Romane: „Leonore Griebe" (1900), „Der begrabene Gott" (1905), „Drei Nächte" (1909), „Der Heiligenhof" (1918), „Peter Brindeisener" (1924), „Droben Gnade, drunten Recht" (Das Geschlecht der Maechler), Trilogie (1929/44). Erzählungen, Novellen, Märchen: „Auf Leben und Tod" (1898), „Der Schindelmacher" (1899), „Das letzte Kind" (1903), „Geschichten aus dem Mandelhause" (1913), „Das Abendrot" (1916), „Die Krähen" (1921), „Der Geigenmacher" (1926), „Mythen und Mären" (1929), „Meister Cajetan" (1931), „Der Himmelsschlüssel" (1939). Lyrik: „Das Lebensbuch" (1920), „Der Mittelgarten" (1936). Drama: „Meta Konegen" (1904). Gesammelte Werke: 12 Bd. 1927–1936. Ferner „Mein Leben" (1934), „Das Stundenglas" (1936), Reden, Tagebücher, Briefe. Zahlreiche Auszeichnungen.

Stein, Bartholomäus, latinisiert Stehenus aus Brieg. Dozierte in Wittenberg Kosmographie. Später Malteser bei Corpus Christi in Breslau. Ihm verdanken wir eine wahrscheinlich 1512/13 entstandene geographische Landeskunde Schlesiens, in der er auch Breslau mit seinen 35 Kirchen

Hermann Stehr

schildert: Descriptio totius Silesie et civitatis regis Vratislaviensis.

Stein, Edith, geb. 1891 in Breslau, ermordet 1942 im KZ Auschwitz. Aus jüdischer Familie stammend, wurde sie 1922 katholisch. Ab 1939 in Holland. In ihrer Hochschullaufbahn befaßte sie sich mit der Neuordnung der Frauenerziehung und wandte sich gegen die männlich ausgerichtete akademische Erziehung der Mädchen.

Steinau an der Oder (poln. *Ścinawa*), Stadt 20 km nordwestlich von Wohlau, an der linken Oderseite, an einem wichtigen Stromübergang. 1202 erste Erwähnung, vor 1248 Stadtgründung mit Neumarkter Recht. 1274 Herzogtum Steinau, 1365 Herzogtum Oels, später Fürstentum Wohlau. 1675 mit Fürstentum Wohlau an Habsburg. Planmäßige Stadtanlage mit rechteckigem Ring. Stadtpfarrkirche von 1450, Rathausturm, Reste der Stadtmauer.
Maschinenfabrik, Trinkhalmherstellung, Zukkerfabrik und andere Industrien, wichtiger Oderübergang. Am 25. 1. 1945 wurde die Oderbrücke gesprengt, gleichwohl bildeten die Russen am 28. Januar den Brückenkopf bei Steinau. Zwei große russische Siegesdenkmäler erinnern an die schweren Kämpfe, bei denen die Stadt zum großen Teil zerstört wurde. 1939: 6500, 1970: 4200 Einwohner.

Aus Steinau

Steinau/OS (poln. *Ścinawa Mała*), im Kreise Neustadt gelegene kleine Stadt an der Falkenberger Steine. 1939: 1337 Einw. Unweit davon in Steinsdorf (*Ścinawa Nyska*) Kirche mit schöner Barockausstattung. Gemälde „Die 12 Apostel" von Michael Willmann (?).

Steingewinnung. 1939 gab es 175 Betriebe mit 14350 Beschäftigten, die sich mit der Gewinnung von natürlichem Gestein, insbesondere Granit, befaßten. Hauptzentren: Striegau, Schweidnitz, Strehlen, Görlitz und Neisse.

Stenzel, Gustav Adolf, 1792–1854. Bedeutender deutscher Geschichtsforscher. „Geschichte Schlesiens", 1853, Herausgeber der „Scriptores rerum silesiacarum" ferner der „Urkunden zur Geschichte des Bistums Breslau im Mittelalter".

Stern, Otto, geb. 1888 in Sohrau/OS, gest. 1969 in Berkeley/Cal./USA. Physiker und Nobelpreisträger. Zusammen mit W. Gerlach entwickelte er die Molekularstrahlenmethode. Während des Dritten Reiches lehrte er in Pittsburgh.

Stiefmütterchen, *Viola Lutea Subsp. sudetica.* Das gelbe Riesengebirgsstiefmütterchen, 8–12 cm groß, gedeiht auf den Bergwiesen der Sudeten, die ihm seinen botanischen Namen gegeben haben.

Stoltzer, Thomas, geb. 1445 in Schweidnitz, gest. 1526. Komponist. Widmete sich besonders dem Volkslied seiner Zeit.

Stona, Maria – eigentlich Marie Scholz, geb. Stonawski, 1861–1944. Ihr Schloß Strzebowitz machte sie zu einer literarischen Pflegestätte im schlesisch-mährischen Raume. Sie selbst schrieb zahlreiche Romane, Novellen und Erzählungen.

Stonsdorf (poln. *Staniszów*), etwa in der Mitte zwischen Zillertal-Erdmannsdorf und Warmbrunn, Anfang des 14. Jh. erstmals genannt. Die spätmittelalterliche Kirche hat die im 18. Jh. für schlesische Dorfkirchen charakteristische Zwiebelhaube. Oberhalb des Dorfes liegt die romantische Ruine der Heinrichsburg, 1841 als künstliche Ruine erbaut. Überragt wird Stonsdorf von einem Felskegel, auf dem der Hirschberger Bildhauer Dähmel einen Bismarckturm aus schlesischem Granit errichtete.
Hier destillierte um 1810 der Brauergeselle Christian Gottlieb Koerner den echten „Stonsdorfer", einen Kräuterlikör, der heute noch den Namen dieses Riesengebirgsdorfes von Hamburg aus in alle Welt trägt.

Strachwitz, Moritz Graf von, geb. 1822 in Frankenstein, gest. 1847 in Wien. Dichter vollendeter Lyrik. Seine Balladen sind noch heute von erstaunlicher Eindringlichkeit. Am bekanntesten „Das Herz von Douglas".

Stranitzky, Joseph Anton, geb. 1676 in Schweidnitz, gest. 1727 in Wien. Schauspieler und Theaterprinzipal. Schöpfer des Wiener Volkstheaters und Erfinder der weltberühmten Figur „Hanswurst".

Straßennamen. In den Altstädten haben sich zahlreiche alte Straßennamen erhalten. Einen besonders reichen Bestand wies Breslau auf. So bezeichneten die Schuhbrücke und die Schmiedebrücke den Sitz der entsprechenden Handwerke. Brücken waren gepflasterte Straßen im Gegensatz zu den übrigen Straßen, die in der Regel ungepflastert waren. Die Altbüßer-Straße war die Straße der Flickschuster, die Reusche-Straße war die russische Straße, in der die russischen Kaufleute wohnten. Schlechte Orte und Dirnenwinkel wurden mit besonders schönen Namen beglückt.

Strecke, Gerhard, geb. 1890 in Oberglogau, gest. 1968. Komponist, vertonte Verse schlesischer Dichter. Orgel- und Orchesterwerke. „Kantate OS" von Niekrawietz.

Stonsdorfer Kirche

Strehblow, Barbara, Pseudonym Erle Bach, geb. 1927 Hirschberg, lebt in Efringen-Kirchen, Schriftstellerin: „Die Knoblauchschmiede", „Matka mit den bloßen Füßen".

Strehlen (poln. *Strzelin*), Kreisstadt, 38 km südlich von Breslau, an der Ohle, am Fuße des Rummelsberges. 1292 Vereinigung zweier beiderseits der Ohle liegender deutscher Marktorte zu einer deutschen Stadt mit Magdeburger Recht. Rechteckiger Ring mit Nepomuk und Urteilstisch. Katholische Pfarrkirche „Zum heiligen Kreuz", Klostergebäude des 18. Jh., St. Gotthardkirche mit Rotunden-Fundament. Evangelische Pfarrkirche St. Michael (15. Jh.), im Kriege zerstört. Reste der Stadtmauer mit Pulverturm, Hospital von 1706 mit der gotischen St. Georgskapelle. Vom alten Rathaus nur Untergeschoß des Turmes erhalten. Größte Granitsteinbrüche Eu-

Streeselkucha

ropas. Strehlener Granit hat das Stadtbild vieler deutscher Städte mitgeformt, insbesondere das Berlins. Zementwarenfabrik, Textilfabrik, Möbelfabrik, Landmaschinenherstellung, Zuckerfabriken. 1939: 12300, 1975: 10500 Einwohner.

Strehler, Bernhard, geb. 1872 in Lissa, gest. 1945 in Bad Charlottenbrunn. Katholischer Theologe, setzte sich für die Annäherung der christlichen Konfessionen ein. Mitbegründer der katholischen Jugendbewegung „Quickborn" und Burgvater des Quickbornhauses Burg Rothenfels am Main.

Strehlitz (poln. *Strzelce*). In der Kirche des Dorfes, etwa 6 km nordwestlich des Zobtens, sind die ältesten Gemälde Schlesiens aus dem 14. Jh. erhalten. Dargestellt ist das Leben Jesu in vielen einzelnen Bildern. Ferner Maria aus einer holzgeschnitzten Kreuzigungsgruppe aus der gleichen Zeit.

Strempel, Horst, geb. 1904 in Beuthen. Studium bei Oskar Moll und Otto Mueller in Breslau. Künstlerischer Beirat am Drei-Städte-Theater Beuthen–Gleiwitz–Hindenburg. Seit 1933 in Berlin. Kunstmaler mit stark ausgeprägtem sozialen Engagement.

Streuselkuchen, schlesischer.

Sträselkucha

Schläscher Kucha, Sträselkucha,
Dos ihs Kucha, sapperlot,
Wie's uff Herrgoots weiter Arde
Nernt nich su woas Gudes hoot.
Wär woas noch su leckerfetzig,

Eim Geschmak ooch noch su schien:
Über schläsche Sträselkucha
Tutt halt eemol nischt nich giehn!

Zunächst einen Vorteig aus Mehl, 50–60 g Hefe und Milch bereiten, der aufgehen muß. Dieser wird sodann mit den übrigen Zutaten (insgesamt 750 g Mehl, 1/4 l Milch, etwas Salz, 125 g Butter oder Margarine, 125 g Zucker, 1–2 Eier, evtl. abgeriebene Zitronenschale und Vanillezucker) vermengt und geknetet. Auf dem vorbereiteten Blech muß er nach dem Ausrollen noch einmal gehen. Man kann unter diesen Teig auch wahlweise in Rum getränkte Rosinen mischen.

Für die Streusel benötigt man: 600 g Mehl, 250 g Zucker, abgeriebene Zitronenschale oder Vanillezucker (nach Wunsch auch gemahlene Mandeln, etwas Muskat), 1 Teelöffel Backpulver, 300 g Butter oder Margarine. Die Streusel werden hergestellt, indem man die heiße Butter vorsichtig mit den übrigen Zutaten vermengt und zu einer krümeligen Masse verarbeitet. Sie wird sodann auf dem mit Butter bepinselten Blechkuchen verteilt und der Kuchen 20–25 Minuten bei mittelstarker Hitze gebacken, nach Belieben mit Puderzucker besieben.

Striegau, Kath. St. Antonius-Kapelle

Striegauer Berge und Zobten

Striegau (poln. *Strzegom*), 17 km nordwestlich von Schweidnitz im Sudetenvorland. Vor 1239 Stadtgründung mit Magdeburger Recht. Stadtanlage mit einem rechteckigen Ring. Im Mittelalter bedeutendes Handwerk, vor allem Tuchmacherei, das im Dreißigjährigen Krieg vernichtet wurde.

In Striegau befindet sich mit der katholischen Pfarrkirche St. Peter und Paul eine der großartigsten Schöpfungen der schlesischen Gotik aus der Mitte und zweiten Hälfte des 14. Jh. Wie ein Granitgebirge erhebt sich aus der Gruppe niedriger Häuser die dreischiffige Bruchsteinbasilika mit ihrem gewaltigen Dach und dem nie vollendeten Westturm. Das ausladende Querhaus schließt mit einem langen dreiapsidialen Chor. Eine reiche bauplastische Ausstattung schmückt die drei Portale und die Konsolen der Seitenschiffwölbungen. Das Westportal zeigt Maria, Johannes den Täufer und den Weltenrichter. Das Innere ist gekennzeichnet durch die weite Stellung der Arkadenpfeiler, die die lichte Raumwirkung unterstreicht. Die Kirche ist der Pfarrkirche in Schweidnitz ähnlich.

Das ehemalige Benediktinerinnenkloster geht in seinen Ursprüngen bis auf das Jahr 1307 zurück, 1700 durch einen Neubau ersetzt, die Kirche im Innern barockisiert. Nach 1810 wurde die große Anlage als Frauenzuchthaus benutzt. 1945 stark zerstört.

Antoniuskapelle, als Teil der Stadtbefestigung bastionsartig in den Stadtgraben vorgeschoben, ferner St. Barbara-Kirche, die evangelische (ehemalige Karmeliter-Kirche), das Rathaus mit barockem Turm (1672) und Reste der Stadtmauer. Bedeutende Granit- und Basaltwerke. Hartsteinschleiferei, Maschinenfabriken, Eisengießereien und andere Industrien. 1939 und 1975: 15900 Einwohner.

Striegauer Berge.

„Ee Strietzel und zwee Quärge
Doas sein die Striegauer Berge."

Georgen- und Kreuzberg sowie Breitenberg unweit Striegau. Auf dem Breitenberg stand 1745 die preußische Artillerie, die die Schlacht von Hohenfriedeberg beeinflußte.

Striese (poln. *Strzeszów*), Dorf und Schloß im Kreise Trebnitz, seit 1321 eindeutig belegt. Stammsitz des Geschlechts von Rehdiger. Striese blieb im Dreißigjährigen Kriege erhalten, wurde aber 1760 und 1761 von den Russen ausgeplündert und zerstört. Die Seitenflügel des Schlosses wurden deshalb neu errichtet. Diese beiden ungleich langen Flügelbauten stoßen im rechten Winkel aufeinander. In der inneren Ecke erhebt sich ein mit barockem Helm abgeschlossener Turm. Am Ende des letzten Krieges war Striese Hauptquartier eines russischen Armeekommandos und Sammelplatz für die in Breslau in Gefangenschaft geratenen deutschen Offiziere.

Stromerzeugung. Die schlesische Stromerzeugung beruhte im wesentlichen auf den Steinkohlevorkommen, in geringerem Umfang auch auf Braunkohle, daneben wurden 18,4 v. H. des gesamten Stromes in Schlesien durch Wasserkraftwerke erzeugt. Hierfür gab es eine Reihe von Talsperren, die gleichzeitig bei der Schneeschmelze in jedem Frühjahr Hochwasserkatastrophen verhinderten. Genannt seien die Talsperren in Marklissa, Mauer, Breitenhain, Goldentraum und Boberröhrsdorf. Die Staubecken in Ottmachau, Turawa sowie das Klodnitzbecken dienten der Oderschiffahrt in Niedrigwasserperioden.

Stroppen (poln. *Strupina*), 22 km nordwestlich von Trebnitz. Stadtgründung wahrscheinlich erste Hälfte des 13. Jh. Jetzige Stadt wahrscheinlich um 1540 angelegt. Rechteckiger Ring. Landwirtschaftlich strukturiert. Ofenfabrik. 1939: 711 Einwohner, 1961: unter 500.

Studentenverbindungen. Die Zahl der an Breslauer Hochschulen existierenden Studentenverbindungen war überaus zahlreich, so daß eine vollständige, namentliche Zitierung nicht möglich ist. Etwa 72 Korporationen mit unterschiedlichen Zielrichtungen verliehen nicht nur der Universitätsstadt Breslau insbesondere bei festlichen Gelegenheiten ein farbenfrohes Bild, sondern gaben vor allem den einzelnen Studenten die Möglichkeit, sich mit gleichgesinnten Kommilitonen in kleineren Gruppen zusammenzufinden. Daneben waren die Studentenverbindungen, die zumeist über schöne Häuser verfügten, Zentren des gesellschaftlichen Lebens. Neben den 4 Kösener Corps Borussia, Lusatia, Marcomannia und Silesia gab es 5 Burschenschaften, von denen die Raczeks besonders bekannt waren. Die katholischen Studentenverbindungen waren mit 14 Korporationen vertreten. Daneben gab es mehrere evangelische Verbindungen, deren bekannteste der Wingolf war. Zu erwähnen sind die 5 jüdischen Studentenverbindungen, ferner die Landsmannschaften, Sängerschaften, Turnerschaften sowie mehrere wissenschaftliche Vereinigungen. Während des Dritten Reiches wurden alle Verbindungen verboten. Nach dem Kriege rekonstituierten sich zahlreiche Verbindungen in Westdeutschland.

Sturm, Stefan, geb. 1913 Dratzig (Posen), 1945 vermißt, Schriftsteller in Bärndorf, später Stonsdorf/Riesengebirge. Werke: „Mensch auf dem Amboß", „Das verwandelte Herz", „Der Bärnbrunner Krug", „Das Glück dieses Sommers", „Die Urlaßballade", „Verliebte Oderfahrt".

Sudeten, waldreiches Mittelgebirge zwischen Schlesien, Böhmen und Mähren. Zieht sich 310

Breslauer Studenten aus der Zeit um 1850

km lang von der Neißebucht bei Zittau südöstlich bis zur Mährischen Pforte. Die Sudeten bestehen aus mehreren Bergzügen aus Granitmassiven, Gneisstöcken und Schiefern, dazwischen Porphyre, ältere Schichtgesteine und Kreidesandsteine. Das Riesengebirge reicht über die Waldgrenze hinaus, die bei 1300 m liegt, und erreicht mit der Schneekoppe, 1605 m, die höchste Erhebung der Sudeten.
Westsudeten: Iser-, Riesen- und Boberkatzbachgebirge.
Innersudetische Mulde: Heuscheuer-, Adler-, Glatzer-, Reichensteiner- und Eulengebirge.
Ostsudeten: Altvatergebirge und mährisches Gesenke.
Die Täler und Senken der Sudeten wurden im Mittelalter von der schlesischen und böhmischen Seite her durch deutsche Bauern in Waldhufendörfern kolonisiert. Nach dem Erlöschen des Erzbergbaus Glas-, Textil- und Porzellanindustrie. Bedeutender Fremdenverkehr, besonders im Riesengebirge. Mineralquellen u. a. in Altheide, Johannisbad, Kudowa, Reinerz, Warmbrunn. Eisenerz- und Steinkohlenbergbau im Waldenburger Bergland.

Sulau (poln. *Sułów*), im Kreise Militsch gelegenes Städtchen mit evangelischer und katholischer Pfarrkirche als Fachwerkbauten. Das 1680 errichtete Schloß, ein rechteckiger, zweigeschossiger Barockbau, zu dem eine breite Freitreppe emporführt, gehörte den Grafen von Schweinitz. 1939: 1200, 1961: 1100 Einwohner. Nach dem Kriege hat Sulau die Stadtrechte verloren.

Svarez, Karl Gottlieb, geb. 1746 in Schweidnitz, gest. 1798 in Berlin. Schöpfer des preußischen Landrechts. Er wirkte in Breslau unter Provinzialminister v. Carmer bei der Neugestaltung Schlesiens, insbesondere bei der Begründung des Landschaftlichen Kreditsystems, der Reorganisation der Höheren Schulen sowie der Anbahnung einer Prozeßreform. Als Carmer als Großkanzler nach Berlin berufen wurde, folgte ihm Svarez und schuf die Allgemeine Gerichtsordnung sowie das Allgemeine Landrecht für den Königlich-Preußischen Staat, ein für damalige Zeiten bahnbrechendes Gesetzeswerk. Sein

Tarnowitz, Rathaus mit Lauben

Bronzestandbild stand vor dem Oberlandesgericht in Breslau.

Tabakverarbeitung. 1939 befaßten sich 142 Betriebe mit 4000 Arbeitern mit der Herstellung von Zigarren und Zigaretten.

Tarnowitz (poln. *Tarnowskie Góry*)

„An die Knappschaft der Friedrichsgrube
bei Tarnowitz.
Fern von gebildeten Menschen,
am Ende des Reiches,
wer hilft euch Schätze finden
und sie glücklich zu bringen
ans Licht?
Nur Verstand und Redlichkeit helfen,
es führen die beiden
Schlüssel zu jeglichem Schatz,
welchen die Erde verwahrt."
Johann Wolfgang von Goethe, 1790

Industriestadt und Bahnknotenpunkt in Oberschlesien. Seit 1526 freie Bergstadt mit deutschen Bergleuten, 1697 mit dem umliegenden Gebiet zur freien Standesherrschaft Beuthen-Tarnowitz erhoben.

Tarnowitz besitzt einen der größten Stadtkerne Oberschlesiens. Die Bewohner waren im 16. und 17. Jh. überwiegend Deutsche, von den Hohenzollern angesiedelt. Mitte des 19. Jh. betrug der Anteil der deutschen Bevölkerung etwa 1/3, 1910 3/4. Die Hohenzollern besaßen seit 1526 die Herrschaft Beuthen. Nachfolger als Stadtherren waren die Grafen Henckel v. Donnersmarck. Pfarrkirche St. Peter und Paul von 1531–1562, außen neuromanisch umgebaut (1848–1851). Evangelische Kirche von 1780 (umgestaltet 1900), Bürgerhäuser aus dem 16. Jh., teilweise mit Lauben. Im Hause Ring 1 (1. Hälfte 16. Jh., umgebaut 17./18. Jh.) waren König Johann III. Sobieski, König August III. von Polen und Goethe zu Gast. Ursprünglich Sitz der Hauptleute der Herrschaft Beuthen-Tarnowitz, schenkte es August der Starke später der Gräfin Cosel. Das alte

Die malerische Teichbaude
mit Umgebinde und Glockentürmchen.
Im Vordergrund Teufelsbartanemonen

Verwaltungsgebäude der Henckel-Donnersmarckschen Güter stammt aus dem 17. Jh.

Bis Mitte des 19. Jh. Zentrum der oberschlesischen Industrie. Verhüttung von Eisen- und Bleierz, früher auch Silberbergbau (Friedrichsgrube 1784, Friedrichshütte 1788). 1931: 16000, 1970: 34300 Einwohner.

Tarnowski, Friedrich Wilhelm Ladislaus, 1811–1847, aus Breslau. einer der fruchtbarsten schlesischen Geschichtsnovellisten der Biedermeierzeit.

Tau, Max, geb. 1897 in Beuthen/OS., gest. 1976. Lektor und Publizist. Kurz nach dem Zweiten Weltkrieg setzt er sich bereits für Völker- und Rassenversöhnung ein. 1950 erhält er als Dank für

Der große Teich im Riesengebirge

sein Buch „Glaube an den Menschen" den ersten Friedenspreis des deutschen Buchhandels. 1961 Lebenserinnerungen „Das Land, das ich verlassen mußte". Tau emigrierte 1938 nach Oslo. Eine große Anzahl schlesischer Schriftsteller haben seiner Fürsprache viel zu verdanken.

Taubitz, Monika, geb. 1937 Breslau, jetzt Meersburg, Schriftstellerin. „Schlesien – Tagebuch einer Reise" (1973), „Durch Lücken im Zaun" (1977). Gedichte: „Fallende Sterne" (1968), „Probeflug" (1974), „Netze werfend" (1978), „Dir Spinnweb Zeit, ins Netz gegangen" (1983).

Tauentzien, Friedrich Bogislaw, geb. 1710 Tauentzien/Hinterpommern, gest. 1791 Breslau, Grab auf dem Tauentzienplatz. Verteidiger Breslaus im Siebenjährigen Krieg. Gönner Lessings, der in Breslau seine „Minna von Barnhelm" schrieb.

Teiche. Der Große und der Kleine Teich sind zwei hochgelegene Gebirgsseen unterhalb des Kammes des Riesengebirges, die dieser Landschaft einen besonderen Reiz geben. Am Rande des Kleinen Teiches liegt die Teichbaude mit einem Glockenturm, die gemütlichste Baude des Gebirges. Die oberhalb des Großen Teiches gelegene Prinz-Heinrich-Baude ist nach dem Krieg zerstört worden. Teiche und Seen sind hier zahlreich. Landschaftlich besonders reizvoll die Giersdorfer Teiche vor der Kulisse des Riesengebirgskammes.

Teschen *(poln. Cieszyn,* tschech. *Těšín),* Hauptstadt des ehemaligen Teilfürstentums Teschen im Herzogtum Schlesien. Seit 1920 in zwei

Städte geteilt, das polnische „Cieszyn“ rechts der Olsa und das tschechische „Český Těšín“ links der Olsa. Im Jahre 1910 betrug der deutsche Bevölkerungsanteil der Stadt 65,3 v. H. Das Teschener Ländchen besitzt bedeutende Steinkohlenvorkommen und Eisenwerke sowie Erdgasquellen.

Die deutsche Stadt Teschen wurde von Herzog Wladislaus I. (1246–1281) mit Löwenberger Recht gegründet. Ab 1282 war Teschen selbständiges piastisches Fürstentum und stand seit 1298 unter böhmischer Oberhoheit. Es blieb bis zum Ende des Ersten Weltkrieges österreichisch als Teil Österreichisch-Schlesiens. Bis 1653 regierte im Teschener Fürstentum die evangelische Herzogin Lucrezia, die Gemahlin des Herzogs von Liechtenstein, die letzte aus dem dortigen Piastenhaus. Nach ihrem Tode fiel das Herzogtum an das Haus Habsburg, damit fanden die einengenden Religionsbestimmungen von 1648 ihre Anwendung, was zu einem wirtschaftlichen Niedergang der Stadt führte. Die evangelischen Teschener erbauten von 1709–1753 eine Gnadenkirche. Baumeister waren Hans Georg Hausrukker aus Troppau und Joseph Ried. Die Kirche ist eine langgestreckte Halle mit dreifachen Emporenseitenschiffen. Sie war bis 1740 die einzige evangelische Kirche in Oberschlesien für 40000 Protestanten mit 5 Pastoren. Nach 1742 war Teschen die einzige evangelische Gemeinde Österreichs überhaupt. Die Nikolauskirche auf dem Schloßberg, eine vor-romanische Rundkapelle des frühen 11. Jh., ist das älteste erhaltene Bauwerk Schlesiens. Dort auch Bergfried aus dem Ende des 13. Jh. Reste der Stadtmauer erhalten. Die Heiligkreuz-Kirche der Jesuiten von 1675 war Zentrum der Gegenreformation. 1697 wurde eine Kirche der Barmherzigen Brüder errichtet. Barocke Dominikanerkirche. Alte Münze (1790), Stadtpalais des Frh. Bludowski, Haus der Grafen Larisch (1796) am Ring (Stadtmuseum), neues Schloß von 1837.

Die Geschichte des Teschener Landes ist ein Beispiel, wie die Aufspaltung einer auf engem Raum lebenden mehrsprachigen Bevölkerung zum Nachteil werden kann, wenn die gegenseitige Toleranz verloren geht.

Der Friede von Teschen 1779 beendigte den bayerischen Erbfolgekrieg.

1910: 22500 Einwohner, 1970: Poln. Teschen 25300; Tschech. Teschen 15700 Einwohner.

Teuber, Alfons, geb. 1903 in Breslau, gest. 1971 in München. Schlesischer Volkserzähler. Bekannt durch seine Romane „Unter dem Brezelwappen“ und „Es kommt ein goldener Wagen“, die in Breslau spielen. Die Aufführung des Volksschauspiels „Die Mähmaschine“ in München war ein Sensationserfolg. Auch seine schlesische Komödie „Der Glückstopf“ war ein Erfolg. „Schlesisches Jugendbuch“ (1951).

Textilindustrie. 1939: 4429 Betriebe mit 67500 Beschäftigten. Die Textilindustrie war der bedeutendste Zweig der historischen und bodenständigen niederschlesischen Industrie. Die Leinenindustrie hatte ihren Schwerpunkt im Waldenburger Bergland und im Riesengebirge, die Baumwollindustrie in Schweidnitz, Reichenbach, Görlitz, Waldenburg und der Grafschaft Glatz, die Wollindustrie in einer ganzen Reihe niederschlesischer Städte und Gegenden wie Liegnitz, Görlitz, Seidenberg, Oberlausitz, Bunzlau, Hirschberg, Wüstegiersdorf, Breslau, Sagan und Grünberg.

Weltweit bekannt waren die Laubaner Taschentücher, schlesisch „Schnupptichl“. In einer einzigen Laubaner Fabrik wurden jährlich 20000 Dutzend Taschentücher erzeugt.

Leichenzug

Burg Tost nach dem Brande

Besondere Bedeutung hatte auch die Flachserzeugung. 1943 erzeugte Schlesien etwa ein Drittel der deutschen Flachsernte. Seine Spinnereien verarbeiteten über die Hälfte des in Deutschland versponnenen Flachses.

Thurzo, ungarisch-schlesische Familie, die zu einer der reichsten Magnatenfamilien Oberschlesiens aufstieg. Sie ist 1636 ausgestorben. Aus dieser Familie stammt Johann V. Thurzo, 1464–1520 Bischof von Breslau, Förderer des Humanismus in Schlesien. Seine Grabtumba befindet sich im Dom zu Breslau.

Tichau (poln. *Tychy*), Kreisstadt in Ost-Oberschlesien. Das mittelalterliche Straßendorf entwickelte sich im 19. Jh. zu einem bedeutenden Industrie- und Wohnzentrum. 1933 erhielt Tichau Stadtrecht, das es nach dem Kriege wieder verlor. 1951 wurde es erneut zur Stadt erhoben. Die Bevölkerungszahl wuchs sehr schnell an. Zweiflügeliges Barockschloß aus dem Jahre 1775, Pfarrkirche aus den Jahren 1780–1782.

Tichau ist durch sein Bier besonders bekanntgeworden. Die Standesherren von Pless richteten bereits vor 1613 eine Brauerei ein, die heute zu den größten und bekanntesten Oberschlesiens gehört. Eine zweite Brauerei wurde 1892 gegründet. Außerdem befindet sich am Ort eine Zellulose- und Papierfabrik sowie ein Montagewerk für Personenkraftwagen. 1939: 11000, 1973: 80000 Einwohner auf wesentlich erweiterter Fläche.

Tiele-Winckler, Franz von Winckler, 1803–1851, legte den Grundstein für den Familienbesitz und gleichzeitig für die Industriestadt Kattowitz. Seine Tochter Valeska von Winckler (1829–1880) heiratete einen mecklenburgischen Offizier, Hubert Gustav Victor von Tiele (1823–1893). Die Familie führte fortan beide Familiennamen weiter.

Das gesamte Tiele-Wincklersche Montanbesitztum ging 1889 in die Kattowitzer AG für Bergbau und Eisenhüttenbetrieb zu Kattowitz über, ein Unternehmen, das sich zum führenden Industrieunternehmen Oberschlesiens entwickelte. Die Geschichte Franz von Wincklers ist dargestellt in dem Roman „Wenn es Tag wird“ von Hans Nowak und Georg Zivier.

Eva von Tiele-Winckler, geb. 1866 in Miechowitz, dort 1930 gest., lebt in der evangelischen Kirche als „Mutter Eva" fort. Sie errichtete im Jahre 1892 in Miechowitz die Miechowitzer Schwesternanstalt nach Betheler Vorbild. Mit dem „Hause Wartenberg" bei Obernigk schuf sie eine Heimat für elternlose Kinder nach dem Prinzip der späteren SOS-Dörfer.

Tielsch, Carl, geb. in Borne bei Leuthen, gest. 1887 Altwasser, Gründer der gleichnamigen Porzellanfabrik in Waldenburg-Altwasser.

Tillendorf (poln. *Bolesławice*), Dorf im Kreise Bunzlau mit einer katholischen Pfarrkirche, deren Chor über Strebepfeilern kreuzgewölbt ist. Die Kirche stammt aus dem 14. Jh. In ihr befinden sich zahlreiche Grabsteine der Familie v. Raußendorff auf Tillendorf aus dem 15. und 16. Jh. Klassizistische evangelische Kirche nach einem Entwurf von Schinkel aus den Jahren 1824–1825. Im Dorf befindet sich ein Denkmal, das an den Tod des Fürsten Kutuzov erinnert, den berühmten russischen Generalfeldmarschall, der hier bei den Nachhutkämpfen verwundet wurde und am 14. 4. 1813 in Bunzlau starb.

Tillowitz (poln. *Tułowice*), im Jahre 1824 errichtetes Schloß auf dem dem linken Oderufer, 6 km südöstlich von Falkenberg/OS. Das Schloß ist eine hufeisenförmige Anlage, umgeben von weiten Parkanlagen. Im Dorf befindet sich die Theresienhütte (Eisenguß, Draht- und Blechwaren) sowie eine Porzellanfabrik.

Tinz bei Domslau (poln. *Tyniec*), charakteristische Wehrkirche aus dem 15. Jh.

Tischer, Johannes, geb. 1908 in Greiffenberg, gest. 1963 in Geldern. Mundartdichter, genannt „Ölsebach-Hannes".

Schloß Trachenberg

Gedichtsammlung: „Heemtegruß“.

Tod und Sterben war früher mehr als heute unmittelbarer Bestandteil des Lebens. Der Todkranke wurde meist in der Familie gepflegt. So befaßte sich der Volksglaube auch mehr mit dem Nahen des Todes. Er kündigte sich durch vielfache Zeichen an: durch Klopfen, durch Stehenbleiben der Uhr, durch das Herunterfallen von Bildern. Der Ruf der Käuzchen „Kumm mit, kumm mit“ galt als Ankündigung, daß jemand sterben muß. Auch das zweite Blühen eines Apfelbaumes war ein unheilvolles Zeichen.

Wenn der Sterbende etwas auf der Bettdecke suchte, so sah man sein Ende nahen. Wenn ihm die Füße anschwollen, hatte er schon die Reisestiefel an. Dabei durfte man nicht weinen, um den Sterbenden nicht zu beunruhigen. Sobald jemand tot war, drückte man ihm die Augen zu, die Uhr wurde angehalten, der Spiegel verhängt, damit die Leiche nicht beim Heraustragen hineinsah. Mitunter wurden alle Fenster geöffnet und Gefäße umgestürzt, damit sich die Seeele nicht fangen konnte. Die Schlafenden wurden geweckt, und auf dem Lande wurde es dem Vieh mitgeteilt, wenn der Bauer tot war. Das Leichenhemd durfte nicht am Sonntag genäht werden, damit der Tote seine Ruhe findet.

Schloß Trachenberg, Wohnturm

Zum Begräbnis wurden die Dorfeinwohner gebeten. Ein „Grabebitter“ oder eine „Bitterin“ gingen herum. Sie klopften mit einem Stöckchen an die Tür, um zu verhindern, daß jemand durch den Ruf „Herein“ den Tod ins Haus bittet. Sie grüßten nicht, sondern luden nur zur letzten Ehre des Verstorbenen ein. Der Sarg wurde auf dem Lande von Trägern zum Friedhof gebracht. Beim Heraustragen wurde mit dem Sarg ein Kreuz gemacht, dieser dann dreimal auf der Schwelle niedergesetzt und hernach die Tür geschlossen. Der Sarg mußte mit dem Kopfende voraus hinausgetragen werden, damit es kein großes Unglück im Hause gab.

Nach dem Begräbnis kam man im Trauerhaus zu einem Essen zusammen oder kehrte im Kretscham ein. Bis zum Begräbnistage, glaubte man, ginge der Tote noch im Hause herum und beobachtete die Trauer der Angehörigen.

Tost (poln. *Toszek*), 23 km westlich von Gleiwitz. Burg und Stadt. Die Burg wurde vermutlich von Herzog Boleslaus I. (1163–1201) errichtet. 1309 wurde Tost erstmals als Stadt bezeichnet, wahrscheinlich mit Neumarkter Recht.

Planmäßige Stadtanlage mit rechteckigem Ring. Nepomuksäule von 1725 auf dem Ring. Begräbniskirche St. Barbara. Die bedeutende Burganlage wurde 1430 und 1433 von den Hussiten zerstört

und danach wieder aufgebaut. 1648–1666 wurde sie nach einem Brand grundlegend erneuert. 1811 brannte diese Anlage ab. Erhalten sind wesentliche Teile aus dem Spätmittelalter und aus dem 17. Jh.
Landwirtschaft, Ziegelei, Malzkaffeefabrik, Brauerei und Brennerei. 1921: 1350 Stimmen für Deutschland, 217 für Polen. 1939: 3600, 1970: 4700 Einwohner.

Trachenberg (poln. *Zmigród*), 31 km südwestlich von Militsch, an einer Furt durch die Bartsch gelegen. 1253 Stadtgründung mit Goldberger und Löwenberger Recht. Jahrhunderte hindurch war Trachenberg Mittelpunkt und Bollwerk in den schlesisch-polnischen Grenzfehden.
Planmäßige Stadtanlage mit viereckigem Ring in der Stadtmitte. Rathaus aus dem Jahre 1773. Staupsäule von 1693. Katholische Pfarrkirche, 1706–1727 durch Christoph Hackner neu gestaltet.
Landwirtschaft, geringe Industrie, Zuckerfabrik, Fischfang. 1939: 4600, 1970: 4700 Einwohner.

Trachenberg, Herrschaft und Schloß. Eine der ältesten Standesherrschaften Schlesiens nördlich von Breslau an den Ufern der Bartsch inmitten von Wäldern und Teichen. Seit 1641 gehörte die Herrschaft Trachenberg der Familie von Hatzfeldt. Im Jahre 1742 erhob Friedrich II. die Freie Standesherrschaft zum Fürstentum. 1900 erhielten die Fürsten den Titel eines Herzogs zu Trachenberg. Die umfangreiche Herrschaft blieb bis 1945 in dieser Familie. Das älteste Bauwerk ist ein Wohnturm des 13. Jh. auf romanischen Grundmauern. 1936 in vorbildlicher Weise restauriert. 1706 wurde neben diesem Turm von dem Barockbaumeister Christoph Hackner ein Schloß errichtet. Im Siebenjährigen Krieg wurde das Schloß durch einen südlich laufenden Flügel erweitert. Baumeister dieses Schloßteils war Carl Gotthard Langhans. 1813 entwarfen die im Schloß Trachenberg versammelten alliierten europäischen Herrscher ihren Feldzugsplan gegen Napoleon, das sogenannte „Trachenberger Protokoll“. Das Schloß brannte in den letzten Kriegstagen nieder. Die erhaltenen Außenmaueren wurden nach dem Kriege bis auf geringe Reste beseitigt. Der Wohnturm blieb erhalten.

Grabmal der hl. Hedwig

Traube, Ludwig, geb. 1818 Ratibor, gest. 1876 Berlin, Mediziner; Begründer der experimentellen Pathologie.

Träume. Seit altersher wird den Träumen eine besondere Bedeutung zugemessen. Vom Pastor zu träumen bedeutet schweren Ärger, ebenso, wenn man von blauen Pflaumen, von Zähnen oder von einem Kamm träumt. Läuse, Pferde oder Fische in klarem Wasser bedeuten Geld, ein helles Feuer bedeutet große Freude, ein rauchiges Feuer Ärger und Verdruß.

Trauth, Gero, geb. 1942 Neurode, Maler und Grafiker, lebt in Siegen.

Kloster Trebnitz

Trebnitz (poln. *Trzebnica*), Kreisstadt, 25 km nördlich von Breslau. Bereits vor 1146 Marktrecht und Kirche, 1250 Neumarkter Recht. Marktsiedlung mit rechteckigem Ring und Rathaus in dessen Mitte.

Die Stadt ist überwiegend landwirtschaftlich strukturiert. Das Hedwigsbad ist durch seine Kuranwendungen (Moorbäder, Trinkkuren) bekannt. Zwischen Trebnitz und Breslau verkehrte seit 1898 eine bekannte Kleinbahn, „Der Fliegende Trebnitzer" genannt. Trebnitz war deshalb auch eine Art Wohnstadt für Breslau. Vielfach besucht wurde die Einsiedelei im Buchenwald südöstlich der Stadt, deren Kapelle bereits 1496 genannt wird. 1939: 8500, 1970: 7700 Einwohner.

Trebnitz, Kloster. Von dem 1202 durch Herzog Heinrich I. und seiner Gemahlin Hedwig gegründeten Kloster steht noch heute die dreischiffige Basilika mit romanischen Apsiden. Krypta 1214, Hochchor 1219 geweiht, Einwölbung und Innenausstattung im wesentlichen 1241 vollendet. Erhalten ein romanisches Tympanon am Westportal (David vor Königin Bathseba auf einer Zither spielend), entstanden um 1230 in Anklängen an Bamberger und burgundische Kunst, ferner sechs in der Vorhalle aufgestellte figurale Bruchstücke, in der Sakristei romanisches

Rauchfaß. Für die zahlreichen Besucher des Hedwigsgrabes wurde um 1267 die Apside rechts vom Hochaltar abgebrochen und eine große Kapelle errichtet, der erste hochgotische Raum in Schlesien, mit Anklängen an hessische Bauten. In dieser „Hedwigskapelle“ befindet sich das 1679/80 von einem unbekannten Meister geschaffene Hochgrab der Heiligen, zu ihren Füßen ließ sich die letzte Piastin Charlotte von Brieg (gest. 1707) bestatten. Vor dem Hochaltar das Doppelgrab Herzog Heinrichs I. und des Hochmeisters Konrad von Feuchtwangen (gest. 1296) aus der 2. Hälfte des 17. Jh., beiderseits der Chorschranken die Figuren der heiligen Hedwig und ihrer Nichte, der heiligen Elisabeth. Die Innenausstattung der Kirche mit vielen Altären stammt aus den Jahren 1741–1747, der Glockenturm von 1780–1785. Die heutigen Klostergebäude wurden 1697–1726 errichtet, sie dienen als Krankenhaus und Mutterhaus der Borromäerinnen.

Trentschiner Vertrag. 1335 entsagten Bevollmächtigte des Königs Kasimir des Großen von Polen allen Ansprüchen auf die schlesischen Gebiete, die sich bereits unter böhmische Lehnshoheit begeben hatten oder unmittelbar böhmischer Besitz waren. Damit wurde Schlesien auch völkerrechtlich Bestandteil des Deutschen Reiches. Verzicht 1339 vom König zu Krakau erneuert.

Trollblume, lat. *Trollius*, Hahnenfußgewächs. In Schlesien „Glatzer Rose“ genannt. Auf den feuchten Wiesen der Sudeten, insbesondere im Glatzer Bergland und auf den Hochmooren des Isergebirges entfaltete diese Blume ihre großen gelben, rosenähnlichen Blüten. Die Trollblume wird vielfach auch in Gärten kultiviert.

Troplowitz (poln. *Opawica*, tschech. *Opavice*), Waldhufendorf in Kreise Leobschütz mit Pfarrkirche, der heiligen Dreifaltigkeit geweiht, 1701–1706 erbaut. Hochaltar von 1772 und Schiffskanzel von Josef Hartmann, Fresco-Ausmalung 1733 durch den Tiroler Maler Matthias Lasser.

Trotzendorf, Valentin (eigentlich Valentin Friedland), geb. 1490 in Troitschendorf bei Görlitz, gest. 1556 in Liegnitz. Schulreformer. In seiner Lateinschule in Goldberg gab es eine Selbstverwaltung der Schüler und einen Schülermagistrat. Durch sein Schulsystem zog er Schüler selbst aus Ungarn, Polen und Böhmen an. Schüler seiner Anstalt war später Albrecht von Wallenstein. Als die Schule in Goldberg abbrannte,

König David,
Trebnitzer Klosterkirche um 1230

setzte der Präzeptor Silesiae seine Tätigkeit in Liegnitz fort.

Tschampel, Heinrich, gest. 1849. Schlesischer Mundartdichter. Lehrer in Quolsdorf. Als gebürtiger Oberschlesier lernt er dort den Gebirgsdialekt kennen und meisterhaft beherrschen.

Tschirnau (1937: Lesten; poln. *Czernina*), 9,5 km nordöstlich von Guhrau, 14 km nördlich der Bartsch. 1284 Aussetzung des Dorfes Tschirnau, 1515 erstes Stadtprivileg, 1584 Gründung der Stadt, 1937 Umbenennung in „Lesten". Pfarrkirche St. Laurentius, 15. Jh.
Früher bedeutende Tuchmacherstadt. Diese Handwerker wanderten 1817 nach Polen aus. 1939: 840 Einwohner.

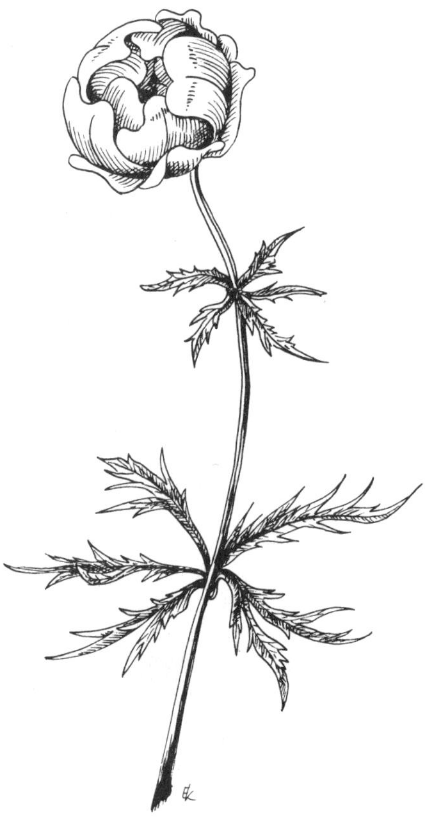

Trollblume oder Glatzer Rose

Tschirnhaus, Ehrenfried Walter von, geb. 1651 in Kieslingswalde. Berühmter Schulmann. Er führte Mathematik und Physik als Schullehrfächer ein.

Turawa (poln. *Turawa*), prächtige, weiträumige barocke Schloßanlage 14 km nordöstlich von Oppeln. 1728–1736 erbaut, ein Nordflügel mit Rokokoschmuck von 1760–1761. Im 19. Jh. umgebaut. 1934 wurde östlich hiervon ein Stausee im Tale der Malapane errichtet mit einem Fassungsvermögen von 90 Mio. cbm Wasser.

Tworkau (1936 Tunskirch; poln. *Tworków*), im Kreise Ratibor gelegenes Dorf und Schloß, Renaissancebau (1567–1585), seit 1752 im Besitze der Familie v. Eichendorff. Bei Johann Frh. v. Eichendorff, einem Vetter seines Vaters, war Joseph v. Eichendorff in Jugendjahren öfter zu Besuch. Das Schloß ist 1945 zur Ruine geworden.

Tzschocha (poln. *Sucha*), auf einem vorspringenden Felsen am Queisufer gelegene alte Burg, erstmals 1329 belegt, wahrscheinlich nach 1241 erbaut. Im 16. Jh. Ausbau. Sgraffiti am Torbogen und an Wirtschaftsgebäuden. Fechterbrunnen im Hof. Die Burg gilt als die besterhaltene Anlage Schlesiens. Vor dem Ersten Weltkrieg wurde sie durch Bodo Ebhardt vollständig erneuert.

Uechtritz, Peter Friedrich von, geb. 1800 in Görlitz, gest. 1875 dort. Maler und Dramatiker, der sich insbesondere mit historischen Themen befaßte.

Uhlig, Michael, geb. 1896 Schreiberhau, gest. 1976, Maler der Künstlergilde St. Lukas, nach dem Krieg Künstlergruppe Überlinger Bodenseeklub.

Uhrenindustrie. Freiburg in Schlesien war das Zentrum der schlesischen Uhrenindustrie, entstanden in der Zeit der schlesischen Webernot.

Schloß Tzschocha

1932 wurden große Teile der Industrie stillgelegt, jedoch gab es bis 1945 sowohl in Freiburg als auch in Silberberg Uhrenfabriken, die Uhren aller Art bis hin zu Turmuhren herstellten. Am bekanntesten ist die Firma Gustav Becker, die allein (bis 1900) 1 Mio. Regulatoren herstellte.

Uhyst, Schloß im Kreise Hoyerswerda, zwischen 1738 und 1742 nach den Plänen eines italienischen Baumeisters unter dem Einfluß des Dresdner Hofes erbaut.

Ujest (seit 1937 Bischofstal, poln. *Ujazd*), südlich von Groß-Strehlitz am Klodnitzkanal und an der Klodnitz gelegene kleine Landstadt. 1222 durch Bischof Lorenz von Breslau mit Neumarkter Recht als Mittelpunkt eines „Haltes" gegründet. Planmäßige Stadtanlage mit quadratischem Ring als Stadtmitte. 1939: 2000, 1969: 2700 Einwohner.

Ulbrich, Hugo, geb. 1867 in Bad Dirsdorf, gest. 1928 in Breslau. Bekannter Radierer in Breslau. Seine großen Blätter der Universität und des Rathauses haben weite Verbreitung gefunden.

Ulitz, Arnold, geb. 1888 in Breslau, gest. 1971 in Tettnang. Aus dem Expressionismus kommender Lyriker und Erzähler. 13 Romane und 16 novellistische Bände. Romane: „Arrarat" (1920), „Der Bastard" (1927), „Der Gaukler von London" (1938), „Der große Janja" (1939). Gedichte: „Der Lotse" (1924). „Der große Janja" ist der Roman der Stadt Kattowitz. In ihm schildert er

Umgebindehaus im Riesengebirge

die Entwicklung dieser Stadt zum Zentrum des oberschlesischen Industriegebietes.

Ulitz, Otto, geb. 1885 Kattowitz, gest. 1972 Borgholzhausen, Vorsitzender des Deutschen Volksbundes in Ostoberschlesien von 1922 bis 1939. 1953 Sprecher der Landsmannschaft der Oberschlesier. Werk: „Oberschlesien – Aus seiner Geschichte" (1971).

Ulitzka, Carl, geb. 1873 in Jernau, Krs. Leobschütz, gest. 1953 in Berlin. Schlesischer Politiker. 1897 Priester, seit 1910 in Ratibor, Prälat 1919–1933. Zentrumsabgeordneter im Reichstag. 1922 stellv. Landeshauptmann, trat für das Deutschtum in Oberschlesien ein. Von den Nationalsozialisten 1938 aus Schlesien vertrieben, 1944/45 im KZ, wurde er nach seiner Heimkehr von den Polen ausgewiesen.

Ullersdorf/Grafschaft Glatz (poln. *Ołdrzychowice Kłodzkie*), Dorf mit Renaissanceschloß aus der Mitte des 16. Jh. Bedeutender Schloßpark mit griechischem Tempel und gußeisernem Obelisk, 23 m hoch, aus Anlaß des Besuchs König Friedrich Wilhelm III. errichtet. Katholische Kirche St. Johannes d. T. mit prachtvollem Mausoleum. Franziskanerinnenkloster, eine Schenkung der Gräfin Oppersdorff, auch heute noch überwiegend mit deutschen Franziskanerinnen besetzt.

Ullmann, Viktor, geb. 1898 in Teschen, ermordet 1944 in Auschwitz. Komponist. Oper „Der Kaiser von Atlantis", komponiert in Theresienstadt.

Umgebinde, eine für Schlesien typische Holzbauweise, bei der die Holzsäulen vor der Schrotholzwand stehen und das obere Gebälk tragen. Die einzelnen Ständer, durch ein freitragendes Fachwerk verbunden, stehen dabei unmittelbar auf dem Sockelmauerwerk. Das wohl bekannteste Umgebindehaus ist die kleine Teichbaude im Riesengebirge.

Unglück, so meinte man, wird einen treffen, wenn man frühmorgens einer alten Frau oder einem Pastor begegnet, wenn eine Katze oder ein Hase über den Weg läuft, wenn man etwas vergessen hat und umdrehen muß. Die Begegnung mit einem hübschen jungen Mädchen jedoch war ein gutes Zeichen.

Universität Breslau, aus der Vereinigung der alten, 1702 gegründeten Jesuitenuniversität mit der Universität in Frankfurt an der Oder, die dort seit 1506 als brandenburgische Landesuniversität bestand, hervorgegangen. Durch Zusammenschluß dieser beiden Hochschulen wurde im Jahre 1811 die schlesische Friedrich-Wilhelms-Universität, eine vollständige Universität mit 5 Fakultäten, gegründet. Neben der Universität gab es in Breslau eine Technische Hochschule, eine Landwirtschaftliche Hochschule und eine Akademische Kunst- und Kunstgewerbeschule. Die Universität hatte 1939 ca. 4000 Studierende, die Technische Hochschule ca. 2000 Studenten. Seit 1953 gibt es in den Gebäuden der Breslauer Hochschulen eine polnische Universität, ein polnisches Priesterseminar, eine Technische Hochschule, eine Handelshochschule sowie eine Akademie der Schönen Künste.

Universität Krakau, gegründet 1364, war im Mittelalter die „schlesische" Universität, nachdem die Prager Hochschule 1409 tschechisch geworden war. Sie bildete einen wirklichen geistigen Mittelpunkt des schlesischen Stammraumes bis in die Tage der Reformation hinein. Unter den fast 18000 Krakauer Studenten des 15. Jh. waren 11500 Deutsche, und von ihnen stammten fast ⅘ (über 9000) aus dem schlesischen Raume.

Universität Prag. Im Jahr 1348 gründete Karl IV. die erste deutsche Universität. Unter den Professoren befanden sich viele Schlesier. Nach 1400 kam es zu Auseinandersetzungen zwischen tschechischen Nationalisten und deutschen Professoren und Studenten. Als 1409 die deutsche Stimmenmehrheit an der Universität durch das Kuttenberger Dekret Wenzels IV. unterbunden wurde, räumte die „deutsche Nation" unter Führung des schlesischen Rektors Otto von Münsterberg die Stadt und zog nach Leipzig. Diese Entwicklung war für den kulturellen Zusammenhalt zwischen Böhmen und Schlesien verhängnisvoll. Die beginnenden Hussitenwirren verstärkten den Gegensatz zwischen Schlesien und Böhmen.

Urbanek, Kurt, geb. 1884 Neisse, gest. 1972. Deutscher Plebiszitkommissar in Oberschlesien 1919–1921.

Ursinus, Zacharias, geb. 1534 Breslau, gest. 1583 Neustadt/Weinstraße, evangelischer Theologe, Hauptverfasser des „Heidelberger Katechismus".

Venatier, Hans, geb. 1903 in Breslau, gest. 1959. Bekanntgeworden durch seinen mit Heinrich Bartsch gemeinsam geschriebenen Roman „Vogt Bartold" sowie „Die Reiter des Satans".

Vertreibung. Die Gesamtbevölkerung Schlesiens betrug bei Kriegsende etwa 4,75 Millionen. Die Zahl der Nichtdeutschen wird mit 16000

Breslau, Universität

Personen angegeben. Während der Kriegshandlungen und der rücksichtslosen Massenaustreibungen kamen etwa 500000 Schlesier ums Leben. Hiervon entfallen etwa 40000 Tote auf die Opfer unter der Zivilbevölkerung während der Belagerung Breslaus. Im Regierungsbezirk Oppeln blieben etwa 830000–850000 deutsche Einwohner als sogenannte Autochthonen zurück. Damit mußten über 3 Millionen Schlesier ihre angestammte Heimat verlassen.

Volkslied. Hoffmann von Fallersleben sammelte, unter Mithilfe seiner Studenten und in Zusammenarbeit mit dem Breslauer Seminarmusiklehrer Ernst Richter, deutsche schlesische Volkslieder. Diese Sammlung stellt eine der bedeutendsten Dokumente des Liedschatzes einer Landschaft aus der ersten Hälfte des 19. Jh. dar. Oberschlesische Lieder in polnischer Sprache sammelte der Sanitätsrat Julius Roger aus Rauden/OS. Diese Liedersammlung bildete den Grundstock auch für die polnische Volksliedkunde, die zwischen 1927 und 1939 von Ligeza-Stoiński herausgegeben wurde.

Haube aus der Gegend von Jauer

Frauenhaube aus Jauer

Im 20. Jahrhundert erfuhr das Volkslied in Schlesien eine Wiederbelebung durch die Jugendmusikbewegung, die mit dem Namen Walther Hensel verbunden ist. Zu nennen ist hier auch Richard Poppe (1884–1960), der gemeinsam mit Hensel eine Singbewegung ins Leben rief, die später als Finkensteiner Bund bekannt wurde. Mittelpunkt für die Entfaltung bleibt bis 1933 der Jugendhof Hassitz in der Grafschaft Glatz mit seiner Orgel „Ver sacrum" als lebendiges Denkmal für die Toten und als Mahnung für die Lebenden. Diese Orgel wurde von Günter Ramin 1929 eingeweiht.

Volkstracht. Die schlesische Tracht gliedert sich in drei Gruppen: Oberschlesien, Mittel- und Niederschlesien und die schlesische Lausitz. In Oberschlesien und längs der Oder sind polnische, in der schlesischen Lausitz wendische und in den Sudeten böhmische Einflüsse zu bemerken. Die Trachten haben sich im 18. Jh. herausgebildet, gehen aber, wie bildliche und schriftliche Zeugnisse vermitteln, bereits auf das 16. und 17. Jh.

Klosterkirche Wahlstatt von Kilian Ignaz Dientzenhofer

zurück. So ist das für den Kirchenbesuch bei den Frauen übliche weiße Umschlagtuch bereits im 16. Jh. bekannt. Man unterscheidet Alltags-, Festtags- und Trauertracht. Heute wird die Tradition der alten Festtagstrachten vor allem in den verschiedenen Trachtengruppen fortgeführt.

Die Männertracht in *Nieder- und Mittelschlesien* bestand werktags aus einer kurzen dunkelblauen Tuchjacke, unter der eine Weste getragen wurde. Um den Hals wurde ein buntfarbiges Tuch geknotet. Die Lederhosen wurden mit langen farbigen Strümpfen oder mit hohen Schaftstiefeln getragen. Eine Tuchmütze mit Lederschirm, im Winter eine pelzgefütterte Kappe, war die Kopfbedeckung. An Feiertagen zog man den langen dunkelblauen oder schwarzen Tuchrock an und setzte den hohen geraden Zylinderhut mit schmaler Krempe auf. In *Oberschlesien* wurde der kurze Rock auch feiertags beibehalten. An die Stelle des Zylinders trat die Ottermütze. In der *Oberlausitz* war die kurze dunkle Jacke mit heller Hose und Schaftstiefeln üblich.

Entsprechend den alten Kleiderordnungen des 16. Jh. unterschied sich die Tracht des unverheirateten Mädchens von der der verheirateten Frau. Die Frauentracht bestand aus einem schmiegsamen Leibchen, unter dem man das grobe Leinenhemd mit kurzen Ärmeln trug, dazu einen faltenreichen Wollrock über mehreren Unterröcken

Unter Tage

oder untergebundenen Kissen. Die bedruckte Leinen- oder Kattunschürze wurde sonntags durch die seidene oder halbseidene gewebte Schürze ersetzt, die in Quirl im Riesengebirge hergestellt wurde. Ähnlich hielt man es mit den Brusttüchern.

In *Nieder- und Mittelschlesien* wurden Spenzer, Weißstickerei-Schürzen und Tücher getragen. Das feinfädige Schleierleinen des Riesengebirges war durch kunstvolle Stickereien durchbrochen. Das eigentliche Schmuckstück der *mittel- und niederschlesischen* Tracht war die Haube. Diese war landschaftlich ganz verschieden ausgestattet. Zu den verschiedenen Anlässen wurden unterschiedliche Hauben getragen. Besonders bekannt sind die sogenannten Goldhauben im Riesengebirge. Die *oberschlesische* Frauentracht ist der niederschlesischen verwandt, eigentümlich ist das mit Fransen und Spitzen verzierte Umschlagtuch „Plachta" sowie das farbige oder weiße Kopftuch. Eine besondere Tracht trugen die Frauen aus Schönwald, einer 700 Jahre alten deutschen Sprachinsel unweit von Gleiwitz.

In der *wendisch-schlesischen Lausitz* war die Sonntagstracht auf eine Schwarz-Weiß-Wirkung eingestellt. Zur schwarzen Kleidung kontrastierten die weißen Webkanten der Schürzen und die weiße Stirnbinde. Die Festtagstracht war dagegen ausgesprochen farbig.

Die einzelnen Trachten waren auch von den textilen Erzeugnissen der verschiedenen Gebiete beeinflußt.

Volwahsen, Herbert, geb. 1906 Schellendorf, gest. 1988 Murnau. Bildhauer. Professor an der Fachhochschule Dortmund bis 1972. 1946 Organisation der „Ersten Deutschen Kunstausstellung" in Dresden.

Wachler, Ernst, geb. 1871 in Breslau, gest. 1945. Bedeutender Literat und Wegbereiter der „völkischen" Literatur im 20. Jh. Begründer des „Harzer Bergtheaters" in der Nähe von Quedlinburg.

Wahlstatt (poln. *Legnickie Pole*), ehemaliges Benediktinerkloster bei Liegnitz. Hier trat Herzog Heinrich II. am 9.4.1241 mit seinen deutschen und polnischen Rittern dem mongolischen Heer entgegen, das über Krakau und Breslau vorgedrungen war. Das mongolische Hauptheer stieß gleichzeitig nach Ungarn vor. Heinrich wurde von der Übermacht geschlagen und fiel. Die Mongolen zogen sich jedoch zurück. Für die Schlesier gilt die Schlacht auf der Wahlstatt als eine große Wende in der Auseinandersetzung mit dem asiatischen Osten. Die von seiner Mutter, der heiligen Hedwig, noch im selben Jahr gestiftete Benediktinerabtei am Platze der Schlacht wurde in den Hussitenkriegen zerstört.

Den inzwischen verkauften und verschuldeten Güterbesitz erwarb Abt Othmar Zinke von Braunau 1703, um das Kloster wieder aufleben zu lassen. Er ließ durch Kilian Ignaz Dientzenhofer vom Jahre 1723 an eine prachtvolle Barockanlage errichten. Es handelt sich um einen völlig einheitlichen barocken Neubau. Das Innere der der heiligen Hedwig geweihten Kirche wurde von Cosmas Damian Asam in der unglaublich kurzen Zeit von Juli bis Oktober 1733 ausgemalt. Der figürliche Schmuck stammt von Carl Joseph Hiernle, Altargemälde von Rainer, Hochaltarblatt von Franz de Baker, Orgel von Casparini (1731).

Wer heute auf der Autobahn von Liegnitz nach Breslau fährt, den grüßen von weitem die „Herzogshüte“ von der Hand des Schweidnitzer Kupferschmiedes Weiß, die die Türme der Abtei krönen. In preußischer Zeit wurde das Kloster als Kadetten- und Erziehungsanstalt verwendet. Blücher wurde für seinen Sieg an der Katzbach zum Fürsten von Wahlstatt erhoben. Heute befindet sich in dem Kloster eine Anstalt für geistig Behinderte. Die mittelalterliche evangelische Kirche beherbergt seit 1961 ein Museum.

Wald. Von einer Gesamtfläche von 3 631 000 ha sind 1 040 000 ha in Schlesien Wald. Der staatliche Waldbesitz beträgt nur 18 v.H. gegenüber 32 v.H. in Gesamtdeutschland. 70 v.H. war Privatbesitz, 12 v.H. Gemeinde- und Genossenschaftseigentum. Der Stadtforst von Görlitz war mit 3000 ha der größte Kommunalwald Deutschlands. Der private Großwaldbesitz war in Schlesien sehr stark vertreten. Von der Gesamtfläche entfallen 710000 ha auf Kiefern, 190000 ha auf Fichten und Tannen, 45000 ha auf Eichen und 95000 ha auf andere Laubhölzer.

Waldenburg (poln. *Wałbrzych*), Kreisstadt inmitten des Waldenburger Berglandes, 400–500 m hoch gelegen. Gründung etwa 1290, 1305 Burgdorf „Waldenberc“, 1400 Verleihung des deutschen Stadtrechts. 1532 erste Bergordnung. Offene Marktsiedlung mit rechteckigem Ring. Marienkirche von 1714, evangelische Kirche 1785–1788 nach Plänen von Carl Gotthard Langhans, Rathaus 1855, barocke Bürgerhäuser am Ring.

Im 20. Jh. Eingemeindung der in den umliegenden Tälern gelegenen Nachbarorte. Im 19. Jh. bedeutender Leinenhandel. Mittelpunkt des Waldenburger Kohlenreviers. Steinkohlenbergbau, Steinkohlenchemie, Chemische Industrie, Hüttenwerke, Maschinenfabriken, Stahlbau, Porzellanfabriken, Textilindustrie, Schuhindustrie sowie andere Unternehmen.

1818 Errichtung der ersten mechanischen Flachsgarnspinnerei auf dem europäischen Festland. 1834 erste Porzellanfabrik der Welt mit Steinkohlenfeuerung. Die Waldenburger Firma Krister gehörte zu den großen Porzellanherstellern Europas, desgleichen die Firma Thielsch in Waldenburg-Altwasser. Berglandmuseum, Stadttheater. Nördlich von Waldenburg Schloß Fürstenstein und die durch ihre Dahlienzucht berühmte Gärtnerei Liebichau. 1939: 65000 (mit Vororten 110000), 1975: 128000 Einwohner. 1975 wurde Waldenburg Sitz einer Wojewodschaft.

Waldenburger Bergland (poln. *Góry Wałbrzyskie*), zwischen Eulen- und Riesengebirge,

Schömberg, Webersiedlung

eine der interessantesten geologischen Landschaften Schlesiens. Teil der innersudetischen Mulde, ihre höchsten Erhebungen sind Vulkane aus dem Paläozoikum. Im Tertiär wurde das ehemalige Sedimentationsgebiet teilweise abgetragen. Hierbei wurden die Schichten des Paläozoikums für das Bergland beherrschend. Im 13. und 14. Jh. entstanden hier zahlreiche Burgen als Grenzfestungen gegen Böhmen. Die bekanntesten sind der Fürstenstein und die Kynsburg. Durch die Heirat Karls IV. mit Anna von Schweidnitz verloren diese an Bedeutung. 1392 fiel das Herzogtum Schweidnitz an die böhmische Krone.
Die wirtschaftliche Entwicklung wird durch den Erzbergbau, die Textilindustrie und den Kohlenbergbau bestimmt. Seit dem Spätmittelalter wurde vor allem Silber abgebaut. Der Dreißigjährige Krieg brachte diesen Bergbau nahezu zum Erliegen. Die Textilindustrie war durch die Leinenweberei geprägt. Die Handelshäuser Treutler und Alberti in Waldenburg setzten die Waldenburger Erzeugnisse auf dem Weltmarkt ab, doch führte die Not der Weber, wie auch in anderen Gebieten, im 19. Jh. zu Aufständen. Die Mechanisierung der Weberei verlagerte das Zentrum nach Wüstegiersdorf und Wüstewaltersdorf.
Im 19. Jh. begann der Kohlenbergbau die Wirtschaft des Landes zu bestimmen. Waldenburg wurde zum größten Industriebezirk in Niederschlesien. Auch nach dem Zweiten Weltkrieg hat sich diese Entwicklung fortgesetzt. Der Abbau der Kohlenpfeiler unter der Stadt hat die alten

Bauten Waldenburgs erheblich beschädigt, der wirtschaftlichen Entwicklung jedoch neuen Auftrieb gegeben.

Waldhufendorf, deutschrechtliche Siedlungsform in Rodungsgebieten, vornehmlich im Gebirge und Vorgebirge. Die Gehöfte befinden sich zu beiden Seiten der Straße im Abstand von ca. 100 m voneinander, die dazugehörigen Felder als Streifen von 100 m Breite und etwa 2500 m Länge im Anschluß an das Gehöft bis zur Gemarkungsgrenze.

Wallonen. In der Frühzeit der schlesischen Siedlung sind auch Wallonen, d. h. Einwohner der westlichen Reichsteile, nach Schlesien gekommen. Diese hatten insbesondere als Tuchweber für das Land Bedeutung. Auch in Breslau gab es in dieser Zeit eine wallonische Siedlung.

Wander, Karl Friedrich Wilhelm, geb. 1803 in Fischbach, gest. 1879 in Quirl. Bedeutender liberaler Schulmann, der sich für eine Demokratisierung des Schulwesens einsetzte. Verlor nach der Revolution von 1848 seine Stellung. Mitbegründer des „Allgemeinen Deutschen Lehrervereins", Herausgeber der „Sammlung der deutschen Sprichwörter".

Wang, Kirche s. Brückenberg

Wangener Kreis, Literarische Gesellschaft, die sich in Wangen/Allgäu mit der Pflege des schlesischen Kulturerbes befaßt. Alljährlich finden „Wangener Gespräche" statt.

Wansen (poln. *Wiązów*), 12 km nördlich von Strehlen, am rechten Ufer der Ohle gelegene, landwirtschaftlich ausgerichtete Kleinstadt. 1250 als Stadt mit deutschem Recht durch den Breslauer Bischof gegründet. Planmäßige Stadtanlage mit rechteckigem Ring. Pfarrkirche, zweite Hälfte 15. Jh., Erweiterung 1914–1917, Rathaus 1665–1668.
Ziegelei, Sägewerk, Zigarrenfabrik und Gurkeneinlegereien für den Gemüsebau. 1939: 3200, 1970: 2300 Einwohner.

Wappen. Das preußische Staatswappen Schlesiens wurde nach alten Vorbildern durch Erlaß von 1864 festgelegt: im goldenen Felde ein schwarzer, goldbewehrter, rotbezungter, mit einer Herzogskrone bedeckter Adler; auf seiner Brust liegt ein silberner Halbmond, zwischen dessen aufwärtsgerichteten Spitzen ein silbernes Kreuz hervorwächst. Seit 1926 hat Oberschlesien ein eigenes Wappen: auf blauem Feld die obere Hälfte eines goldenen Adlers über einer querliegenden goldenen Sensenklinge, darunter gekreuzt goldener Schlegel und Eisen. Die Halbierung des Adlers soll an die Teilung des Landes nach dem ersten Weltkrieg erinnern.
Der Adler mit Kreuz und Mondsichel ist bereits

Adventsspiel

auf einem Wappen Boleslaus des Langen (gest. 1201) erkennbar. Herzog Heinrich IV. von Breslau (gest. 1290) wird in seinem Tumbengrab dargestellt mit dem schlesischen Adler und der Mondsichelspange auf seinem Wappenschild. Herzog Heinrich V. von Breslau (gest. 1296) verwendete das Adlerwappen auf den Siegeln seiner Urkunden.

Wartha (poln. *Bardo*), 13 km südwestlich von Frankenstein. Bedeutender Wallfahrtsort, 1096 Grenzburg, Kirchort seit dem 12. Jh. 1334 „oppidum“.

Bereits um 1700 wurde Wartha von etwa 150 000 Prozessionsteilnehmern besucht. Außerdem gab es in Wartha einen bedeutenden Fremdenverkehr sowie Pfefferküchlereien. Bau der großen barokken Wallfahrtskirche 1686–1704 durch Michael Klein. Sie enthält die älteste schlesische Holzplastik, eine noch romanische, thronende Madonna, das Kind mit segnendem Arm auf dem linken Knie haltend, Anfang 13. Jh. Hochaltarbild von Willmann „Mariae Heimsuchung“ von 1705, Orgelwerk von 1759. Steinerne Neißebrücke aus dem 15. Jh. 1617–1619 Errichtung einer Kapelle auf dem Warthaberge. 1905 Rosenkranzkapellen auf dem Rosenkranzberge, Niederlassungen der Reemptoristen und der Ursulinerinnen. Klosterneubau der Breslauer Marienschwestern 1935–1938, heute Kinderheim.

Zellulose- und Papierfabrik nach 1945. 1939: 1750, 1970: 2700 Einwohner. Im Kriege nicht zerstört.

Wasserpolnisch, die neben dem Deutschen in Oberschlesien östlich der Linie Namslau – Neustadt gesprochene deutsch-polnische Umgangssprache. „Wasser“-polnisch deutet wohl auf die geographische Zuordnung im Oderland hin und ist nicht diminutiv zu verstehen. Die Sprache wurde vor allem auf dem Lande und von der Arbeiterschaft des Industriegebietes gesprochen, während die städtische Bevölkerung vorwiegend deutschsprachig war. Die phonetische und morphologische Struktur dieser Sprache ist zweifelsfrei polnischer Herkunft mit einigen archaischen und dialektischen Zügen. Es handelt sich um mehrere Mundarten, die sich nach der politischen Loslösung von Polen seit Anfang des 14. Jh. herausgebildet haben. Gleichzeitig wurden seit dieser Zeit deutsche Lehnwörter übernommen, insbesondere aus dem täglichen Leben, ferner aus Technik und Verwaltung. Deutsche Verben wurden durch Anfügen der Infinitivendung „ovać“ in die slawische Mundart integriert, z. B. heizen wird zu hajcować, häkeln zu heklovać, drechseln zu drekslować. Die Konjugation folgt der polnischen Grammatik. Besonders zahlreich ist der aus dem Deutschen übernommene substantive Wortschatz. Eimer wird zu ajmer, Beutel zu bajtel, Waschbecken zu waśbek. Teilweise kommen ältere oder schlesisch-mundartliche Wendungen zum Ausdruck: Absatz heißt Krumflek (krummer Fleck), Vater „foter“.

Wättrisch, ländliches Barockschloß im Kreise Reichenbach. Das äußere Bild des Bauwerks ist unversehrt.

Weber. Das wirtschaftliche Rückgrat, insbesondere des Vorgebirgslandes und der Siedlungen, die in das Gebirge hineinreichten, war im Mittelalter die Weberei. Die Tuchherstellung und vor allem die Leinenherstellung – später Gemische mit Baumwolle – genossen weltweiten Ruf. Die Hirschberger „Schleyer-Herren“ gehörten zu den reichen Bewohnern des Landes. Noch heute kann man an den schönen Häusern der Bürger und vor allem auch an dem Reichtum der Kirchen erkennen, welchen Wohlstand das Gewerbe der Bevölkerung brachte.

Der Dreißigjährige Krieg und die Gegenreformation führten zu einem weitgehenden Niedergang des Gewerbes. Viele Protestanten wanderten nach Polen oder in die Lausitz aus. Allmählich erholte sich jedoch die Wirtschaft wieder. Erst die Kontinentalsperre und der Verlust des russischen Marktes sowie die anschließende Industrialisie-

Das schlesische Spiel von Christi Geburt

rung der Textilherstellung brachten die Handweberei zum Erliegen. Die Not der hiervon betroffenen Bevölkerung war unvorstellbar. Das Gedicht Heinrich Heines während des Aufstandes der hungernden schlesischen Weber 1844 schildert die Situation:

Die schlesischen Weber

Im düstern Auge keine Thräne,
Sie sitzen am Webstuhl
Und fletschen die Zähne:
„Deutschland, wir weben dein Leichentuch,
Wir weben hinein den dreifachen Fluch –
Wir weben, wir weben!"

Am bekanntesten geworden ist das Drama von Gerhart Hauptmann „Die Weber", das allerdings erst geschrieben wurde, als die Not der Weber bereits beendet war. Das Weberelend wird hier nur zum Anlaß genommen, um beispielhaft Kritik an sozialen Mißständen zu üben.

Weber, Carl Maria von, 1804–1806 Opernkapellmeister in Breslau. Er erlebte hier sozusagen seine Sturm- und Drangzeit. Anschließend war er Kapellmeister des Orchesters von Carlsruhe/OS. In Breslau versuchte sich Weber an einer Rübezahl-Oper. Die Ouvertüre zu diesem Werk ist nach Umarbeitung unter dem Titel „Beherrscher der Geister" ein gerngespieltes Konzertstück geworden.

Websky, Egmont, geb. 1827 in Wüstegiersdorf, gest. 1905 in Breslau. Schlesischer Textilindustrieller; er machte sich durch soziale Einrichtungen und Mitarbeit an der deutschen Sozialgesetzgebung einen Namen. Gründer des Schlesischen Museums für Kunstgewerbe und Altertümer in Breslau.

Websky, Wolfgang von, geb. 1895 in Berlin. Kunstmaler. Studium an der Kunstakademie in Breslau und in Berlin. Seit 1930 bis zur Vertreibung in Schlesien ansässig, seit 1952 Wangen.

Wedding, Johann Friedrich, 1759–1830. Errichtete den ersten Koksofen in Gleiwitz. Sein Sohn *Johann Wilhelm*, 1798–1872, baute das Eisenhüttenwerk Laurahütte sowie die Berliner Staatsdruckerei, die er bis zu seinem Tode leitete.

Weichbild. Seit Beginn der deutschen Kolonisierung in Schlesien sind Stadt und Land durch eine Weichbildverfassung verbunden. Das Wort ist niederdeutscher Herkunft: „Wikbilede". Es bezeichnet im räumlichen Sinne den Stadtgerichtsbezirk, der die Stadt mit ihrer Gemarkung umfaßt. Die Dörfer unterlagen der Bannmeile, d. h. einem Monopol der Stadt für bestimmte wirtschaftliche Aktivitäten wie Brau- und Schankrecht sowie dem Recht, bestimmte Handwerke auszuüben.

Weichmann, Herbert, geb. 1896 Breslau, gest. 1983, Politiker, langjähriger Bürgermeister von Hamburg.

Herodes-Spiel

Weichsel (poln. *Wisła*), mit 110 qkm das flächengrößte Dorf Schlesiens. Seit Anfang des 17. Jh. von evangelischen Siedlern erschlossen, die in den Gebirgswäldern der Beskiden Schutz vor der Gegenreformation suchten. Bis heute bewahren die Weichseler „Goralen" eine Fülle von Überlieferungen. Evangelische Kirche von 1782. Der Ort wurde 1962 Stadt. 1970: 9700 Einwohner.

Weigelsdorf (poln. *Ostroszowice*), Dorf und Schloß im Kreise Reichenbach. Dieses wurde 1715–1718 umgebaut und 1861–1863 nochmals verändert.

Weihnachtskrippen. Die schlesische Krippentradition ist fast 400 Jahre alt. Ursprünglich wurden Krippen in den katholischen Kirchen aufgebaut. Dieser Brauch erlebte seinen Höhepunkt im Zeitalter des Barocks. Um 1700 bis 1750 bildete sich ein Art Krippenarchitektur heraus, welche mit Hilfe von Schaugerüsten und Scheinfresken, die der Kulissenwelt des Theaters entnommen waren, die ganze Kirchenapsis über dem Hauptaltar zur Weihnacht mit Figuration von der Christgeburt ausfüllten. Einen Eindruck hiervon gibt die Josephskirche in Grüssau mit ihren herrlichen Freskenmalereien von Willmann, aber auch andere Wallfahrtskirchen wie Albendorf zeigen Beispiele dieser Tradition. Von der katholischen Kirche ging der Brauch allmählich auch auf die Lutheraner über.
Im Zeitalter der Aufklärung verschwanden diese Krippenausstellungen, jedoch übernahm das Volk die Weihnachtskrippe in den Haus- und Familienbereich. Gegen Ende des 18. Jh. entwikkelte sich die Schnitzkunst in den Gebirgsgegenden Schlesiens, eine der „Schnitzlandschaften" lag im Riesengebirge, die zweite im Adlergebirge und am Rande der Grafschaft Glatz, eine dritte im Goldoppa-Tal nördlich des Altvaters unweit von Neisse. Zur Zeit des Biedermeier erlebte die bürgerliche Krippenkunst einen Höhepunkt. Die Bildhauerfamilie Heinz im Altvatergebirge gehörte zu den begabtesten Schnitzern. Außerdem wurden gemalte und und gedruckte Papierfiguren hergestellt.
Der Siegeszug des Christbaums schien zunächst der älteren Weihnachtskrippe Abbruch zu tun. Mit Beginn des 20. Jh. kam es jedoch auch in Schlesien zu einer Krippenerneuerung. Die Gründung der Warmbrunner Schnitzschule im Riesengebirge im Jahre 1902 gab dem Krippenschnitzen neue Impulse. Auch in den Sakralraum kehrte die Krippe nunmehr zurück. Die vertriebenen Grulicher und Warmbrunner Schnitzer haben ihre Kunst auch in Westdeutschland fortgesetzt.

Weihnachtsspiele. Im schlesischen Weihnachtszyklus gibt es ein Adventsspiel, ein Spiel von Christi Geburt und ein Spiel um die Heiligen Drei Könige. Wurden bei den Adventsspielen Gestalten und Überlieferungen des alten Volksglaubens ins Christliche übersetzt, so wurde bei den Spielen von Christi Geburt und den Heiligen Drei Königen altchristliche Tradition aus kirchlichen Bräuchen allmählich in die Ausdrucksweise des Volkes übertragen. Ausgangspunkt sind die kirchlichen Festevangelien und die Gesänge sowie die großen Kirchenkrippen, die in der Kirche geschaffen wurden. Zunächst wurden die Stücke von Geistlichen rezitiert und gesungen, später führte man lateinische Schuldramen auf, hieraus entwickelte sich bereits im 14. und 15. Jh. das geistliche Volksschauspiel.

Den alten Mittelpunkt des schlesischen Weihnachtsspiels bildet der Wechselgesang zwischen Maria und Josef. Auf die Bitte von Maria: „Josef, lieber Josef mein, hilf mir wiegen das Kindelein", antwortet Josef: „Wie soll ich denn das Kindla wiega, ich kann jo mei ala Puckel ne biega".

Besondere Liebe gilt der Szene mit den Hirten auf dem Felde. Der Kontrast zwischen dem Gesang der Engel und dem schlaftrunkenen Gerede der bäurischen Gesellen reizte zur Ausgestaltung. Auf die Mitteilung eines Hirten: „'s ist a Kind geborn", erwidert der andere: „Woas? A Rind derfrorn?" oder „Woas? A Strump verlorn?". Die schlesischen Hirten sind im Gegensatz zur süddeutschen Volkspoesie von der Last des täglichen Lebens gedrückt. Ihre Armut ertragen sie mit gutmütiger Ironie, für fremde Not haben sie herzliches Mitgefühl. Einer der Hirten singt das Volkslied:

„O Freeda über Freeda!
Ihr Nuppern kummt und hiert
Woas mir durt uf der Heeda
Für Wunderding passiert.
Es koam a wesser Engel
Bei hucher Mitternacht,
Dar sung mer a Gesängel,
Doaß mir doas Harze lacht."

Eine Abart des Weihnachtsspiels ist das Herodes-Drama oder das Sternsingerspiel. Die Herodes-Dramen aus Breslau und der Grafschaft Glatz fußen auf alter Überlieferung, insbesondere aus fränkisch-bayerischer Tradition.

Im schlesischen Sternsingerspiel treten die Heiligen Drei Könige, deren Diener Laban, der König Herodes und ein Schäfer auf. Im sogenannten „Breslauer Herodes" wird dieser Personenkreis erweitert, insbesondere durch einen Harlekin. Der Schäfer singt das bekannte Lied:

„Ob ich gleich ein Schäfer bin,
hab ich doch ein'n frohen Sinn,
führ ich doch ein solches Leben,
das mit lauter Lust umgeben,
wechsle meinen Hirtenstab
nicht mit Kron und Zepter ab."

Weihnachtsstriezel. Fülleborn berichtet über den Weihnachtsstriezel:

„Viel versendet man Striezel
zu Freunden umher und Bekannten,
und du findest in Hamburg dann,
Stettin und so mancher
blühenden Stadt Merkurs
die mächtigen Striezel von Breslau."

Man nehme 500 g Mehl, 35 g Hefe, 1/4 Liter Milch, 100 g Butter, 100 g Zucker. 1 Teelöffel Salz, 100 g Korinthen, 100 g Sultaninen, 30 g Zitronat, 40 g Mandeln, 75 g Butter zum Bestreichen, Zucker zum Bestreuen.

Der aufgegangene Teig wird mit Butter, Zucker und Salz verrührt, glattgeknetet, vorbereitete Korinthen und Sultaninen, würflig geschnittenes Zitronat und gewiegte Mandeln daruntergemischt. Teig noch einmal aufgehen lassen. Auf einem Brett breitdrücken, einmal überschlagen. Auf dem Blech muß der Striezel ein drittes Mal aufgehen. Dann wird er eine halbe bis dreiviertel Stunde bei zuerst starker, dann schwächer werdender Hitze gebacken. Der heiße Striezel wird mit Butter bepinselt, mit Streu- oder Puderzucker besiebt. Die Fettmenge kann bis auf 250 g erhöht werden.

Weimann, Heinrich, geb. 1907 Schönau, gest. 1945, Bildnismaler, Sohn des Paul W.

Weimann, Paul, geb. 1867 Breslau, gest. 1945, Landschaftsmaler, insbesondere des Riesengebirges, Schüler von Carl E. Morgenstern.

Weinhold, Karl, 1820 in Reichenbach geb., gest. 1901. Bedeutender Kultur- und Literaturhistoriker. Für Schlesien sind seine Weihnachtsspiele und Lieder aus Süddeutschland und Schlesien von Bedeutung sowie Beiträge zu einem schlesischen Wörterbuch, ferner zur Verbreitung und Herkunft der Deutschen in Schlesien.

Weisflog, Karl, 1770–1828. Stadtrichter in Sagan, Verfasser von 12 Bänden „Gesammelte Erzählungen", eine von ihnen „Das große Los", ging als „Lumpazivagabundus" in der Bearbeitung und Dramatisierung von Nestroy in die Literatur ein.

Weisse, Michael, geb. in Neisse, gest. 1534 in Landskron. Als Prediger und Vorsteher der Brüdergemeinde verfaßte er eine Sammlung von Kirchenliedern. Dieses „Neue Gesangbüchlein" von 1531, zwei Jahre nach Luthers erstem Gesangbuch, umschließt 157 Lieder. Etwa 20 der Lieder sind tschechischen Ursprungs und Übersetzungen lateinischer Kirchengesänge. Den Großteil hat Weisse selbst gedichtet.

Weißwasser, 37 km nordwestlich von Rothenburg/Oberlausitz. 1452 erstmaliger urkundlicher Nachweis, 1935 zur Stadt erhoben. Braunkohlenbergbau, Brikettfabrik, Glashütten „Vereinigte Lausitzer Glaswerke" (größtes Glaswerk auf dem europäischen Festland), außerdem Glasschleifereien, Porzellanfabrik u. a. Industrien. 1939: 14400, 1973: 23100 Einwohner. Heute in der DDR gelegen.

Weistritz. Name mehrerer schlesischer Flüsse: 1. die Habelschwerdter Weistritz, entspringt öst-

Windmühlen bei Gnadenfrei, Kr. Reichenbach

lich der Hohen Mense im Kreise Habelschwerdt 753 m über dem Meeresspiegel und mündet bei Habelschwerdt in die Neiße,
2. die Glatzer oder Reinerzer Weistritz, entspringt im Kreise Glatz an der Hohen Mense, fließt durch das Grunwalder Tal an Reinerz vorüber, dann durch das enge, bewaldete Höllental und mündet nach einem Lauf von 34 km bei Glatz in die Neiße,
3. die Weistritz oder das Schweidnitzer Wasser, entspringt im Kreise Waldenburg am Brunnenberg aus dem Rumpelbrunnen 525 m über dem Meeresspiegel, scheidet das Hochwaldgebirge vom Eulengebirge, mündet nach einem Lauf von 90 km unterhalb Herrnprotsch in die Oder.

Weiszfeld, Thomas, aus Oslo stammender Barockbildhauer in Schlesien. Er schuf die Vierzehn-Nothelfer-Figuren in der Klosterkirche von Kamenz sowie Gestalten am Hochaltar der Pfarrkirche in Hirschberg und in der „Barmherzigen Brüderkirche“ sowie in der Kreuzkirche in Breslau. Die ekstatischen Schöpfungen dieses eigenwilligen Bildhauers stehen zwischen Gotik und Rokoko und stellen mit ihrer Beseeltheit des Ausdrucks einen Höhepunkt der barocken Bildkunst in Schlesien dar.

Welkersdorf (poln. *Rząsiny*), Dorf und Schloß im Kreise Löwenberg. Oberhalb von Welkersdorf befindet sich die Burgruine Talkenstein.

Wenden oder Sorben, Bezeichnung für eine slawische Volksgruppe in der schlesischen und sächsischen Lausitz. 40 000 Einw., überwiegend evangelisch. In Breslau gab es ein „Wendenstipendium“ für die sprachliche Ausbildung in wendischen Gemeinden.

Werner, Abraham Gottlob, geb. 1750 in Wehrau bei Bunzlau, gest. 1817 in Dresden. Seit 1775 Professor an der Bergakademie in Freiberg, bahnbrechender Systematiker der Mineralogie und Geologie, Begründer des Neptunismus. Seine mineralogische Sammlung ist noch heute Eigentum der Freiberger Bergakademie.

Kirche Maria Schnee

Werner, Friedrich Bernhard, 1696 in Reichenau bei Kamenz geb., 1778 in Breslau gest. Bedeutender Kupferstecher. Im Auftrag Augsburger Verleger fertigte er Tausende von Stadtprospekten und Architekturansichten an. Über Schlesien schuf er mehrere Sammelwerke, nämlich „Scenographia urbium Silesiae seu Silesia in Compendio“ (1730–1740), ferner eine Topographie der schlesischen Herzogtümer sowie ein Werk über die evangelischen Bethäuser.

Wernicke, Carl, geb. 1848 Tarnowitz, Psychiater, Schöpfer des Projektionsmodells und der modernen Hirnlokalisationslehre. Lehrer Otfried Foersters.

Wessolla (poln. *Wesoła*), Industriestadt im Kreise Pless. Bedeutende Kohlenförderung. Seit 1962 Stadt. 1970: 5 200 Einwohner.

Wetterregeln. Das Wetter ist ein wichtiger Faktor im Leben der Menschen. Besonders abhängig davon ist der Bauer. Auch in Schlesien gab es eine große Zahl von Wetterregeln, die vom bäuerlichen Leben geprägt wurden.
Bekannt ist, daß man den Zobten als Wetterpropheten anspricht. Erscheint er nah und blau, deutet dies auf baldigen Regen hin, sieht er grau und fern aus, verspricht dies schönes Wetter.
Im Riesengebirge sagten manche bis auf die Viertelstunde genau aus den über dem Mittagstein

aufsteigenden Wolken das nahende Gewitter voraus. Ein „Wetterbaum" – das ist ein Wolkenstreif, der über den ganzen Himmel geht – deutet auf einen Wetterumschwung hin.

Bei Gewitter zündet man sogenannte „Gewitterkerzen" an.

So mancher Monat hatte seine eigenen mundartlichen Wetterregeln:

Januar: Januar muß vr Kälde knacka, wenn de Ärnte sol gutt sacka. Tanzen im Januar die Mukken, muß der Pauer no Futter gucken.

Februar: Hornig-Micka honn Schnie ufm Ricka. – Wenns oa Lichtmeß stermt on schneit, es der Frihling nimme weit. Ees es oaber kloar und hell, kimmt der Lenz woll nie so schnell.

März: Märzagrien sol ma mit der Hacke ei de Aarde schloon.

April: A Storm im Opril schickt ma wuhie ma wil.

Mai: Mai kuhl, Brachmonda noß, fillt Scheun und Putterfoß.

Juni: Raints am Johannistoag, gibts vel Kerner ei a Soak.

Juli: Im Juli muß broota, was im Harbest sol geroota.

August: Der August, der hout viel Hitze und brengt viel Blitze. Es ist auch keene Schande, sie nutzen der Luft und dem Lande.

September: Zu Maria Gebort ziehn Gewitter und Schwolma fort.

Oktober: Hedewige schmeßts Siß eis Kraut und ei de Riebe.

November: Wenn zo Barbara de Gons m Eise lotscht, lotscht se zu Weihnachta m Drecke.

Dezember: Ees de Christnacht hell und kloar, bedett doas woll a gudes Joar; wenns derkeene stermt und schneit, fallt es mit der Scheenheit weit.

Wieschowa (1935 Randsdorf; poln. *Wieszowa*), östlich von Peiskretscham gelegener Industrieort, der in der zweiten Hälfte des 13. Jh. gegründet wurde. Mitte des 16. Jh. wurde hier ein Schloß errichtet, das 1839 von den Grafen Henckel v. Donnersmarck auf Neudeck ausgebaut wurde. Seit 1958 stadtartige Siedlung. 1939: 3900, 1970: 3100 Einwohner.

Wiese, Leopold von, geb. 1876 Glatz, gest. 1969 Köln, Soziologe, 1946–1955 Präsident der Deutschen Gesellschaft für Soziologie, begründete ein System der allgemeinen Soziologie.

Wiesenbaude, auf der „weißen Wiese" in 1400 m Höhe 4 km westlich der Schneekoppe auf böhmischer Seite. Gilt als älteste Riesengebirgsbaude (1625).

Wiessalla, Josef, geb. 1898 in Beuthen, 1945 in Breslau verschollen. Sozialkritischer Schriftsteller des oberschlesischen Grenzraumes. Sein soziales Schauspiel „Front unter Tage" schildert den Kampf um die Rettung von 18 verschütteten Bergleuten. Das Stück wurde am Deutschen Theater in Berlin aufgeführt, jedoch von den Nationalsozialisten verboten. Romane: „Zwischen Tag und Traum", „Udyta" und „Empörer".

Wilczek, Gerhard, geboren 1923 in Grottkau. Historiker. Sein Lebenswerk ist die Breslauer Sammlung in Köln.

Willmann, Michael, geb. 1630 Königsberg, gest. 1706 Leubus. Größter Barockmaler Schlesiens, vielfach „Schlesischer Raffael" genannt. Rembrandts Hell-Dunkel und van Dycks religiöse Inbrunst bestimmten nach den Lehrjahren in den Niederlanden sein Werk. Kirchenfresken in Grüssau, Monumentalbilder in Leubus, Werke in Kamenz und Heinrichau, hervoragende Landschaften, mythologische Szenen und Porträts (Abt Bernhard Rosa).

Wilm, Alfred, Hütteningenieur, geb. 1869 Niederschellendorf, gest. 1937 Saalberg/Riesengebirge, Erfinder der Leichtmetallverbindung „Duraluminium" 1906/07.

Wilpert, Joseph, geb. 1857 Eiglau, gest. 1944 Rom, christlicher Archäologe. Hauptwerke: „Die Malerei der Katakomben Roms" (1903), „Die römischen Mosaiken und Malereien vom

Wohlau

4. bis 13. Jh." (1916), „I sarcofagi christiani antichi" (1929/35).

Winckler, Paul, geb. 1630 in Großglogau, gest. 1686. Verfasser des schlesischen Barockromans „Der Edelmann" (1696).

Windmühlen. Schlesische Windmühlen sind überwiegend Bockmühlen. Der drehbare Aufbau steht auf einem festverankerten Bock, dessen Mitte als Drehzapfen der Ständer bildet. Mit der Holzkonstruktion des Getriebes und in der eigentümlichen Zimmermannsarbeit sind die Bockmühlen handwerklich auf hoher Stufe stehende technische Kulturdenkmäler.
Die älteste nachweisbare Windmühle im Kreise Breslau stand in Bettlern. Sie wurde jedoch 1845 abgerissen. Von den bis 1945 erhaltenen 14 Mühlen in der Umgebung Breslaus sind die ältesten in Wirrwitz (1680), Seschwitz (1709) und Tschirne (1742).

Winzig (poln. *Wińsko*), 16 km nördlich der Kreisstadt Wohlau gelegen. 1218 erwähnt, 1285 mit Steinauer Recht gegründet. Marktsiedlung mit rechteckigem Ring. Landwirtschaftlich strukturiert. Gotische Hallenkirche aus der Mitte des 16. Jh. 1939: 2100, 1961: 1200 Einwohner.

Wirrwitz (1937: Konradserbe; poln. *Wierzbice*), 21 km südwestlich von Breslau. Spätgotische Wehrkirche aus dem Anfang des 16. Jh. Chor älter. Wehrmauer aus Bruchsteinen. Schloß im 18. Jh. von Hackner erbaut.

Witelo, geb. um 1220 Liegnitz, gest. 1275 Breslau (?), Naturforscher, Studium in Padua. Werk: „De perspectiva".

Wittek, Bruno Hanns, geb. 1895 in Freuden-

Schloß Thiergarten bei Ottmachau

thal, gest. 1935 in Troppau. Dichter des sudetenschlesischen Raumes mit Anklängen an Eichendorffs Romantik. Sein Roman „Sturm überm Acker" ist der Lebensbericht des sudetenschlesischen Bauernrevolutionärs Hans Kudlich.

Wittichenau, 7 km südwestlich von Hoyerswerda, an der Schwarzen Elster. Kolonistenstadt „aus wilder Wurzel". 1303 Verleihung des Magdeburger Stadtrechts. Rechteckiger Ring in der Stadtmitte. Pestsäule auf dem Ring.
Bootswerft, andere geringe Industrien. 1939: 3000, 1965: 3500 Einwohner. Gehört heute zur DDR.

Wittig, Josef, geb. 1879 in Schlegel (Krs. Neurode), gest. 1949 in Göhrde. Katholischer Geistlicher und Schriftsteller. 1925 wurde sein „Leben Jesu in Palästina, Schlesien und anderswo" auf den Index der verbotenen Bücher gesetzt. Zusammen mit Martin Buber und Victor von Weizsäcker gab er von 1926 an die Zeitschrift „Die Kreatur" heraus. Er setzte sich für Reformen der katholischen Kirche ein, die erst später unter Papst Johannes XXIII. und im 2. Vatikanischen Konzil Wirklichkeit wurden. Dies brachte ihm die Exkommunikation ein. Er heiratete, schrieb volkstümliche Geschichten. Erst 1946 kam für ihn die Aufhebung der Exkommunikation.

Witzleben, Erwin von, geb. 1881 in Breslau, hingerichtet 1944 in Plötzensee. Generalfeldmarschall. Als Widerstandskämpfer wurde er nach dem Attentat von 20. Juli 1944 nach Verurteilung durch den Volksgerichtshof gehängt.

Wlast, Peter, erwarb sich im 12. Jh. unter Herzog Boleslaus III. Ruhm und Ehre. Er heiratete eine russische Prinzessin und vermehrte dadurch seinen Reichtum. Er und seine Gemahlin stifteten in Schlesien zahlreiche Kirchen und Klöster. Er war möglicherweise in die politischen Auseinandersetzungen zwischen Wladislaus II. und seinen Brüdern verwickelt. Die Behauptung, er sei von Wladislaus geblendet worden, gehört jedoch wahrscheinlich in den Bereich der Sage. 1153 starb Peter Wlast.

Wochentage. Von besonderer Wichtigkeit war natürlich der Sonntag, an ihm war die Arbeit verboten. Sonntags durfte auch nicht genäht werden. Kinder, am Weißen Sonntag geboren, galten als „geistersichtig". Der Freitag dagegen war ein böser Tag, an dem man keinen neuen Dienst antrat und auch nicht heiraten durfte. Der Montag und Dienstag galten als gut. „Der Montag ist des Sonntags Bruder, der Sonnabend ist aller faulen Leute Trosttag", da wurden die Stube und das Haus gereinigt, der Hof gekehrt, die Kinder gebadet. Jeden Sonnabend, so sagte man, scheint einen Augenblick die Sonne, damit sich Maria ihren Schleier trocknen kann. Mittwoch und Sonnabend, so hieß es in Kunzendorf, sind keine Tage, an denen man etwas Neues beginnt, was man hier anfange, glücke nicht. Mittwochs – so der Volksmund – fällt der Boden aus der Woche. Der Donnerstag galt neben dem Sonntag als zweiter Feiertag. An diesem Tage durfte es auch Klöße, das Sonntagsgericht, geben.
Der 1. April, der 1. August und der 1. Dezember galten als Unglückstage. Am 1. April ist Judas Ischariot geboren, am 1. August wurde der Teufel vom Himmel geworfen und am 1. Dezember ist Sodom und Gomorrha versunken.

Wohlau (poln. *Wołów*), Kreisstadt 40 km

nordwestlich von Breslau. 1285 gegründet mit deutschem Recht. Planmäßige Stadtanlage mit ovalem Grundriß, von Teichen umgeben. Rechteckiger Ring in der Stadtmitte. Herzogliches Schloß im Stile der Renaissance (1653–1672), 1733 Mariensäule, barockes Rathaus von 1689, Mitte des 18. Jh. „Hälterhof", Getreidemagazin Friedrichs des Großen. Stadtpfarrkirche St. Laurentius 14./15. Jh., barocke Klosterkirche.
Beamtenstadt, geringe Industrie. Heute Wohnstadt der chemischen Industrie in Dyhernfurth. 1939: 7400, 1975: 11100 Einwohner.

Wohnwitz (poln. *Wojnowice*), bei Neumarkt liegendes Schloß, urkundlich zuerst 1351 erwähnt. Wasserschloß im spätgotischen Sinne. Übergang zur Renaissance. Das Schloß hat den Krieg heil überstanden.

Wojewodschaft (poln. *Województwo*), polnische Verwaltungseinheit, etwa den preußischen Regierungsbezirken vergleichbar. Auf schlesischem Boden liegen gegenwärtig Wojewodschaftssitze in den Städten Bielitz, Breslau, Grünberg, Hirschberg, Kattowitz, Liegnitz, Oppeln und Waldenburg. Die Verwaltungsbezirke der Kreise sind aufgehoben, was sich insbesondere auf die statistischen Bevölkerungszahlen auswirkt, weil die heutigen Gemeinden erheblich umfangreicher sind als vor 1945.

Wölfelsdorf (poln. *Wilkanów*), Dorf und Schloß. Das um 1690 erbaute Schloß ist eine der bedeutendsten Anlagen des Glatzer Landes südlich von Habelschwerdt mit französischem Park. Das 1945 nicht zerstörte Schloß befindet sich in einem völlig verwahrlosten Zustand und ist inzwischen Ruine. Der Park ist verkommen.
In der Pfarrkirche, dem heiligen Georg gewidmet, befinden sich wertvolle Statuen des Bildhauers Michael Klahr d. Ä.

Wölfelsgrund (poln. *Międzygórze*), bekannte Sommerfrische am Fuße des Glatzer Schneeberges, inmitten weiter Wälder gelegen. In ihrer Nähe erhebt sich der „Spitzige Berg", eine Gneispyramide, auf deren sanfterem südlichen Abfall 1782 die kleine spätbarocke Wallfahrtskapelle „Maria Schnee" errichtet wurde. Der Sage nach soll zur Zeit Josephs II., als dieser das Kloster Maria Zell eingezogen hatte, das Gnadenbild von dort auf den Spitzigen Berg geflüchtet sein. In Wirklichkeit handelt es sich um eine Kopie, die ein Wölfelsdorfer namens Veit aus Maria Zell mitgebracht hat. Seitdem ist das Bild der Heiligen Maria zum Schnee Ziel zahlreicher Wallfahrer. Zu dem Kirchlein gelangt man am besten über den sehenswerten Wölfelfall. Parkplatz und Baude unmittelbar an der Straße nach Wölfelsgrund.
Holzkirche St. Josef (1740–1742).

Wolff, Christian, geb. 1679 in Breslau, gest. 1754 in Halle. Hauptvertreter der Philosophie der Aufklärungszeit. 1723 aus Halle ausgewiesen, holte ihn Friedrich II. 1740 wieder zurück. Schöpfer der deutschen philosophischen Fachsprache. Betrieb Lösung der Philosophie von der Theologie und gliederte die Metaphysik in einzelne Disziplinen.

Marktplatz in Ziegenhals

Wolff, Klara, geb. 1800 Neustadt/OS, gest. 1853 Neisse, Gründerin der Kongregation der Grauen Schwestern.

Wolff, Wilhelm, geb. 1809 in Tarnau bei Schweidnitz, gest. 1864 im Exil in Manchester. Journalist und Demokrat. Nach vierjähriger Festungszeit kämpfte er gegen das Elend der untersten Bevölkerungsschichten. Ein Artikel über das Elend der Obdachlosen in den Breslauer Kasematten verschaffte ihm den Titel „Kasematten-Wolff". In einer Abhandlung im „Deutschen Bürgerbuch" von 1848 analysierte er das Elend der schlesischen Weber in sozialhistorischer Hinsicht. Mitarbeiter von Marx in der „Neuen Rheinischen Zeitung". Hier befaßte er sich mit den politischen und sozialen Zuständen in Schlesien. In seiner Artikelserie „Die schlesische Milliarde" befaßte er sich insbesondere mit den Ablösungsgeldern, die die Bauern an den Großgrundbesitz zu zahlen hatten. 1849 Abgeordneter im Frankfurter Paulskirchenparlament. Er forderte hier zur Organisation einer revolutionären Erhebung auf. Bis 1851 im Schweizer Exil, Mitglied im „Neuen Arbeiterverein", ab 1853 in Manchester. Marx widmete sein Hauptwerk, das „Kapital", seinem Mitstreiter Wilhelm Wolff.

Woelfl, Adelbert, 1825 in Frankenstein geb., gest. 1896 in Breslau. Bedeutender Architekturmaler schlesischer Baudenkmäler.

Birnkrüge aus Zinn, 18. Jh.

Wolf, Richard, geb. 1900 in Bad Landeck. Schriftsteller. Erzählungen, Reiseberichte, Novellen, Romane. Roman „Goldene Tage umfingen mich".

Woltersdorf, Ernst Gottlieb, 1725–1761. Prediger in Bunzlau und Liederdichter. Wandte sich insbesondere an die Jugend.

Wolzogen, Ernst von, 1855 in Breslau geb., 1934 in München gest. Bühnen- und Romanschriftsteller, Gründer des Kabaretts „Überbrettl" in Berlin.

Woschek, Theophil, geb. 1888 Kadlub bei Groß Strehlitz, gest. 1952 Bonn, 1930–1933 Landeshauptmann von Oberschlesien, von den Nationalsozialisten amtsenthoben. Nach dem Krieg Ministerialdirigent im Bundesministerium für Vertriebene.

Woyrsch, Remus von, geb. 1847 Pilsnitz/Breslau, gest. 1920 dort, preußischer Generalfeldmarschall, Führer des Schlesischen Landwehrkorps im Ersten Weltkrieg; deckte 1914 den Rückzug der österreichischen Armee in Polen und wehrte im November 1914 die Schlesien bedrohenden russischen Armeen ab.

Wünschelburg (poln. *Radków*), 22 km nordwestlich von Glatz, unmittelbar unter dem Heuscheuer-Gebirge. 1290 Erwähnung der Pfarrkirche St. Dorothea, jetziger Bau 1571–1580. 1341 als „civitas" bezeichnet, 1418 erneute Verleihung des Stadtrechtes. Ellipsenförmiger Grundriß mit rechteckigem Ring als Stadtmitte. Rathausportal aus dem Jahre 1609. Mariensäule auf dem Ring. Landwirtschaft, Handwerk, geringe Industrie, Fremdenverkehr, Sandsteingewinnung (größtes Steinsägewerk Europas). Das Berliner Reichstagsgebäude ist aus Wünschelburger Sandstein errichtet. 1790 wurde unweit von Wünschelburg auf der Heuscheuer das „Fort Carl" errichtet und ein Fußweg auf den Berg angelegt. Im gleichen Jahr besuchte Goethe die bizarren Felsen der

Heuscheuer, worauf eine Tafel an der Baude heute noch hinweist. 1939: 2600, 1970: 2500 Einwohner. Im Kriege nicht zerstört.

Wünschelburger Christkindelmesse. Ignaz Reimann, geb. 1820 in Albendorf, gest. 1885 in Rengersdorf, komponierte eine Pastoralmesse, die zunächst in Wünschelburg und später auch in anderen Orten der Grafschaft Glatz in der Christnacht aufgeführt wurde. Ihre heitere Religiosität entspricht in besonderem Maße der Grafschafter Landschaft und ihren Menschen. Außerdem komponierte Reimann für Kirche und Konzertsaal etwa 500 weitere Werke.

Würben (poln. *Wierzbna*), 8 km nördlich Schweidnitz liegender Ort. Die kleine Pfarrkirche St. Maria ist durch ihre doppeltürmige Westfront, in sorgfältigem Quaderbau errichtet, ein besonderes Beispiel spätromanischer Baukunst in Schlesien. Im 18. Jh. wurde der Bau durch den Einbau einer Empore stark verändert. Hauptschiff barock, Altarbild von Willmann. Priorat des Klosters Grüssau, später Herrensitz.
In der Nähe Würbenschanze, 1633 von den Schweden angelegt.

Würbs, Karl, geb. 1807 in Prag, 1876 dort gest. Illustrator und Maler, nach dessen Vorlagen mehrere Stahlstecher Ansichten von Schlesien bearbeiteten.

Wüstegiersdorf (poln. *Gluszyca),* im Kreise Waldenburg gelegener Weberort. 1305 erstmals erwähnt, wurde er nach der Zerstörung durch die Hussiten Mitte des 16. Jh. durch sächsische Bergleute wieder besiedelt. Ende des 16. Jh. kam der Bergbau zum Erliegen. Um diese Zeit begann die Leinenweberei. 1838 Errichtung der ersten mechanischen Baumwollweberei der Firma Großmann. 1939 und 1970: 7000 Einwohner.

Wüstewaltersdorf (poln. *Walim*), 1305 erstmals erwähnt, entstand im 16. Jh. eine neue Siedlung für Protestanten aus Böhmen und der Grafschaft Glatz. Bereits im 19. Jh. war Wüstewaltersdorf ein Mittelpunkt der Textilindustrie.

Schleifkanne, Breslau Anfang 16. Jh.

1843 wurde die erste Textilfabrik Meyer-Kauffmann errichtet, seit 1848 Jacquard-Weberei. Egmont Websky (1827–1905) machte Wüstewaltersdorf zu einem Zentrum der Baumwollverarbeitung.
Barbara-Kirche von 1548, evangelische Kirche, 1751 aus einem Bethaus barock umgestaltet. Nach der Zerstörung 1945 inzwischen wieder aufgebaut. 1939: 2800, 1970: 3200 Einwohner.

Yorck von Wartenburg, Johann David Ludwig Graf, geb. 1759 in Potsdam, gest. 1830 Klein-Oels. Bedeutender preußischer General. Schloß die Konvention von Tauroggen im Kriege Napo-

Kapelle auf dem Zobtenberge

leons gegen Rußland, um die preußischen Truppen zu retten. König Friedrich Wilhelm III. verlieh ihm die Herrschaft Klein-Oels (frühere Templer-Kommende) in Schlesien.

Yorck von Wartenburg, Peter Graf, Nachkomme von Johann David Ludwig, geb. 1904 Klein-Oels, hingerichtet 1944 in Plötzensee. Jurist. Widerstandskämpfer, Mitbegründer des Kreisauer Kreises. Wegen Teilnahme am Attentat des 20. Juli hingerichtet.
In seinem letzten Brief an seine Mutter schreibt er: „Vielleicht kommt doch einmal die Zeit, wo man eine andere Würdigung für unsere Haltung findet, wo man nicht als Lump, sondern als Mahnender und Patriot gewertet wird. Daß die wunderbare Berufung ein Anlaß sein möge, Gott die Ehre zu geben, ist mein heißes Gebet."

Zänker, Otto, 1876–1960, evangelischer Bischof von Schlesien, 1941 zwangspensioniert. Erster Vorsitzender der „Gemeinschaft evangelischer Schlesier".

Zauberei. Viele Krankheiten gingen nach altem Volksglauben auf Zauberei zurück. Dämonische Mächte wie die Mittagsfrau, der Nachtjäger oder die Waldgeister fügten Leid zu. Auch glaubte man, daß böse Menschen einem etwas „antäten". Man war überzeugt davon, daß es Menschen gäbe, die es mit dem Teufel hielten und von diesem Vollmachten bekämen. Mit ihrem Spruch könnten diese mit Speise und Trank jemanden vergiften oder das Vieh behexen. Böse Frauen wünschten ihren Feindinnen auch den „Wichtel" (Weichselzopf). Der Feind durfte nichts vom Körper in die Gewalt bekommen. Deshalb mußten ausgekämmte Haare verbrannt werden, denn ein Feind konnte sie mit Birkenreisern verknüpfen und einem dadurch Leid zufügen.

Von besonderer Bedeutung war der Liebeszauber. Für wirkungsvoll galten Liebstöckel und Knabenkraut. Man brachte dem zu Bezaubernden auch etwas vom eigenen Körper bei, etwa einen Apfel, den man am eigenen Körper getragen hatte. Umgekehrt durfte man einem lieben Menschen keine Nadel oder Schere schenken, weil dies die Liebe oder Freundschaft zersticht.

Zaude, mittelalterliches Rechtsprechungsorgan. Das Wort stammt vermutlich aus dem Tschechischen: „Zuda". Erstmalig 1306 erwähnt. Die Breslauer Zaude ist bereits 1337 aufgehoben. In anderen Teilen Schlesiens erhielten sich Zauden in der Form eines ständischen Gerichts bis ins 15. Jh.

Zedlitz, Joseph Christian Freiherr von, geb. 1790 zu Johannisberg, gest. 1862 in Wien. Dichter und Lyriker.

Zedlitz, Karl Abraham von, geb. 1731 in Schwarzwaldau, gest. 1793 in Kapsdorf. Preußischer Justizminister, später Kultusminister. Er ist dadurch bekanntgeworden, daß er in dem berühmten Prozeß mit dem Potsdamer Müller Arnold die von Friedrich dem Großen geforderte Bestrafung der Kammergerichtsräte abgelehnt hatte. Als Kultusminister setzte er sich besonders für das Volksschulwesen ein. Er ist auch der „Erfinder" des preußischen Abiturientenexamens.

Ziegelindustrie. 1939: 437 Betriebe mit 13846 Beschäftigten für die Herstellung von Ziegeln und künstlichen Mauersteinen.

Ziegenhals (poln. *Głuchołazy*), 18 km südwestlich von Neisse im Bieletal, am Ausgang des Altvatergebirges. Vor 1232 durch den Bischof von Breslau mit flämischem Recht gegründet. 1263 als Stadt erstmals belegt. Planmäßige Stadtanlage als Marktsiedlung mit rechteckigem Ring in der Stadtmitte. Obertor aus dem Jahre 1600, Reste der Stadtmauer. Pfarrkirche St. Laurentius. 1729 anstelle einer gotischen Kirche errichteter Barockneubau im Stile böhmischer Emporensaalkirchen unter dem Einfluß Dientzenhofers. Die Fassade wird von zwei Türmen flankiert, die, ebenso wie der erhaltene mittelalterliche Turm, von geschwungenen Barockhauben bekrönt sind. Portal aus dem Jahre 1250. St. Rochuskirche von 1627.

Landwirtschaft, Handel, Bergbau, Zellstoff- und Papierindustrie, Heilbad mit Wasserheilstätten.

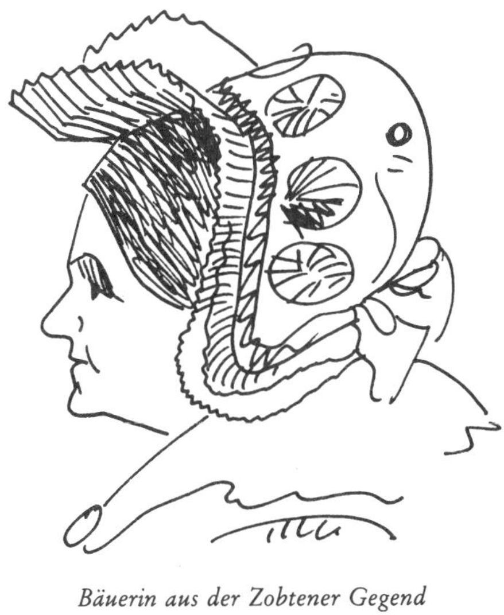

Bäuerin aus der Zobtener Gegend

1939: 9800, 1975: 14300 Einwohner. Im Kriege nicht zerstört. Aus dem nahen Bergstädtchen Zuckmantel stammte Franz Schuberts Mutter. Bis 1945 erinnerte eine große Pestprozession an die „Große Pest“ im Dreißigjährigen Krieg.

Ziekursch, Johannes, geb. 1876 Breslau, gest. 1945 Köln, Historiker; Hauptwerke: „Hundert Jahre schlesische Agrargeschichte“ (1915), „Politische Geschichte des neuen deutschen Kaiserreiches“ (1925/30).

Zillerthal s. Erdmannsdorf

Zimmermann, Bodo, geb. 1902 in Filehne, Krs. Bromberg, gest. 1945 in Frankfurt/Oder. Genannt „Bozi“. Bekannter Grafiker. Seine Holzschnitte von Breslau und Schlesien zeichnen sich durch ihre stimmungsvolle Gestaltungskraft aus.

Alter Grenzstein (Mönch) aus der Umgebung von Zobten

Zinke, Othmar, geb. 1664 in Striegau, 1700–1738 Abt von Braunau, bedeutender Bauherr und Kunstmäzen.

Zinngeräte. Die Zinngießerkunst entwickelte sich im Mittelalter in Schlesien zu einem Höhepunkt europäischen Kunsthandwerks. Das Innungs- und Zunftwesen hatte sich im Hochmittelalter so stark ausgeprägt, daß es nicht nur auf die Wirtschaft, sondern auch auf das politische und kulturelle Leben der Städte und Gemeinden entscheidenden Einfluß ausübte. Auf den Zusammenkünften der Zünfte dienten bis zu 75 cm hohe Zinngefäße, die sogenannten Schleifkannen, der Aufbewahrung der Getränke. Der Name rührt von den großen Henkelschleifen her, mit denen die Kannen ausgestattet sind. Möglicherweise hängt er auch mit der Prozedur des „Gesellenmachens“ zusammen, der die Lehrlinge nach ihrer Lossprechung unterworfen wurden. Man erinnere sich daran, daß auch beim Militär heute der Ausdruck „schleifen“ eine ähnliche Bedeutung hat.

In Schlesien und vor allen Dingen in der Stadt Breslau erlebten in der Spätgotik diese Schleifkannen eine vollendete Ausführung. Das Kunstgewerbemuseum in Breslau besaß die reichste und schönste Sammlung solcher Zinngefäße. Im Breslauer Nationalmuseum befinden sich auch heute noch einige Exemplare. Andere stehen in Warschauer Museen.

Die Metropole der schlesischen Zinngießer, gleichzeitig die Ober- oder Hauptzeche, war Breslau. Weitere bedeutende Orte: Hirschberg, Liegnitz, Löwenberg, Neisse, Sagan und Schweidnitz. Die Hochblüte der schlesischen Zinngießerkunst fällt in die Wende vom 15. zum 16. Jh. Die spätgotischen schlesischen Facettenkannen haben nicht nur die zeitgenössischen Zinnarbeiten anderer Gegenden, sondern auch die Folgezeit des 16. und frühen 17. Jh. beeinflußt. In der zweiten Hälfte des 16. Jh. sind in Schlesien mächtige Gefäße mit zylindrischem,

Zobten-Kommers

leicht konisch zulaufendem Mantel üblich wie die gewaltige Kanne der Reichenbacher Leinenweber. Im Barock geht man zu einer schweren Walzenform der Kannen über, doch erhält im Spätbarock die schlanke konische Form wieder den Vorzug.
Besonders reich ausgebildet sind in Schlesien auch die Teller. Die Formen der Trinkkrüge sind mannigfaltig. Im 18. Jh. ist für Schlesien typisch der sogenannte „Birnkrug". In größeren Mengen entstanden in Schlesien im 17. und 18. Jh. sogenannte „Willkomm-Pokale". Allen diesen Pokalen gemeinsam ist der mehrfach abgestufte profilierte Fuß, der reichgegliederte Schaft und schließlich der gewölbte Deckel, der oft von einer schildhaltenden Figur gekrönt wird. Seit den 40er Jahren des 18. Jh. wird in Schlesien Zinngeschirr auf Silberart üblich. Das 19. Jh. brachte einen rapiden Rückgang der Herstellung von Zinngeschirren, ebenso wie in anderen Teilen Deutschlands. Porzellan und Steingut verdrängten das Zinn. Heute ist schlesisches Zinn ein bevorzugtes Sammelobjekt.

Zivier, Georg, geb. 1897 in Breslau, gest. 1974. Unter den oberschlesischen Schriftstellerpersönlichkeiten der jüngsten Vergangenheit ragen Hans Nowak und Georg Zivier hervor. Hans Nowak wurde 1897 in Großwartenberg geboren, Zivier im gleichen Jahr in Breslau. Beide besuchten das Gymnasium in Pleß und schrieben gemeinsam die beiden Kulturromane „Zink wird Gold" (1937), und „Wenn es Tag wird" (1942). Im ersten Roman behandeln sie die Geschichte des Aufstiegs Godullas zu einem der reichsten Unternehmer Oberschlesiens, im zweiten Roman die Entwicklung Wincklers zum Begründer des Kattowitzer Industriereviers. Beide zusammen schrieben die heitere schlesische Erzählung „Nante der andere", eine Geschichte um Carl von Holtei. Während der Hitlerzeit war Zivier als Nichtarier an Berliner Bahnhöfen Kofferträger. Er kam jedoch mit dem Leben davon.

Zobten (poln. *Ślęża*), Berg. Etwa 30 km von Breslau entfernt, erhebt sich aus der mittelschlesischen Ebene das Zobtengebirge, dessen Hauptberg, der Zobten, 718 m Höhe erreicht. Das Gebirge gilt seit jeher als ein Wahrzeichen Schlesiens. Ursprünglich war auf dem Gipfel wohl eine feste Burg, die später zerstört wurde. Bereits aus der Zeit 400 v. Chr. stammen Ringwälle auf dem Zobtenberg sowie eine 2000 m lange Mauer auf dem Geiersberg (573 m), 3 km südlich des Zobtens. Nach den Kelten haben auch die Wandalen und Slawen den Zobten als Kultplatz benutzt.

Peter Wlast siedelte am Berge die Augustinerchorherren an, die später auf die Sandinsel in Breslau übersiedelten. In Gorkau ließen sie eine Propstei zurück, die bei der Säkularisierung in Staatsbesitz überging. 1834 brannte die auf dem Berge befindliche Kapelle ab. An ihrer Stelle wurde unter Schinkels Einfluß ein klassizistischer Bau errichtet. Am Fuße des Berges breiten sich eine Reihe blühender Ortschaften aus, an der nordöstlichen Seite des Zobtens liegt das Bergstädtchen gleichen Namens. Man gelangt auf den Berg, indem man die Stadt durchfährt und rechts auf den Parkplatz einbiegt. Von dort folgt man der roten Markierung. Aufstieg ca. 1 Std.

Zobten (poln. *Sobótka*), Stadt. Älteste für Schlesien bezeugte Marktsiedlung (1148 belegt), etwa 1221 Gründung des deutschen Ortes. Straßenstadt mit unregelmäßigem dreieckigem Ring. Rathaus aus dem Jahre 1730. Pfarrkirche St. Jakobus: spätgotische Anlage auf alten Fundamenten von 1200. Schöne barocke Innenausstattung (zerstört), außen Zobtenlöwe. Annakirche: 14.–16. Jh., spätgotisch, 4 spätgotische Monumentalfiguren: Hl. Nikolaus, hl. Hedwig, Maria mit dem Kind, Anna selbdritt, davor Portallöwe aus Marxdorf.
Im nördlichen Teil der Stadt befindet sich der Platz, auf welchem sich im Jahre 1813 das Lützowsche Freicorps sammelte. Der „Lützowsche Reiter", ein von Theodor von Gosen geschaffenes schönes Reiterstandbild, erinnerte hieran. Es ist nach dem Kriege beseitigt worden.
Die Wirtschaftsstruktur beruht auf Landwirtschaft, Magnesitgruben und anderen industriellen Unternehmungen, vor allem jedoch auf dem Fremdenverkehr. Die Stadt war Anfang 1945 bis zur Kapitulation „Frontstadt". Von hier beobachtete man das brennende Breslau. 1939: 3500, 1970: 5600 Einwohner.

Zobten – Altertümer. In und um Zobten befinden sich eine Reihe alter Steinplastiken und Grenzsteine, die von jeher die Wissenschaft beschäftigt haben. Die sogenannten „Zobten-Löwen" sind romanische Löwen, wie man sie auch in Regensburg am Schottenportal, in Bamberg und in anderen frühmittelalterlichen Kirchen findet. Daneben gibt es sechs Gabbro-Kreuzsteine, die sogenannten „Mönche" in Zobten und Groß-Mohnau, bei denen es sich möglicherweise um alte Grenzsteine aus der Zeit von Peter Wlast handelt. Der sogenannte „Peterstein", auch „Jungfrau mit Fisch" genannt, der „Bär" und Tierkopf sind weitere vor- und frühgeschichtliche Plastiken, deren Herkunft umstritten ist.

Zobten am Bober (poln. *Sobota*), Dorf und Schloß am Rande der Boberniederung, südöstlich von Löwenberg. Das dreigeschossige, fensterreiche Haus stammt aus der Zeit vor dem Dreißigjährigen Kriege. Das Schloß ist nach dem letzten Kriege von den Russen verwüstet worden.

Zobten-Kommers. Bald nach Gründung der Universität bürgert sich bei den Breslauer Studenten der Brauch ein, auf dem offenen Markt der Stadt Zobten einen großen Kommers zu halten

Bange Frage: Woher kommt der Zukünftige?

Zobten von Wierau aus gesehen

mit anschließendem Besteigen des Berges. Dieser Kommers bestand aus einer Art Maskenzug, in dem Gestalten und politische Zustände der Zeitepoche glossiert wurden. Besonders berühmt wurde der Zobten-Kommers von 1842.

Zuchhold, Hans, geb. 1876 in Eichenrode bei Sorau, gest. 1953. Lyriker und Dichter, insbesondere auch von Kirchenliedern. Seine Gedichte gehen auf die schlesische Mystik zurück.

Zuckerindustrie. 1802 hatte Franz Karl Achard in Kunern im Kreise Wohlau die erste Rübenzuckerfabrik Europas gegründet. 1939 in der Zuckerindustrie 4800 Beschäftigte in 40 teilweise sehr großen Betrieben. Der Anteil Schlesiens an der deutschen Zuckerproduktion betrug 17,1 v. H.

Zülz (poln. *Biała),* 10 km nordöstlich der Kreisstadt Neustadt/OS, am Zülzer Wasser, einem Zufluß der Hotzenplotz. 1225 deutschrechtliches Dorf, etwa 1270 Gründung der deutschen Stadt, 1285 „Zulcz" genannt. Planmäßige Stadtanlage mit viereckigem Ring. Stadtmauer und ein Turm blieben erhalten. Schloß von 1727, Pfarrkirche zweite Hälfte 18. Jh.
Die Zülzer Judenschaft blieb von der allgemeinen böhmisch-schlesischen Judenvertreibung Ende des 16. Jh. verschont. Dies hatte zeitweilig ein starkes Anwachsen der Judengemeinde zur Folge. Landwirtschaftlich strukturiert. 1939: 3800, 1971: 3100 Einwohner.

Zweig, Arnold, 1887 in Glogau geb., gest. 1968 Ost-Berlin. Erzähler, Dramatiker und Essayist. Impressionistischer Beginn, unter dem Eindruck des Ersten Weltkrieges wendet er sich sozialen

und zeitkritischen Themen zu. Sohn eines jüdischen Sattlers. Studium, Soldat, freier Schriftsteller, 1933 Emigration nach Palästina. 1948 Rückkehr nach Mitteldeutschland.
Er schrieb u. a.: „Die Novellen um Claudia", „Der Streit um den Sergeanten Grischa", „Junge Frau von 1914", „Bilanz der deutschen Judenheit", „Die Feuerpause", „Die Zeit ist reif".

Zwirner, Ernst Friedrich, geb. 1802 in Jakobswalde bei Cosel, gest. 1861 in Köln. Baumeister und Vollender des Kölner Doms. Seit 1842 Königlich-Preußischer Regierungs- und Baurat, von König Friedrich Wilhelm IV. mit dem Weiterbau des Kölner Domes beauftragt. In diesem Jahre standen vom Kölner Dom lediglich der im Mittelalter geweihte Chor und das bruchstückhaft begonnene Quer- und Langhaus sowie Teile des Südturms. Zwirner fügte nach den alten Plänen diese Teile zusammen und vollendete auch die fehlenden Teile, so daß heute den meisten Besuchern Kölns nicht mehr bewußt wird, daß der Dom zum großen Teil ein Bauwerk des 19. Jh. ist. Die Vollendung des Kölner Doms wurde vom deutschen Volk mit großer Begeisterung verfolgt. Eichendorff hat sich sowohl als Dichter wie auch in seiner Eigenschaft als preußischer Ministerialbeamter für diese Aufgabe eingesetzt.

Zwölf Nächte. Die 12 Nächte nach Weihnachten hatten vielerorts besondere Bedeutung. An diesen Tagen durfte insbesondere keine Wäsche gewaschen oder aufgehängt werden. Es wurde gesagt, wenn in den zwölf Nächten Wäsche zum Trocknen hänge, erhänge sich im kommenden Jahr jemand in diesem Hause oder sterbe. An Silvester war es Brauch, daß die Mädchen Apfelschalen hinter sich warfen, aus denen sich der Anfangsbuchstabe des Namens, den der zukünftige Ehemann trägt, ergibt, oder sie warfen ihren Schuh über den Kopf. Von dorther, wo die Spitze hinzeigt, kommt der zukünftige Mann.
Die 12 Nächte waren eine heilige und gesegnete Zeit. Am Heiligen Abend selbst wird Wasser einen Augenblick lang zu Wein, die Tiere im Stalle können sprechen, die Träume in den ersten drei Nächten oder in der ersten Hälfte der Nacht gehen in Erfüllung. Gleichzeitig sind diese Nächte unheimlich: Der Nachtjäger hat seinen Umgang; die Werwölfe sind unterwegs. In dieser Zeit stehen auch die Schatzberge offen. In den Heuscheuersälen sitzt eine Jungfrau, die an einem Hemd näht; wenn dieses fertig sein wird, wird die Welt untergehen. Es kann nicht mehr so lange sein, denn sie ist schon am letzten Ärmel.

Zyrowa (1936 Buchenhöh; poln. *Żyrowa*), 1644 errichtete Schloßanlage des Frühbarocks. Herrliche Innenausstattung.

Wer uns glaubte zu entehren,
wenn er heimatlos uns nannte,
sieht: die Heimat wird sich mehren
und die Seele nichts entbehren
derer, die sein Haß verbrannte.

Ewig lenzbelaubt beglücken
wird der Traum uns scheinbar Tote:
lächelnd sehn wir von den Brücken
auf den Tanz der Wassermücken
und die Fahrt der Liebesboote.

Was man liebt, kann nie vergehen:
heimatlich vertraute Töne
überall uns treu umwehen;
denn die Heimat bleibt bestehen
in dem Lied verlorner Söhne.

Max Herrmann-Neisse

Das Jungbrünnlein

Gesamtschlesien

2. Ich hab daraus getrunken
gar manchen frischen Trunk;
ich bin nicht alt geworden,
ich bin noch allzeit jung.

3. Ade, mein Schatz, ich scheide,
ade, mein Schätzelein!
„Wann kommst du aber wieder,
Herzallerliebster mein?"

4. Wenns schneiet rote Rosen
und regnet kühlen Wein.
Ade, mein Schatz, ich scheide,
ade, mein Schätzelein.

5. „Es schneit ja keine Rosen
und regnet keinen Wein:
so kommst du auch nicht wieder,
Herzallerliebster mein!"

Trampelwalzer

Altschlesischer Tanz

2. De Irschte is an runde, gesunde, blunde Grußmoad,
die weeß schunt mit a Uxa vo salber imzugiehn.

3. De Zweete is ne Kleene, doch hoat se flinke Beene,
die konn siehr gutt tanza und huppt mer anooch.[2]

4. De Dritte tutt gutt kocha, se dient goar uff'm Schlusse[3]
und stuppt mer vo vurne und hinga olls nei.

5. De Vierte gieht no Hulze,[4] se is an siehr Stulze,
doch wenn ich ei a Pusch[4a] kumm, do merkt ma doas ni.

6. De Fimfte is ne Nähtern,[5] se flickt mer de Klunkern[6]
und stuppt mer olle Löcher om Hosalotz zu.

7. De Sechste hoot an Puckel, doch o an grußer Watschker[7]
und hoot mer aus ihr'm Strumpe monch Biehma[8] schunt gahn.

8. Sechs Wucha ver Ustern, do gieht halt der Schnie weg,
do heiroat mei Schatzla, doch hoa ich'r no sechs.

1) Hie koan ma awing mit'm rechta fusse uhfstompa – warde nich wiel, braucht nich!
2) hintennach, hinterher
3) auf dem Schlosse
4) sammelt Holz
4a) in den Wald
5) Näherin.
6) Kleider
7) Geldbeutel
8) Böhmen-10-Pfennig-Stck

SCHLESISCHE ORTSNAMEN

aus diesem Lexikon

TSCHECHISCH – DEUTSCH

Benešov	Beneschau	*Opavice*	Troplowitz
Hlučín	Hultschin	*Těšín*	Teschen

POLNISCH – DEUTSCH

Baborów	Bauerwitz	*Brzezinka*	Briese
Bardo	Wartha	*Brzezinki*	Bürgsdorf
Biała	Zülz	*Brzeziny Śląskie*	Birkenhain/Tarnowitz
Biechów	Bechau	*Brzezowice-Kamień*	Brzezowitz-Kamin
Biedrzychowice	Friedersdorf	*Bukowiec*	Buchwald
Bielany Wrocławskie	Bettlern	*Byczyna*	Pitschen
Bielawa	Langenbielau	*Bystrzyca Kłodska*	Habelschwerdt
Bielsko	Bielitz	*Bytom*	Beuthen/OS
Bierun Stary	Alt Berun	*Bytom Odrzański*	Beuthen a. d. Oder
Bierutów	Bernstadt	*Chełmsko Śląskie*	Schömberg
Bierutowice	Brückenberg	*Chobienia*	Köben an der Oder
Biestrzyków	Eckersdorf b. Breslau	*Chocianowiec*	Gross Kotzenau
Biestrzykowice	Eckersdorf/Krs. Namslau	*Chocianów*	Kotzenau
Bobolice	Schräbsdorf	*Chojnów*	Haynau
Boguszów	Gottesberg	*Chorzów*	Königshütte
Boguszowice	Boguschowitz	*Chróstniki*	Brauchitschdorf
Bojadła	Boyadel	*Chruszczów*	Schomberg
Bojków	Schönwald	*Chudów*	Chudow
Bolesławice	Tillendorf	*Chwałowice*	Chwallowitz
Bolesławice	Bunzelwitz	*Ciechanowice*	Rudelstadt
Bolesławiec	Bunzlau	*Cieplice Śląskie Zdrój*	Bad Warmbrunn
Bolków	Bolkenhain	*Cieszków*	Freyhan
Borków	Eckersdorf/Glatz	*Cieszyn*	Teschen
Borzygniew	Borganie	*Czarne*	Schwarzbach
Borzysławice	Borislawitz	*Czarnowąsy*	Czarnowanz
Branice	Branitz	*Czarny Bór*	Schwarzwaldau
Brochów	Brockau	*Czechowice-Dziedzice*	Czechowitz-Dzieditz
Broniszów	Brunzelwaldau	*Czernina*	Tschirnau
Brzeg	Brieg	*Czernina Górna*	Ober-Tschirnau
Brzeg Dolny	Dyhernfurth	*Czerńczyce*	Kapsdorf

Czerwieńsk	Rotenburg/Oder
Dalków	Dalkau
Dąbrowa	Dambrau
Dobra	Dobrau
Dobrodzień	Guttentag
Dobromierz	Hohenfriedeberg
Domanice	Domanze
Duszniki Zdrój	Bad Reinerz
Dzierżoniów	Reichenbach/Eule
Dziewin	Dieban
Garncarsko	Marxdorf
Gaworzyce	Quaritz
Gawrony	Gaffron
Glinica	Glinitz
Glinica	Gleinitz
Gliwice	Gleiwitz
Głogów	Glogau
Głogówek	Oberglogau
Głubczyce	Leobschütz
Głuchołazy	Ziegenhals
Głuszyca	Wüstegiersdorf
Gorzanów	Grafenort
Gorzów Śląski	Landsberg/OS
Goszcz	Goschütz
Gościęcin	Kostenthal
Gościszów	Giessmannsdorf
Gozdnica	Freiwaldau
Góra	Guhrau
Góra Świętej Anny	Annaberg
Górka	Gorkau-Rosalienthal
Góry Wałbrzyskie	Waldenburger Bergland
Grobniki	Gröbnig
Grodków	Grottkau
Grodziec	Friedrichsgrätz
Grodziec	Gröditzburg und Gröditzberg
Grodztwo	Kreppelhof
Gryf	Greiffenstein
Gryfów Śląski	Greiffenberg
Henryków	Heinrichau
Hołdunów	Anhalt
Iława	Eulau
Iłowa	Halbau
Jagielno	Deutsch Jägel
Jagniątków	Agnetendorf
Janowice Wielkie	Jannowitz
Jastrzębie Zdrój	Königsdorf-Jastrzemb
Jaszkotle	Jäschgüttel
Jawor	Jauer
Jedlina Zdrój	Bad Charlottenbrunn
Jelenia Góra	Hirschberg
Jelenin	Hirschfeldau
Jeleniów	Gellenau
Jemielnica	Himmelwitz
Jerzmanowo	Herrmannsdorf
Jordanów Śląski	Jordansmühl
Kalety	Stahlhammer
Kałków	Kalkau
Kamieniec Ząbkowicki	Kamenz
Kamienna Góra	Landeshut
Kamień Śląski	Gross-Stein
Kamionna	Kammendorf
Karpacz	Krummhübel
Karpniki	Fischbach
Karpień	Karpenstein
Św. Katarzyna	Kattern
Katowice	Kattowitz
Kąty Wrocławskie	Kanth
Kędzierzyn	Heydebreck
Kietrz	Katscher
Kliczków	Klitschdorf
Kluczbork	Kreuzburg/OS
Kłodnica	Klodnitz
Kłodzko	Glatz
Knurów	Knurow
Konary	Kunern
Konotop	Kontopp
Kopice	Koppitz

Korfantów	Friedland/OS
Kostów	Kostau
Koszęcin	Koschentin
Kowary	Schmiedeberg
Koźle	Cosel
Kożuchów	Freystadt
Krapkowice	Krappitz
Krasków	Kratzkau
Krobielowice	Krieblowitz
Krosno Odrzańskie	Crossen a. d. Oder
Krośnice	Kraschnitz
Krzeszów	Grüssau
Krzyżowa	Kreisau
Książ	Fürstenstein
Kudowa Zdrój	Bad Kudowa
Kwieciszów	Queitsch

Laskowice Oławskie	Laskowitz
Lasocin	Lessendorf
Lądek Zdrój	Bad Landeck
Legnica	Liegnitz
Legnickie Pole	Wahlstatt
Leszczyny	Leschczin
Leśna	Marklissa
Leśnica	Leschnitz
Lewin Brzeski	Löwen
Lewin Kłodzki	Lewin
Lewiński Zamek	Hummelschloß
Lędziny	Lendzin
Lipa	Leipe
Lubań	Lauban
Lubawka	Liebau
Lubiąż	Leubus
Lubin	Lüben
Lubliniec	Lublinitz
Lubomierz	Liebenthal
Luboradz	Lobris
Lubów	Lübchen
Lutynia	Leuthen
Lwówek Śląski	Löwenberg
Łambinowice	Lamsdorf
Łażany	Laasan
Łabędy	Laband
Łubowice	Lubowitz
Maciowakrze	Matzkirch
Malczyce	Maltsch
Małkowice	Malkwitz
Małomice	Mallmitz
Małujowice	Mollwitz
Michalice	Michelsdorf/Namslau
Miechowice	Miechowitz
Miedzianka	Kupferberg
Mieroszów	Friedland/Waldenburg
Międzybórz	Neumittelwalde
Międzygórze	Wölfelsgrund
Międzylesie	Mittelwalde
Mikołów	Nikolai
Milicz	Militsch
Minkowskie	Minkowsky
Mirosławice	Rosenthal-Mörschelwitz
Mirsk	Friedeberg
Miszkowice	Michelsdorf
Modła	Modlau
Mojęcice	Mondschütz
Muchobór Wielki	Groß Mochbern
Murcki	Emanuelssegen
Mysłakowice	Erdmannsdorf
Mysłowice	Myslowitz

Namysłów	Namslau
Nasławice	Naselwitz
Nawojów Łużycki	Sächsisch Haugsdorf
Niemodlin	Falkenberg/OS
Niemcza	Nimptsch
Nowa Ruda	Neurode
Nowa Sól	Neusalz/Oder
Nowa Wieś	Neundorf
Nowe Miasteczko	Neustädtel
Nowogród Bobrzyński	Naumburg a. Bober
Nowogrodziec	Naumburg a. Queis
Nowy Dwór	Neuhaus
Nowy Kościół	Neukirch
Nysa	Neisse

Oborniki Śląskie	Obernigk
Oleśnica	Oels
Oleśnica Mała	Klein Öls
Olesno	Rosenberg/OS
Oława	Ohlau
Ołdrzychowice Kłodzkie	Ullersdorf
Opawica	Troplowitz
Opole	Oppeln
Orzesze	Orzesche
Wrocław-Osobowice	Oswitz
Ostroszowice	Weigelsdorf
Oświęcim	Auschwitz
Otmuchów	Ottmachau
Otyń	Deutsch Wartenberg
Owiesno	Habendorf
Ozimek	Malapane
Paczków	Patschkau
Parchów	Parchau
Pastuchów	Puschkau
Pątnów	Panthenau
Piechowice	Petersdorf
Piekary Śląskie	Deutsch Piekar
Pielaszkowice	Pläswitz
Pielgrzymka	Pilgramsdorf
Pieńsk	Penzig
Pieszyce	Peterswaldau
Piotrowice Świdnickie	Peterwitz Krs. Schweidnitz
Pilchowice	Pilchowitz
Pilchowice	Mauer
Piotrkowice	Groß-Peterwitz
Pilszcz	Piltsch
Piława	Peilau
Płakowice	Plagwitz
Płonina	Nimmersath
Pokój	Carlsruhe/OS
Polanica Zdrój	Bad Altheide
Polkowice	Polkwitz
Pracze Widawskie	Protsch-Weide
Prochowice	Parchwitz
Prószków	Proskau/OS
Prudnik	Neustadt/OS
Prusice	Prausnitz
Przemków	Primkenau
Przeworno	Prieborn
Przewóz	Priebus
Przydroże Małe	Klein Schnellendorf
Psary	Hünern
Pszów	Pschow
Pyskowice	Peiskretscham
Pyszczyn	Pitschen/Neumarkt
Pszczyna	Pless
Racibórz	Ratibor
Radków	Wünschelburg
Radosna	Freudenburg
Radzionków	Radzionkau
Rakoszyce	Rackschütz
Ratno	Rathen
Rochów	Armenruh
Rodawie	Radau
Rogów Sobocki	Rogau-Rosenau
Rogowiec	Hornschloß
Romanów	Rummelsberg
Roztoka	Rohnstock
Ruda Śląska	Ruda
Rudna	Raudten
Rudy	Rauden
Rybnica	Reibnitz
Rybnica Leśna	Reimswaldau
Rybnik	Rybnik
Rychtal	Reichthal
Rydułtowy	Rydultau
Rząsiny	Welkersdorf
Sadków	Groß-Schottgau
Samotwór	Romberg
Siciny	Seitsch
Siedlęcin	Boberröhrsdorf
Siedlisko	Carolath
Siemianowice Śląskie	Siemianowitz/ Laurahütte
Sieroszów	Seitendorf

Skała	Hohlstein
Skorogoszcz	Schurgast
Sławięcice	Slawentzitz
Sława	Schlawa
Słupiec	Schlegel
Służejów	Schlause
Sobieszów	Hermsdorf (Kynast)
Sobota	Zobten am Bober
Sobótka	Zobten (Stadt)
Sośnica	Schosnitz
Sośnicowice	Kieferstädtel
Spalona	Heinersdorf
Srebrna Góra	Silberberg/Eulengeb.
Stara Kamienica	Altkemnitz
Stare Bielsko	Altbielitz
Stary Wielisław	Altwilmsdorf
Stary Zdrój	Altwasser
Stoszowice	Peterwitz
Strachocin	Schreckendorf
Stronie Śląskie	Seitenberg
Strupina	Stroppen
Strzegom	Striegau
Strzelce	Strehlitz
Strzelce Opolskie	Groß Strehlitz
Strzelin	Strehlen
Strzeszów	Striese
Strzybnica	Friedrichshütte
Sucha	Tzschocha
Sulików	Schönberg
Sułów	Sulau
Staniszów	Stonsdorf
Syców	Groß Wartenberg
Szalejów Dolny	Niederschwedeldorf
Szalejów Górny	Oberschwedeldorf
Szczepanów	Ober-Stephansdorf
Szczerba	Schnallenstein
Szczodre	Sibyllenort
Szczytna	Rückers
Szczytniki nad Kaczawą	Pohlschildern
Szczawno Zdrój	Bad Salzbrunn
Szklarska Poręba	Schreiberhau
Szklary Górne	Ober Gläsersdorf

Szlichtyngowa	Schlichtingsheim
Szprotawa	Sprottau
Ścinawa	Steinau a. d. Oder
Ślęża	Zobten (Berg)
Środa Śląska	Neumarkt
Świdnica	Schweidnitz
Świebodzice	Freiburg
Świeradów Zdrój	Bad Flinsberg
Świerklaniec	Neudeck
Świerzawa	Schönau
Świętochłowice	Schwientochlowitz
Świny	Schweinhausburg
Tarnowskie Góry	Tarnowitz
Toszek	Tost
Trzebień	Kittlitztreben
Trzebnica	Trebnitz
Tułowice	Tillowitz
Turawa	Turawa
Twardocice	Harpersdorf
Twardogóra	Festenberg
Tworków	Tworkau
Tychy	Tichau
Tyniec	Tinz
Tyniec nad Ślęzą	Groß Tinz
Ujazd	Ujest
Uraz	Auras
Walim	Wüstewaltersdorf
Wambierzyce	Albendorf
Warmątowice	Eichholz
Warta Bolesławiecka	Alt Warthau
Wałbrzych	Waldenburg
Wałbrzych-Główny	Dittersbach
Wały Śląskie	Dreigräben
Wąsosz	Herrnstadt
Wesoła	Wessolla
Węgliniec	Kohlfurt
Wiązów	Wansen
Wierzbice	Schlanz
Wierzbice	Wirrwitz

Wierzbna	Würben
Wieszowa	Wieschowa
Wilkanów	Wölfelsdorf
Wilków Wielki	Groß-Wilkau
Wińsko	Winzig
Wisła	Weichsel
Witostowice	Schönjohnsdorf
Wleń	Lähn
Wodzisław Śląski	Loslau
Wojanów	Schildau
Wojcieszów	Kauffung
Wojnowice	Wohnwitz
Wołczyn	Konstadt
Wołów	Wohlau
Woslień	Nieder-Heidersdorf
Wrocław	Breslau
Wrocław-Leśnica	Breslau-Lissa
Wschowa	Fraustadt
Wysoka Cerekiew	Hochkirch
Zabór	Saabor
Zabrze	Hindenburg
Zakrzów	Sakrau
Zalesie	Spätenwalde
Zamek Grodno	Kynsburg
Zawidów	Seidenberg
Ząbkowice Śląskie	Frankenstein
Zdzieszowice	Deschowitz
Zgorzelec	Görlitz (Ost)
Zieleniec	Grunwald
Zielona Góra	Grünberg
Ziębice	Münsterberg
Złotniki Lubańskie	Goldentraum
Złotoryja	Goldberg
Złoty Stok	Reichenstein
Żagań	Sagan
Żarów	Saarau
Żmigród	Trachenberg
Żórawina	Rothsürben
Żóry	Sohrau
Żukowice	Herrndorf
Żyrowa	Zyrowa

Bildnachweis: Bayer, W.: 185, 186; Beyer, A.: 257; Blätterbauer: 30, 44, 51a, 58, 62b, 65a, 70, 71b, 76, 81 a + b, 83, 92, 96, 99, 110, 119, 125, 126, 147, 164, 169, 187a, 189, 197, 201, 212, 217, 218, 222, 224, 225, 230, 238b, 246, 248, 251, 269, 298, 302, 304, 307, 324; Bruhn, H.: 223; Busch, A.: 172, 207; Busse: 25; Camphausen, W.: 143; Dudde, F.: 129, 210; Finger, L.: 334; Fischer, H.: 39, 118; Iwan, F.: 37, 179, 192, 273, 274; Jackel: 80; Jüttner, R.: 40, 137, 158, 166, 181, 211, 228, 240, 296, 300; Keil, W.: 215, 216; Klein-H., M.: 108, 191, 208a; Kobbe-v. Kennel, E.: 23, 38, 45, 51b, 56, 60, 61, 62a, 65b, 66a, 67, 74, 78, 84, 95, 101, 103, 104, 105b, 107, 121b, 130, 132, 133, 144, 149, 152, 154a, 155, 156b, 159b, 161a, 175, 188, 193, 234, 239, 243, 244, 254, 256, 264, 275, 276, 278, 286, 297, 305, 306, 308, 310 a + b, 311, 314, 326, 327, 329, 330; Kruschke, E: 283; Lange: 281; Lappe, A.: 73b; Lebrecht, G.: 280, 320; Mann, Th. J.: 90; Mayer: 267; Menzel, A.: 266; Mirau: 55b, 312, 325; Nagel, T.: 113, 126, 213, 232, 321; Neue: 194; Odoy, M.: 292; Petschelt, F. R.: 208b, 209; Pollack: 35; Poppe, G.: 206a, 289; Reitsch, G.: 121a; Richter: 146; Rosenberg, P. v.: 71a; Sauerbier: 128, 229; Schmidt, J. Tr.: 288; Schmiegalle, V.: 221; Scholz, D.: 139, 291; Schur, G.: 109, 198, 285; Schwenske: 72, 73a; Slawik: 66b; Strassberger: 180; Täubert: 32, 33, 122, 136, 138, 177, 328; Zimmermann, B.: 34, 63, 82, 112, 156a, 160, 170, 174b, 204, 309; Zwiener, B.: 41, 182; alte Vorlagen: 27, 28, 29, 31, 36, 42, 43, 47, 49, 50 a + b, 52, 53, 54, 55a, 57, 59, 64, 68, 69, 85, 87, 89, 94, 97 a + b, 98 a + b, 102, 105a, 106, 111, 114, 115, 116, 120, 123, 124, 134, 140, 141 a + b, 142, 148, 150, 152, 153, 154b, 159a, 161b, 163, 165, 167, 171, 173, 174a, 176, 178, 183, 184, 187b, 190, 195, 196, 199, 200, 202, 203, 205, 206b, 214, 219, 220, 226, 227, 231, 233, 235–237, 238a, 241, 242, 249, 250, 252, 253, 255, 259–263, 265, 271, 272, 277, 279, 282, 284, 287, 290, 293 a + b, 295, 299, 301, 302, 315, 317, 318, 323, 331, 332.

O Freede ieber Freede

Gesamtschlesien

2. Ha soite: „frät euch olle, der Heiland is geburn
zu Bethlaheem eim Stolle, dos hutt a sich derkurn.
Die Krippe is sei Bette, gieht hie uff Bethlaheem!"
Und wie ha asu redte, do flug a wieder heem.

3. Ich ducht, du dorfst ni säuma, ich liß die Schafla stiehn,
ich liff durt hinger a Zäuma bis zu dam Stolle hien.
Ich woar a holb Gewende dervoo, do koam a Stroahl,
dar hotte goar kee Ende und weist mich ei a Stoal.

4. Ich schlich mich uff de Seite und guckt a klee wing nei,
do sog ich a poar Leute und o doas Kind derbei,
es hott kee Ploitzla Bette, a eenzig Wischla Struh,
und loog wull asu nette, kee Moler träf's asu.

5. Ich gloob, uff ünser Granze do hutts kee sich schie Kind.
Is loog ei lauter Glanze, ma wurd schier dervoo blind.
Ich ducht ei meinem Sinne: Doas Kindla stünd' derr oa—
Wenn du dersch kennst gewinna, du moogst a Lammla droa.

Uff'm Berge, da geht der Wind

Oberschlesien

Das letzte Stück wird auch in manchen Gegenden in der parallelen Molltonart gesungen, geht dann also so:

LITERATURVERZEICHNIS

Archenholz von, Bogislav – Die verlassenen Schlösser, Frankfurt 1967

Archenholz von, Bogislav – Erinnerung und Abschied, Frankfurt 1972

Aubin, Hermann – Antlitz und geschichtliche Individualität Breslaus, Hamburg

Aurora – Jahrbuch der Eichendorff-Gesellschaft, Würzburg

Bartsch, Heinrich – Die Städte Schlesiens, Dortmund 1977

Birke, Ernst (Herausg.) – Niederschlesien in 144 Bildern, Leer 1975

Birke, Ernst (Herausg.) – Das Riesengebirge und Isergebirge in 144 Bildern, Leer 1975

Birke, Ernst – Das Waldenburger und Glatzer Bergland, Leer 1975

– Breslau, Lage, Natur und Entwicklung. Festausgabe zum 13. Deutschen Geographentag, Breslau 1901.

Brilling, Bernhard – Die jüdischen Gemeinden Mittelschlesiens, Entstehung und Geschichte, Stuttgart 1972.

Brügmann, Martin – Die Gnadenkirche zur Heiligen Dreifaltigkeit vor Landeshut, Düsseldorf 1969.

Bukowski, Marcin – Das Breslauer Arsenal, Breslau 1974

Bukowski, Marcin – Der Dom zu Breslau, Breslau 1974

Bundesanstalt für Landeskunde – Amtliches Gemeinde- und Ortsnamensverzeichnis der deutschen Ostgebiete unter fremder Verwaltung, Frankfurt 1955

– Bunte Bilder aus dem Schlesierlande, herausgegeben vom Schlesischen Pestalozzi-Verein, Reprint von 1898, Frankfurt 1977

Bunzel, Ulrich – Die Haupt- und Pfarrkirche St. Maria Magdalena zu Breslau, Breslau 1933, Ulm 1960

Bunzel, Ulrich – Geschichte unserer Christophorikirche und ihre Erneuerung, Breslau 1935

Burgermeister L., Grundmann, G. – Die Kunstdenkmäler der Stadt Breslau, 3 Bände, Breslau 1930–34

Buschbeck, Karl – Die evangelischen Kirchen und Gemeinden im Ohlauer Land, Ulm 1968

Czerner, Olgierd – Rynek Wrocławski (Der Breslauer Ring), Breslau 1976

Degen, Kurt – Die Bau- und Kunstdenkmäler des Landkreises Breslau, Frankfurt 1965

Dressler, Walter – Das Riesengebirge, Berlin 1914

Dürig, Walther – Angelus Silesius, Hildesheim 1977

Dzi, Henryk – Die Breslauer Universität, Breslau 1975

Eberlein, Hellmut – Schlesische Kirchengeschichte, 3. Aufl., Goslar 1952

Eberlein, Werner – Die Friedenskirche zu Glogau, Ulm 1966

Elze, Günter – Breslau gestern und heute. Ein Wegweiser. 3. Aufl., Leer 1986.

– Singt ock awig, Lieder aus Schlesien, Kassel

Flemming, Hans Theodor – Otto Mueller, Feldafing 1957

Fuchs, Emil – Das städtische evangelische Gymnasiums zu St. Elisabet in Breslau, 1967

Gast, Lise – Heimat hinter Grenzen, Heilbronn 1975

Gawel, Heinrich und Hultsch, Gerhard	Kirchen und Gemeinden im Oderland und Steinau, Düsseldorf 1972
Gleisberg, Fritz	Die Gnadenkirche zum Heiligen Kreuz vor Militsch
Goldstein, Walther	1000 Jahre Breslau, Darmstadt 1974
Golitscheck, Josef von	Schlesien – Land der Schlösser, Mannheim 1978
Gottschalk, Joseph	Die große Legende der heiligen Frau Sankt Hedwig, Wiesbaden 1963
Grabowski, E.	Land und Leute in Oberschlesien, Breslau
Graff-Höfgen, Gisela	Schlesische Spitzen, München 1974
Grüger, Heinrich	Heinrichau, Köln 1978
Grundmann, Günther	Dome, Kirchen und Klöster in Schlesien, Frankfurt 1963
Grundmann, Günther	Der evangelische Kirchenbau in Schlesien, Frankfurt 1970
Grundmann, Günther	Barockfresken in Breslau, Frankfurt 1967
Grundmann, Günther	Barocke Kirchen und Klöster in Schlesien, München 1971
Grundmann, Günther	Stätten der Erinnerung, München 1975
Grundmann, Günther	Erlebter Jahre Widerschein, München 1972
Grundmann, Günther	Kunstwanderungen in Schlesien, München 1966
Grundmann, Günther	Die Warmbrunner Holzschnitzschule im Riesengebirge, München 1968
Grundmann, Günther	Das Riesengebirge in der Malerei der Romantik, München 1965
Grundmann, Günther	Kunstwanderungen im Riesengebirge, München 1969
Grundmann, Günter und Schadendorf, Wulf	Schlesien, Deutscher Kunstverlag 1962
Haedeke, Hans-Ulrich	Zinn, Braunschweig 1969
Hartung, Hugo	Deutschland, deine Schlesier, Hamburg 1970
Hausdorf, Karl	Unser Schlesien, Stuttgart 1954
Henckel, Kurt	Die St. Barbarakirche zu Breslau, Ulm 1965
Herlossohn, Karl	Riesengebirge, München 1978
Historische Kommission für Schlesiem	Geschichte Schlesiens, Bd. 1 Von der Urzeit bis zum Jahre 1526, Stuttgart 1961; Bd. 2 Habsburgerzeit 1526–1740, Darmstadt 1973.
Hoffmann, Hermann	Die Kreuzkirche zu Breslau, Breslau 1938
Hoffmann, Hermann	Sandstift und Pfarrkirche St. Maria in Breslau, Stuttgart 1971
Hoffmann, Hermann	Die Matthiaskirche in Breslau, Breslau 1935
Hoffmann, Hermann	Der Dom zu Breslau, Breslau 1934 (darin Meyer-Speer, Die Wiederherstellung des Dominnern)
Hoinkis, Erich	Ibunk auf Gesundheit, Augsburg
Hornig, Ernst	Breslau 1945, München 1975
Hupka, Herbert (Herausg.)	Meine schlesischen Jahre, München
Hupka, Herbert (Herausg.)	Leben in Schlesien, München
Hupka, Herbert (Herausg.)	Große Deutsche aus Schlesien, München 1978
Hupka, Herbert (Herausg.)	Schlesien, München
Hupka, Herbert (Herausg.)	Breslau, München
–	Jahrbücher der Schlesischen Friedrich-Wilhelms-Universität zu Breslau
Kampers, Franz	Schlesische Landeskunde, Leipzig 1913

Kegel, Hugo	Oberschlesien in der Dichtung, Berlin 1926
Kulturwerk Schlesien e. V.	Schlesischer Kulturspiegel
Lewański, Julian	Wrocław, Warschau 1953
Loewe, Ludwig	Schlesische Holzbauten, Düsseldorf 1909
Lorenz, Stanisław	Museen und Sammlungen in Polen, Warschau 1973
Lubos, Arno	Geschichte der Literatur Schlesiens, München 1960–1977
Małachowitz, Edmund	Das Mausoleum der Breslauer Piasten (polnisch), Breslau 1973
Markgraf, Hermann	Geschichte Breslaus, Breslau 1913
Marschall, Werner	Geschichte des Bistums Breslau, Stuttgart 1980
Marx, Fritz	Breslau von A – Z, Recklinghausen
Menzel, Wilhelm	Reise ins Schlesierland, München 1977
Merian	Breslau, Hamburg 1950
Meridies, Wilhelm	Schlesien, Königstein 1955
Oberhauser, F. und G.	Literarischer Führer durch die Bundesrepublik Deutschland, Frankfurt 1974
Perlick, Alfons	Oberschlesische Berg- und Hüttenleute, Kitzingen 1953
Petersen, Ernst	Germanen in Schlesien, Breslau 1939
Peukert, Will-Erich	Schlesische Volkskunde, Frankfurt 1978
Prüfer, Erich	Die Hirschberger Gnadenkirche, Ulm 1957
Rose, Ambrosius	Kloster Grüssau, Stuttgart 1974
Rother, Karl	Die schlesischen Sprichwörter und Redensarten, Darmstadt
Scheyer, Ernst	Schlesische Malerei der Biedermeierzeit, Frankfurt 1965
Scheyer, Ernst	Breslau, so wie es war, Düsseldorf 1972
–	Schlesien, Kunst – Wissenschaft – Volkskunde, Vierteljahresschrift
–	Schlesisches Provinzialgesangbuch, Breslau
Schneider, Ambrosius u.a.	Die Cistercienser, Geschichte – Geist – Kunst, Köln 1974
Scholz, Franz	Görlitzer Tagebuch 1945/46, Würzburg 1975
Schroller, Franz	Schlesien, eine Schilderung des Schlesierlandes, Glogau
Schweitzer, Georg	Emin Pascha, Berlin 1898
Sieber, Helmut	Schlösser in Schlesien, Frankfurt 1971
Sieber, Helmut	Schlösser und Herrensitze in Schlesien, Frankfurt 1968
Sieber, Helmut	Burgen und Schlösser in Schlesien, Frankfurt 1968
Sommer, Fedor	Die Geschichte Schlesiens, Breslau 1908
Sommer, Fedor	Landeskunde Schlesiens, Breslau 1913
Späth, Kristine	Töpferei in Schlesien, München 1979
Starzewska, Maria	Die Museen in Wrocław, Breslau 1974
Stein, Rudolf	Das alte Breslau, Breslau 1936
Stein,Rudolf	Das Bürgerhaus in Schlesien, Tübingen 1965
Stein, Rudolf	Der Schweidnitzer Keller im Rathaus zu Breslau, München 1956
Stöcklein, Paul	Joseph von Eichendorff, Hamburg 1963
Strauss, Konrad	Zur Geschichte der schlesischen Fayencefabriken, Bulletin des Amis Suisses de la Céramique 1967

Tank, Kurt Lothar	Gerhart Hauptmann, Hamburg 1959
Teichmann, Lucius	Steinchen aus dem Strom, Berlin 1979
Tintelnot, Hans	Die mittelalterliche Baukunst Schlesiens, Kitzingen 1951
Trierenberg, Heinrich	Reiseführer Schlesien, Würzburg 1987.
Trierenberg, Heinrich	Heimat Breslau, Mannheim 1980
Türk, Fritz	Die Entstehung und Entwicklung des Bürgermeisteramtes von Breslau, Berlin 1937
Vogt, Friedrich	Die schlesischen Weihnachtsspiele, Leipzig 1901
Weczerka, Hugo (Hrsg.)	Handbuch der Hist. Stätten: Schlesien, Stuttgart 1977
Westfehling, Uwe	Die Parler, Ausstellungskatalog, Köln 1978
Wiese, Erich	Biedermeierreise durch Schlesien, Darmstadt 1966
Zlat Mieczysław	Das Breslauer Rathaus, Breslau 1970

Die Lieder wurden „Singt ock awig", Lieder aus Schlesien, entnommen mit freundlicher Genehmigung des Bärenreiter-Verlages in Kassel.

Ei, so gehn wir alle

Aus der Grafschaft Glatz

2. Der Schneider mit dem Bügeleisen,
der wird den Weg uns weisen
in das Himmelloch hinein.

3. Der Schornsteinfeger mit der Leiter,
der steigt halt immer weiter
in das Himmelloch hinein.

4. Der Schmied mit'm grußa Hommer,
der Zimmermoan mit der Klommer
müssen auch mit in das Himmelloch hinein.

5. Und der Müller mit'm Sacke
und der Pauer mit der Kracke
müssen auch mit in das Himmelloch hinein.

6. Und der Schuster mit'm Pechdroht
und der Bürgermeester und der Landroot
müssen auch mit in das Himmelloch hinein.

7. Und der Sattler mit der Ohle
und der Schneider mit der Nohle
müssen auch mit in das Himmelloch hinein.

8. Der Kanter mit der Sende,
der Pforr eim weißa Hemde
müssen auch mit in das Himmelloch hinein.

9. Der Uhmacher mit a Radlan,
de Junga und de Madlan
müssen auch mit in das Himmelloch hinein.

10. Und alle unsre Gäste,
die heut auf diesem Feste
müssen auch mit in das Himmelloch hinein.

Kleenes Kindla, gruußer Goot

Grafschaft Glatz

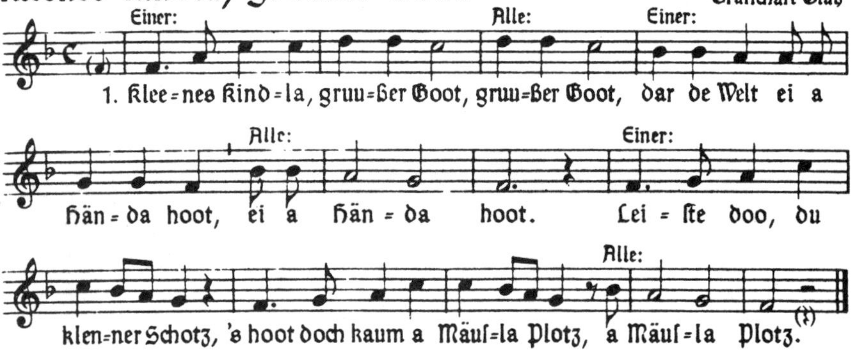

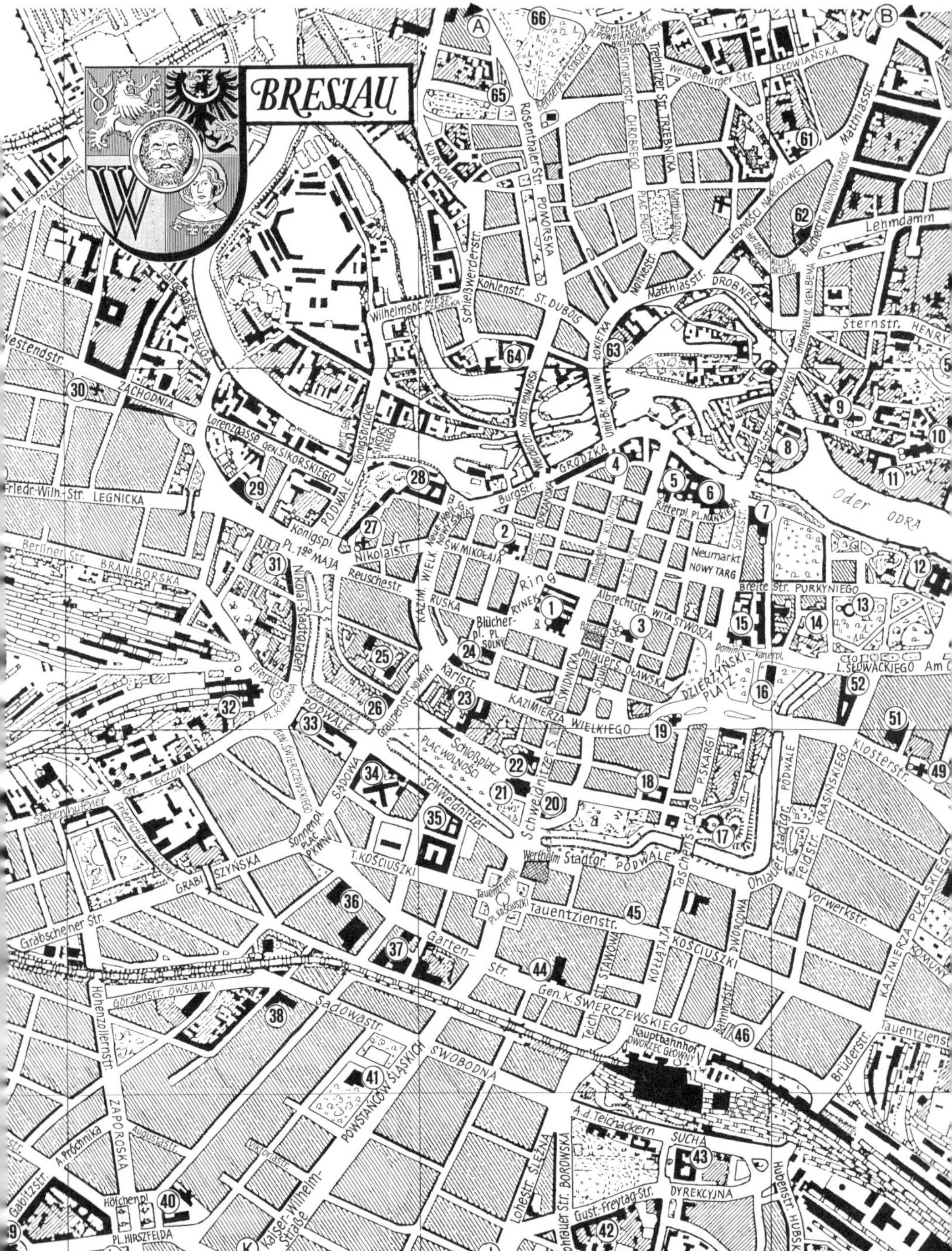
BRESLAU
Westendstr.
ZACHODNIA
Lorenzgasse
GEN. SIKORSKIEGO
Friedr.-Wilh.-Str.
LEGNICKA
Berliner Str.
BRANIBORSKA
Königspl.
Pl. 1go MAJA
Nikolaistr.
Reuschestr.
RUSKA
Nikolai-Stadtgraben
PODWALE
Königsbrücke
Wilhelmsbr.
Kohlenstr.
ST. DUBOIS
Schießwerderstr.
Rosenthaler Str.
POMORSKA
KURKOWA
Trebnitzer Str.
TRZEBNICKA
Bismarckstr.
CHROBREGO
PLAC ENGELSA
Weißenburger Str.
SŁOWIAŃSKA
Matthiasstr.
Lehmdamm
JEDNOŚCI NARODOWEJ
DROBNERA
Sternstr.
HENRY
Burgstr.
GRODZKA
Werderstr.
MOST POMORSKI
ŁOKIETKA
Univ.-Br. M. UNIW.
Sandstr.
Oder
ODRA
Ritterpl.
PL. NANKIERA
Neumarkt
NOWY TARG
Breite Str.
PURKYNIEGO
Albrechtstr.
WITA STWOSZA
Ring
RYNEK
Blücher-pl.
PL. SOLNY
ŚW. MIKOŁAJA
Schmiedebr.
SZEWSKA
Ohlauer Str.
OŁAWSKA
SWIDNICKA
KAZIMIERZA WIELKIEGO
DZIERŻYŃSKI-PLATZ
L. SŁOWACKIEGO
Klosterstr.
Karlstr.
Graupenstr.
PL. KIROWA
PODWALE
Schloßplatz
PLAC WOLNOŚCI
Schweidnitzer Str.
SĄDOWA
Sonnenpl.
PLAC PWN
T. KOŚCIUSZKI
Siebenhufener Str.
TCZEWSKA
Friedrichstr.
KOLEJOWA
GRABISZYŃSKA
Gräbschener Str.
Wertheim
Stadtgr.
PODWALE
Tauentzienpl.
PL. KOŚCIUSZKI
Tauentzienstr.
Gartenstr.
Taschenstraße
P. SKARGI
Ohlauer Stadtgr.
Feldstr.
KRASIŃSKIEGO
Vorwerkstr.
KAZIMIERZA PUŁASKIEGO
STAWOWA
KOŁŁĄTAJA
KOŚCIUSZKI
DWORCOWA
Gen. K. ŚWIERCZEWSKIEGO
Teichstr.
Bahnhofstr.
Hauptbahnhof
DWORZEC GŁÓWNY
Brüderstr.
Görzenstr.
OWSIANA
Sadowastr.
Hohenzollernstr.
SWOBODNA
POWSTAŃCÓW ŚLĄSKICH
ZAPOROSKA
A. Próchnika
Augustastr.
Viktoriastr.
Kaiser-Wilhelm-Straße
Lohestr.
ŚLĘŻNA
Bohrauer Str.
BOROWSKA
A. d. Teichäckern
SUCHA
Gust.-Freytag-Str.
DYREKCYJNA
Hubenstr.
HUBSKA
Höfchenpl.
PL. HIRSZFELDA
Gabitzstr.
A
B
J
K
L
1
2
3
4
5
6
7
8
9
10
11
12
13
14
15
16
17
18
19
20
21
22
23
24
25
26
27
28
29
30
31
32
33
34
35
36
37
38
40
41
42
43
44
45
46
49
51
52
61
62
63
64
65
66